儒家教育伦理研究

以西方教育伦理为参照

耿有权 著

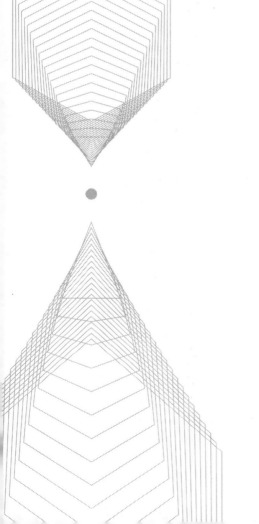

中国社会科学出版社

图书在版编目（CIP）数据

儒家教育伦理研究：以西方教育伦理为参照/耿有权著．—北京：中国社会科学出版社，2008.6

ISBN 978-7-5004-6673-4

Ⅰ．儒… Ⅱ．耿… Ⅲ．儒家教育思想—伦理学—研究
Ⅳ．G40-092.25 B82-092

中国版本图书馆 CIP 数据核字（2008）第 001946 号

策划编辑　冯　斌
责任编辑　丁玉灵
责任校对　韩天炜
封面设计　部落艺族
版式设计　戴　宽

出版发行　**中国社会科学出版社**
社　　址　北京鼓楼西大街甲 158 号　　邮　编　100720
电　　话　010－84029450（邮购）
网　　址　http：//www.csspw.cn
经　　销　新华书店
印　　刷　华审印刷厂　　　　　　　　装　订　广增装订厂
版　　次　2008 年 6 月第 1 版　　　　印　次　2008 年 6 月第 1 次印刷
开　　本　880×1230　1/32
印　　张　15.625　　　　　　　　　　插　页　2
字　　数　430 千字
定　　价　42.00 元

国家"985"哲学社会科学创新基地
东南大学"科技伦理与艺术"项目成果

总　序

　　东南大学的伦理学科的起步于 20 世纪 80 年代前期，由著名哲学家、伦理学家萧昆焘教授、王育殊教授创立，90 年代初开始组建一支由青年博士构成的年轻的学科梯队，至 90 年代中期，这个团队基本实现了博士化。在学界前辈和各界朋友的关爱与支持下，东南大学的伦理学科得到了较大的发展。自 20 世纪末以来，我本人和我们团队的同仁一直在思考和探索一个问题：我们这个团队应当和可能为中国伦理学事业的发展作出怎样的贡献？换言之，东南大学的伦理学科应当形成和建立什么样的特色？我们很明白，没有特色的学术，其贡献总是有限的。2005 年，我们的伦理学科被批准为"985 工程"国家哲学社会科学创新基地，这个历史性的跃进推动了我们对这个问题的思考。经过认真讨论并向学界前辈和同仁求教，我们将自己的学科特色和学术贡献点定位于三个方面：道德哲学；科技伦理；重大应用。

　　以道德哲学为第一建设方向的定位基于这样的认识：伦理学在一级学科上属于哲学，其研究及其成果必须具有充分的哲学基础和足够的哲学含量；当今中国伦理学和道德哲学的诸多理论和现实课题必须在道德哲学的层面探讨和解决。道德哲学研究立志并致力于道德哲学的一些重大乃至尖端性的理论课题的探讨。在这个被称为"后哲学"的时代，伦理学研究中这种对哲学的执著、眷念和回归，着实是一种"明知不可为而为之"之举，但我们坚信，它是我们这个时代稀缺的学术资源和学术努力。科技伦理的定位是依据我们这个团队的历史传统、东南大学的学科生态，以及对伦理道德发展的新前沿而作出的判断和谋划。东南大学最早的研究生培养方向就是"科学伦理学"，当年我本人就在这个方向下学习和研究；而东南大学以科学技术为主体、文管艺医综合发展的学科生态，也使我们这些 90 年代初成长起来的"新生代"再次认识到，选择科技伦理为学科生长点是明智之举。如果说道德哲学与科技伦理的定位与我们的学科传统有关，那么，重大应用的定位就是基于对伦理学的现实本性以及为中国伦理道德建设作出贡献的愿望和抱负而作出的选择。定位"重大应用"而不是一般的"应用伦理学"，昭明我们在这方面有所为也有所不为，只是试图在伦理学应用的某些重大方面和重大领域进行我们的努力。

　　基于以上定位，在"985 工程"建设中，我们决定进行系列研究并在长期积累的基础上严肃而审慎地推出以"东大伦理"为标识的学术成果。"东大伦理"取名于两种考虑：这些系列成果的作者主要是东南大学伦理学团队的成员，有的系列也包括东南大学培养的伦理学博士生的优秀博士论文；更深刻的原因是，我们希望并努力使这些成果具有某种特色，以为中国伦理学事业的发展作出自己的贡献。"东大伦理"由五个系列构成：道德哲学研究系列；科技伦理研究系列；重大应用研究系列；与以上三个结构相关的译著系列；还有以丛刊形式出现并在 20 世纪 90 年代已经创刊的《伦理研究》专辑系列，该丛刊同样围绕三大定位组稿和出版。

　　"道德哲学系列"的基本结构是"两史一论"。即道德哲学基本理论；中国道德哲学；西方道德哲学。道德哲学理论的研究基础，不仅在概念上将"伦理"与"道德"相区分，而且从一定意义上将伦理学、道德哲学、道德形而上学相区分。这些区分在某种意义上回归到德国古典哲学的传统，但它更深刻地与中国道德哲学传统相契合。在这个被宣布"哲学终结"的时代，深入而细致、精致而宏大的哲学研究反倒是必须而稀缺的，虽然那个"致广大、尽精微、综罗百代"的"朱熹气象"在中国几乎已经一去不返，但这并不代表我们今天的学术已经不再需要深刻、精致和宏大气魄。中国道德哲学史、西方道德哲学史研究的理念基础，是将道德哲学史当作"哲学的历史"，而不只是道德哲学"原始的历史"、"反省的历史"，它致力探索和发现中西方道德哲学传统中那些具有"永远的现实性"精神内涵，并在哲学的层面进行中西方道德传统的对话与互释。专门史与通史，将是道德哲学史研究的两个基本纬度，马克思主义的历史辩证法是其灵魂与方法。

"科技伦理系列"的学术风格与"道德哲学系列"相接并一致，它同样包括两个研究结构。第一个研究结构是科技道德哲学研究，它不是一般的科技伦理学，而是从哲学的层面、用哲学的方法进行科技伦理的理论建构和学术研究，故名之"科技道德哲学"而不是"科技伦理学"；第二个研究结构是当代科技前沿的伦理问题研究，如基因伦理研究、网络伦理研究、生命伦理研究等等。第一个结构的学术任务是理论建构，第二个结构的学术任务是问题探讨，由此形成理论研究与现实研究之间的互补与互动。

"重大应用系列"以目前我作为首席专家的国家哲学社会科学重大招标课题和江苏省哲学社会科学重大委托课题为起步，以调查研究和对策研究为重点。目前我们正组织四个方面的大调查，即当今中国社会的伦理关系大调查；道德生活大调查；伦理—道德素质大调查；伦理—道德发展状况及其趋向大调查。我们的目标和任务，是努力了解和把握当今中国伦理道德的真实状况，在此基础上进行理论推进和理论创新，为中国伦理道德建设提出具有战略意义和创新意义的对策思路。这就是我们对"重大应用"的诠释和理解，今后我们将沿着这个方向走下去，并贡献出团队和个人的研究成果。

"译著系列"、《伦理研究》丛刊，将围绕以上三个结构展开。我们试图进行的努力是：这两个系列将以学术交流，包括团队成员对国外著名大学、著名学术机构、著名学者的访问，以及高层次的国际国内学术会议为基础，以"我们正在做的事情"为主题和主线，由此凝聚自己的资源和努力。

马克思曾经说过，历史只能提出自己能够完成的任务，因为任务的提出表明完成任务的条件已经具备或正在具备。也许，我们提出的是一个自己难以完成或不能完成的任务，因为我们完成任务的条件尤其是我本人和我们这支团队的学术资质方面的条件还远没有具备。我们期图通过漫漫兮求索乃至几代人的努力，建立起以道德哲学、科技伦理、重大应用为三元色的"东大伦理"的学术标识。这个计划所展示的，与其说是某些学术成果，不如说是我们这个团队的成员为中国伦理学事业贡献自己努力的抱负和愿望。我们无法预测结果，因为哲人罗素早就告诫，没有发生的事情是无法预料的，我们甚至没有足够的信心展望未来，我们唯一可以昭告和承诺的是：

我们正在努力！

我们将永远努力！

樊　浩

谨识于东南大学"舌在谷"

2007 年 2 月 11 日

目　录

实　践　篇

师 道 篇

前　言

　　教育伦理思想来自时代实际的需要，因而又推进时代和实际的需要。这在西方国家如此，在我国也是如此。我国的教育大致以儒家教育为宗，自始至终，绵延一贯。因此，研究儒家教育虽不能览我国教育文化之全貌，但可以窥我国传统教育文化之精要。其中，儒家伦理代表我国传统文化的精髓，对儒家教育乃至我国传统教育的理念和实践的影响至广至深，确是儒家伦理与儒家教育交叉研究的一个切入点。深入此"点"研究，不仅可以考察儒家教育的价值来源，而且可以明确儒家教育的文化原理，以及对当代教育特别是道德教育和师道建设影响的意义和机制。

　　这篇关于儒家教育伦理主题的书旨在突破以往有关教育伦理研究常以经典儒家的个人思想及其影响为线索的历时性探究模式，代之以儒家绵延一贯的教育伦理思想为线索来建构儒家教育伦理的框架和体系。这个体系首先确立"三个理念"作为儒家教育的伦理基础和精神前提，然后在此基础上提出以成德之教为核心的儒家教育伦理的实践原理，最后明确儒家教师教育实践的工作原理。本书着重致力于分析儒家教育伦理的逻辑进路，以及如何在总体上对中国传统教育产生各种影响，并在同西方教育伦理的比较中提出可能用之于我们的教育发展尤其是道德教育实际的建设性思路。

围绕以上主题，全书展开为三篇十一章，分为"理念篇"、"实践篇"和"师道篇"。本书前加绪论，后连结语。绪论阐述"理想国的文化设计与教育原理的选择"。这是本书切入教育伦理主题的关键，根据是中西方文化在源头上均肯定至善政治与至善教育的密切关系以及理想国作为至善实体对教育原理的整体性和结构性影响。总体上，"理念篇"诠释的主题是"儒家教育的伦理基础或精神前提"，"实践篇"诠释的主题是儒家道德教育原理，"师道篇"诠释的主题是儒家教师职业道德。三个部分从"体"到"用"、从"道"到"器"，从"本"到"末"，逐层展开，层层深化，形成儒家教育伦理的表述体系。

理念篇在比较中凸显人性、人伦、至善是儒家教育伦理的三个基本概念和基本理念。儒家将人性的完善直接落实和体现在现实的人伦世界中，并以至善作为评价人性修养和德性提升的水平标尺。本质上，性善、人道、至善是儒家教育的伦理基础和精神前提。性善理念确立了以成德之教为内核的施教模式；人道理念确立了成德之教的总体思路和具体内容；至善理念明确了成德之教的终极目的和价值原理。

实践篇在比较中探讨儒家教育的实践原理。儒家伦理的文化原理始终制约着、规范着、调节着、导引着教育的目的、内容和方法，包括手段。儒家教育始终遵循着"大学之道"的内在逻辑和规则原理，具体落实为修身之道、齐家之道、教化之道、普世之道的实践原理，由生命（自主）教育→家庭（家族）教育→社会（政治）教育→普世（理想）教育四个环节有机构成，其成果表现在个体养成个人品德、家庭美德、社会公德和理想道德。

师道篇在比较中探讨儒家教育实践主体的工作原理。儒家教育的实践原理要求儒家教师来承担职责。儒家教师是人性的模范、人伦中的至尊和至善的化身，拥有师道尊严和师德规范，在教育中以志道、据德、依仁、游艺为施教纲领，以传道、授业、解惑为施教职责，以仁义礼智勇等为施教德目，采用符合人性、人伦和至善要求的教育方法。质言之，师道、师德、师责、师法集中体现了儒家教育伦理对教师活动的基本规范和实践要求。

结语详论"儒家教育伦理与中国人的道德教育"。它认为，儒家教育伦理仍然对改革开放中的教育发展具有基础性的影响，尤其是对中国人的道德建设发挥着建设性的作用。同时，它也认为，儒家教育伦理中的某些根深蒂固的观点需要改进甚至需要革新，否则将难以适应全球化时代和现代市场社会的发展需要。

鉴于"比较研究方法"的工具价值，本书始终以西方教育伦理理论特别是可以代表西方教育伦理思想的主要源头和基本线索的古希腊三哲、黑格尔、康德、卢梭、杜威等权威的教育伦理理论为比较对象，以凸显儒家教育伦理乃至中国传统教育伦理的特色内涵，同时，期望这种概论性、体系性、总括性的比较对人们正确认识和合理评价具有中国文化特色的传统教育伦理理论包括道德教育理论起到参照和借鉴的作用。

总之，无论从历史、逻辑还是从现实的角度看，我国传统教育伦理理论特别是道德教育理论体系基本上是由居于主导地位的儒家教育伦理演化和革新而来。事实上，儒家教育伦理无论得到什么样的褒贬评价，其实际发挥的作用和影响都经久不衰，历久弥新，有些部分甚至焕发出普世的价值。应该说，在建设小康社会的新的历史征程中，儒家教育伦理思想中的合理部分对完善现代道德教育理论、规划和实施未来道德教育理论尤其是学校道德教育理论体系仍然具有现实的价值意义。

导　论

1. 理想国的文化设计与
教育原理的选择

　　人类文明的发展既是一个不断生成、积累和继承的过程，也是一个不断接受、开拓和创新的过程。从文明时代的早期阶段看，这种发展客观而显著地发生在古希腊时代的苏格拉底（Socrates）、柏拉图（Plato）、亚里士多德（Aristotle）以及中国先秦时期的孔子、孟子和荀子生活时代的前后时期。20 世纪英国最伟大的哲学家罗素（Bertrand Russell，1872—1970）在《西方的智慧》中指出："西方的思想推理无论在什么方面兴旺发达，其背后都徘徊着柏拉图和亚里士多德的影子。"因为"他们几乎在每一个哲学问题上都说过一些有价值的话"。因此，"任何人现在试图独树一帜而忽视雅典的哲学，都得承担很大的风险"。①更有甚者，大哲学家黑格尔（Georg Wilhelm Friedrich Hegel，

---

　　①　［英］罗素著：《西方的智慧》，崔权醴译，文化艺术出版社 1997 年版，第103—104 页。

1770—1831) 在《哲学史讲演录》中指出："今生现世，科学与艺术，凡是满足我们精神生活，使精神生活有价值、有光辉的东西，我们知道都是从希腊直接或间接传来的，……间接地绕道罗马。"[①] 显然，希腊三哲的思想探索为西方人类精神的发展做出了巨大的贡献，尤其是柏拉图设计的作为善的伦理共同体的理想国之蓝图，不仅在思想上而且在现实中直接指导着西方对国家及其公民的理性建构。无独有偶，所有这一切几乎同时发生在古老的中国大地上。孔子在《论语》、孟子和荀子在其著作中设计的仁治社会之蓝图，被中国古代秦汉以后占主导地位的儒家社会继承和实践，对几千年薪火相传的中国文化及教育思想产生了极其深远的影响。对此，毛泽东（1893—1976）早在 1938 年就说过："今天的中国是历史的中国的一个发展"，"我们不应当割断历史。从孔夫子到孙中山（1866—1925），我们应当给以总结，承继这一份珍贵的遗产"。[②] 倘若站在比较的角度，我们可以说，西方理想国以人性结构为合理性基础，儒家理想国以家庭结构为合理性基础，而以人性结构为基础构建的理想国，选择以理性教育、自由教育、公民教育乃至宗教教育为内涵的国家教育或社会教育范式，而以家庭结构为基础构建的理想国，则选择以世俗的人性教育、人伦教化、至善教育来构建国家教育或社会教育体系。虽然两者均归属于善的教育，但是，儒家则将善的教育始终置于人类生活的世俗世界，目标直接指向人道目的；西方则将善的教育最终置于具有神性特征的天国世界，核心直指神道目的。于是，中西方教育伦理原理由此出现了选择性的文化差别。

---

① 黑格尔著：《哲学史讲演录》第 1 卷，商务印书馆 1981 年版，第 157 页。
② 毛泽东著：《中国共产党在民族战争中的地位》，载《毛泽东选集》第 2 卷，人民出版社 1952 年版，第 522、534 页。

（1）儒家构想的理想国与西方文化中的理想国

　　无论是在西方还是在中国，在很远的时代，那些充满智慧的先哲们就开始设计理想国或理想社会的模型，逐步形成了完整的理论体系。在西方，以柏拉图为代表的哲人们，把理想国的建立看作是国家所有事物中最重大的事项，并以此原则确立理想国的总体规划。在中国，以孔子为代表的儒家，则把建设一个理想国或理想社会作为终生努力实现的重要目标。历史充分地表明，柏拉图和孔子等对理想国的不同设计，实际导致了中西方社会文化乃至文明范式的重大差别。那么，中西方在理想国或理想社会的文化设计上差别究竟何在？它们的历史影响究竟如何？

　　在西方，柏拉图为其理想国计划引入"理念"的概念。所谓"理念"，就是"模式"或"模型"的意义。柏拉图认为，世界上实际存在的国家都是不完美的，只有关于"国家"的"理念"才是最完美的，换言之，实际存在的国家，都是国家"理念"的"模本"和"图画"。我们知道，柏拉图在谈到其设计的理想城邦的实际处境时，曾经说："这种（理想的）城邦在地球上是找不到的"，"或许天上建有它的一个原型，让凡是希望看见它的人能看到自己在那里定居下来。至于它是现在存在还是将来才能存在，都没有关系。反正他只有在这种城邦里才能参加政治，而不能在别的任何国家里参加"。[①] 后来，基督教神学家根据柏拉图的"理念论"提出了以承认上帝创造世界（包括国家和人类）的宗教体系，在他们看来，上帝或神是最完美的理念范型。于是，

---

　　① ［古希腊］柏拉图著：《理想国》，郭斌和、张竹明译，商务印书馆1986年版，第386页。

基督耶稣到处传教所述的"天国世界"概念就这样形成了。那么，上帝是谁？若借用我国道家老子的观点说，上帝就是"万物之所从生者"。显然，这一点与柏拉图的"理念论"极其吻合。对此，哲学家康德（Immanuel Kant，1724—1804）有一段精彩的评述，康德说："一个理念无非是关于一种在经验中无法遇见的完美性的概念。比如关于一个完美的、按照正义的规则统治的共和国的理念！它难道因此就是不可能的吗？我们的理念首先必须是正确的，然后它才绝非是不可能的，无论在其实行过程中会有多少障碍。"① 换言之，在康德看来，如果一种理想设计确实存在明确而有力的根据，那么，它就有实现的可能性。确实，柏拉图塑造的"理想国"后来终成西方世界在现实中着力构建的国家之"模型"。准确地说，现实国家关于正义之设计理念同柏拉图的理念论在根本上是一致的。而在这样的现实国家中，个体是法律上的公民或市民，他们必须从"部分属于整体"的角度来认识自身的存在价值和实践意义。历史上，苏格拉底为守法而坚决地拒绝越狱逃跑、毅然地抛弃家庭、光荣地殉难的事实，强有力地证明了西方公民服从法律的重要性。亚里士多德在《政治学》著作中坚定地确认了这一点。

　　柏拉图依人性结构制作国家结构，因而人性的伦理原理构成了西方世界之国家伦理原理。可以这样说，按照西方文化的设计，人性的秩序结构决定了国家的秩序结构，或者说，国家的秩序结构来源于人性秩序结构，两者的基本原理高度一致。回顾一下柏拉图的理论基础，我们知道，在柏拉图看来，人类个体的灵魂由理性、意志和欲望三个部分组成，国家也是由受这三个部分

---

① ［德］康德著：《论教育学》，赵鹏、何兆武译，上海世纪出版集团2005年版，第6页。

支配而在质量分布上存在不同的人群组成：其一，受到理性控制的人是哲学王，应该成为国家的统治者；其二，受到意志控制的人应该成为国家的护卫者；其三，受到欲望控制的人则应该成为国家的基层民众，如致力于物质生产的工商业者。且看柏拉图的分析："正如城邦分成三个等级（即爱智、爱胜、爱利）一样，每个人的心灵也可以分解为三个部分理性、意志、欲望"，① 他假定"个人在自己的灵魂里具有和城邦里所发现的同样的那几种组成部分，并且有理由希望个人因为这些与国家里相同的组成部分的情感而得到相同的名称"。② 柏拉图确认，在国家里存在的东西在每一个人的灵魂里也存在着，而且数目相同；例如，个人的智慧和国家的智慧是同一智慧，个人的勇敢和国家的勇敢是同一勇敢，使个人得到智慧和勇敢之名的品质和使国家得到勇敢之名的品质是同一品质，并且在其他美德方面个人和国家也都有这种关系。同样，亚里士多德也说："城邦的勇敢、公正和智谋与每一个人的所谓勇敢、公正、智谋与节制具有相同的能力和形式。"③ 还说："对于每一个人和对于城邦共同体以及各种各样的人群，最优良的生活必然是同一种生活。"④ 因此，"我们以什么为根据承认国家是正义的，我们也以同样的根据承认个人是正义的。"⑤ 自然，"当一个国家最像一个人的时候，它是管理得最好的国家"。⑥ 同时，"在美德和幸福方面，不同类型的个人间的对

---

① 柏拉图著：《理想国》，郭斌和、张竹明译，商务印书馆1986年版，第366页。
② 同上书，第157页。
③ 亚里士多德著：《政治学》，载《亚里士多德选集》，颜一、秦典华译，中国人民大学出版社1999年版，第237页。
④ 同上书，第243页。
⑤ 柏拉图著：《理想国》，郭斌和、张竹明译，商务印书馆1986年版，第169页。
⑥ 同上书，第197页。

比关系，就像不同类型的国家之间的对比关系"。① 也许，正是在这个意义上，我国民国时期的学衡派代表人物、著名教育家缪凤林（1899—1959）指出："希（指希腊）人之意，最善之个人，即最良之公民，个人之目的与国家之目的同也。……易言之，国家之自全，即个人之目的而已。个人与？国家与？一而二，二而一者也。"② 可见，西方文化在建设初期就看重个体与国家在本质上存在的一致关系，准确地说，要建设一个正义国家，人类必须给予群体中的每个个体以一定的政治权利、政治责任和政治义务，否则，国家将难以在整体上实现它应有的政治目的和道德目的。

自古而今，"自由"是西方文化设计的理想国关于人权的最重要的价值理念。英国谚语说："不自由，无以立国。"《圣经》云："你们要晓得真理，真理必叫你们得以自由。"③ 众多的哲学家均对此做了精辟的论证。英国哲学家赫·斯宾塞（Herbert Spencer，1820—1903）论证说："上帝立志要天下人幸福。人只能通过运用他的能力得到幸福。于是上帝要他运用他的能力。但是，要运用能力，他必须有自由地做他的能力自然驱使他做的事情。于是上帝愿他应该有这个自由。所以，他有权得到这个自由。"④ 而且，"这不是一个人的权利，而是所有人的权利。所有的人都赋有各种能力。所有的人必须通过运用它们履行神的意

① 柏拉图著：《理想国》，郭斌和、张竹明译，商务印书馆 1986 年版，第 361 页。

② 缪凤林著：《希腊之精神》，载孙尚扬、郭兰芳主编《国故新知论——学衡派文化论著辑要》，中国广播电视出版社 1995 年版，第 371 页。

③ 《圣经·约翰福音》8：32。

④ ［英］赫·斯宾塞著：《自由主义和儿童的权利》，载于《斯宾塞教育论著选》，胡毅、王承绪译，人民教育出版社 1997 年版，第 209 页。

志。所以，一切人必须自由去做运用能力的事情，那就是，一切
人必须有行动自由的权利"。① 法国哲学家让·雅克·卢梭
（Jean Jacques Rousseau，1712—1778）说："上帝使人自由，以
便使人通过选择而为善弃恶。"② 马克思（1818—1883）也指出：
"没有一种动物，尤其是具有理性的生物是带着镣铐出世的，自
由是全部精神存在的类本质。"③ 又说，"每个人的自由发展是一
切人的自由发展的条件。"依黑格尔的观点，每个公民都具有意
志的自由，家庭、民族、国家和宗教乃是自由意志经过逻辑发展
而得到的具有普遍性特征的伦理实体。为了彻底贯彻自由的理
念，国家须为公民提供和保障自由环境，公民可以在自由环境中
生存和发展，充分地体现自由的理念。因此，西方国家特别推崇
"天赋自由"和"天赋人权"之学说。所以，匈牙利诗人裴多菲
那首歌颂自由的诗作至今为人称颂："生命诚可贵，爱情价更高，
若为自由故，二者皆可抛。"对比看，西方所谓的"人权"概念
在中国文化中则向来没有，因为中国人只讲人性、人情、人道、
人品等。另一方面，按照西方政治的逻辑，为了保障每个人的自
由和人权，西方国家必须制定强有力的政治体制和法律制度，以
约束和规范公民在不侵犯他人自由和人权的情况下行使自身的自
由和人权，进而维护国家的实体存在和法律权威。对此，柏拉图
和亚里士多德已经涉及，而卢梭在《社会契约论》和《论人类不
平等的起源和基础》中则做了十分详细的理论阐述。

　　若站在比较文化的角度看，可以说，西方文化设计的理想国

---

　　①　赫·斯宾塞著：《自由主义和儿童的权利》，载于《斯宾塞教育论著选》，胡
毅、王承绪译，人民教育出版社 1997 年版，第 209 页。

　　②　卢梭著：《爱弥儿，或论教育》，李平沤译，商务印书馆 1978 年版，第 401 页。

　　③　转引自袁贵仁《马克思的人学思想》，北京师范大学出版社 1998 年版，第
211 页。

是"法律王国"或"政治王国"，而儒家建立的理想国或理想社会则是"家天下"的"道德王国"。不像西方理想国以哲学王为统治者，儒家的理想国则是以圣人君子为元首的国家，其组织原理不是从个体人性结构原理得到，而是从家庭的结构原理得到。具体地说，由家庭夫妇一伦产生父子和兄弟二伦，而父子一伦经由家庭扩展到国家，遂有君臣一伦，其次兄弟一伦由家庭扩展到社会，遂有朋友一伦。这样，从原理方面看，儒家文化中的国家既是国又是家，或者说，国是家的放大形态，家是国的微缩形式。我们记得，清代驻法国巴黎著名外交官陈季同（1852—1907）将军曾经在《中国人的自画像》中写道："家庭制度是整个中国社会和政府大厦赖以存在的基础。或许可以将中国社会视为家庭的总和。……从根本上讲，家庭是一个微型政府：这是一个培养统治者的学校，连君主本人也是其中的一名学子。"① 因此，我们可以这样说，在儒家的视野中，齐家之道和治国之道是相同的，也是相通的，准确地说，儒家治国之道是齐家之道的合理推展逻辑延伸。这种原理设计表现在现实中，就是："君父"既是君也是父，既是父也是君；"家臣"是主人在家里使唤的臣子，如同皇帝在朝廷使唤臣子一样。所以，孔子曰："君君，臣臣，父父，子子。"② 庄子云："父子君臣，天下之定理，无所逃于天地之间。"③ 孟子曰："人有恒言，皆曰天下国家。天下之本在国，国之本在家。"④ 冯友兰解释说："旧日所谓国者，实则还是家。皇帝之皇家，即是国，国即是皇帝之皇家，所谓家天下是

---

① （清）陈季同著：《中国人自画像》，段映虹译，广西师范大学出版社 2006 年版，第 6 页。

② 《论语·宪问》。

③ 语出《庄子·人间世》，见《二程遗书》卷五。

④ 《孟子·离娄上》。

也。所以汉朝亦称汉家。一个男人到皇家为臣要尽臣道，正如一个女人到他的夫家作妇，必须尽妇道一样。"[①] 近代政治家孙中山的描述更是精彩，他说："国是合计几千万的家庭而成，就是大众的一个大家庭……中国个人之外注重家族，有什么事情便要问家长。这种组织有的说是好，有的说是不好。依我看来，中国国民和国家结构的关系，先有家族，再推到宗族，再然后才是国族。这种组织，一级一级的放大，有条不紊，大小结构的关系当中是很实在的。"[②] 显然，在儒家文化中，家是最重要的概念。那么，个体存于何处？其价值取自何处？儒家的回答是：个体是只有放在家中才有具体特征且可被描述的对象，或者说，个体首先被放进家中，随后便自然地被放进国和天下之中，但最终在家中体现自身的价值。在这个意义上说，儒家所谓的家庭的重要性超过了儒家设计的个体的重要性。也可以说，重视个体只是儒家重视家庭的具体内容和具体步骤。正是在这样的认识基础上，儒家在处理人的关系时总是乐于把个体与家庭联系起来，并把两者放在一起进行讨论和阐释。即："修身齐家"指在家中"修"自己的"身"，使"身"适应"家"的伦理需要，然后再往前发展和推进，进入到"国"和"天下"的层次和范围。自然，儒家学说里就集中了四个相互联系又相互独立的文化概念：个体（身）、家庭、国家、天下。人所共知，它们被儒家各派阐释得详尽而精致。

　　再换一个角度看，如果说西方文化是用"政治"来统一国家和个体的特性，那么，儒家文化就是用"道德"将个体与国家

---

　　① 冯友兰著：《新事论》，载于《冯友兰学术论著自选集》，北京师范学院出版社1992年版，第195页。

　　② 张岂之著：《近代伦理思想的变迁》，中华书局1993年版，第334—335页。

（或社会）相互联系起来，并且将家和天下纳入其中。引用国学大师钱穆（1894—1992）的话说："政治乃人生一大事，修身、齐家与治国平天下一以贯之，彻头彻尾，仍是一道德。"① 令人惊讶的是，黑格尔和孟德斯鸠（Charles de Secondat，Baron de Montesquieu，1689—1755）也持有相似的看法②。于此，让我们借用中国古书来阐释这个观点。《周易·师卦》云："大君有命，开国承家，小人勿用。"就是说，国君颁布命令论功行赏领地，有的开国封为"诸侯"，有的则给以封地以成家，进而成为"大夫"，称诸侯的封地为"国"，称"大夫"的封地为"家"。可以看出来，"国"和"家"都是有德之人的所有物，无德之"小人"没有份，因为"小人必乱邦也"，不能承受"国"和"家"

---

　　① 参见钱穆《钱宾四先生全集》第 37 卷《文化学大义》和《民族与文化》，台湾联经出版事业公司 1998 年版，《民族与文化》，第 44 页。

　　② 黑格尔指出："中国纯粹建筑在这一种道德的结合上，国家的特性便是客观的'家庭孝敬'。中国人把自己看作是属于他们家庭的，而同时又是国家的儿女。在家庭之内，他们不是人格，因为他们在里面生活的那个团结的单位，乃是血统关系和天然义务。在国家之内，他们一样缺乏独立的人格；因为国家内大家长的关系最为显著，皇帝犹如严父，为政府的基础，治理国家的一切部门。"（参见黑格尔《历史哲学》，上海书店 1999 年版，第 127 页）孟德斯鸠在《论法的精神》中指出，法律主要规定"公民"的行为，风俗主要规定"人"的行为，后者与礼仪又有区别，风俗主要是关系内心的活动，礼仪主要是关系外表的动作，但是，在中国立法者那里，这三者是混淆的，不但这三者混淆，而且道德也与之混淆。而在法律、风俗、礼仪、道德四者中，道德更具有主导性和代表性，因此，"所有这些东西都是道德。所有这些东西都是品德。这四者的箴规，就是所谓的礼教"。统治者制定了最广泛的"礼"的原则，"文人用之以施教，官吏用之以宣传"。而中国人把"整个青年时代用在学习这种礼教上，并把整个一生用在实践这种礼教上"。"在中国，以儒学为核心的礼教，把纲常民分作为宣传和教育的主要内容，实际上是把这一套作为伦理规范、约束人们的言行。"因此，孟德斯鸠尖锐地指出："政府与其说是管理民政，不如说是管理家政。"［参见忻剑飞著《世界的中国观》，三联书店（香港）有限公司 1991 年版，第 191—193 页］

的"道德之重"。事实上，汉朝以后，中国历代皇帝的正式头衔是"奉天承运皇帝"。所谓"承运"即承"五德"转移之运；所谓"五德"是配"金木水火土"之德。难怪《周易·家人》说："家人有严君焉，父母之谓也。父父、子子、兄兄、弟弟、夫夫、妇妇，而家道正。家道正，而天下定矣。"《大学》云："一家仁，一国兴仁；一家让，一国兴让；一人贪戾，一国作乱。"可见，儒家的家庭确实为个体和社会（包括为国家和天下）提供了价值的基本原理和道德的基础。这一点在孔子的话语中也体现出来。孔子曰："父子之道，天性也，君臣之义也。"① 又曰："君子之事亲孝，故忠可移于君；事兄悌，故顺可移于长；居家理，故治可移于官。是以行成于内，而名立于世矣。"② 孟子反过来说了同样的意思："居下位而不获于上，民不可得而治也。获于上有道，不信于友，弗获于上矣。信于友有道，事亲弗悦，弗信于友矣。"③ 令人称奇的是，儒家文化的这个特点，法国文学家伏尔泰也做了独到而精辟的评述。他说："中国人最深刻了解、最精心培育、最致力完善的东西是道德和法律。儿女孝敬父亲是国家的基础。在中国，父权从来没有削弱。儿子要取得所有亲属、朋友和官府的同意才能控告父亲，一省一县的文官被称为父母官，而帝王则是一国的君父。这种思想在人们心中根深蒂固，把这个幅员广大的国家组成一个大家庭。"④ 伏尔泰的论述表明他对儒家文化有深刻的了解。

　　顺延前面的意思，由于儒家所谓的国家是根据家庭的结构和

---

① 《孝经·圣治章》。

② 《孝经·广扬名章》。

③ 《孟子·离娄上》。

④ 转引自楼宇烈、张西平主编《中外哲学交流史》，湖南教育出版社 1998 年版，第 316 页。

原理建立的，因此，儒家意义上的个体在家庭中得到的人格素养在国家和社会中自然得到认可和赞同。孔子的话可以为证。孔子曰："其为人也孝弟，而好犯上者鲜矣，不好犯上而好作乱者，未之有也。"① "忠臣以事其君，孝子以事其亲，其本一也。"② "孝者所以事君也。"③ 那么，儒家这样说的根据何在？儒家认为，"孝"是"最大的善"，个体在家庭中接受培养得到的"孝"，正是社会和国家所要得到的"忠"的原旨和要旨。因为"资于事父以事母而爱同，资于事父以事君而敬同。故母取其爱，而君取其敬，兼之者父也。故以孝事君则忠，以敬事长则顺；忠顺不失，以事其上，然后能保其禄位，而守其祭祀，盖士之孝也"。④ 也就是说，家庭为个体获得普遍性的价值尊重提供了可靠的基础。在这个意义上，与其说个体与国家和社会发生着各种关系，不如说个体与家庭发生着各种各样的关系，并不断地从家庭中得到自身的价值支撑。换言之，个体在完成道德至善方面必须通过身处家庭、国家和天下的舞台的锻炼和造就，其中，家庭是第一位的，国家和社会是第二位的，天下是最终的、决定性的，也是最高的层次。可以认为，梁漱溟（1893—1988）的话揭示了其中的文化内涵，他说："中国人心目中所有者，近则身家，远则天下；此外便多半轻忽了。"在他看来，中国人总是把"国家消融在社会里面，社会与国家相浑融"。因为中国人认为："国家是有对抗性的，而社会则没有，天下观念就于此产生。"⑤ 事实上，中国古代君子以"孝""治天下"，充

---

①　《论语·学而》。

②　《礼记·祭统》。

③　《礼记·大学》。

④　《孝经·士章》。

⑤　鲍霁主编：《梁漱溟学术精华录》，北京师范学院出版社 1988 年版，第 331 页。

分地说明作为儒家道德实体的"家"的重要性和有效性。

　　总而言之，儒家意义上的"国"和"天下"是"家"的放大，而西方文化意义上的"国"是放大了的"人"。儒家意义上的"国"与"家"同一契合，西方文化意义上的"国"与其公民个性结构和谐统一。可以说，在实际认识中，儒家强调的是"家"而不是"国"，即使说的是"国"，所指也是放大了的"家"。于此，不妨引用著名社会学家费孝通（1910—2005）总结的一个观点，这就是：中国传统社会是一个"乡土社会"。在他看来，"乡土社会中家的大小变异可以很甚。但不论大小上差别到什么程度，结构原则上却是一贯的、单系的差序格局"。① 所以，大儒颜之推（531—约590）说："治家之宽猛，亦犹国焉。"② 由此，我们可以这样说，正是在解剖家的原理的基础上，儒家找到了如何治理国家、如何治理天下的基本原理，而西方正是在解剖个体的人性结构的基础上认识了国家的要素构成、运作原理及其治理方式。

（2）中西理想国的教育理念及其基本原理

　　显然，儒家确立的理想国与西方文化意义上的理想国存在明显的不同。西方文化重视个体和国家、相对忽视家庭的作用，同时以具有实体意义的"上帝"代替儒家所谓"天"的意义，进而与儒家文化有实际的分别。可以说，正是因为对理想

---

　　① 费孝通著：《乡土社会》，北京出版社 2005 年版，第 57 页。

　　② 林语堂认为，"自颜之推（531—591）家训以降，如范仲淹（989—1052），朱熹（1130—1200）以迄陈宏谋（1696—1771），曾国藩（1811—1872）各家家训，此勤勉淳朴而崇尚简单生活之家族理想，总是一致地坚持着，而且被认为民族最有价值的传统道德律"（参见林语堂《吾国与吾民》，陕西师范大学出版社 2002 年版，第 23 页）。

国的设计不同，儒家与西方文化在教育理念上存在巨大的差别。柏拉图和亚里士多德的教育设想应该最具代表性。柏拉图认为，国家须承担教育义务和教育职责，所有教育材料应由国家组织和实施，其目标服务于培养三种人：哲学王、卫国者和工商农民。而教育的主要目的则是培养有理性精神的哲学王，因为只有哲学王才具有治理国家的理性和智慧。柏拉图之所以把培养哲学王作为教育的主要目标，从根本上说，是基于对人性的理性分析理论：人性可以分为理性、意志和欲望三个方面或三种特性，它们同属于人的心灵或灵魂。在哲学王的心灵内部，理性占据优势地位，具有治理其他两种成分即意志或欲望的高超能力。进而，柏拉图突出人性构成与国家公民构成之间的一致性和同一性，并以此为依据强调教育的宗旨是服务于国家的最高利益。在他看来，只有国家得到哲学王的统治和治理，公民才能得到最好的治理并享受最好的城邦福利和整体幸福。因而，柏拉图强调公民必须接受智者的教育，他说："人们如果不受智者的教育，就不能管好家务治好国家。"① 亚里士多德也说："邦国如果忽视教育，其政制必将毁损。一个城邦应常常教导公民们使能适应本邦的政治体系及其生活方式。"② 在亚里士多德看来，教育是紧要的，政体以法律为本，而再好的法律不通过公民教育深入人心依然是无用的③。为此，卢梭甚至认为柏拉图的理想国设计，本质上说的是教育而非政治，他指出："如果你想知道公众的教育是怎么一回事，就请你读一下

----

① 柏拉图著：《理想国》，郭斌和、张竹明译，商务印书馆1986年版，第396页。

② 亚里士多德著：《政治学》，载于任钟印主编《世界教育名著通览》，湖北教育出版社1994年版，第72页。

③ 亚里士多德著：《政治学》，载于《亚里士多德全集》（政治学卷），中国人民大学出版社1999年版，第9页。

柏拉图的《理想国》，这本著作，并不像那些仅凭书名判断的人所想象的是一本讲政治的书籍；它是一篇最好的教育论文，像这样的教育论文，还从来没有人写过。"① 换句话说，柏拉图把公民教育看作是建设理想国的主要内涵和本质要求。应该说，此种观点在西方诸位哲人那里均得到了继承和发扬。

　　亚里士多德认为，人，作为个体可分为身体和灵魂两个部分，正如同物质（质料）和形式一样，不可分离地存在着。其中，人的灵魂有植物性、动物性和理性三种特性。植物性灵魂表现为营养与繁殖；动物性灵魂表现为感觉和欲望；理性的灵魂表现为理智和沉思。前两种灵魂绝大多数属于非理性的。亚里士多德强调，与上述三种灵魂相配合的整体性教育应当包括体育、德育和智育。教育的目的在于发展人的这三个方面的内在素质，使之达到最高的程度，使体、德、智等方面得到和谐的发展。其中，理智教育只能归到教育的职责中，因为只有教育才能使人获得理智德性。而美德则属于伦理德性，它必须依托人在习惯和实践中的锻炼和培养。在他看来，国家立法者的职责就在于通过塑造善良的习惯，使公民们的道德达到完善的境界。他指出："立法者应该教育公民适应他生活于其中的政体，因为每一政体一开始就形成了其固有的习惯特征，起着保存该政体自身的作用。"② 依他的观点，公民不能认为只属于他自己，而是属于整个城邦，因此，教育乃是整个城邦的责任和每个人的责任。自然，国家应充分发挥领导教育的作用。他说：

---

　　①　［法］卢梭著：《爱弥儿，或论教育》，李平沤译，商务印书馆1978年版，第11页。
　　②　亚里士多德著：《政治学》，载于《亚里士多德全集》（政治学卷），中国人民大学出版社1999年版，第276页。

"既然整个城邦有着惟一的目的，那么，很明显对所有的公民应实施同一种教育。对教育的关心是全邦的责任，而不是私人的事情。"因此，"显而易见，在教育方面应有立法规定，并且教育应是全邦共同的责任，但也不能忽视教育的内容以及实施教育的方式。"① 应该说，亚里士多德的分析是全面而深刻的。

黑格尔认为，伦理是民族风俗习惯的结晶，是"不成文的法律"，具有神圣的性质，被认作永远正当的东西。对于后辈的熏陶和教育都是伦理的功用。黑格尔说过：教育学是使人们合乎伦理的一种艺术。教育的人文使命就是造就"有教养的人"，使人得到"伦理的解放"和在更高层次上的"解放"，其宗旨在于：使个体获得国家的伦理认同（普遍物），即国家通过教育手段使个体以国家公民的素质体现自身的伦理价值。他深刻地指出："教育的绝对规定就是解放以及达到更高解放的工作。这就是说，教育是推移到伦理的无限主观的实体性的绝对交叉点，这种伦理的实体性不再是直接的、自然的，而是精神的、同时也是提高到普遍性的形态的。"② 而个体若要提高到"普遍物"的形态和水平，则必须摆脱质朴的自然性和个体的主观性和特殊性的束缚。因此，"在主体中，这种解放是一种十分艰苦的工作，这种工作反对举动的纯主观性，反对情欲的直接性，同样也反对感觉的主观虚无性与偏好的任性"。在黑格尔看来，"有教养的人首先是指能做别人做的事而不表示自己特异性的人，至于没有教养的人正要表示这种特异性，因为他们的举止行动是不遵循事物的普遍特性的"。因此，"教育就是要把特殊性加以琢磨，使它的行径合乎

---

① 亚里士多德著：《政治学》，载于《亚里士多德全集》（政治学卷），中国人民大学出版社1999年版，第276—277页。

② 黑格尔著：《法哲学原理》，范扬等译，商务印书馆1996年版，第202页。

事物的本性"。① 可以看出，在黑格尔的视野中，这种教育的最终目的，就是把个体导向具有"普遍物"特性的理想状态，进而成为国家伦理实体中的优秀公民。显然，黑格尔强调的是公民教育理念。

卢梭认为教育的功能在于发掘人天然的力量，培育人类的自然禀赋，发展每个人的天赋才能，以及养成能在社会环境中善于立身处世的有理性的人。他根据著名教育家洛克（John Locke，1632—1704）的自由思想和大自然规律对人的内在影响，设计其教育途径和方法，以使个体从幼儿到儿童、从儿童到少年、从少年到青年逐步培养成素质健全的人格。实际上，哲学家康德继承了卢梭的这种思想，他把教育分为"自然性的教育"和"实践性的教育"，后者也叫"道德性的教育"，它是指"那种把人塑造成生活中的自由行动者的教育"。② 在康德看来，这是一种"导向人格性的教育"，是"自由行动者的教育"，"这样的自由行动者能够自立，并构成社会的一个有机组成部分，而又意识到自身的内在价值"。③ 康德认为，教育实际上是把人塑造成符合人的本质规定的公民教育，最终，人应该被培养成遵守道德法则、并依照道德法则行动的人，这样的人"只依从他同时认为可能成为普遍规律的准则而行动"。总之，能够达到这种目的的教育，才是"善的教育"，才是令人称赞的教育。值得强调的是，康德同时肯定亚里士多德关于政治和教育是人类最困难和最值得研究的两种发明和艺术的理论观点。

---

① 黑格尔著：《法哲学原理》，范扬等译，商务印书馆 1996 年版，第 202—203 页。

② 康德著：《论教育学》，赵鹏、何兆武译，上海世纪出版集团 2005 年版，第 15 页。

③ 同上。

比较来看，儒家文化以家庭为中心，个体必须在家庭中成长，家庭依赖于个体的成长和发展，个体的发展直接与家庭的发展紧密联系。而国家不仅以家庭为基本单元，而且是以家庭原理来组织社会和国家的。这样，国家必然重视家庭在社会中的自足性、生命性和组织性。进一步说，家庭越是具有组织性和单元性，社会和国家便越是具有稳定性和可持续性。因此，在儒家社会中，社会和国家实施的教育，必然以各个家庭的自我教育为基础。学理上，孟子提出的"五伦"中的"三伦"均出自家庭，以及董仲舒提出的"三纲"中的"两纲"均来自家庭人伦的事实，为儒家家庭教育的重要性提供了理论的佐证。在儒家看来，个体在家庭里接受良好的教育必然在学校和社会中产生正面的、积极的影响，因而，国家实施教育实际上就是家庭对其各个成员进行教育的逻辑延续与合理推延。例如，儒家坚信：个体在家孝敬父母而出门必孝忠于自己的长辈以及所做的工作。对此，《吕氏春秋·劝学》云："先王之教，莫荣于孝，莫显于忠。忠孝，人君人亲之所甚欲也。"所以，《孝经》说："夫孝，德之本也，教之所由生也。"《大学》云："所谓治国必先齐其家者，其家不可教而能教人者，无之。故君子不出家而成教于国：孝者，所以事君也；弟者，所以事长也；慈者，所以使众也。"朱熹亦曰："身修，则家可教矣；孝、弟、慈，所以修身而教于家者也；然而国之所以事君事长使众之道不外乎此。此所以家齐于上，而教成于下也。"① 孔子也说："教民亲爱，莫善于孝。教民礼顺，莫善于悌。"② 还说，"君子之教以孝也，非家至而日见之也。教以孝，所以敬天下之为人父者也。教以悌，所以敬天下之为人兄者也。教以臣，所以敬天下之

---

① 《大学章句》。
② 《孝经·广要道章》。

为人君者也。"① 孟子强调："为政不难，不得罪于巨室。巨室之所慕，一国慕之；一国之所慕，天下慕之；故沛然德教溢乎四海。"② 国学大师辜鸿铭（1857—1928）解释说："在中国的国家信仰里面，让人、让中国的普通大众遵守道德行为准则的启示之源，真正的动力是对父母的爱。"例如，当基督教教会说："爱基督。"孔子国家信仰的教会——每个家庭的祖先牌位说："爱你的父母。"当圣保罗说："让每个人都唤基督的名，远离不公正。"而《孝经》说："让爱父母的人远离不公正。"简言之，"正如基督教教会宗教的本质、动力、真正的启示之源，是对基督的爱，儒教的本质、动力、真正的启示之源是'对父母的爱'——孝顺，以及祖先崇拜仪式。"③ 也许正是在这个意义上，著名学者韦政通认为，儒家文化可以被称为"家庭主义"的文化④。

确实，儒家教育受到伦理思想全方位、多层次、多方面的深刻影响。儒家把家庭看得高于一切，所以，家庭教育一直发挥着构建社会和国家甚至天下的关键作用。我们知道，《大学》开篇

---

① 《孝经·广至德章》。

② 《孟子·离娄上》。

③ 辜鸿铭著：《中国人的精神》，陈高华译，陕西师范大学出版社 2006 年版，第 109—110 页。

④ 韦政通认为，家庭主义有四个特质：强烈的一体感；嗣续繁衍；恪遵祖训；家庭财物公有；重视家庭荣誉。他认为，家庭主义与非家庭主义的区别在于，前者经由一套文化上的设计，把这份早期的感情予以特别的强调，并与特殊的价值观念相结合，使其经久长存。后者的家庭，当子女一旦独立组织了自己的家庭，对原来生长家庭的感情，就会日趋松散而淡薄。中国传统的家是家庭主义的，奠定并维系家庭主义的价值网络，为儒家所提供。在所有的价值网络中，最重要的一点，是亲亲原则的建立。这一原则建立以后，不但把家提高到人一生中最重要的生活群体的地位，而且把维系家这一生活群体的感情的孝悌视为最高道德价值的表现……凡是与这一原则发生冲突的，都一律得牺牲。参见韦政通《中国文化与现代生活》，中国人民大学出版社 2005 年版，第 33 页。

就说明了儒家教育的来源和宗旨，它成为中国几千年教育文化的纲领性主张，牵引着、规范着、引领着中国教育的发展。实际上，从周公训子、孔母教子，到孟母三迁育子的故事①，到颜之推为育子所著的《颜氏家训》被广泛传颂的事实，都反映或折射了中国古代社会重视家庭教育的精神理念；而中国文化史上著名的"三、百、千"理论，即 13 世纪编写的《三字经》、11 世纪的《百家姓》和 6 世纪前半叶出现的《千字文》，直到清朝末年仍在使用，这些著作及其思想的传播就是在今天也没有"断流"。再看现当代，闻名于世的《曾国藩家书》和《傅雷家书》，已被印刷发行超百万册、中考和高考甚至是幼儿入学考试，均被家长们提升到"超级"重视的"家庭重点工程"的地位，更展示了近现代家庭重视教育的新事实。可以说，中国社会历来把家庭教育视作国家和社会教育的核心和关键，同时，国家和社会也把每个家庭的自我家庭教育是否成功看作是国家公民或社会教育能否发展兴旺的重要内涵和实际标识。两者相互配合，协同前进，由此形成中国社会传统的教育文化特征：各人皆重家庭教育，各人皆重社会教育和社会教化，但是，家庭教育始终被认为是第一位的。现在看，这应该是中国自孔子建立私学以来在几千年封建社会中私塾学堂的发展、"家训"、"家诫"、"治家格言"、启蒙读物"蒙书"以及四书五经被反复传抄、注疏、传播并受人欢迎的基本原因。

---

①　相传孟子早年丧父，母亲仉氏为了使其有个好的学习环境，先后把家从墓地坟茔边搬到屠肉铺旁，最后在一所学宫附近定居下来。故后人常以"三迁"、"三徙"、"择邻"作为颂扬母教之词。《三字经》曰："昔孟母，择邻处，子不学，断机杼。"

2. 基本概念的界定

（1）孔子与儒家
①关于孔子

孔子，名丘，字仲尼，春秋时期的鲁国人。站在人类发展的角度看，孔子生活的时代和古希腊苏格拉底和柏拉图相差无几，但他们的思想的差别却如此之大，以至于后人认为他们代表了东西方文化不同的源头。孔子生活在"社稷无常奉，君臣无常位"的春秋末期，周朝王权衰落，各封建诸侯国的权势不断上升。这意味着，旧的社会秩序将要打破，新的社会秩序有待建立。到底什么样的国家和社会是人们期待的理想模式？这是孔子等哲人要思考的重大问题。孔子在周游列国的过程中已深刻地感受到建立一个理想的以德治为模型的社会和国家是如此的重要，以至于他始终坚持强调仁政的重要性和必要性。据《论语》记载，孔子希望建立的理想国是"老者安之，朋友信之，少者怀之"的社会①。在他看来，这样的国家必须由品德高尚的贤明君子甚至圣人作为君主，必须实行仁政和德治。他说："为政以德，譬如北辰，君其所而众星拱之。"② 那么，如何培养这样的君主？孔子想到了过去的先王，如尧、舜、禹等"古代"圣人，然后由他们"开拓"出去。孔子期待的最佳政治景象是"无为而治"，"无为而治者，其舜也与！夫何为哉？恭己正而南面而已矣"。③ 在学

———————

①　《论语·公冶长》。

②　《论语·为政》。

③　《论语·卫灵公》。

术上，孔子虽说"述而不作，信而好古"，其实是通过"述"来"作"，并以"口授创作"提出自己的仁政思想、教育思想。相传孔子读《易》至韦编三绝，当时有人称赞其"博于诗书，察于礼乐，详于万物"。① 子贡认为孔子是体现着智、仁、勇美德的圣人，并称赞道："学不厌，智也；教不倦，仁也；仁且智，夫子既圣矣乎！"② 宰予则曰："以予观于夫子，贤于尧舜远矣。"③ 孟子曰："出于其类，拔乎其萃，自生民以来，未有盛于孔子也。"④ 又曰："孔子，圣之时者也。孔子之谓集大成。"⑤ 记载孔子言行的《论语》已被译成世界各国文字，其发行量仅次于《圣经》。孔子还整理编定了"古代"的珍贵资料：《诗》、《书》、《礼》、《乐》、《易》和《春秋》。它们已成为自汉武帝刘彻"罢黜百家，独尊儒家"之后几乎所有朝代的经典教科书，影响中国社会达两千多年，至今仍为世人传诵。汉儒奉孔子为"素王"。明朝嘉靖九年（1530），孔子被明世宗尊称为"至圣先师"。清圣祖康熙皇帝（1654—1722）则亲自为曲阜孔庙题写匾额"万世师表"。清末"今文家"康有为称孔子为儒家的"教主"。国学大师辜鸿铭评论道："孔子为中华民族所做的伟大功绩在于他挽救了中国文明的图纸和设计。"准确地说，通过挽救中华文明的图纸和设计，孔子对中华文明的设计做了新的综合、新的解释，这个新综合给了中国人真正的国家观念

---

① 《墨子·公孟》。
② 《孟子·公孙丑上》。
③ 同上。
④ 同上。
⑤ 《孟子·万章下》。

（或国家信仰）①。简言之，孔子为中国文化的演进做了奠基性、开创性的工作，而中国社会数千年来以儒家规制来构建社会和国家，则为孔子设置了"名世"的社会文化背景。张岱年（1909—2004）概括孔子对中华民族的贡献有四，第一是提出了人类生活的基本准则；第二是确立了重视现实生活的文化传统；第三是开创了中华民族的学校教育；第四是倡导开明坚定的民族意识②。钱穆写道："孔子思想，概要言之，乃在言即事论事，即人论人。极具体，但可达到极玄远。极亲切，但可达于极超脱。极平实，但可达于极幽深。极分别，极零碎，但可达于极会通，极圆成。论其出发点，则人人尽职尽能。求其归宿处，亦人人易到易达。而其中间过程，则可以极广大，极多端。""要之，孔子思想本于人心，达于大同。始乎人文，通乎天地。其亲切、平实、简易、单纯之教育宗旨与其教育方法，必将为世界文化奠其基础，导其新生。"③ 柳诒徵（1880—1956）在《中国文化史》中说："孔子者中国文化之中心；无孔子则无中国文化。"④ 也许，正是在以上的意义上，1984 年美国出版的《人民手册》，孔子被列为"世界十大名人"之首。这些称号和名誉一直被人们传诵。现代人称孔子为"孔圣人"、"孔夫子"。⑤ 虽然孔子在历史上褒贬不一，但是，孔子被后人看作儒家学派的正宗创始人，确已受到世人广

---

① 辜鸿铭著：《中国人的精神》，陈高华译，陕西师范大学出版社 2006 年版，第 48—49 页。

② 张岱年著：《孔子对于中华民族的贡献》，载于《张岱年全集》第 6 卷，河北人民出版社 1996 年版，第 560—563 页。

③ 钱穆著：《孔子思想与世界文化新生》，载于陈立夫主编《孔子学说对世界之影响》，台湾复兴书局 1949 年版，第 8、26 页。

④ 转引自李继凯等编《解析吴宓》，社会科学文献出版社 2001 年版，第 160页。

⑤ "夫子"的意思是"导师"。

泛的认同。近年来，以孔子命名的以教授汉语和传播中华文化为重任的"孔子学院"立户世界各国，受到世界各国人民广泛的欢迎。这充分体现了孔子对中国文化乃至世界文化的巨大影响力。

②关于儒

古代典籍《诗经》、《尚书》和《周易》中均未见"儒"字。儒为后来才用的词语。《论语》有一例：孔子对子夏曰："女为君子儒，无为小人儒。"① 许慎（58—137）在《说文解字》中说："儒，柔也，术士之称。"段玉裁（1735—1815）在"柔也"下注："儒行者，以其记有道德所行。儒之言，优也；柔也。能安人，能服人。又儒者，濡也；以先王之道，能濡其身。"《周礼》云："儒以道得民。"② 又曰："联师儒。"③ 郑玄注："儒，诸侯保氏有六艺以教民者。""师儒，乡里教以道艺者。"墨子常用此字，曾论君子儒、儒士、儒术。庄子论儒："其于诗书礼乐者，邹鲁之士，缙绅先生多能明之。"《礼记》记载，鲁哀公问于孔子曰："夫子之服，其儒服与？"孔子对曰："丘少居鲁，衣逢掖之衣，长居宋，冠章甫之冠。丘闻之也：君子之学也博，其服也乡；丘不知儒服。"哀公曰："敢问儒行。"孔子对曰："遽数之不能终其物，悉数之乃留，更仆未可终也。"④ 在这段对话中，孔子阐释了儒的角色内涵，其中包含了对此角色内涵的认知，具有思想性的特征。可以看出，儒是在地方上能涵养先王之道并以此教导人民的人，在当时社会中是一种具有标志性的职业和行业。近代学者多数主张，儒是一种职业或行业。冯友兰说："所谓儒者，就

---

① 《论语·雍也》。
② 《周礼·大宰篇》。
③ 《周礼·大司徒篇》。
④ 《礼记·儒行》。

是以相礼教书为职业的人。他们的专长就是演礼乐，教诗书。"
通俗地说："儒者是社会中的教书匠，礼乐专家。"① 贺麟说：
"儒者，就是品学兼优的人。最概括简单地说，凡有学问技能而
又有道德修养的人，即是儒者。"② 我们知道，孔子之后，以孔
子思想为核心的儒家学说继续发展，并与当时闻名于世的墨家学
派并存。据《韩非子·显学篇》称，"儒分为八"："世之显学，
儒、墨也。……自孔子之死也，有子张之儒，有子思之儒，有颜
氏之儒，有孟氏之儒，有漆雕氏之儒，有仲良氏之儒，有孙氏之
儒，有乐正氏之儒。"在这"八儒"之中，孟荀两家影响最大。
至近代，新儒家代表人物熊十力（1885—1968）经过详细的考
证，得到的惊人结论是："晚周六大学派。儒为正统，墨、道、
名、农、法，同出于儒，而各自成家，各开天地。"③ 应当说，
熊十力的结论不无道理。

　　③关于儒家

　　《孟子》记载，夷子曰："儒者之道，古之人'若保赤子'。"④
孟子曰："逃墨必归于杨，逃杨必归于儒。"⑤ 韩非子认为："世之
显学，儒墨也。儒之所至，孔丘也。"⑥ 荀子多用儒字，并把儒中
的不肖分子讥讽为小儒、腐儒、俗儒、陋儒、散儒、贱儒等。不
过，荀子对儒中的杰出者褒奖有加，称之为"大儒"，"大儒者，

---

　　① 冯友兰著：《冯友兰学术论著自选集》，北京师范学院出版社 1992 年版，第
277 页。

　　② 贺麟著：《儒家思想的新开展》，载于俞吾金《二十世纪哲学经典文本——中
国哲学卷》，复旦大学出版社 1999 年版，第 634 页。

　　③ 熊十力著：《熊十力全集》附卷下，湖北教育出版社 2001 年版，第 968 页。

　　④ 《孟子·滕文公篇》。

　　⑤ 《孟子·尽心篇》。

　　⑥ 《韩非子·显学》。

天子三公也";"大儒者，善调一天下者也，无百里之地，则无所
见其功"。①《隋书》云："儒者，所以助人君明教化者也。圣人之
教，非家至而户说，故有儒者宣而明之。"② 孔子以来，儒者多穿
儒服，思想显明，独具特色，自成规模，形成一家学派："儒家。"
司马迁在《史记·太史公自序》中说："夫儒者以六艺为法，六艺
经传已千万数，累世不能通其学，当年不能通其礼，故说博而寡
要，劳而少功。若夫列君臣之礼，序夫妇长幼之别，虽百家弗能
易也。"此说从"六艺"来了解儒者和儒家。《史记》里有一篇文
章为西汉司马谈（？—110）所著，题目是"论六家之要指"。此
文将前几个世纪的哲学家分为六个派别：即阴阳家、儒家、墨家、
名家、法家、道德家。其中，儒家排第二。经学家刘向之子——
刘歆将"诸子百家"分为"十家"。到《汉书·艺文志》正式分类
十家，列有儒、道、阴阳、法、名、墨、纵横、杂、农、小说十
家。儒家排列在首位，并见诸于各类典籍。后来，佛教传入，到
隋唐时代，儒、释、道并称"三教"，同受尊崇。此说至今仍流
行。按照刘歆的说法，"儒家者流，盖出于司徒之官，助人君顺阴
阳，明教化者也。游文于六经之中，留意于仁义之际，祖述尧舜，
宪章文武，宗师仲尼，以重其言，于道为最高。孔子曰：'如有所
誉，其有所试。'唐虞之隆，殷周之盛，仲尼之业，已试之效者
也"。③ 哲学家冯友兰曾经对刘歆的理论做了修正，他认为："儒家
者流盖出于文士。"同时解释说："正因为这个学派都是学者同时
又是六经的专家，所以这个学派被称之为'儒家'。"④

---

① 《荀子·儒效篇》。
② 《隋书·经籍志》。
③ 冯友兰著：《中国哲学简史》，涂又光译，北京大学出版社 1985 年版，第 39
页。
④ 同上书，第 44 页。

我们知道，从汉武帝接受董仲舒关于统一文化政策的建议后，儒家的地位立即上升，并演变为中国思想的主脉和主流。《汉书·董仲舒传》的主张很明确："推明孔氏，抑黜百家"，并说，"诸不在六艺之科孔子之术者，皆绝其道，勿使并进。"《汉书·武帝纪》亦云："罢黜百家，表彰六纪。"由此形成儒家独尊、权威的地位。张岱年是这样说的："从汉武帝建元年间开始到辛亥革命推翻帝制，前后 2000 年间，在中国的社会意识形态中，儒学一直居于主导地位。"那么，何以如此呢？一是，儒家宣扬的"尊君"合乎封建统治者的需要；二是，儒家强调的"重民"思想有利于缓解与劳动人民的矛盾[①]。这样，就造成了儒家得以保存和发展的局面，不过，现代儒学专家刘绪贻从另一个角度指出，中国的统治阶级"从汉代直到清朝"都是"通过对儒学的各种解释和保护来获取并维护他们本身的既得利益的，而不是要把儒学本身作为一套思想体系来探讨"。[②] 若换用韦政通的话说，就是："像在儒家传统里，一个思想性的人物，支持他生活一个最强烈的因素，不是思想本身的探索，而是历史文化的使命和社会风教的责任，如能得君行道，那才是儒者最高愿望的实现，著书立说只不过是人生余事。"[③] 孔子就说过："行有余力，则以学文。"[④] 意大利著名传教士利玛窦则从另一个角度理解了这个问题，他在与西方哲学王执政的文化比较中认为："虽然不

[①]　张岱年著：《汉代独尊儒术的得失》，载于《张岱年全集》第 6 卷，河北人民出版社 1996 年版，第 316—317 页。

[②]　刘绪贻著：《中国的儒学统治》，叶巍、王进译，中国人民大学出版社 2006年版，第 4 页。

[③]　韦政通著：《中国思想史》上册，台湾大林出版社 1957 年版，第 6 页。

[④]　《论语·学而》。

能说在中国哲学家就是国王，但可以说国王是受哲学家牵制的。"① 总而言之，汉代独尊儒术对于中国文化的发展确实有严重的影响，一方面，在积极的意义上它加强了中华民族的内聚力；另一方面在消极的意义上又限制了人们的思想自由和学术自由，自然妨碍了中国学术的繁荣。所以，"从儒学独尊的得失看，更足以证明，百家争鸣、百花齐放的方针是惟一正确的发展学术的方针"。②

④关于儒学

儒家薪火相传形成独特的学术派别，表达着儒家的学术思想，经久不衰，思想连脉，独为儒学。台湾著名学者秦孝仪（1921—2007）做了很好的总结，他说：儒学"自从孔子大启，曾思继述，孟子歧出，董（仲舒）扬（雄）不废，韩愈（昌黎）起衰，遂开宋儒性理，明儒知行，清儒实用，德术具在，所不容诬。虽其始蔽于杨墨，继杂于佛老，宋禁伪学，明受党祸，然磨而不磷，久而愈出，其道大光，正以有此也"。③ 他认为，儒学虽有小派分殊，但脉络连贯，学者只须执其一端，足可以进德修业。而"儒学可得而言者，曰心，曰性，曰仁，曰诚，曰忠恕，曰知止，曰中庸，曰礼以坊德，曰持志养气，曰辨义利，曰充四端，曰主心反观，曰变化气质，曰知行合一，曰保身爱人，曰行己有耻，曰时习力行……虽涂辙纷殊，各有所主，然同条共贯，归趋则一，学者得其一端，当已足于日用常行，存养省察；苟能精思力践者，亦可

---

① 利玛窦著：《中国传教史》，台湾光启出版社 1986 年版，第 21 页。

② 张岱年著：《汉代独尊儒术的得失》，载于《张岱年全集》第 6 卷，河北人民出版社 1996 年版，第 319 页。

③ 秦孝仪著：《儒学索微》，载于张其昀等编《中国文化论集》（一），台湾中华文化出版事业委员会 1954 年版，第 151 页。

以免于小人儒".① 此外，我们还应当看到，儒家和儒学在发展的过程中，因为封建统治者的现实需要和学术自身发展环境的影响，始终注意借鉴和吸收诸家的学术成果以丰富自身。这也可以被看作是儒家和儒学的一个独特的人文品质：能容差异，不排异己。历史上，儒家在汉武帝时期尤其吸收了一定的法家思想；在汉唐时期吸收了阴阳五行学说，阴阳、五行成为儒家的重要概念；儒家还通过一些注释家［如何晏（207—249）、王弼（226—249）等］的努力积极地吸收了不少道家思想；而佛教的传入对儒家也产生了一定的影响。可见，正是历史上各个时期不同的思想家推动着儒家学说的发展，才形成了蔚为大观的儒学文化，它确为世界文化中的一块瑰宝。新儒家杜维明曾经将儒学的历史发展概括为"三期"理论学说，应当讲，确实反映了中国儒学发展的历史脉络②。事实上，儒学文化不仅在中国文化中占据着核心的地位，而且对世界学术文化的发展产生了非凡的影响。而今，随着中国经济社会的飞速发展，作为世界第三大社会经济体的文化代表，儒学文化正在成为世界学术研究的焦点之一、世界学术研究中的显学之一。1994 年 10 月 5 日，由中日韩美等国的儒学研究学术团体共同发起的"国际儒联"（International Confucian Association）在北京正式宣告成立，就是一个明证③。

---

　　①　秦孝仪著：《儒学索微》，载于张其昀等编《中国文化论集》（一），台湾中华文化出版事业委员会 1954 年版，第 151 页。

　　②　杜维明认为，儒学经历了三个时期的发展。第一时期发展（从先秦到两汉）是从曲阜到中原，从涓涓细水到气势恢弘的主流；第二时期发展从孔孟思想作为中国古代思想的主流扩展到东亚文明的体系；第三时期发展则是面向全球，流向人类族群，为人类社会提供和平之道的"安宅"。参见郑文龙主编《杜维明学术文化随笔》，中国青年出版社 1999 年版，第 15—18 页。

　　③　郑文龙主编：《杜维明学术文化随笔》，中国青年出版社 1999 年版，第 16 页。

　　归纳起来，儒学有如下几个显著的特点：一是宗师孔子，凡反对孔子的思想都不属于儒学；二是以《诗》、《书》、《礼》、《周易》、《春秋》、《论语》等为共同经典；三是以仁义为道、德的根本内涵；四是以道德为人生价值之所在，强调后天道德修养，以成德作圣为人生目标；五是崇尚尧舜禹汤文武周公等先王之道，主张德政、仁政；六是儒家不言鬼神、天堂、地狱等，重视现世的道德教育；七是儒家重视天人合一的理念；八是高度重视群体的价值，十分注重个体对整体的道德责任和道德义务①。"大致说来，传统儒学是以儒家知识分子为承接中介的，是一种理论和学术的体系。"而"儒教，是儒学和传统宗教信仰相结合的产物。换句话说，儒教是以儒学为思想核心，带有民间信仰的内容，影响到日常生活的方方面面。一方面，它着眼于人的终极关怀，试图为人提供一个立身的根基；另一方面，它渗透到普通大众的日常生活，教导人们敬祖、孝亲"。②

　　⑤儒家与中国文化

　　梁启超认为，大凡建立一门学说，总有根本所在。无论何国，无论何派，都是一样。中国儒家哲学，所讨论的问题虽然很少，但比外国古代或近代，乃至本国的道家或墨家，都不相同。他评论说："中国的道家和墨家，认为现实的事物都很粗俗，没有研究的价值；要离开社会，找一个超现实的地方，以为安身立命之所。虽比专业知识较切近些，但离日常生活还是去得很远。惟有儒家，或为自己修身的应用，或为改良社会的应用，对于处世接物的方法，要在学理上求出一个根据来。研究问题已陷于

---

　　①　参考中国孔子基金会《中国儒学百科全书》，中国大百科全书出版社 1997 年版，第 5 页。

　　②　郭清香著：《耶儒伦理比较研究》，中国社会科学出版社 2006 年版，第 13 页。

空；不过比各国及各家终归要切实点。儒家问题不同于就在于此。"① 无独有偶。贺麟（1902—1992）站在文化生态的角度提出了自己的观点，他指出，中国哲学派别主要有儒、道、墨三家。其中，儒家居首位，是最重要的哲学派别，其他各家都可以被看作是这三家的分支、附庸或混合。他认为，儒、道、墨三家派别壁垒森严、趋向各异，各有其不同的宗旨和面目。大体上，道家和墨家各偏于一面，而儒家力倡"中庸之道"，较能持中，道家重自然，墨家重人为。儒家求自然与人为的调和；重人为的自强不息，但又不陷于矫揉造作；重施无言之教的自然，取法天行，但又不废弃人伦的道德义务。墨家重实用，道家求无用之用。而儒家反功利重道谊，但又不陷于空寂无用。就对鬼神的态度来说，墨家信天明鬼，持有意志人格的有神论，道家不信鬼神，接近于认自然即神的泛神论。儒家一面歌颂鬼神之德，相信天意天命，相信上帝临汝，相信天能降祥降殃，似乎接近有神论，一方面重知生不重知死，如："未知生，焉知死？"② 重事人不重事鬼，如："未能事人，焉能事鬼？"③ 发挥天道天理或太极为宇宙最高原理，又似乎接近泛神论。总之，儒家处于道家与墨家之间的持中地位。就三家对生活的态度来说，道家更趋向于"到自然中去"，过一种超脱隐逸的诗人艺术家纯粹学者的出世生活。与儒家相对的是，道家认为"失道而后德，失德而后仁，失仁而后义，失义而后礼"。④ 墨家趋向于"到民间去"救济人群、改革社会，过作兼爱交利的下层工作的生活，它倡导的是"有福

---

① 梁启超著：《儒家哲学》，载于梁启超《清代学术概论》，江苏文艺出版社2007年版，第186页。

② 《论语·先进》。

③ 同上。

④ 《老子》第三十八章。

同享、有难同当"，为"最大多数人谋取最大的幸福"。儒家则趋
向于"到朝廷去"做官任职，发展礼乐刑政，凄凄惶惶，走内圣
外王的世俗之路，过一种齐家治国平天下和仁民爱物的入世生
活，也就是"怀忠信以待举，力行义待取"的世俗生活①。总体
上，儒、道、墨三家可以说各有其用，相反相成，足以适合许多
不同性格、不同兴趣的人的精神追求②。贺麟认为，所有中国人
的人生智慧就是由这儒、道、墨三家所设计的伦理精神构成。就
是说，儒、道、墨三家构成中国人的人文智慧来源。新儒家代表
人物唐君毅（1909—1978）从个人、社会、国家三个方面对先秦
诸子代表的"四家"——儒、道、墨、法的"着重点"做了比较
分析，他认为，道家偏重个人而轻忽社会、国家；墨家偏重社会
而轻忽国家、个人；法家偏重国家而轻忽个人、社会；总之，
道、墨、法三家皆有所偏，而惟独儒家将个人、社会、国家并重
看待且予以强调。个人方面的人格品节、思想才艺；社会方面的
人伦常道、礼乐教化、公益事业；国家方面的建国创制、设官分
职，以及保民养民的政治设施，儒家均予以兼顾并重，给予成
全③。贺麟和唐君毅的观点有异曲同工之妙。

　　樊浩教授认为，从伦理精神生态的意义和角度看，中国人
的人生智慧之结构是由儒、道、佛融合而形成的伦理精神的
"三维结构"。与贺麟观点不同的是，他将墨家换成了佛家，并
认为儒、道、佛一体就是中国伦理、中国人的人生智慧的圆
融。这种人生智慧在结构生态方面具有"自给自足"的特征，

---

　　①　《礼记·儒行》。

　　②　贺麟著：《中国哲学与西洋哲学》，载于《儒家思想的新开展》（贺麟新儒学
论著辑要），中国广播电视出版社 1995 年版，第 27—28 页。

　　③　参见蔡仁厚《孔孟荀哲学》，台湾学生书局 1984 年版，第 5—6 页。

它对个体、对社会都是自给自足的人生智慧。对个体来说，"它建立了一个富有弹性的安身立命的基地，进退相济，刚柔并用，得意时依儒家，失意时是道家，绝望时皈依佛家，于是中国人在任何境域下都不会丧失安身立命的基地。儒、道、佛的三维结构，好像是中国文化、中国伦理为中国人的人生准备的'锦囊袋'，在人生的任何阶段、任何境遇都可以贡献人生的'妙计'。既可以'用世'，也可以'用生'，从而在各种人生矛盾与人伦矛盾中应付裕如"。对社会来说，"这种人生智慧的真谛，是使人们在任何境遇下都能够'顺世'。儒—道—佛三位一体的人生智慧的着力点，是通过道德的努力和人生智慧的练达，通过主体自身尤其自身欲望的改变，达到对社会的顺从，是从积极的或消极的不同角度对社会秩序的认同和维护"。① 他认为，这是一种高度发达、高度成熟的人生智慧和人文智慧。近年来，我们从学术界的反映来看，他这种独到而创新的理论观点确实赢得了不少知音。

总此言之，不管从什么角度看，儒家在中国伦理精神生态中都居于龙头和中枢的地位，发挥着文化"火车头"的作用。如果用梁启超的话说，就是："儒家哲学，不算中国文化全体；但是若把儒家抽去，中国文化恐怕没有什么东西了。中华民族之所以存在，因为中国文化存在；而中国文化离不了儒家。"换言之，"中国文化，以儒家道术为中心，所以能流传到现在"。② 而如果

---

① 樊浩著：《伦理精神的价值生态》，中国社会科学出版社 2001 年版，第207—208 页。

② 梁启超认为：道是讲道之本身，术是讲如何做去才能圆满。在他看来，儒家道术，一面讲道，一面讲术；一面教人应该做什么事，一面教人如何去做。参见梁启超《儒家哲学》，载于梁启超《清代学术概论》，江苏文艺出版社 2007 年版，第110 页。

说中国封建历史持续时间之长与文化传统有关的话，那么，首先
就是指儒家文化。因为这种文化不仅完成了"由民族创造了文
化"的第一步骤，而且完成了"由文化来融凝民族"的第二步
骤①。从积极的意义说，中国文化能够薪火相传主要在于儒家文
化的功劳；从消极的意义说，中国封建社会之专制继承也是发端
于统治者利用了儒家文化的不足之处，特别是自秦汉以后的朝
代。而且，从那时开始，儒家文化的影响力一直得到持续的保
存，表现在政治、经济、教育、文学等各个领域里。单从教育方
面看，儒家提倡的"善政不如善教"和"教，政之本"以及"大
学之道"的思想，不仅把政治与教育相互联系，而且把政治、教
育与"善"直接统一。这足以表明儒家传统教育在中国社会发展
中扮演的角色和发挥的作用。

　⑥儒家与世界文化

　16 世纪后期，即明代万历年间，西方汉学的奠基人、意大
利耶稣会传教士利玛窦（Matteo Ricci，1552—1610）在中国传
教的同时，也向西方世界介绍中国情况和中国儒家思想②。他曾
把儒家《四书》翻译为拉丁文（Tetrabibion Sinense de Mori-

---

　①　钱穆认为，民族文化如避免中途夭折须完成两个步骤："由民族来创造文
化"，"由文化来融凝民族"。参见钱穆著《钱宾四先生全集》第 37 卷，台湾联经出
版事业公司 1998 年版，《民族与文化》，第 1 页。

　②　利玛窦（Matteo Ricci），意大利人，1583 年来到中国传教，在中国传教达
数十年，对中西文化交流有重要的贡献，利玛窦的观点在相当长的时间里，直接影
响了意大利汉学家、后来的传教士乃至西方世界的学术界。利玛窦在对中国哲学的
介绍中对儒家学说的介绍最多。他说："中国最大的哲学家是孔子。……大家都把他
看为世界上最大的圣人尊敬。实际上，他所说的和他的生活态度，绝不逊于我们古
代的哲学家。许多西方哲学家无法与他相提并论。"这是西方学术著作对孔子的一次
较为详细的介绍。转引自楼宇烈、张西平主编《中外哲学交流史》，湖南教育出版社
1998 年版，第 212 页。

bus），并略加注释，在当时成为传教士们的必读书①。例如，艾儒略、汤若望、南怀仁等传教士都受到利玛窦的影响。儒家文化传入西方世界以后，受到了许多西哲的关注，引起了不小的文化反响。受人关注的是，西方不少著名的哲学家和启蒙思想家均对儒家文化给予了高度的赞扬。德国哲学家莱布尼兹（Gottfried Wilhelm Leibniz, 1646—1716）及其弟子沃尔夫（Christia Wolff, 1679—1754），法国经济学家弗朗斯瓦·魁奈（Francois Quesnay，1694—1774）、法国启蒙思想家伏尔泰（François-Marie Arouet，1694—1778）都称赞中国的哲学与文化，尤其是儒家文化②。莱布尼兹自称是第一个能够懂得《易经》的德国人，他赞扬中国在实践哲学方面优于西方，他说："在实践哲学方面，换言之，即生活与人类实际方面之伦理及政治的纲领里面，我们实在相形见绌了（这是必须忍受的屈辱）。"③沃尔夫曾经写过一篇题为《中国的实践哲学》的文章，该文分为三个部分：一是叙述中国的政治道德；二是比较儒教与基督教；三是叙述中国的道德原理。他认为，儒学是一种理性的教养④。而欧洲重农学派的代表人物魁奈甚至有"欧洲孔夫子"之称。伏尔泰对中国的道德伦理给予很高的评价。他认为，在中国，"他们完善了伦理学，伦理学是首要的科学"。伏尔泰说过，假如世人都像孔子那样仁

　　①　计翔翔著：《十七世纪中期汉学著作研究》，上海古籍出版社 2002 年版，第9—24 页。

　　②　张岱年著：《中西文化之会通》，载于《张岱年全集》第 7 卷，河北人民出版社 1996 年版，第 311 页。

　　③　忻剑飞著：《世界的中国观》，三联书店（香港）有限公司 1991 年版，第179—181 页。

　　④　同上书，第 185 页。

义，世界就不会发生战争了①。他还把孔子的塑像放在自己的书房里朝夕膜拜，并赋诗一首："子所言者唯理性，实乃贤者非先知，天下不惑心则明，国人世人俱笃信。"②事实上，"儒家的理性精神和人道原则，无神论和'人性本善'的思想，都被（欧洲）启蒙思想家用来作为同基督教神学作斗争的武器"。③值得重视的是，甚至有西方哲学家认为，西方的民主思想也是得益于孔子的儒家智慧④。至20世纪初叶，新教同善会的一名传教士、德国汉学家卫礼贤（Richard Wilhelm，1873—1930），在德国占领青岛期间到中国传教。他翻译并出版了许多中国古代经典名著，包括《论语》（1910）、《易经》（1924）、《吕氏春秋》（1928）、《礼记》（1930）等，其中多本古典译著至今仍是欧洲地区的经典译本，如《论语》和《礼记》等。卫礼贤曾经这样教导他的学生："所谓经济学说、社会学说，皆不如孔教。"⑤当然，

---

① 转引自楼宇烈、张西平主编《中外哲学交流史》，湖南教育出版社1998年版，第212页。

② 李喜所主编：《五千年——中外文化交流史》第2卷，世界知识出版社2002年版，第455页。

③ 季羡林著：《东学西渐与"东化"》，载于季羡林《三十年河东三十年河西》，当代中国出版社2006年版，第162页。

④ H. G. Creel said, "The philosophy of Confucius played a role of some importance in the development of democratic ideals in Europe and in the background of the French Revolution. Through French thought it indirectly influenced the development of democracy in America. It is of interest that Thomas Jefferson Proprosed, as 'the keystone of the arch of our government,' an education system that shows remarkable similarities to the Chinese examination system. The extent to which Confucianism contributed to the development of Western democray is often forgotten for rather curious reasons that we must examine in their proper place. " H. G. Creel, Confucius and the Chinese way, Harper & Brothers, New York, 1949, p. 5.

⑤ 孙立新等主编：《东西方之间——中外学者论卫礼贤》，山东大学出版社2004年版，第99—112页。

这种看法虽然有失偏颇，但它反映了孔子思想的伟大之处。再借用杜维明的话来说："作为一个有生命力的文化传统，儒家传统已经不仅在中华大地，同时也在日本、朝鲜、越南及很多其他地方开花结果。"① 孔子在韩国被尊为"大成至圣文宣王"。其次，儒学已经融入日本人的思维方式、行为情感及生活方式之中，成为日本民族性的重要组成部分。1844 年，美国学者爱默生说："孔子是中华文化教育的中心，是哲学上的华盛顿。"也许，正是在这个意义上，联合国教科文组织认识到弘扬孔子的思想对世界文化建设的重大意义，并于 2005 年11 月 30 日在北京举行发布会，宣布从 2006 年起在联合国教科文组织设立首次以中国人命名的国际奖项——"孔子教育奖"，用于奖励在全民教育领域取得突出成就的政府机构、非政府组织和有突出贡献的个人。应该说，这个国际奖项的设立，正式确认了孔子作为世界名人的杰出地位和对世界文化的巨大贡献。

（2）儒家教育伦理

教育伦理，是探讨和研究符合伦理规律和要求的教育或"善的教育"的学问，它旨在从伦理的维度和角度全面审视教育的善恶道德问题，以廓清、丰富和提升教育的伦理内涵，从而推动教育向着至善的、符合人性的方向发展。顺此推理，儒家教育伦理，是探讨儒家文化视野中的符合伦理规律和要求的教育或"善的教育"的学问。它旨在明确儒家伦理对教育理念和教育思想的影响，以及如何提高教育的伦理内涵。

---

① 杜维明著：《文化中国与儒学传统》，参见"中国儒学网"，即 www. confuchina. com。

从历史和逻辑的角度看，教育伦理必须回答的基本问题有：人类教育的伦理基础和精神前提；人类道德教育原理；人类教师的职业道德，等等。因而，所谓儒家教育伦理，也就是探讨儒家对上述基本问题的理论阐释和精神诠释。显然，对教育伦理问题的系统回答构成"教育伦理学"的学科内涵，而对儒家教育伦理系统的研究并得出体系性的结论，也应该被称为"儒家教育伦理学"。因为，从学科性质看，一门学问只有得到系统而深入的研究并得到相当成熟的结论才可以被称为"学科"。单就儒家教育伦理研究来说，"儒家教育伦理学"显然比"儒家教育伦理"更加系统而严密。换言之，后者研究是为前者研究作理论准备的。

本书认为，儒家教育伦理对以上三个问题的回答富有民族特色，深含儒家文化内涵，也体现了中华文化的人文精神。

首先，性善、人伦、至善是儒家教育的伦理基础和精神前提，或者说，儒家伦理为教育贡献和确立了三个基本前提，即性善、人伦和至善。其中，性善为儒家教育确立了信心和希望，它表明"人是可以教育成德的"或"美德是可教的"。人伦或人伦之道为儒家教育确立了人间正道，它表明"只有根据人道的原则才可以教育人成德"或"人道教育是教育的主要内容"。至善为儒家教育确立了终极追求和价值归宿。它表明"成德本质是求善，崇善是儒家教育的价值追求"。

其次，体现"大学之道"逻辑的"修身之道"——"齐家之道"——"教化之道"——"普世之道"是儒家教育的实践原理，准确地说是儒家道德教育的基本原理，它围绕"成德之教"展开，具体落实为四个环节：生命教育—家庭教育—社会教育—理想教育。其中，生命教育以自律教育为主，家庭教育和社会教育以他律为主，而理想教育体现自律的更高境界。

最后，儒家教师是人性的模范、人伦中的至尊、至善的化身。师道—师责—师德—师法构成了儒家意义上的师道规范，或者是儒家的教师职业道德规范。其中，师道确立教师的教育纲领，师责确立教师的教育职责，师德确立教师的教育德目，师法确立教师的教育方法。本质上，儒家教师的工作实践，体现着儒家教育的伦理精神。

据此，本书认为，以性善、人道和至善的伦理精神为指导，以儒家教师工作原理为基本职责，贯彻儒家规定的四环节体系的道德教育，就是"合伦理的教育"或"善的教育"。这种教育的宗旨就是培养社会所需要的"伦理人"或"道德人"。

深入的考察发现，儒家教育伦理之所以如此，是因为它植根于以下基本要素构成的"生态环境"中。其一，以农耕文化为核心的经济生活；其二，以血缘伦理为根基的民族文化；其三，以家族为本位的国家结构；其四，以教化为本的教育生态；其五，以人治或德治为本的政治环境。其中，血缘伦理为性善提供依据，家族文化为人道提供条件，德治环境为至善提供伦理支撑，教化文化需要确立多环节体系，自然，师道原理来源于以上因素的合成和造就。

那么，儒家教育伦理在新时代还有没有价值？答案是肯定的。原因在于：导致儒家教育伦理产生的若干文化因素至今没有发生太大的变化。如农耕经济、血缘伦理、人伦环境、家族文化、教化社会、德治政治等。但是，随着社会主义市场经济的大力发展、中国与世界在政治、经济、文化、科学等方面的交流与合作的日益增多，以及中国融入世界发展体系的速度的加快，"动摇"儒家教育伦理理论根基的因素正在不断增多，如工业文

化的发展、流动人口的增多、法制社会的建立、民主政治的推
进、德性素质的新要求等。但是，必须看到，在中国社会中，儒
家伦理文化的根基部分仍然非常稳固，儒家文化的影响力依然十
分强大。特别是在我国农村人口仍然占据70％的情况下，否认
儒家文化内在性的精神影响，实在难有说服力。因此，我们可以
断言：儒家教育伦理的基本原理依然具有时代的意义和现实的
价值。

重要的是，我们必须站在21世纪中国文化屹立于世界民
族文化之林的高度来认识儒家教育文化的重要性和特色性。因
为事实已经雄辩地证明：在文化上，"越有民族性就越有世界
性"。而儒家教育伦理代表了中华民族教育文化的核心体系，
我们必须予以坚持。当然，为了增强它的世界性，也为了增强
它的竞争性，必须注意吸收其他民族的优秀文化的"营养成
分"，如民主性、平等性、公平性、正义性等，这样，不仅可
以使我们的传统教育文化焕发出更耀眼的光彩，而且可以表明
中华民族文化从来就有的"海纳百川、有容乃大"的博大胸怀
和人文品质。

(3) "成德之教"

我们明确：儒家教育伦理的核心是"成德之教"。在儒家看
来，人生活在这个世界上，没有知识可以算是一个"人"，没有
能力也可以算是一个"人"，但是没有"道德"就不能算是一个
"人"。梁启超站在哲学的高度解释道："中国哲学以研究人类为
出发点，最主要的是人之所以为人之道，怎样才算一个人?"[①]

---

① 梁启超著：《儒家哲学》，载于梁启超《清代学术概论》，江苏文艺出版社
2007年版，第104页。

孔子说："君子义以为上。"① "好仁者无以尚之。"② 王国维说："然有知识而无道德，则无以得一生之福祉，而保社会之安宁，未得为完全之人物也。"③ 程伊川说："德善日积，则福禄日臻。德逾于禄，则虽盛而非满。自古隆盛，未有不失道而丧败者也。"④ 可以说，道德价值是中国文化价值体系中的核心价值⑤。所以，蔡元培指出："德育为完全人格之本，若无德，则虽体魄智力发达，适足助其为恶，无益也。"⑥ 《周易·象传》云："天行健，君子以自强不息。地势坤，君子以厚德载物。"意思就是，君子生活在天地之间，只有自强不息修炼道德，然后才可以承载万物。换言之，在儒家看来，"德"始终是最重要的人性因素，是人终身应该追求的目的。张岱年指出："中国文化与西方文化的差异，在于东方特重'正德'，而西方则特重'利用'。"他认为，中国文化对全世界的贡献即在于"正德"，而"正德"的实际内容又在于"仁"的理论与实践⑦。"正德"，就是端正品德、

---

①　《论语·阳货》。

②　《论语·里仁》。

③　王国维著：《论教育之宗旨》，载于舒新城编《中国近代教育史资料》，人民教育出版社 1961 年版，第 1008 页。

④　《伊川易传》卷一《泰传》，见朱熹、吕祖谦（1137—1181）编《近思录》卷十二《改过及人心疵病》。

⑤　文崇一著：《中国人的富贵与命运》，载于文崇一等主编《中国人：观念与行为》，江苏教育出版社 2006 年版，第 18 页。

⑥　参见《蔡元培年谱》，转引自张岂之主编《中国传统文化》，高等教育出版社 2005 年版，第 74 页。

⑦　张岱年认为，"中国古代哲人苦心焦虑的就是如何使人们能有合理的生活，其结晶即'仁'。他们总觉得人必须'正德'，然后人生才有价值。中国人的生活基调即在于注重'正德'。这就是中国文化对全世界的贡献"。参见张岱年《世界文化与中国文化》，载于《张岱年全集》第 1 卷，河北人民出版社 1996 年版，第 155—156 页。

提高品德①。显然，教育目标自然是帮助人"成德"或"成仁"。
那么，究竟应该"成"什么"德"？孔子在《论语》中总共论述
了三十多项德目，均是"做人"应具有的德性，但确切地说主要
还是数千年来形成的人所共知的"五德"、"五常"，"五德"即
"恭宽信敏惠"；"五常"即"仁义礼智信"。② 古典文献中，孔子
连言"恭宽信敏惠"；③ 孟子连言"孝弟忠信"；④ 管仲连言"礼
义廉耻"⑤。此外，古人还提出"孝弟忠信、礼义廉耻"等说法，
意思都差不多。若归结到一点上，就是：人应该成为一个具有
"仁性"的人或"仁者"。这样看来，"成德之教"就是指以培养
符合儒家社会需要的具有以上德性修养的有德之人或仁人为目标
的教育，亦可称为培养"伦理人"的教育或培养"道德人"的教
育。王阳明（守仁）曾经说："古之教者，教以人伦。……今教
童子，惟当以孝悌忠信礼义廉耻为专务。"⑥ 从否定的意义上来
说，如果教育不能或没有使人成为有道德的人，那么，这在儒
家看来既不是成功的教育，也不是好的教育，更不是善的教
育。可以说，儒家正是围绕"育人成德"或"成德之教"的主
题来构建教育的理论体系的。而这个理论体系的核心精神就来
源于宋代大儒家朱熹编纂注释的《四书章句》。有鉴于此，本
书主要以《四书章句》为根据，来阐释儒家教育伦理的丰富内

---

① 张岱年著：《张岱年全集》第 7 卷，河北人民出版社 1996 年版，第 219 页。
② 《礼记·中庸》以"智仁勇"为"三达德"。在文化的角度看，我认为，前
列所有德目影响均大，只是各个时期强调和侧重不同。其中以"三达德"较为持
久。
③ 《论语·阳货》。
④ 《孟子·梁惠王上》。
⑤ 《管子·牧民》。
⑥ 《传习录·右南大吉录》。

涵及其价值意义。

　　首先，以《中庸》和《大学》的首句进行"主旨定位"。
《中庸》云："天命之谓性，率性之谓道，修道之谓教。"《大
学》云："大学之道，在明明德，在新民，在止于至善。"如果
说《中庸》为儒家教育提供了伦理的精神和道德的前提，那
么，《大学》则为儒家教育提供了逻辑严密的过程和环节。《中
庸》从"天命"到"性"，从"性"到"道"，从"道"到
"教"，环环相扣，连贯而下，表达了"性道教合一"的思想，
王阳明说："子思性、道、教，皆从本原上说。"① 这种教育在
钱穆看来就是"人文教"。② 应该说，它是儒家教育伦理的精神
来源。所以，孔子说："人能弘道，非道弘人。"③ 对比而言，西
方文化则表达了"神道教合一"的思想④。而《大学》从"明
德"到"新民"，再到"至善"，正表达了儒家教育使个体得以
顺利地实现"道德化"的合理过程，即从"立己"到"立人"、
"成己"到"成人"、"内圣"到"外王"的德性提升过程。"立
己"、"成己"、"内圣"要求个体在人生中必须进行修身教
育——生命教育，"立人"、"成人"、"外王"要求个体在人生

---

　　① 　王阳明说："天命于人，则命便谓之性；率性而行，则性便谓之道；修道而
学，则道便谓之教。"又说："圣人率性而行，即是道。圣人以下未能率性，于道未
免有过不及，故须修道。修道则贤知者不得而过，愚不肖者不得而不及，都要循着
这个道，则道便是个教。"（《传习录·薛侃录》）
　　② 　钱穆经常引用《周易·正义》的话说明这种观点。《周易·正义》曰："观乎
人文以化成天下。"
　　③ 　《论语·卫灵公》。
　　④ 　钱穆认为，西方人重视"神道教合一"，自然相信灵魂不灭、灵魂超升，希
望人死后灵魂进入极乐的天国世界。因而是极端的、非现实的。儒家则相反。参见
钱穆《钱宾四先生全集》第41卷《文化与教育》，台湾联经出版事业公司1998年版，
第59页。

中必须从事"教育人"和"成就人"的教化工作，包含了"家庭教育"、"社会教育"、"普世教育"三个环节。两者的结合就是儒家所谓的"至善教育"。

其次，以《四书章句》的系列观点构建"教育框架体系"。儒家论人性的结论是"性善"和"终善"，"性善论"和"终善论"否定了人之"成恶"的可能，增强了人们"成德"的信心和希望，要求人们必须担当起"性善教育"的职责，其内涵包括教育和培养人善待自我、善待自然的道德品性。儒家论人伦的结论是"人道"，"人道论"否定了从外在环境中寻找"成德"条件的可能，要求人们只在世俗人间寻找"成德"的基础并从事"人道教育"，其内涵包括教育人如何做人、为人、待人、治人。这排除了西方文化中的上帝或神的影响力，体现了中华民族的人道精神。儒家论"善"的结论是"止于至善"，"至善论"否定了西方文化设计的上帝或神是"善的化身"的可能，直接把"善的化身"——圣人君子放置在人间，因而儒家的"至善论"始终重视人性精神和人道精神。换句话说，性善精神和人道精神是至善精神的实际内涵。人性精神要求人必须重视"修身自律"，人道精神要求人们必须重视家庭人伦、社会伦理、普世伦理，至善精神要求人们以普世情怀追求人生境界。

再次，从比较的角度探讨儒家"成德之教"的文化特色。总体上，不管在西方世界还是在中国，"人"被期待成为有道德的人，是一个基本共识。不同的是，西方文化通过上帝为人的"成德"确立根据，中国文化通过家庭人伦为人的"成德"确立根据。西方把至善定位于上帝或神，进而认为人只有与上帝同在才能解决道德问题，儒家则是把至善定位于世俗世界的圣人，进而认为人只有与圣人同在才能解决道德问题。于是，在教育理念上，西方人认为人只有接受上帝或宗教的教育以及反映上帝意志的世俗国家的公民教育才能成为有道德的人，而中国人认为，人只有接受家庭及其扩展的国家和天下的教育，并不断地内化教育的外在影响，才能成为有道德的人。这样看来，中西方关于人之成德以及成德教育的理论基础和实践前提存在着显著的文化分别。

总而言之，在儒家设计的成德过程中，人不需要上帝的支持，也许只需要"天"及其代表——圣人君子的支持，不需要宗教的安慰和寄托，只需要家庭的关照和守护，不需要法律的主持和裁判，只需要伦理的支持和维护，不需要对超越世俗的精神追求，只需要对超越自我的理想追求。这就是儒家倡导的人间成德之路，也是儒家支持的育人之道。虽然，在这条征途中，成德的境界有大有小，成德的速度有快有慢，成德的素质有高有低，但是，人毕竟在成德的路上，只要人们抱守"虽不能至，心向往之"的心境，儒家均对此予以充分肯定和大力鼓励。所以，自古而今，成德被儒家提高到极其重要的程度，因而，在儒家社会中，教育当局及其所属部门始终肩负着以"成德之教"为核心的社会教化职责。王阳明曰："学校之中，惟以成德为事。"[①]

为此，自公元前11世纪中叶的西周起，儒家就把学校教育制度设计为由"国学"和"乡学"两类构成的综合体系，国学是中央官学，乡学是地方官学。国学又细分为"小学"和"大学"两级体制。借用杜维明的话说，"古代儒学意义上的教育就是学做人。它有一个整体上的次序，先是小学，后是大学。小学基本上是指日常礼仪，大学则旨在体现人类感受的一

---

① 《传习录·答顾东桥书》。

切层面的修身"。① 但是，不管怎样，凡学校教育都要以"德育"
为中心。史书记载："国家建立学校之官，遍于郡国。盖所以幸
教天下之士，使之知所以修身、齐家、治国、平天下之道，而待
朝廷之用也。"在基本方针上，"古之教者，莫不以德行为先。若
舜之命司徒以敷五教，命典乐以教胄子，皆此意也"。② 在教育
阶段上，"古之为教者，有小子之学，有大人之学"。③ 具体地
说，"人生八岁，则自王公以下，至于庶人之子弟，皆入小
学"。④ "初年入小学，只是教之以事，如礼、乐、射、御、书、
数及孝、悌、忠、信之事。自十六七入大学，然后教之以理，如
致知、格物及所以为忠、信、孝、悌者。"在教育设计上，"古之
小学，教人以洒扫、应对、进退之节，爱亲、隆师、亲友之道，
皆所以修身、齐家、治国、平天下之本，而必须讲而习之于幼稚
之时，欲其习与知长，化与心成，而无扞格不胜之患"。也就是
说，"古人之教，自其孩幼，而教之以孝、弟、诚、敬之实。及
其少长，而博之以诗、书、礼、乐之文。皆所以使之即夫一事一
物之间，各有以知其义理之所在，而致涵养践履之功也"。⑤ 可
见，"古之教育，有小学，有大学，其道一而已"。就是说，"小
学者，学其事；大学者，学其小学所学之事所以"。⑥ "小学之
事，知之浅而行之小者也。大学之道，知之深而行之大者也。"

① ［美］杜维明著：《道学政：论儒家知识分子》，钱文忠、盛勤译，上海人民
出版社 2000 年版，第 33 页。
② 转引自范寿康《朱子及其哲学》，中华书局 1983 年版，第 150—151 页。
③ 朱熹著：《经筵讲义》。
④ 《大学章句序》。
⑤ 朱熹著：《朱文公文集》，见范寿康《朱子及其哲学》，中华书局 1983 年版，
第 151—154 页。
⑥ 朱熹著：《朱子语类》卷七。

所谓"大人之学，穷理、修身、齐家、治国、平天下之道是也。"① 通俗地说，"小学"帮助人们通过做小事而学会做事，"大学"帮助人们领会其道理和原理，用现代词语可以称为"道德理论教育"。引用"二程子"的话说："古之士者，自十五入学，至四十方仕，中间自有二十五年学，又无利可趋，则所志可知，须去趋善，便自此成德";② 那么，"学"的根本究竟在何处？"二程子"云："学本是修德，有德然后有言。"③ 又云，"'博学之，审问之，慎思之，明辨之，笃行之'，五者废其一，非学也。"④ 所以，孔子以德行、政事、言语、文学四科讲学⑤，根本上是以德行为核心，其他三科围绕德行展开。朱熹引用尹氏的话说："德行，本也。文艺，末也。穷其本末，知所先后，可以入德矣。"⑥ 至近代，梁启超评康有为的教育经历时说："其为教也，德育居十之七，智育居十之三，而体育亦特种焉。"⑦ 因此可以说，"成德之教"在中国历史上已经形成了一种文化传统。

3. 儒家教育伦理逻辑结构

附：西方教育伦理逻辑结构图

---

① 朱熹著：《经筵讲义》。

② 《二程遗书》卷十五，见朱熹、吕祖谦编《近思录》卷十一《教学之道》。

③ 《二程遗书》卷十八，见朱熹、吕祖谦编《近思录》卷一《圣贤气象》。

④ 《遗氏外书》卷六，见朱熹、吕祖谦编《近思录》卷二《为学大要》。

⑤ 《论语·先进》。

⑥ 《论语集注·学而》。

⑦ 参见《饮冰室文集点校》第 3 集，吴松、卢云昆点校，云南教育出版社 2001 年版，第 1946 页。

A. 儒家教育伦理逻辑结构图①

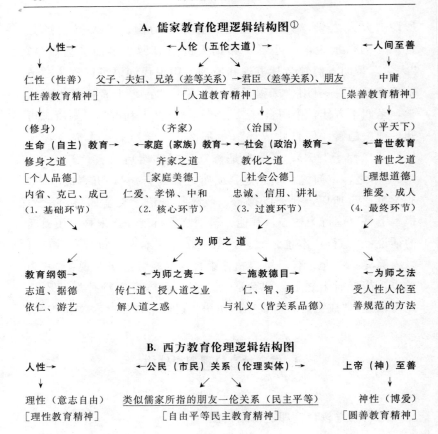

人性→　　　　　　←人伦（五伦大道）→　　　　　　←人间至善

仁性（性善）　父子、夫妇、兄弟（差等关系）→君臣（差等关系）、朋友　　中庸
[性善教育精神]　　　　　　[人道教育精神]　　　　　　　　[崇善教育精神]

（修身）　　　　　（齐家）　　　　（治国）　　　　　　（平天下）
生命（自主）教育→　←家庭（家族）教育←社会（政治）教育→　←普世教育
修身之道　　　　　齐家之道　　　　教化之道　　　　　　普世之道
[个人品德]　　　　[家庭美德]　　　[社会公德]　　　　　[理想道德]
内省、克己、成己　仁爱、孝悌、中和　忠诚、信用、讲礼　　推爱、成人
（1. 基础环节）　　（2. 核心环节）　（3. 过渡环节）　　　（4. 最终环节）

为 师 之 道

教育纲领→　　　　←为师之责→　　←施教德目→　　　←为师之法
志道、据德　　　传仁道、授人道之业　仁、智、勇　　　受人性人伦至
依仁、游艺　　　解人道之惑　　　与礼义（皆关系品德）　善规范的方法

B. 西方教育伦理逻辑结构图

人性→　　　　←公民（市民）关系（伦理实体）→　　　上帝（神）至善

理性（意志自由）　类似儒家所指的朋友—伦关系（民主平等）　神性（博爱）
[理性教育精神]　　　[自由平等民主教育精神]　　　　　[圆善教育精神]

———————

①　钱穆的分析可以视为对上图的意义注解："西国（西方）教育，大率不出两途，一曰'国家教育'，一曰'教会教育'。国家教育之病在抹杀个人，教会教育之病在藐视现世。逃于此两者，则必归于个人权利与现世享乐之境。中国传统教育精神，以儒家为代表。儒家陈义，颇无上述之两弊。"他认为，《大学》和《中庸》"特以个人发其端"，"其所重于现世之变动与天地之化育相联系，而特以现世植其基。故儒家重个人现世，而亦不陷于个人权利、现世享乐之狭隘观念。此中国传统教育精神之最其大本大源所在"。参见钱穆《钱宾四先生全集》第 40 卷《政学私言》、《从中国历史来看中国民族性及中国文化》和《民族性与中国文化》，台湾联经出版事业公司 1998 年版，《政学私言》下卷，第 204 页。

↓　　　　　　　↓　　　　↓　　　　　　　　　↓

个体　　　　　　**家庭**　　　**国家（民族）**　　　　　**世界**

自由教育→　　　**←前公民教育→ ←国家（公民）教育→**　　**←宗教教育**

［公民品德］　　　　［公民意识］　　　［社会公德］　　　　［理想道德］

（德教范式）　　　（1.基础环节）　　（2.核心环节）　　　（3.最终环节）

↓　　　　　　　　　↓　　　　　↓　　　　　　　　　↓

为　师　之　道

↙　　　　　　　↙　　　　↘　　　　　　　　　↘

教育纲领→　　　　**←为师之责→ ←施教德目→**　　　　**←为师之法**

正义之教　　　　传正义之道、授知识之业　正义、智慧、勇敢　　受理性、自由、平等

上帝之教　　　　　解知识之惑　　　节制（皆个性品德）　博爱等规范的方法

理 念 篇

　　探究一种理论，只有从此理论的特色理念出发，才能深刻理解此理论的核心意义。可以说，特色化的理念是探究一种理论的内涵和意义的"金钥匙"。本书认为，"人性"、"人伦"和"至善"是儒家伦理文化确立的基本概念和基本理念。在这种文化设计中，人性特指人的本性，反映人与自然、人与自身的伦理关系，体现人的伦理性质或道德本质，因而人类的道德问题均与人性善恶有关；人伦特指人与人的关系即人际关系，体现人际群性的自然本质，因而它涉及包括家庭在内的社会中的人与人关系的定性问题；至善指人性内部和群性内部以及两者之间的价值平衡和互动调和的理想状态，表达儒家对最高伦理境界的民族性设定。人性、人伦和至善因其自身的意义、结构、功用、价值和归宿形成各自相对独立而又相互联系的概念和理念。从学理的角度看，人性、人伦、至善贯穿儒家伦理的整个思想体系，是儒家教育伦理的三个基本概念和基本理念，其相互联系和有机衔接构成儒家教育伦理的理论平台，形成儒家教育伦理的独特内涵，成就儒家教育伦理的人文品质。如果说人性为儒家教育范型提供了价值的根基——性善，那么，人伦为儒家教育范型提供了价值的内涵——人道，而至善则为儒家教育提供了价值的归宿——人间至善。进一步推论，如果说，性善教育旨在教育和培养人如何以良好的德性涵养善待自我、善待自然，人道教育旨在教育和培养人如何以良好的德性品质做人、为人、待人、治人，那么，崇善教育的主旨就在于教育人如何以良好的德性修养高尚地生活在世俗人间，甚至为人类的和平与发展做出自己的独特贡献。也许正是站在这个角度，唐君毅指出："中国圣贤之教，则以反求于心，知性之端，而明伦察物，为入德之门。"[①] 钱穆认为，"儒术之所

────────────

　　① 唐君毅著：《人文精神之重建》，广西师范大学出版社 2005 年版，第 72 页。

以独盛于后世，由其独操举世教育之权。教育之本于儒术，由其明于人性，适于人群，本诸人性之仁孝，效于人群之久大。故中国人之愿受教育者莫能自外"；① 还说，"中国传统教育思想，乃为人性之发育成全而有教"；"惟中国教育理想之所重则乃在发育成全人之'群性'而有教。群不仅为平面之展扩，而尤贵于有时久之绵延"。② 梁启超（1873—1929）主张，教育当发展人的个性，也当发展人的群性③。韦政通认为，中国传统因特别重视伦理，所以教育的重点是放在培养群性，以符合人际关系和谐的要求④。《中庸》云："天命之谓性，率性之谓道，修道之谓教。"概言之，人性—人伦—至善作为基本的理念构成儒家教育的伦理精神前提及其价值结构，为儒家发展教育事业提供根源动力和源头活水。

---

① 钱穆著：《从中国历史来看中国民族性及中国文化》，参见《钱宾四先生全集》第40卷，台湾联经出版事业公司1998年版，第208页。

② 钱穆说："教人类之群性者，此孔门之所谓'仁'。教人类群性之达于绵延而不绝者，此孔门之所谓'孝'。其为教之次第节目，则既曰'修身、齐家、治国、平天下'，又曰'尽己之性以尽人之性，尽物之性而赞天地之化育。尊德性而道问学，一以贯之。致广大则以宇宙为全量，尽精微则以小己为仁核，极高明则以仁义为准则，道中庸则以孝弟为发轫。所谓齐家治国平天下，乃至尽物性而赞化育者，皆人类性分中所有事。教育贵于尽性，层层扩充，亦层层包络。故中国传统教育理论，超乎上帝、国家与个人之外，而亦融乎上帝、国家与个人之内。而此种理论，独以孔门儒家思想为得其全'。"参见钱穆《中国传统教育精神与教育制度》，载于《钱宾四先生全集》第40卷《政学私言》和《从中国历史来看中国民族性及中国文化》，台湾联经出版事业公司1998年版，第206页。

③ 梁启超认为，教育的道德公准有四个：同情、诚实、勤劳、刚强。"用以上四种做道德的公准，一定能行。因为道德的目的不外二者：发展个性和发展群性。"在他看来，教育必须遵守四个公准，同时服务于两个道德目的。参见梁启超《教育应用的道德公准——在南京金陵大学演讲》，载于《饮冰室文集点校》第6集，吴松、卢云昆点校，云南教育出版社2001年版，第3339页。

④ 韦政通著：《中国文化与现代生活》，中国人民大学出版社2005年版，第45页。

一

人性理念与性善教育

　　古今中外，在人文社会科学的研究领域中，"人性"是一个被论述得最为翔实的主题。"哲学史上发生最早而争辩最激烈的，就是'人性'问题。"[①] "人性，是中国哲学中一个重大问题，历来讨论不休，派别亦极分歧。"[②] 英国哲学家大卫·休谟（David Home，1711—1776）指出："一切科学对于人性总是或多或少地有些关系，任何学科不论似乎与人性离得多远，它们总是会通过这样或那样的途径回到人性。"[③] 而"对中西方伦理传统的比较发现，任何一种传统的伦理都没有像中国伦理尤其是儒家伦理那样把人性提高到如此重要的高度，也没有任何一种传统的伦理像儒家伦理那样对人性进行过那么深入持久的讨论"。[④] 归纳起来，儒家基于"人性即仁性"的"文化理解"建立了具有丰富内

---

　　① 江恒源著：《中国先哲人性论》，商务印书馆 1922 年版，第 4 页。

　　② 张岱年著：《中国哲学大纲》，中国社会科学出版社 1982 年版，第 183 页。

　　③ 大卫·休谟著：《人性论》（引论），关文运译，商务印书馆 1980 年版，第 6 页。

　　④ 樊浩著：《儒家人性设计模式与中国道德特性》，载于《江苏社会科学》1990 年第 3 期。

涵的人性理念，其核心成果是性善论，最重要的价值是产生了性善实践精神，落实在教育上就是对性善教育的推动和发展，进而形成具有显著的儒家文化特色的"成德之教"范型。而西方文化基于"人性即理性"的"文化理解"，产生的主要成果是性恶论，导致基督教文化的诞生和发展，进而重视理性教育、知识教育和自由教育。

1. 人性预设与思维模式

不论与西方的理论相比，还是与中国文化里的外来佛家及本土出身的道家文化比较，儒家对人性问题的阐释可谓独树一帜，自成一体。从儒家的理论发展看，人性论在经历复杂的辩论过程以后已经不是孤立的人文概念，而是一种深刻的人文理念。它反映的是人与自然、人与自我的关系，前者表现于人性受命于天；后者表现于身与心（或性）的关系。作为一种人文理念，它体现了儒家伦理甚至中华民族的人文精神，体现了儒家确定人性概念的思维模式。

（1）人性的源流

德国哲学家包尔生（Friedrich Paulsen，1846—1908）说："如果不追溯那些构成了我们今天的道德文明总趋势的各重要支流的源头，任何一个人都不可能清楚鲜明地理解我们时代复杂的想法和渴望。"① 确实，在人类认识史上，直接以人性作为话题

①　［德］弗里德里希·包尔生著：《伦理学体系》，何怀宏、廖申白译，中国社会科学出版社 1988 年版，第 33 页。

的文化，儒家是一个典型和特例。若站在处于十分朴素阶段的古人的角度看，人们对纷繁复杂的人类中的各种人为表现之原因极其困扰，因而总要想办法寻找突破口进行理解和阐释，这样才能为自身存在的合理性找到价值的理由和根基。不少学者认为，古人凭借"智的直觉"（或称"体认"或"体验"）认识到"性"可以成为一个合适的突破口，由此可以对伦理道德的"深层结构"问题进行解释。换言之，儒家道德理论要以人性为根基和始点，因为《诗经》说："天生烝民，有物有则。民之秉彝，好是懿德。"张岱年分析认为，"自来论'性'者，并非专为研究'性'而研究'性'，而是为讨论修养、教育、政治，不得不讨论'性'。应如何施教，应如何为政，须先看人之本来状态如何，于是便提起'性'的问题；而亦由此，乃特别注重人本来是好或不好，即'性'与善恶之关系。"他认为："中国'性'论所以特重'性'善或恶的问题，实因为根本上所注意者，原在善与'性'之关系。"①

据清代学者阮元（1764—1849）对"性"字之"义训"考证可知，"性字之造，于周、召之前，从心，则包仁、义、礼、智等在内；从生，则包味、臭、声、色等在内"。② 实际上，春秋战国以前的文化典籍中已存在"性"的论述。不过，仅有几部书提到"性"字，因为是远古时的说法，涉及最初的源头问题，自然为人们重视。《尚书·西伯戡黎》云："故天弃我，不有康食，不虞天性，不迪率典。"《周易·卦象辞》云："干道变化，各正

---

① 张岱年著：《中国哲学大纲》，载于《张岱年全集》第 2 卷，河北人民出版社 1996 年版，第 279 页。

② 钱穆著：《钱宾四先生全集》第 17 卷，台湾联经出版事业公司 1998 年版，第 623 页。

性命。"《周易·系辞》云:"一阴一阳之谓道,继之者,善也;成之者,性也。"又云:"成性存存,道义之门。"《周易·说卦》云:"穷理尽性,以至于命。"《左传》记载:"刘康公曰:民受天地之中以生,乃所谓命也。"综合以上引文来看,我国的最初文化典籍均把"性"同自然的"天"之变化相联系,以"阴阳变化"论"性"和定"性",基本倾向是:以自然主义的态度来认识"性"和规定"性"。若从认识论的角度看,"性"成为"万物之根本"的代名词。大儒张载(横渠)就说:"凡物莫不有是性。"① 顺此推论,"人性"指人之根本,意指人的本质属性或自然本性。孔子、孟子、荀子均认为每个人的人性相同。"凡人之性者,尧、舜之与桀,其性一也;君子与小人,其性一也。"② 这说明人性的普遍性特征。北京大学王海明教授在《新伦理学》中解释说:"不言而喻,'人'是全称,是一切人;'性'则与'实体'相对,是'属性'。所以,人性就是一切人都具有的属性,是一切人的共同性。一切人的共性,也就是男人与女人以及两性人、大人与小孩以及婴儿等等一切人的共性,说到底,也就是人生而固有的本性。"③

①儒家:人性即仁性

人性究竟是什么?或者说,人性的具体内涵指什么?中国人普遍的认识是孟子观点,即"人之所以异于禽兽者"为人性,或者说,"人之所以为人"的特性是人性。孔子曰:"天地之性,人为贵。"④ 就是说,天地万物之中,人有突出的价值。孟子曰:

---

① 《张子全书》卷十四,见朱熹、吕祖谦编《近思录》卷一《道体》。
② 《孟子·性恶篇》。
③ 王海明:《新伦理学》,商务印书馆2001年版,第180页。
④ 《孝经·圣治章》。

"人之所以异于禽兽者几希，庶民去之，君子存之。"① 荀子曰："人之所以为人者，何已也？曰：以其有辨也。"② 又曰："人有气，有生，有知有义，故最为天下贵。"③ 张岱年解读说："孟子所谓性者，正指人之所以异于禽兽之特殊性征。人之所以同于禽兽者，不可谓为人之性。"④ 可以说，在儒家的学说里，人性即是"仁"性，因为"仁"在儒家看来是宇宙的实体，也是"人"的本质，是使人成为"人"的性质⑤。孔子曰："人而不仁，如礼何？人而不仁，如乐何？"⑥ 清代音韵训诂学家王念孙（1744—1832）在《广雅疏证·释诂》中说："人即仁也。"《国语》云："言仁必及人。"⑦《中庸》云："仁者，人也。"孟子云："仁也者，人也。"⑧ 朱熹曰："仁人，则成德之人也。"⑨"仁者，本心之全德也。"⑩"仁者，天下之公，善之本也。"⑪ 在一定意义上说，"仁"是人性之核。孟子称之为"大体"。杜维明说：

---

① 《孟子·离娄下》。

② 《荀子·非相篇》。

③ 《荀子·王制篇》。

④ 张岱年著：《张岱年全集》第 2 卷，河北人民出版社 1996 年版，第 213 页。

⑤ 据韦政通研究，"仁"在《论语》中表达了至少 8 种复杂的含义，即：（1）德的总称；（2）一德之名；（3）心之德；（4）爱；（5）抉择；（6）自我实现；（7）功能；（8）工夫。孟子主要将仁与义对举进行阐释，如孟子说："仁，人之安宅；义，人之正路。""仁，人心；义，人路。""亲亲，仁也；敬长，义也。"比较看，孔子的仁比较含混，孟子的仁比较明确。但表达人的含义，两者本质上是统一的。即仁表达了人的本质特性。参见韦政通著《中国思想史》上册，台湾大林出版社 1957 年版，第 264—265 页。

⑥ 《论语·八佾》。

⑦ 《国语·周语》。

⑧ 《孟子·尽心下》。

⑨ 《论语集注·卫灵公》。

⑩ 《论语集注·颜渊》。

⑪ 《伊川易传》卷二《复传》。

"'仁'就是使我们成为人的那种东西。""它就像一粒种子，构成人类社会所有成员的核心和本质。"① 又说："认识到'仁'是人类存在的终极价值逐渐成了一名儒者精神上的自我定位，即使在孔子的时代，已被弟子广为接受。"② 姚新中认为，"仁的创造性在于人性之中……谈论仁就是谈论人"。"仁可以说明确地表现了儒家传统人文主义的三个方面：仁作为人性；仁作为美德；仁作为爱。"③ 值得一提的是，西方学者也看到了这一点④。显然，在姚新中的解释中，第一义是基本义，其他是基本义的进一步延伸。如就"仁"在意义上偏重"爱人"义来说，儒家论人性侧重于"情感"，此与西方论人性偏重"智性"差别较大。不过，冯友兰认为："人生是有觉解的生活，或有较高程度觉解的生活。这是人之所以异于禽兽，人生之所以异于别的动物底生活者。"⑤ 应该说，这里的"觉解"又偏重于"智"，但主要是指"心智"。

---

① 前两句引自杜维明《中国传统文化关于人的教育——"修身"》，载于《跨文化对话》第 2 集，上海文艺出版社 1999 年版，第 103 页。

② 杜维明举例说："子曰：志士仁人，无求生以害仁，有杀身以成仁。"(《论语·卫灵公》) 再例："曾子曰：'士不可以不弘毅，任重而道远，仁以为己任，不亦重乎？死而后已，不亦远乎？'"(《论语·泰伯》) 参见杜维明著《道学政：论儒家知识分子》，钱文忠、盛勤译，上海人民出版社 2000 年版，第 3 页。

③ 姚新中著：《儒教与基督教——仁与爱的比较研究》，赵燕霞译，中国社会科学出版社 2002 年版，第 120、94 页。

④ Dr. Howard Smith says, "Of all the virtues which characterize a true gentleman, Jen（仁）is supreme in the teaching of Confucius. ""The character has been variously translated as love, goodness, benevolence, man-to-man-ness, human-heartedness, kindness. In the usage of Confucius , Jen is the greatest of all virtues and, in fact the summation of all virtues. " Howard, Smith: Confucius, Temple Smith, London, 1974, p. 66.

⑤ 冯友兰根据人的觉解程度将人生划分为四个境界：即自然境界——率性而为；功利境界——为利而为；道德境界——为类而为；天地境界——回归宇宙。参见王中江、高秀昌主编《冯友兰学记》，三联书店 1995 年版，第 171—173、179 页。

而"智"在某种意义上与"理性"几乎同义。美国学者成中英教授甚至认为孔子的"仁"兼备康德式的"实践理性"和海德格尔（Martin Heidegger，1899—1976）式的"存在"意义①。许倬云说："儒家以成全'仁'为其终极的目的。'仁'的含义即是人性。"② 梁启超强调："孔子学说，最主要者为'仁'。……这是孔子最大发明，孔子之所以伟大，亦全在于此。"③ 也许，正是因为"仁"有如上各种复合意义，朱熹引用尹氏的话说："成德以仁为先。"④ 程颢（明道）亦曰："学者须先识仁。"⑤

②西方：人性即理性

柏拉图和亚里士多德均认为，人性被发现是人类的"理性"。柏拉图认为，理性构成人的真正本质，动物的属性、感觉、欲望是偶然的附属物。黑格尔认为，"人之异于动物就因为他有思维"。⑥ 思维与理性直接相关。亚里士多德说："人类除了天赋和

---

　　① 成中英说："仁一方面是善的意愿和行为的准则，是康德所谓实践理性，但另一方面，仁又与实践理性不同，它直接激活和实现人性，使人在实践一种道德的、美好的生活时有更多的创造性。"他认为，仁与实践理性的共同点在于它既是理性的又是实践的，但仁超越了实践理性，因为它直接具有本体论的基础，即存在，这个基础可以作为创造性动力的源泉，可以使人成为一个统一的整体。参见成中英《回归未来：从康德、海德格尔到孔子》，载于《合内外之道——儒家哲学论》，中国社会科学出版社 2001 年版，第 35 页。

　　② 参见许倬云著《中国文化与世界文化》，贵州人民出版社 1991 年版，第 192页。

　　③ 梁启超著：《儒家哲学》，载于梁启超《清代学术概论》，江苏文艺出版社2007 年版，第 124 页。

　　④ 《论语集注·宪问》。

　　⑤ 程颢曰："学者须先识仁，仁者浑然与物同体，义礼智信皆仁也。"（《遗书·识仁篇》）

　　⑥ 黑格尔著：《法哲学原理》，范扬、张企泰译，商务印书馆 1961 年版，第 12页。

习惯外又有理性的生活；理性实为人类所独有。"① 古罗马哲学家西塞罗（Marcus Tullius Cicero）指出："人与低级动物之间有许多不同，其中最大的不同就是大自然赋予人理性的恩赐。……而且理性天生就拥有高贵和尊严，更适合命令而不是服从。"② 西方宗教家约翰·加尔文（John Calvin，1509—1564）说："可以断言，理性是我们天性中使我们有别于禽兽的特质，如同感觉使禽兽有别于无生命之物一样。虽有些人是天生的愚笨和白痴，但这个缺陷不足以掩蔽上帝的良善。"③ 他在确定人性的同时把人性与上帝联系起来。美国伦理学家查尔斯·L. 坎默说："正如西方有一种传统认为理性是辨别人性的标志一样，西方还有一种传统认为，人类精神力量是人类存在的最重要特征，人之所以能够成其为人，是由于人具有与上帝发生联系的能力，具有探索存在问题的能力。"④ 此观点表明，人的理性、人类精神和上帝直接联系。圣托马斯·阿奎那（Thomas Aquinas，1224—1274）融合亚里士多德哲学和耶稣之智慧撰写《神学大全》，为西方世界建立了天主教教义，他相信上帝的存在只能在理性基础上加以证明。法国哲学家让·雅克·卢梭说："我们对上帝的深刻的观念，完全是来自理性的。"⑤ "人与其他动物有一点不同，即在

---

① 亚里士多德著：《政治学》，载于任钟印主编《世界教育名著通览》，湖北教育出版社 1994 年版，第 67 页。

② 西塞罗著：《论至善与至恶》，石敏敏译，中国社会科学出版社 2005 年版，第 59 页。

③ 约翰·加尔文著：《基督教原理》，载于任钟印主编《世界教育名著通览》，湖北教育出版社 1994 年版，第 215 页。

④ ［美］查尔斯·L. 坎默著：《基督教伦理学》，中国社会科学出版社 1993 年版，第 135 页。

⑤ 卢梭著：《爱弥儿，或论教育》，李平沤译，商务印书馆 1978 年版，第 425—426 页。

野兽的活动中，大自然是惟一的施动者，而人则能也以自由施动者的身份参与他自己的活动"，即"构成人类与兽类之间的种差的不是人的悟性，而是人的自由施动者身份"。① 当代著名哲学家李泽厚说："人性是就人与物性、与神性的静态区别而言。如果就人与自然、与对象世界的动态区别而言，人性便是主体性。"他认为康德哲学体系把人性主体性特征完整地体现了出来②。以上哲人的分析涉及人性特征，也阐释了人性与上帝、人类精神等的联系。这显示人性问题探讨的复杂性和重要性。总之，西方文化对"人性即理性"持有高度的认同③。

③西方文化的人性论据

西方文化之所以如此认识人性，根本在于其文化源于古希腊，那里的三哲关于人性的观点最能代表西方人的观点。西方对人性的认识是建立在对人的灵魂特性的理性假设及其分析基础之上的。苏格拉底和柏拉图假设人可分为身体和灵魂两个部分，其中，身体是上帝给的或者说是上帝造的，其灵魂先验不朽，具有理性的认知能力。柏拉图说，灵魂可离肉体而独存，并具有三种功能：理性、意志和欲望，理性欲求的是知识和智慧，意志欲求的是社会名誉、荣誉和权力，欲望欲求的是物质财富和肉欲满

---

① 卢梭著：《论人类不平等的起源与基础》，广西师范大学出版社 2002 年版，第 80 页。

② 参见《论康德黑格尔哲学——纪念文集》，上海人民出版社 1981 年版，第 3 页。

③ 当然，西方也有少数哲学家赞成情感是人性和道德的来源。比如休谟就是。休谟建立了情感主义伦理学，他认为，理性是被动的，只能发现观念、比较观念，做出事实或真假判断，对行为的影响是无力的。而情感则是能辨别善恶，推动和制止行为。因此，道德只能来自情感，而不能来自理性。

足，理性、意志和欲望三者共同构成人性整体。一般情况下，三者中任何一种占上风便会产生流弊，便会使人性缺损、人生不美满。尤其是意志和欲望这两种相对低级的成分必须依靠理性加以调节和控制，使之不至于失去平衡，招致人生的不幸福。同时，意志和欲望也不可一味地加以压制和消除，否则也容易引起人生的不美满。用亚里士多德的话说，在人性问题上要着力寻求"中道"的途径和境界。换言之，人生的幸福或者说人性的完美是由这三者各得其分、和谐相处并形成完美的整体，这样的人性才是完美的人性、和谐的人性、理想的人性。然而，在这三者中，柏拉图认为只有人具有理性功能，因此最重视理性的作用，因为理性对其他两种功能有统摄和约束的作用，使两者处于健康的状态中。三者的和谐统一是人性的正义状态和完美境界。亚里士多德是古希腊时代著名的植物学家、生物学家和哲学家。他在人性的认识方面不完全赞同柏拉图的观点。在他看来，人性应被假设有三种特性：植物性、动物性和理性。植物性是植物具有的特性，动物性是动物具有的特性，理性则是人所独有的特性，如理智、理解等特征，这种特性动物和植物都不具备。结论是，理性是只有人才具有的特性和功能。亚里士多德认为，理性还可分为"理论理性"和"实践理性"，即"理智理性"和"伦理理性"，"可教之德"是"理论理性"或"理智理性"，只有少数人能够达到此领域，"不可教之德"属于"实践理性"或"伦理理性"，它是"习惯"的培养，而非"智力"左右。可见，西方文化强调人性的理性本质。

④儒家文化的人性论据

国学大师季羡林肯定人类只能有两种思维模式，而不能有第三种思维模式，即东西方两种思维模式。他指出："西方的基本思维模式是分析的（analytical）；而中国或其他东方国家的则是综合性的（comprehensive）。"① "东方综合思维模式的特点是，整体概念，普遍联系；而西方分析思维模式则正相反。"② 根据这种观点，可以说，不同于西方"人性是理性"的分析性和解构性回答，儒家的人性思路是把人性整体地定位成"道德的概念"，对人性采取"道德化"或"伦理化"的"直觉"理解方式③。虽然，儒家各派论人性角度变化很大，但意义联系紧密、规律性明显。王国维（1877—1927）认为，儒家分别从经验和形而上的角度认识人性的结果。从经验的角度认识的结果如下所述④。

第一，从"生"的角度释"性"。告子曰："生之谓性。"⑤《白虎通义·性情篇》云："性者生也。"《礼记·乐记郑注》云："性之言生也。""生"是什么？《周易·系辞上》云："天地之大

---

① 季羡林著：《我与东方文化研究》，载于季羡林《三十年河东三十年河西》，当代中国出版社 2006 年版，第 17 页。

② 季羡林为说明此观点，打了一个比方说：西方是"一分为二"，而东方则是"合二而一"。通俗的说法，西方是"头疼医头，脚疼医脚"，"只见树木，不见森林"，而东方则是"头疼医脚，脚疼医头"，"既见树木，又见森林"。不过，季羡林也说："不能否认，世界上没有绝对纯粹的东西，东西方都是既有综合思维，也有分析思维。然而，从宏观上来看，这两种思维模式还是有地域区别的：东方以综合思维模式为主导，西方则是以分析思维为主导。这个区别表现在各个方面。"参见季羡林《"天人合一"新解》及《东学西渐与"东化"》，载于季羡林《三十年河东三十年河西》，当代中国出版社 2006 年版，第 54、160 页。

③ 所谓"直觉"理解方式，在中国古代称之为"玄览"或"体"（即"体认"、"体会"之"体"）。老子云："涤除玄览，能无疵乎？"（《老子》第十章）依现代的术语，"直觉"就是"灵感"。中国先秦的道家、宋明的理学家以及佛家思想都推崇直觉。参见张岱年《试论中国传统哲学的思维方式》，载于《张岱年全集》第 6 卷，河北人民出版社 1996 年版，第 417 页。

④ 王国维著：《论性》，载于俞吾金《二十世纪哲学经典文本·中国哲学卷》，复旦大学出版社 1999 年版，第 130—139 页。

⑤ 《孟子·告子上》。

德曰生""生生之谓易"。就是说，"天"有好"生"之德，显然，古人把"天"看作有道德的实体，切入角度是"生"。朱熹认为告子的"生"指"人物之所以知觉运动者而言"。若联系告子的话语"食色性也"① 来看，告子显然是指人天生的即称之为"性"，或者说，天赋自然的是"性"。孟子曰："仁义礼智，非由外铄我也，我固有之也。"② 还说："仁义礼智根于心。"③ 荀子曰："生之所以然者谓之性。性之和所生，精合感应，不事而自然谓之性。"④ 韩愈曰： "性也者，与生俱生也。"⑤ 朱熹认为："仁义礼智，性也。心，统性情者也。"⑥

第二，从"天"的角度释"性"。《中庸》云："天命之谓性。"孟子曰："莫之为而为者，天也。莫之致而至者，命也。"⑦ 这与告子的天赋人性观点相差无几。朱熹曰："命，犹令也。性，即理也。天以阴阳五行化生万物，气以成形，而理亦赋焉，犹命令也。于是人物之生，因各得其所赋之理，以为健顺五常之德，所谓性也。"此解释包含"理学"的观点，拓展了人们思考人性问题的理论空间。换句话说，对于《中庸》的"性说"观点，人们可以从形而上的角度来解释。孟子认为"性"是"天之所与我者。"⑧ 荀子曰："凡性者，天之就也，不可学，不可事。"⑨ 后人认为这是"天命下贯而为性"的结果。这暗示"天性"的存在和

---

① 《孟子·公孙丑章句上》。
② 《孟子·公孙丑上》。
③ 《孟子·尽心上》。
④ 《荀子·正名篇》。
⑤ 韩愈著：《原性》。
⑥ 《孟子·公孙丑章句上》。
⑦ 《孟子·万章上》。
⑧ 《孟子·告子上》。
⑨ 《荀子·性恶篇》。

人性的由来，以及人性和天性间的地位分别、继承关系和相互联系。

王国维认为，上述从"天"和"生"对人性所做的论述仍停留于经验的层次，而从"心"和"理"的角度对人性的论述则上升到形而上的层次。这是儒家人性论研究继续开拓和发展的结果。

第一是从理学的角度释"性"。朱熹主张："理成人性，气成人形。""性，即理也。在心唤做性，在事唤做理"，①"性者，人物所得以生之理也"。又说："性即理也，理则尧舜至于涂人一也。"并评论道："当然之理，无有不善。故孟子之言性，指性之本而言。然必有所依而立。故气质之禀，不能无深浅厚薄之别。孔子曰：'性相近也'，兼气质而言。"朱熹赞同张载的"性二分说"，即人性可分为"天地之性"和"气质之性"。朱熹从理学的角度研究人性问题，是"宋明理学"的重要内容之一。

第二，从心学的角度释"性"。王阳明认为"性"与"心"是一样的东西，"心之体，性也，性即理也"。他说："仁义礼智也是表德。性，一而已。……赋于人也谓之性，主于身也谓之心。心之发也，遇父便谓之孝，遇君便谓之忠，自此以往，名至于无穷，只一性而已。"②又说："理一而也：以其理之凝聚而言，则谓之性；以其凝聚之主宰而言则谓之心。"③从"知"的角度，他说："知是理之灵处，就其主宰处说，便谓之心，就其禀赋处说，便谓之性。"④

总而言之，在远古时代，"性"的观点萌生于自然的阴阳变

---

① 朱熹著：《朱子语类》卷五。
② 《传习录》上。
③ 《传习录》下。
④ 《传习录》上。

化，因此被看作是由自然规律产生并沉淀于人的"特质"，是自然的，天赋的，先验的。既然如此，对不同的人来说，拥有的"性"是平等的。应该说，这具有积极的人类意义。事实上，儒家人性争论的历史虽然漫长，但在"天赋人性论"或"先验人性论"这一点上几乎没有差异。《孟子》记录人"性"话题的辩论，虽然得到的人性结论不同，但大前提是"天赋人性论"和"先验人性论"。名儒子思和朱熹等人继承了前人的"性"之"先验论"和"天赋论"。这对儒家伦理学说的发展产生了极其深刻的影响，包括从根源上对教育伦理学说的影响。

首先，从价值论的角度看。"天赋人性论"揭示人是自然的一部分的人文内涵，以及人性构成的内在机理。就是说，人从自然中来，也应该在自然中得到它的根本特性，即"人之所以异于禽兽者"和"人之所以为人"的特性。在这里，通过人"性"这座"桥梁"，儒家不仅把人与自然的动植物区别开来，而且把人与自然联系起来，这为人"性"作用的发挥找到了价值的联结点和支撑点。

其次，从认识论的角度看。要全面准确地知"性"，必须先知"天"、知"生"、知它的"自然倾向性"，以及在形而上层次上知它包含的"理"及与"心"的关系，因为"性"从"天命"引来，是自然"生"出来的产物，是带有倾向性的人类特质，是"心"之特制和"理"的表现。自然，通过"知性"途径可达到"知天"的境界，通过"知天"途径可达到"知性"、"知心"、"知理"的目的。这是人们认识社会中人与人、人与自我、人与自然诸多关系的逻辑路径。可以说，儒家道德哲学就是从这里找到了认识的根据。

第三，从人文学的角度看。通过知性，可以知天、知心、知理，相应的，人们通过知心，也可以知天、知性、知理，或者通过知天可以达到知性、知心和知理的目的，因为"性"、"心"、"天"、"理"都是相通的。进而，在个人、家庭、国家、天下都具有一种"共通性"。在儒家看来，圣人或大人正是这种"共通性"的体现。张载曰："性者，万物之一源，非有我之得私也。惟大人为能尽其道。"① 可以看出，儒家在最初讨论人"性"问题的时候，就在不自觉中预设了人性平台，这为后来的人性理论发展确立了学术讨论的中心话题和主题。

第四，从教育学的角度看。教育人显然须从人性角度把握，因为顺应人性原理进行教育，可使人更易了解存在的意义和价值，更易明白存在对人、自然、社会的意义和价值，更易找到自身与他人、社会、内心的价值交换点。从逻辑角度看，只有这样，教育才最易获得理想的成功。在这个意义上，梁启超说："为什么要教育，为的是人性可以受教育；如何实施教育？以人性善恶作标准。无论教人或教自己，非先把人性问题解决，教育问题没有法子进行。一个人意志自由的有无，以及为善为恶的责任，是否自己承担，都与性有关。性的问题解决了，旁的就好办了。"② 事实证明，儒家人性论尤其是性善论为教育提供了价值的基础和理论的来源。

（2）善恶的理据

如果说对人性来源的认识属于第一层次，那么对人性善恶性质的认识就属于第二层次，是更进一步的认识。两者的关系是，第一层次的认识决定第二层次的方向和性质，第二层次的认识是

---

① 张载著：《正蒙·诚明》，见朱熹、吕祖谦编《近思录》卷一《道体》。

② 梁启超著：《儒家哲学》，载于梁启超《清代学术概论》，江苏文艺出版社2007年版，第 188 页。

对第一层次的深化和拓展。那么，古人是如何推演这种认识过程的？儒家在确立人性来源时就以"善"和"恶"定性人性的价值和意义，并以此建立自身的价值理论。有专家指出："中国传统人性论的最明显的特点是以善恶论性，这是典型的'实践精神的把握方式'。"①

①儒家论性善的理据

从文化源头看，人性论发端于孔子。孔子在《论语》中提出"性相近，习相远也"的观点，开启中国文化对人性问题进行理论研究的先河。随后，孟子从先验角度论述性本善，荀子从经验角度论述性本恶。以后诸儒的人性论均从此发端。最初，虽然"夫子之言性与天道，不可得而闻也"，②但结合《论语》的整体含义，深入理解孔子性论话语的含义，仍然可以探索到孔子人性论的人文意蕴和历史意义，以及给后世理论带来的深刻影响。

第一，人与自然界的动物间存在明显的差别，或者说，人有"人性"，物有"物性"。"人性"是天生的、自然的，但对拥有智慧的人类来说，"人性"完全可以被人认识。孔子这种态度可以说承认了人是自然界的主宰，从而激发人类对人性问题的深入思考和探讨。

第二，人性是相近的，平等的。即人生来具有内在的共同本质，在人性面前每个人都是平等的，不可歧视的。换言之，孔子不赞成人性的"差别论"。这里潜在着人性具有五种"性相近"的可能性判断："性善"近；"性恶"近；"性无善无不善近"；"性可善可恶"近；"性善恶混"近。孔子判断表明，人性平等否

---

① 樊浩著：《伦理精神的价值生态》，中国社会科学出版社 2001 年版，第170—171 页。

② 《论语·公冶长》。

定了任何外在力量（如"神"或"上帝"）把人性分为不同种类
的可能性，因而具有唯物主义的思想因素。

第三，虽然人性相近，但人性并非不可改变。例如，后天的
"习"就可以改变人性。王夫之（1619—1692）曰："性者天道，
习者人道。"① 人的本性是相同地来自天性，但是，后天的
"习"，包括人类的教育活动和人的具体生活环境等因素，可以明
显地促进人在道德和知识上的改变。孔子强调"学而时习之"和
"温故而知新"，就是说明这个道理。

第四，人性无善恶可言，性善性恶只出于人为的"习"，是
后天造就的产物，包括知识、教育、社会、经济等种种人为事
物。如果把前后结合起来看，"性相近"是"习相远"的前提条
件。换言之，如果人性差别很大，而且天生固定不可改变，那
么，即使后天的"习"和"教"也无效可用。

显然，孔子的人性论给人们留下了宏大的想象空间和可能的
开拓领地。朱熹曾经引"二程子"的话解释了古代圣人的语言玄
妙："凡立言欲含蓄意思，不使知德者厌，无德者惑。"② 冯友兰认
为，中国古代哲学家表达思想的方式通常给人的感觉是："明晰不
足而暗示有余，前者从后者得到补偿。"③ 张岱年认为，这是中国
传统哲学中"模糊性思维方式"的突出表现④。可以说，孔子正是
采用"言有尽而意无穷"的语言来表达丰富而深刻的人性内涵的。

---

① 王夫之著：《俟解》。
② 《二程遗书》卷二上，见朱熹、吕祖谦编《近思录》卷十一《教学之道》。
③ 冯友兰著：《中国哲学简史》，涂又光译，北京大学出版社1985年版，第14页。
④ 张岱年说，这种模糊性思维方式的特点有两个，一是用词多歧义，没有明确
的界说；二是立辞多独断，缺乏详细的论证。在他看来，这是中国哲学思维方式的
主要缺点，要予以变革。参见张岱年《试论中国传统哲学的思维方式》，载于《张岱
年全集》第6卷，河北人民出版社1996年版，第418—419页。

　　至孟子生活的时代，人性问题出现争论。《孟子》所载至少存在三种观点：a. 人性是中性的，无所谓善恶分别；b. 人性善恶混，有善的一面，也有恶的一面；c. 人性因人而异，有些人性善，但有些人性恶。对此，孟子和荀子既没有消极地继承孔子的人性论观点，也没有消极地顺承其他三种观点，而是积极地抓住孔子人性论中可以深入的缝隙和可发展的空间，发挥其洞察力和想象力，明确了导致人性产生的内在根据。不过，两者虽同宗孔子的人性论，但由于基本理论依据不同，在结论上出现了相当大的对立。应该说，这是客观的人性问题在人类的主观认识上发生的分歧。然而，不同的认识和观点却能启发后人的思考，为认识人性问题提供充分的依据。比较看，孟子以性善论为结论，荀子以性恶论为判断。从人性前提条件看，孟子和荀子均继承了孔子对人性问题判断的基本前提，即性相近。但是，从理论继承的角度看，两者对孔子"习相远"的理论发挥的差异相当大。孟子依据性善发端于"四善端"之说把人性的"善根"定位在人性内部，所以，对于孔子的"习"，孟子认为应该从本性的善处开始追求善性的"存养"和"扩充"，即："尽心"和"知性"、"保性"和"养性"，不使之与人相远。这可以从孟子论性善的三步论据看出来：首先划清人与禽兽的界限。"人之异于禽兽者几希，庶民去之，君子存之。"其次点出人心之本然。"人皆有不忍人之心"，即"恻隐之心，羞恶之心，辞让之心，是非之心"。"人之有四端也，犹其有四体也。"① 例如，"人皆有不虑而知的良知、不学而能的良能。"② "人皆有天爵、良贵。"③ "孩提之童，无不

_____

　　① 《孟子·公孙丑上》。
　　② 《孟子·尽心上》。
　　③ 《孟子·告子上》。

知爱其亲也；及其长也，无不知敬其兄也，亲亲，仁也。"[1] 最后肯定"人皆可以为尧舜"。[2] "舜，人也；我亦人也。"[3] "何以异于人哉？尧舜与人同耳。"[4] "圣贤与我同类者"[5] 所以，在那场论战中，告子说明人性"无善无不善"，但孟子不予认可。

荀子依据人性内在的恶性（即"欲"）需要外力规范才能进入善境，把人性对善的追求和获得放在外力约束方面。因此，对孔子的"习"的环境，荀子给予不同于孟子的理解。荀子认为人性本恶，为使人类为善，人性修养的动力应不是来自内部，而是来自外部压力。结论是："人之性恶，其善者伪也。"[6] 根据在于"从人之性，顺人之情，必出于争夺，合于犯分乱理，而归于暴"。[7] 蔡元培（1868—1940）对荀子人性思想评论道："人类势力为社会成立之原因，而见其间有自然冲突之势力存焉，是为欲。遂推进而以欲为天性之实体，而谓人性皆恶。"[8] 比较看，孟子发觉人性内部的"善端"，主张"保性"、"养性"，造就了人性修养的内部动力源泉；荀子发现人性受外欲的驱使常有出轨的情况发生，强调要"化性起伪"，使人远离性恶、成就善性，因此强化环境教育的重要作用，"性也者，吾所不能为也，然而可化也。积也者，非吾所有也，然而可为也"。[9] 就是说，人的本性虽不能造成它，但可以改变它；知识经验的积累不是本身原有

---

① 《孟子·尽心上》。
② 《孟子·告子下》。
③ 《孟子·离娄下》。
④ 同上。
⑤ 《孟子·告子上》。
⑥ 《荀子·性恶篇》。
⑦ 同上。
⑧ 蔡元培著：《中国伦理学史》，商务印书馆 1999 年版，第 18 页。
⑨ 《荀子·儒效篇》。

的，然而通过后天努力学习可以得到。"干、越、夷、貉之子，生而同声，长而异俗，教使之然也。"① 因此，荀子明确主张："君子居必择乡，游必就士，所以防邪僻而近中正也。"②

至此，客观的人性问题在人们的主观上的对立已经形成。但是，尽管出现人性论的对立情况，但从人类认识的角度看，这是非常正常的，丝毫不影响人们继续对此问题进行探讨。可能的途径是：或者避而论之，或者继而释之，或者起而反之并另辟蹊径。历史和认识的发展遵循了辩证法。后代的儒家，如陆九渊（象山）、王阳明（守仁）、"二程子"（程颢、程颐）和朱熹（晦庵），或由性善论正面阐发出去，或以性恶论反证自我观点，或从新角度加以综合阐述。最明显的差别在于，陆王从"心"学角度继承孟子的观点，程朱从"理"学角度继承孟子的观点。

此外，这种性善性恶之争被扬雄找到了发挥空间，提出了"性善恶混"的折中观点。扬雄曰："人之性也，善恶混。修其善则为善人，修其恶则为恶人。"③ 在他看来，人为善为恶的关键在于修善还是修恶。扬雄强调后天的学习："学者，所以修性也。视听言貌思，性所有也。学则正，否则邪。"④ 康有为（1858—1927）赞同告子的"性无善无恶"的观点：即"性犹湍水也，决诸东方则东流，决诸西方则西流。人性之无分于善与不善也，犹水之无分于东西也"。⑤ 康有为说："性者，生之质也，未有善

---

① 《荀子·劝学篇》。
② 《荀子·劝学篇》。
③ 蔡元培著：《中国伦理学史》，商务印书馆1999年版，第18页。
④ 《扬子法言·学行》。
⑤ 《孟子·告子上》。

恶。"又说:"凡论性之说,皆告子是而孟子非。"① 张载认为,万物是由气凝聚而成的,人也如此。气的本性是人的本性。"太虚"本性和阴阳二性构成人性。前者叫"天地之性",是善的来源,后者叫"气质之性",是恶的来源。朱熹继承了这种观点。王充(27—100)、韩愈和董仲舒主张"性三品"说。王充曰:"余固以为孟轲言人性善者,中人以上者也;孙卿言人性恶者,中人以下者也;扬雄言人性善恶混者,中人也。"②"上焉者,善焉而已矣。中焉者,可导而上下,下焉者,恶而已矣。"③ 董仲舒调和孟荀,主张人性兼含善恶。事实上,不管如何,这种把人性分为不同的种类和等级,与其说是对人性问题的理性分解,不如说是从维护封建秩序的角度对人性的推演和故意设定,它不仅违背人性相近的历史判断,而且在客观上强化了人性学说为封建统治阶级利益的服务功能。本质上,"性三品"论异化了先秦儒家性善论和性恶论的基本意义,已使人性论蜕变为封建王朝奴化人民的理论工具。

客观上,性善性恶论的对立,虽然造成人们认识上的不一致,但带来了对人性问题进一步探讨和研究的良好气氛,一定意义上对中国学术繁荣的发展趋势产生了积极的影响。试想,如果从开始人性的本质就被确定在以上争论的任何观点上,那么肯定没有人性论多维视角的理论产生。意义在于:首先,把人性善恶问题提高到理性的高度认识为明确伦理理论的价值基础确立了方向;其次,人性性质的确定必然导致道德哲学的不同体系和结论,当然性地受到儒家各派的重视,而争论对明确各家观点具有

---

① 康有为著:《万木草堂口说》。

② 王充著:《论衡·本性》。

③ 韩愈著:《原性》。

重要的启发意义；第三，人性问题被各派讨论到如此分歧的程度，谁还能逃避对此问题的回答？

②西方论性恶的理据

可以说，苏格拉底、柏拉图均主张性善论。在他们看来，"无人会选择恶或他认为是恶的。想要做那些他相信是恶的事情，而不是去做那些他相信是善的事情，这似乎违反人的本性"。①总体上看，西方近代启蒙思想家和 18 世纪法国唯物主义者都是宣扬性善论的。不过，自从基督文化盛行以后，性恶论占据了核心的位置，尤其在西方的中世纪时期十分流行。然而，承接前面分析，西方最初论人性不是直接确认人性善恶，而是透过理性的作用看人性的表现。西方着力分析的问题是，人性善恶究竟是如何表现出来的？在他们看来，这才是最重要的问题。其中有代表性的观点如下。

首先，中世纪前以苏格拉底的"知识即美德"为代表。苏格拉底认为，先天宇宙法则是道德的基础，人类能认识此基础便是人类道德意识的自觉。人类道德意识的自觉为的是什么？为的是辨别善恶，人之所以为恶，是因为人不知道什么是恶。如果人们了解什么是恶，那么人便会择其善者而行之，为善去恶，在这个意义上，知识就是道德。换言之，求知乃人类最重要的道德义务。在苏格拉底看来，人性善恶与掌握的知识程度密切相关。有知识就等于善，无知识便等于恶；性善表现为有知识，性恶表现为无知识。依此理论，人要获得良好的德性便只有获得知识。"因此，知识，即关于真正善的东西及其获得手段的科学知识，是所有优越和德性的条件。这就是作为苏格拉底理论之根据，使

---

① 柏拉图著：《普罗泰戈拉篇》，载于《柏拉图全集》第 1 卷，王晓朝译，人民出版社 2002 年版，第 484 页。

他居于希腊哲学家之首的观点。这一基本观点也是他的后继者们共同遵循的。"① 古罗马教育家普鲁塔克（Plutarch，46—119）继承了苏格拉底的观点，同样重视知识的价值。他认为人受到教育、增进了知识、扩大了学问，自然对德性和幸福有帮助。在各种知识中哲学是最有价值的，因为它对人生最有意义，能给人生最大的好处。学习哲学能使人知道什么是诚实，什么是虚伪，什么是正义，什么是不义，使人知道应当追求什么，又应当避免什么。简单地说，学习哲学可以使人养成一切美德②。

其次，中世纪期间以古罗马神学家的观点——性恶论或"原罪论"为代表。所谓"原罪论"，根据《旧约圣经》的记载，就是：夏娃受到蛇的引诱，劝亚当和自己一道偷吃了智慧树上的果子，因而违背了上帝耶和华的意愿，被赶出了伊甸园。《圣经》说："罪通过一个人进了世间，死又通过罪而来，于是死就传给所有人，因为所有人都犯了罪。"还说："没有律法以前，罪已经在世上了。"③ 基督教父神学家圣·奥古斯丁（Aurelius Augustinus，354—430）把《圣经》里的神话故事与柏拉图的哲学理论结合起来，创立了以性恶论为基础的基督教神学体系。其理论主要包括"五论"：a. 以性恶论为基础的原罪论即人生而有罪；b. 以只有皈依上帝才能得救为基础的赎罪论；c. 以压制情欲摧残肉体来拯救灵魂为理念的禁欲论；d. 以神权高于皇权为理念的教权至上论；e. 以灵魂可以与肉体分离及死后可上天为理念的灵魂不灭论。这套理论在中世纪居于统治地位，并对西方教育产

① ［德］弗里德里希·包尔生：《伦理学体系》，何怀宏等译，中国社会科学出版社1988年版，第40页。

② ［古罗马］普鲁塔克：《论儿童教育》，载于任钟印主编《世界教育名著通览》，湖北教育出版社1994年版，第99页。

③ 《罗马书》5：12—13。

生极其广泛而深远的影响。第一，在教育目的上，必须以神学为目的；第二，在教学内容上，必须以《圣经》为教材和教学内容；第三，在教育道德上，以宗教道德代替世俗道德；第四，以盲目信仰、背诵和服从代替独立思考；第五，基督教会对教育事业的发展具有绝对的垄断权力；第六，教师职业由基督教神职人员垄断①。至16世纪上半叶，德国宗教家马丁·路德（Martin Luther，1483—1546）和约翰·加尔文（John Calvin，1509—1564）倡导的宗教改革运动，推翻了封建专制型的宗教教义和教规，从而创立了适应社会要求的基督新教，自然，在社会教育上也发生了一些积极的变化。例如，基督新教所认可的基本经典《旧约圣经》与罗马天主教就有很大不同，后者承认的《旧约圣经》篇幅达46卷，而基督新教承认的《旧约圣经》只有39卷。换言之，基督教育的内容有了巨大的调整②。

最后，文艺复兴时期以卢梭等人主张的性善论为代表。卢梭在《社会契约论》开篇指出："人生来是自由的，但却无处不在枷锁之中。"③ 这是卢梭人性论的基本点。他把人类的生活状态区分为"自然状态"和"社会状态"两种。在"自然状态"中，人类是平等的、自由的，最有道德的，在"社会状态"中，人类处于非自由的状态，因为适应不平等社会的需要而被迫改变本有的善性，最后变成不道德的。换言之，人性的转变、恶行的产生乃是人类社会的不平等制度造成的。在卢梭看来，人类道德性根源于人类生活的自由环境，人类处于自由的环境中，必然向往并

----

① 参见任钟印主编《世界教育名著通览》，湖北教育出版社1994年版，第113页。

② 于可著：《马丁·路德生平》，载于路德文集中文版编辑委员会编《路德文集》（1），上海三联书店2005年版，第1—56页。

③ 卢梭著：《社会契约论》，何兆武译，商务印书馆1980年版，第8页。

努力实现对美德的追求。就是说，自由是道德的根基，强力之下无道德可言，取消人的自由意志无道德可言。因此，卢梭主张对人进行自然的教育，因为自然的教育是自由的教育，可以培育美德之人。《爱弥儿，或论教育》就是卢梭论述自然教育的经典之作。

(3) 人性的理念

在西方文化中，理性被看作是人性的核心，对人性起着组织和领导的作用，从而形成了特有的理性精神和理性传统。苏格拉底重视知识的作用，把知识看作是美德，虽然这包含着现实的矛盾，即现实中有知识并不一定有道德，但他把道德与知识联系起来，这本身就是很大的进步，是人类认识自身存在的自觉表现，后世已充分证明了这个真理，即在道德和知识之间确实存在着非常密切的关系。应该说，在人类文化的早期，能够把知识和美德相互联系起来看待人类的现实活动，是西方文化对人类理性发展的贡献之一。现实中，苏格拉底通过自己所理解的知识原理和演讲行动实际证明"知识即道德"理论的合理性。柏拉图在苏格拉底立论的基础上发挥天才构想，把一个充满理性精神的"理想国"塑造出来。在他看来，无论个人还是国家，正义是头等重要的价值理念，正义的人一定是有理性的人，此人在其人性内部就处理好了各方面的关系，使心灵处于良好的状态之中，互不干涉，但互相支持，和谐如一。正义的国家也一样。亚里士多德认为，人有植物性、动物性和理性，理性是人类特有的性质，认识理性必须依靠哲学家的智慧和知识。可以看出，柏拉图、亚里士多德的人性理论是一脉相承的。

在儒家文化中，人性成为一种理念，是人性内部各种矛盾运动的结果，是人们对人性问题认识的深化。正如清朝驻巴黎外交官陈季同所言："人性是如此敏感的有机体——在中国，我们称之为'小乾坤'——必须了解它之后才能调理它。然而即便它保持愚昧无知的原始状态，也远胜于得不到好的教育。"① 同时，儒家各个派别甚至道家和佛家各派的认识都增加了对人性问题认识的价值内涵，进而使人性上升为中国伦理文化的基本理念，正如西方文化的理性概念经过柏拉图、亚里士多德和黑格尔等的逻辑演绎而上升为哲学理念一样。在中国文化中，人性问题从萌芽到形成、经过多次演变，最后提升到人性理念的层次，经历了漫长的历史过程，此过程不仅遵循了人类认识社会的历史规律，而且遵循了人类认识自身的价值规律，还遵循了人类认识知识的逻辑规律。历史规律赋予人性理念的历史内涵，价值规律赋予人性理念的人文内涵，逻辑规律赋予人性理念的结构内涵。总体上，人性理念的内涵凝结为以下五个方面的要素，即人性的意义、人性的结构、人性的内容、人性的功用和人性的后果。

首先，人性的意义。人性的意义从根源上说是"生"的意义。"一阴一阳之谓道……成之者，性也"，"天命之谓性"，"性者，天之理也"，"心之体，性也，性即理也"。简言之，人性是一个伦理性的独特概念，包含了中国文化关于人与自然、人与自我、人与社会诸种关系的人文因子和人文信息，包含了中国文化以人性建构儒家文化的特色内涵。在这种文化设计中，人通过"性"达到知"天"、知"人"、知"心"的境界。孟子曰："万物皆备于我矣。反身而诚，乐莫大焉。强恕而行，求仁莫近焉。"② 就是说，人通过充分发挥人性，不仅可以知天，而且可以同天

---

① （清）陈季同著：《中国人自画像》，段映虹译，广西师范大学出版社 2006 年版，第 101 页。

② 《孟子·尽心上》。

合一。

　　其次，人性的结构。人性意义的现实演变和具体展开构成人性的结构内涵，它包括两个相互联系的内容：a. 人性的"意义链条"：以阴阳变化引性→以自然的天之命释性→以善恶定性；其具体意义是，天生万物，万物有命，命由天赐，性由"命"生，必有善恶。这是人性结构的"纵向线"。b. 人性的"善恶结构"：性相近→善相近→恶相近→善恶混→善认同；具体意义是，人性必近，人性必有善或恶，善和恶必须辨别，性善认同是人类认识人性的归宿。这是人性结构的"横向线"。"纵向线"与"横向线"的意义交叉和功能展开形成人性的立体结构。

　　第三，人性的内容。孔子和孟子均有论述。孔子曰："智者不惑，仁者不忧，勇者不惧。"[①] 结合《中庸》引孔子的话"好学近乎知，力行近乎仁，知耻近乎勇"可以看出，孔子承认人性有"知"、"情"、"意"，即"仁"、"智"、"勇""三达德"之意。孟子直指人性有"仁"、"义"、"礼"、"智""四端"。朱熹认为人性包括"天地之性"和"气质之性"。其中"天地之性"是善的，是圣人之性；"气质之性"有善有恶，是平民之性。显然，朱熹的人性判断继承了张载的人性理论。

　　第四，人性的功用。从某种角度说，儒家重视人性论归根结底是因为人性有实际的功用和价值。在多数儒家看来，a. 人的"善端"最初发自人性，如果没有人性，便自然没有"四善端"之说；b. 人性是"五德之本"，是滋生"五德"的母体；c. 人性为"人的天理"，因为"天命之谓性"，"性，即理也"。换言之，如果没有人性先验性的设定，便没有德性产生和生长的可能。

　　最后，人性有后果。这首先表现在人性与物性的区别上。儒

---

　　① 《论语·子罕》。

家认为人是万物之灵。"惟人，万物之灵。"① "天地之性人为贵。"② "故人者，天地之心也，五行之端也。"③《周易》把人天地称为"三才"，人和天地并列。"尽物之性才能尽人之性。""天地人，万物之本也，天生之，地养之，人成之；天生之以孝悌，地养之以衣食，人成之以礼乐，三者相为手足，合以成体，不可一无也。"④ 其次表现在社会现实中人性不同人的地位也不同。按朱熹的观点，人在"天地之性"方面相同，但在"气质之性"方面则不同，于是产生了孟子所说的人之"大体"（心之官）和"小体"（口、耳、鼻、目之官）以及"天爵"和"地爵"的分别、朱熹所说的"高者为智"和"低者为愚为恶"的分别。值得注意的是，美国思想家约翰·杜威也认为人性确实存在后果问题⑤。

　　概言之，儒家各派的理论观点相互撞击、相互融合，甚至吸收儒家之外的观点，最终使人性论成为儒家伦理理论的闪光点和支撑点，并上升为儒家伦理的基本理念，进而塑造了中华民族的

---

① 《尚书·泰誓上》。
② 《孝经·圣治章》。
③ 《礼记·礼运》。
④ 《春秋繁露·立元神》。
⑤ 约翰·杜威说："我们平心来论，两说（指'性善论'和'性恶论'）各有毛病。"性善论"毛病在于使人过于自信，不注意克己自治和督教儿童，因为他们想本能既然是善，就用不着克己工夫，对于儿童也就是一意顺从罢了"。"性恶一说也有所弊，他们既信他恶，所以用狮子搏兔的法子，将种种本能欲念、冲动意志都寂灭得干干净净，使道德完全成消极的，不是积极的。"他主张："本能不过是一种教育的原料，本无所谓善恶，把它造成善行或恶德都无不可，只看你怎样用它。"因为"没有一种本能我们不能用它来助善，没有一种本能我们不能用它来长恶"。在他看来，"道德的重要问题，不是要怎样消极地去束缚本能，是要怎样积极地去利导它，才能得到良好的结果"。参见约翰·杜威著《伦理讲演纪略》，载于《杜威五大讲演》，安徽教育出版社2005年版，第273—275页。

"性善信仰"。人性诸因素的价值运作构成了儒家伦理独特的人文精神。《中庸》的表述凝聚了人性的特色含义："唯天下至诚，为能尽其性；能尽其性，则能尽人之性；能尽人之性，则能尽物之性；能尽物之性，则可以赞天地之化育；可以赞天地之化育，则可以与天地参矣。"这段话启示人们，人之尽性是有层次的，即先要尽自己的性，才可以尽家庭、社会、国家之性，尔后可以尽物之性。也就是由己及人，由人及物，由物达到"与天地之化育"的境界。

2. 性善论与成德论

性善论或终善论直接来之于孟子，间接来之于孔子和子思，在意义上还来之于荀子及程朱陆王的论证。在文化发展的意义上，性善不仅是血缘伦理文化发展的必然，而且是中国文化道德探究及其推演的结果。它直接导致儒家社会的性善信仰和成德原理。"积善成德"是人所共知的道德法则或道德律。古人言："善不积不足以成名"；[①] "圣人积聚众善以为功"；[②]"涂之人伏术为学，专心一志，思索孰察，加日县久，积善而不息，则通于神明，参于天地矣。故圣人者，人之所积而致矣"；[③] "贤哉，回也！一箪食，一瓢饮，在陋巷。人不堪其忧，回也不改其乐"；[④] "诚者，非自成己而已也。所以成物也"。[⑤]

① 《周易·系辞下》。
② 《春秋繁露·考功名》。
③ 《荀子·性恶篇》。
④ 《论语·雍也》。
⑤ 《礼记·中庸》。

可以说，性善论是成德论的基础和前提，成德论是性善论的必然推论。

(1) 性善的信仰

确实，在中国文化中，伦理学家，不管认为性善还是性恶，最后得出的结论均认为每个人都有成圣成贤的可能，亦即"终善"的可能。孔子曰："天生德于予"，[①]"知我者其天乎"。[②] 又曰："我欲仁，斯仁至矣。"[③] 颜回曰："舜何人也，予何人也，有为者亦若是。"[④] 孟子主性善，其结论是"人人可以为尧舜"，因为"圣人与我同类"，[⑤]"圣人先得我心之同然而已"；荀子主性恶，最后的结论是"涂之人可以为禹"。[⑥]"圣可积而致。"[⑦] 荀子认为，人除了有恶性还有智慧，此智慧可以使人为善。"涂之人也，皆有可以知仁义法正之质，皆有可以能仁、义、法、正之具，然则其可以为禹明矣。"[⑧] 值得强调的是，"非我族类"的佛家理论主张也是"人人皆具佛性"。这对儒家坚持性善论观点产生了积极的影响。可见，在儒家文化乃至中华传统文化中，人们认为性善是"应然"或"必然"的归宿，尽管在现实生活中也有人表现为性恶或有恶的倾向。所以，旧时家喻户晓的启蒙读物——宋代学者王应麟（1223—1296）著《三字经》开宗明义便

---

① 《论语·述而》。
② 《论语·宪问》。
③ 《论语·述而》。
④ 《孟子·滕文公上》。
⑤ 《孟子·告子上》。
⑥ 《荀子·性恶篇》。
⑦ 同上。
⑧ 同上。

说："人之初，性本善；性相近，习相远。"这种说法流传至今，源头在孔孟的话语中。

清代嘉庆年间（1796—1820）的著名哲学家焦循（1763—1820）在《雕菰集》中对性善论做了"五点解读"和理论总结，具有深刻的理论性和广泛的代表性。第一解从"生"的角度理解性善。"性善之说，儒者每以精深言之，非也。性无他，食色而已。""禽兽之性不能善，亦不能恶。人之性可引而善，亦可引而恶，惟其可引，故性善也。"第二解从圣人的直觉理解性善。"圣人何以知人性之皆善？以己之性推之也。己之性既能觉善，则人之性亦能觉善。""己与人同此性，则人之性亦善，故知人性善也。人之性不能自觉，必待先觉者觉之，是故非性无以施其教，非教无以复其性。"第三解从智的角度理解性善。"性何以善？能知故善。同此饮食男女，嫁娶以为夫妇，人知之，鸟兽不知之；耕种以济饥渴，人知之，鸟兽不知之。鸟兽既不能自知，人又不能使知之知，此鸟兽之性所以不善。"第四解从仁心的角度理解性善。"性善之可验者有三：乍见孺子入井，必有怵惕恻隐之心，一也；临之以鬼神，振之以雷霆，未有不悔而寿者，二也；利害之际，争讼喧嚣，无不自引于礼仪，无不自饰以忠孝友悌，三也；善之言灵也。性善犹言性灵，惟灵则能通，通则变，能变故习相远。"第五解从感性的角度理解性善。"同一饮食，而人能尝味，鸟兽不知尝味；惟人之同一男女，人能好色，鸟兽不知好色。惟人心最灵，乃知尝味好色。知尝味好色，即能知孝弟忠信廉耻。"[①]焦循的解释进一步确认了性善论和终善论观点的正确

① 焦循著：《性善五解》，载于《中国学术名著今释语译——清代编》，台湾西南书局有限公司 1950 年版，第 447—456 页。

性。钱穆先生对此予以肯定①。熊十力在《原儒》中则从性善性恶的内在关系考察，得到了"善统治恶"的结论，因而确立了性善论的稳固地位。他的结论是："性善性恶，二说相反也，而善统治恶，乃反而相成。"原因在于："凡言性恶者无有肯许恶行为人生之当然；仍归本于为善去恶，是则因去恶之勇而益见吾人固有善根之发展不容已。善恶适以反而相成，故曰：善统治恶。"②显然，焦循、钱穆和熊十力的观点是一致的。

究其根源，终善论的根据在于："天有好生之德"，特别是儒家文化对性善论持有广泛而深刻的"理性认同"——"四个认同"，即"源头性认同"、"伦理性认同"、"主体性认同"、"社会心理认同"。"四个认同"强化了从文化源头发展来的性善论在中国人心中的信仰地位。

第一，"源头性认同"。这是指从中国远古时代的《易》、《诗》、《书》到孔子的《论语》里一直隐含着性善的理念。孔子曰："性相近也，习相远也"③ 又曰："人之生也直，罔之生也幸而免。"④《诗》中有言："天生烝民，有物有则。民之秉彝，好是懿德"，⑤《左传》记载："刘康公曰：吾闻之，民受天地之中以生，所谓命也；是以有动作礼义威仪之则，以定命也。"蔡元培认为孔子话语"有偏于性善说之倾向。"⑥ 此后，《中庸》所述

---

① 钱穆说："其（焦循）思想上成就言之，亦至深湛，可与东原、实齐鼎足矣。其立说之最明通者，为其发明孟子性善之旨。"参见钱穆《钱宾四先生全集》第 17 卷，台湾联经出版事业公司 1998 年版，第 585 页。

② 熊十力著：《原儒》，载于《熊十力全集》第 6 卷，湖北教育出版社 2001 年版，第 322—323 页。

③《论语·阳货》。

④《论语·雍也》。

⑤《诗经·大雅》。

⑥ 蔡元培著：《中国伦理学史》，商务印书馆 1999 年版，第 10 页。

"天命之谓性，率性之谓道"和《大学》所述"大学之道，在明明德"已把"性"、"道"、"德"联系起来，其暗含性善的倾向性十分明显。梁启超就说："性善一说，《中庸》实开其端。"① 因此，孟子并非主观猜想性善，而是在古人基础上明确其"性善论"的，就是说，孟子的性善论有深刻的理论根据和历史来源。钱穆认为："孟子主张人性善，此乃中国传统人文精神中惟一至要之信仰。只有信仰人性善，人性可向善，必向善，始有人道可言。中国人所讲人与人相处之道，其惟一基础，即建筑在人性善之信仰上。"② 又说："人性善，人皆可以为尧舜，此乃中国人文教之信仰中心。"③

　　第二，"伦理性认同"。这是指儒家文化本身是建立在血缘原理基础上的伦理性文化。在这种伦理性文化中，理性让位于人性，科学让位于情感，知识让位于道德，人们在日常交往中倾向于认同人与人关系的和谐默契，倾向于人与人心意领会和情感互动，倾向于情理投入和感情体验。先人有言道："己所不欲，勿施于人。"④ "夫仁者，己欲立而立人，己欲达而达人"；"修己以安人，修己以安百姓"；"人不独亲其亲，不独子其子"；"博施于民而能济众"。"老吾老以及人之老，幼吾幼以及人之幼。"⑤ "所谓父母之心，非徒见于言，必须视四海之民如己之子。"⑥ 俗话

---

　　① 梁启超著：《儒家哲学》，载于梁启超《清代学术概论》，江苏文艺出版社2007 年版，第 189 页。

　　② 钱穆著：《钱宾四先生全集》第 37 卷《文化学大义》和《民族与文化》，台湾联经出版事业公司 1998 年版。

　　③ 钱穆著：《钱宾四先生全集》第 24 卷《中国思想史》，台湾联经出版事业公司 1998 年版，第 8 页。

　　④ 《论语·颜渊》。

　　⑤ 《孟子·梁惠王章句上》。

　　⑥ 《张子全书》卷十三，见朱熹、吕祖谦编《近思录》卷八《治国平天下之道》。

说："心心相印"、"心意相通"、"以心换心"、"心领神会"、"心照不宣"，实际上，性善理念已广泛沉淀在人们的心中，因此它的价值被世人认同、接受和遵守。而这些正是性善论合理存在的氛围和环境。

　　第三，"主体性认同"。这是指中华民族由对儒家文化的感受和精神体验逐步发展出自身的文化理念，它认同这种文化与民族存在和发展之间的密切关系，认同这种文化对民族精神的养育和培育之功，认同这种文化与民族心理情感的适应关系。儒家文化在血缘原理基础上构建的"家国一体"和"家国同构"及"家天下"的伦理理论充分体现中华民族对自身文化的独特认知。所有这一切都与中国文化植根于大陆民族、农业国家、宗族文化、内省自足的理性认知和价值需要上。可以说，中华民族从维护自身的独特存在和长远发展的角度坚定地选择了发源于本土并得到广泛认同的性善理念。令人印象深刻的是，哲学家张岱年认为，儒家乃至中国文化的这种性善论的意义比西方文化的性恶论更加深刻①。

　　第四，"社会心理认同"。这是指从社会心理学的角度看，性善论相比较性恶论更易受到社会大众的赞誉和认同。理由来源于：人人对善的事物的好感和人人向善的社会心理，以及大众人文环境对善人的赞赏需求和良好评价。对于从众心理普遍的儒家社会来说，这种性善论更易被推崇、扩散，并受人欢迎，因而对改善世道人心、推进和谐社会的建设起到积极的作用。从本质上

---

　　①　张岱年注意到黑格尔曾说性恶论比性善论更加深刻，但他不同意这种看法："我个人认为，事实上，性善论比性恶论更加深刻，因为性善论是民主思想的基础，而性恶论是专制主义的基础。"参见张岱年《正确认识中西文化的异同》，载于《张岱年全集》第6卷，河北人民出版社1996年版，第248页。

说，这是入世文化和世俗文化的重要特征之一。樊浩教授指出："性善论形成的是一种向内探求的伦理性格与精神品质，最后建立的是一种由个体自身的人性出发，通过善性的发扬与良心的发现，最后再向自我复归的伦理精神模式。"[①] 有意思的是，当代德国心理学研究者的心理实验也证实了"人之初，性本善"的结论[②]。

（2）善性与成德

性善论认为人性本善而不是本恶。而且从总的走向上说，"人人皆可为尧舜"，"涂之人可以为禹"。这为人的"成德"提供了先天的条件，并为人们实际上的"成德"提供了希望和可能。换句话说，每个人都能成德，每个人都有先天的条件成德，每个人在成德机会和可能性上是平等的。然而，善德不会

---

① 樊浩著：《伦理精神的价值生态》，中国社会科学出版社 2001 年版，第 177 页。

② 报载，德国马克斯普朗克研究所的心理学研究员做了一个有趣的实验。每天进入实验室里，在 24 名刚刚会爬的婴儿面前做简单的动作和表演。大个儿研究员假装打小个儿研究员一个响亮的耳光，被打者佯装掩面而泣。此刻，所有婴儿都震惊了！24 双愤怒的眼睛都集中在打人者身上，然后婴儿又以怜悯的目光投向被打者。有的甚至流下同情的眼泪。有个叫贝克的婴儿，爬到打人者脚下，狠狠地朝着他脚脖子咬了一口！疼得打人者捂着脚脖子怪叫："哎哟！妈妈！"许多小朋友哈哈大笑。研究人员从中得启示："得道多助，失道寡助。"在婴儿身上体现了出来。研究人员又做了实验，把婴儿专用毛巾整整齐齐挂在高 2 米的尼龙绳上，然后用竹夹子逐条夹。接着研究员故意笨手笨脚，将许多竹夹子掉在婴儿的地铺上。随着竹夹子落地声，实验室婴儿在几秒钟内做出想要帮忙的举动。一位婴儿急切地手脚并用地爬过来，抓起一个竹夹子推到研究员脚边。看样子，他很想把竹夹子递到研究员手中。24 名婴儿都表现出同样的关心他人、助人为乐的热情。通过上述科学实验证明："人之初，性本善"是个真理。参见《海外文摘》2006 年第 8 期，袁义莉编译，载于《报刊文摘》2006 年 8 月 4 日。

自动到来，它要靠后天的努力才能得到。它不仅需要内心的真诚，而且需要内心的信念，更需要实际的行动。换言之，后天的努力决定个体成德的程度、大小、快慢。它表明追求和实现人在事实上的成德以及道德成就必须依靠个体的实践努力。所以，孔子在提出"性相近论"的同时做出了"习相远也"的判断，主张"学而时习之"、"温故而知新"。在这个角度看，"习相远"，一方面可理解为，人经过学习或实践可使本性得到改变，另一方面可理解为，处于同层次和水平的人经过学习或实践可出现很大的差别。

孟子性善论使人性可以被改善由不知从何处着眼到完全可以从人自身内在修养着手成为可能。孟子的根据在于人皆有"四端"，即"恻隐之心，羞恶之心；恭敬之心；是非之心"。孟子的结论是："恻隐之心，仁也；羞恶之心，义也；恭敬之心，礼也；是非之心，智也。"而且，"仁义礼智，非由外铄我也，我固有之也，弗思耳矣。故曰：求则得之，舍则失之。或相倍蓰而无算者，不能尽其才者也"。孟子从常识处论证道："所以谓人有不忍人之心者，今人乍见孺子将入于井，皆有怵惕恻隐之心。非所以内交于孺子之父母也；非所以誉于乡党朋友也；非恶其声而然也。由是观之，无恻隐之心，非人也；无羞恶之心，非人也；无辞让之心，非人也；无是非之心，非人也。恻隐之心，仁之端也；羞恶之心，义之端也；辞让之心，礼之端也；是非之心，智之端也。人之有四端也，犹之有四体也。有是四端而自谓不能者，自贼者也；谓其君不能者，贼其君者也。凡有四端于我者，知皆扩而充之矣。若火之始然，泉之始达。苟能充之，足以保四海；苟不充之，不足以事父母。"① 孟子通过正反论证印证性善

----

① 《孟子·公孙丑》。

的正确性，并暗示成德完全在于个人的努力，而且努力的着力点应放在"心"上。钱穆认为，中国文化是人文主义的文化，而讲人文精神重点在道德，"心"又是道德的发源地。

孟子向人们呈现善性，言外之意是，每个人都有"四善端"，即善性之质和良心良能。每个人只需保存好此善性，把此善性充分发挥出来，都有可以成为有善德的人。孟子曰："凡有四端于我者，知皆扩而充之矣，若火之始燃，泉之始达。"[①] 又曰："人皆有所不忍，达之于其所忍，仁也；人皆有所不为，达之于其所为，义也。人能充无欲害人之心，而仁不可胜用也；人能充无穿踰之心，而义不可胜用也。"[②] 一方面，孟子以善性使人人都有积善成德的可能，另一方面，孟子以善性促进某些恶人时刻反省自我，以加强个体道德约束。在孟子看来，没有人可以通过性恶逃避自我修身善性的道德义务。在这个意义上，性善论赋予人们造就道德自我的责任感和义务感。孔子曰："为仁由己"，"有能一日用其力于仁矣乎？我未见力不足者"。[③] 就是说，个体只要努力去追求就能达到"仁"或"善"的要求。这种人性论决定儒家的教育方式只能是：尊重顺应人的善性并发挥个体的德性功能。

荀子认为，人虽性恶但可以改善。在他看来，凡是善的、有价值的东西都是人努力的产物；人性必须加以教养，凡是没有经过教养的东西不会是善的。论点是"人之性恶；其善者伪也"。[④] 荀子肯定"涂之人可以为禹"，[⑤] 认为人除恶以外还有智，这是

---

①　《孟子·公孙丑上》。

②　《孟子·尽心下》。

③　《论语·颜渊》。

④　《荀子·性恶篇》。

⑤　同上。

人可以成善的核心因素。"涂之人也，皆有可以知仁、义、法、正之质，皆有可以能仁、义、法、正之具，然则其可以为禹，明矣。"① 荀子确认，任何人都可"学"成圣人，达到圣人境界，关键在"积靡"和"注错"。"积靡"指重视人的知识、经验和道德品质的积累；"注错"指充分估计环境对人的影响。前者如荀子所言："积土成山，风雨兴焉；积水成渊，蛟龙生焉；积善成德，而神明自得，圣心备焉。"② "积土而为山，积水而为海，旦暮积谓之岁，至高谓之天，至下谓之地，宇中六指谓之极，涂之人百姓，积善而全尽，谓之圣人。"③ 反之，"不积跬步，无以致千里；不积小流，无以成江海"。④ 因此，"可以为尧禹，可以为桀跖，可以为工匠，可以为农贾，在注错习俗之所积耳"。⑤ 为此，必须对后天的环境采取选择的态度。荀子主张"君子居必择乡，游必就士，所以防邪辟而近中正也"。⑥

清代著名学者、进步思想家戴震（东原，1723—1777）对"性"与"德"之关系的解读能够说明善性和成德之间的关系。他说，性者，分于阴阳五行以为血气心知，品物区以别焉；举凡既生以后所有之事，所具之能，所全之德，咸以是为其本；故《易》曰：成之者性也⑦。《中庸》云：天命之谓性。以生而限于天，故说天命。《大戴礼记》曰：分与道谓之命，形于一谓之性。

---

① 《荀子·性恶篇》。
② 《荀子·劝学篇》。
③ 《荀子·儒效篇》。
④ 《荀子·劝学篇》。
⑤ 《荀子·荣辱篇》。
⑥ 《荀子·劝学篇》。
⑦ 戴震著：《孟子字意疏证——道篇》，载于《中国学术名著今释语译——清代编》，台湾西南书局有限公司 1950 年版，第 351 页。

分于道者，分于阴阳五行也；一言乎分，则其限之于始，有偏全厚薄清浊昏明之不齐，各随所分而形于一，各成其性也。然性虽不同，大致以类为之区别，故《论语》曰：性相近也，此就人与人相近言之也①。还有学者对儒家成德奥妙做了阐释。其一，道德生命的实现和圣贤人格的成就并非由外铄可得，不是依赖幸运的奇想，也不是凭借神的外在的恩宠。相反的，在每个人的内心都有根据——天赋的性。人人可成尧舜是儒家深奥的睿智。其二，任何人的道德修养不能是"独善其身"。此睿智蕴涵于仁的意义中。人际间感情的自然流露是体悟仁的"吃紧处"。道德生命的实现决定于"己立立人，己达达人"的奉献。这种对他人的"道德福祉"奉献称之为"恕"。"恕才是人我为一的桥梁，是人的自觉的考验。因而除了独善其身外，儒者还得兼善天下。"②因为"任何人之内的真正本性本质地彼此联结在一起，这是因为每个人的内在真性都是天之所赋，而分享同一终极的实在—道。因此，在修身实践时，人类心灵之间可以感受到和谐，也能与超越的本体相感通"。③

（3）成德的金律

性善论赋予性以善的品质，赋予性以德的价值。在性善论的基础上理解"率性之谓道"和"大学之道，在明明德"，可以看出，人存养"善性"是修养"善德"，人修养"善德"是存养和

①　戴震著：《孟子字意疏证——道篇》，载于《中国学术名著今释语译——清代编》，台湾西南书局有限公司 1950 年版，第 351—352 页。

②　张灏著：《新儒家与当代中国的思想危机》，林镇国译，载于姜义华、吴根梁、马学新主编《港台及海外学者论近代中国文化》，重庆出版社 1987 年版，第 294 页。

③　同上书，第 299 页。

扩充"善性"，在此过程中，人"积善成德"或"积德成善"。因此，成德是"求善性"和"积善德"的德性提升过程，"求善"过程是追求善性的过程；"积善"是积累善性、累积善德的过程。从人的道德发展看，成德状态是顺应人性的内在要求，把本有善性发挥出来，是人性的自在自为状态。孟子曰："学问之道无他，求其放心而已矣。"① 康德也说："人类应该将其人性之全部自然禀赋通过自己的努力逐步从自身中发挥出来。"② 个体要获得此状态必须经历一个极其复杂而漫长的修炼过程。儒家设定的人性自在自为状态是由内到外的过程，即"内圣外王"的复杂过程。此过程是个体发觉人性、体悟人性、完善人性、体现人性的过程，是由低到高进行的道德内化和外化过程。实际上，历史上的儒者均是按照这个过程进行人生修炼的。如"正德利用厚生"、③"立德、立功、立言"、④"进德修业"、⑤"修己安人"、⑥"成己成物"、⑦"天爵人爵"、⑧"尽伦尽制"、⑨"修齐治平"，这些词语都体现了内圣外王的成德精神。

在孔子看来，"学"必须贯穿人生的始终过程。这种"学"是人生必须完成的道德任务，而不是简单的求知任务。古人云："人性含灵，待学成而为美。"陆九渊说："人生天地间，为人自

---

① 《孟子·告子上》。

② 康德著：《论教育学》，赵鹏、何兆武译，上海世纪出版集团 2005 年版，第 3 页。

③ 《尚书·大禹谟》。

④ 《左传·鲁襄公二十四年》。

⑤ 《易经·文言》。

⑥ 《论语·宪问》。

⑦ 《礼记·中庸》。

⑧ 《孟子·公孙丑上》。

⑨ 《荀子·解蔽篇》。

当尽人道。学者所以为学，学为人而已。"① "学"决定一个人的成德之大小、快慢、程度进展。"古之圣人，虽出乎其类，拔乎其萃，然至其成德，莫不由学。"② 有若曰："圣人之于民，亦类也。出于其类，拔乎其萃，自生民以来，未有盛于孔子也。"③ 孔子在描述自己的求学进德的成德过程时说："我十有五而志于学，三十而立，四十而不惑，五十而知天命，六十而耳顺，七十而从心所欲不逾矩。"④ 朱熹注："所谓学，即大学之道也。志乎此，则念念在此而为之不厌矣。"第一阶段，"三十而立，有以自立，则守之固而无所事志矣"。第二阶段，"四十而不惑，于事物之所当然，皆无所疑，则知之明而无所事守矣"。第三阶段，"五十而知天命，天命即天道之流行而赋予物者，乃事物所以当然之故也。知此则知极其精，而不惑又不足言矣"。第四阶段，"六十而耳顺，声入心通，无所违逆，知之之至，不思而得也"。第五阶段，"七十而从心所欲，不踰矩。随其心之所欲，而自不过于法度，安而行之，不勉而中也"。⑤ 现代教育家梁漱溟（1893—1988）指出，孔子学说的真价值就表现在"从心所欲不逾矩"，通俗地说，孔子无论何时何地何种情况下，始终能做到"明白他自己，自己对自己有办法"。例如，颜回表现出来的"不迁怒，不贰过"的真谛也在于此⑥。梁氏认为："孔门之学岂有他哉！唯在启发各人的自觉而已。从乎自觉，力争上游，还以增强其自

---

① 《语录》下。

② 转引自《中国古代名言隽语大辞典》，商务印书馆1997年版，第191页。

③ 《孟子·公孙丑上》。

④ 《论语·为政》。

⑤ 《论语集注·为政》。

⑥ 梁漱溟等著：《梁漱溟先生论儒佛道》，广西师范大学出版社2004年版，第8—9页。

觉之明，自强不息，辗转前进，学问之道如是而已。"并指出：中国古人在世界学术上最大的贡献无疑也就是儒家孔门那种学问①。值得注意的是，西方学者研究发现，当儒家提出这种通过连续的"学"进行道德实践的理论时，包括西方文化在内的其他文明还没有达到这种境界，或者说，还没有出现这种思想的境界②。后来，奉行实用主义哲学的美国教育家约翰·杜威对"道德"与"学"的关系问题也做了深入的解释③。其观点之核心是人类道德与"学"存在着极其密切的关系。

　　于此，我们可以从人性修炼的角度来理解孔子的话。孔子五十岁时进展到"知天命"阶段——"知性"阶段，因为"天命之谓性"。按冯友兰的"四境界说"看，孔子进入人生的"道德境界"。在此境界里，孔子为人处世、一言一行都能顺乎道德要求，能"率性而为"，是道德境界中的人。人性之深刻体悟、人性之自觉发挥、人性之常态应用，均达到自觉的境界。孔子达此境界花费至少四十年的工夫，十五岁时立志于学——"学道"，此

---

①　梁漱溟等著：《梁漱溟先生论儒佛道》，广西师范大学出版社 2004 年版，第 35 页。

②　David L. Hall and Roger T. Ames found Confucius's understanding of the activity of thinking as a set of interrelated process associated with "learning"（学）"reflecting"（思）and also found Confucius provided an understanding of thinking that avoided the disjunction of normative an spontaneous thought in a manner that had not been achived in other major philosophy vision. David L. Hall and Roger T. Ames：Thinking Trough Confucius, State University of New York Press, 1987, p. 43.

③　约翰·杜威站在实用主义的立场上指出， "道德就是学，就是生长（Growth）。……学的是什么呢？就是古圣今贤传下或发明的教训"，而"生长并不专指肉体，最要紧的是精神的观念和知识能力的生长"。他认为："生长和学都是自然的，不得不然的，所以道德也不是强制的造作的。"在他看来，"教育的程度即道德生长的程序"。参见约翰·杜威著《伦理讲演纪略》，载于《杜威五大讲演》，胡适口译，安徽教育出版社 2005 年版，第 267 页。

"道"是人生之道，也是人性之道。孔子以人性的自我修炼和自我完善作为人生的目标。因为不修炼人性便难以达到知性阶段，也就难以达到道德的阶段。"三十而立"是"立家"也是"立业"，更是"立礼"，孔子成立自己的"家"，有了人生追求——"业"，同时按"家"和"业"的规矩践行"礼"。"立家"和"立业"是孔子体悟人性、完善人性的重要舞台，"立礼"是人生舞台的实际需要。按儒家文化设计，人不在"家"中何以知"孝"？不知"孝"何以知"人道"？"不知礼何以立？"所以，孔子于此阶段既在"家"中也在"业"中，更在"礼"中。到四十岁，孔子进入智者阶段，"智者不惑"。这说明，人要知性首先必须成为智者，然后才能成为率性之人。往后看孔子的"六十耳顺"，孔子声入耳顺、顺性而作、自由自在，进入"前天地境界"。可以说，孔子的人生描述展示了儒家人生成德金律应该是不错的。孟子曾经概括说："可以仕则仕，可以止则止，可以久则久，可以速则速，孔子也。"① 孔子自己也说："君子之中庸也，君子而时中。"②

　　儒家认为人之区别不在于能不能成德，而在于成德水平的高低。但是，不管什么人，要想成德，就必须经历复杂的自我修炼过程。《大戴礼记》记录孔子应鲁哀公问政之对答，向人们展示成德的"四阶段论"。根据对话可以看出，人性发展须经过五个阶段，或可分为五个等级。从经过 a. 一般庶民大众，经过教育，变化气质，可以成为 b. 知书达理的士人，士人"明辨之，笃行之"，娴于礼乐，表现为高尚之人生艺术，即成为 c. 君子，"文质彬彬，是谓君子"。其品格纯美，其心理平衡，其行仪中节合

---

① 《孟子·公孙丑上》。

② 《礼记·中庸》。

度，再进一步加以陶冶，即可以成为 d. 大人，大人者，其出处去就，——符合高度之价值标准，足为天下式；动作威仪之则。蹈乎大方，而大中至正，无纤毫偏私夹杂其间；其品格刚健精粹，一言而为天下发。修养至最后阶段，即进入"圣人"或"神人"境界。圣人者，智德圆满、玄珠在握，任运处世，依道而行，"从心所欲不逾矩"。其所以能够达此境界者，乃"存心养性"和"日进其德"的尽心之结果①。孟子总结的人生修炼境界依次为："可欲之谓善，有诸己之谓信，充实之谓美，充实而有光辉之谓大，大而化之之谓圣，圣而不可知之谓神。"② 对比而言，西方文化则开不出儒家式的世俗成德路径，其根源在于：道德不是全靠自我修炼而成，而是必须依靠上帝才能实现，换言之，人只有时刻与上帝同在，才能在道德上有所进步。德国伟大诗人、思想家歌德（Johann Wolfgang Goethe，1823—1832）就说过，"像一切美好的事物一样，道德也是从上帝那里来的"。他进一步说："道德方面的美与善可以通过经验和智慧进入意识，因为在后果上，丑恶证明是要破坏个人和集体幸福的，而高尚正直则是促进和巩固个人和集体幸福的。因此，道德美便形成教义，作为一种明白说出的道理在整个民族中传播开来。"显然，歌德基本上从人性论出发，但也不忽视经验和教育对人性的作用③。

---

　　① 方东美著：《中国形上学中之宇宙与个人》，载于刘小枫编《中国文化的特质》，三联书店 1990 年版，第 11—12 页。

　　② 《孟子·尽心章句下》。

　　③ 歌德著：《谈道德美》，载于［德］爱克曼辑录《歌德谈话录》，朱光潜译，人民文学出版社 1978 年版，第 127—128 页。

3. 性善教育的文化设计

如果说人性是纯粹理性，那么，性善就是实践理性，落实在教育中就是实施性善教育、推进性善教育。儒家发现，强化性善教育不仅可以加速使人积善成德，而且可以推进教育向善的方向发展，于是把性善教育作为成德之教的关键内容确定下来，它的主旨在于使成德过程变为个体自觉地信仰善性、回归善性、保存善性、发扬善性的过程。孟子曰："考其善不善者，岂有他哉？于己取之而已矣。"[①] 从文化设计的角度看，性善教育以终善的人性教育为根本，以德性教育来实际体现，以性善主体教育实现最终目的。

（1）人性终善教育

根据儒家的文化设计，人不管是先天性善，还是先天性恶，还是有善有恶或无善无恶或善恶相混，不管是自修变善，还是培育至善，但总可以变善，也就是说，每个人最终都将变善。变善在儒家看来就是成德和立德的表现，因为"人皆可以为尧舜"、[②]"涂之人可以为禹"。[③] 在这个意义上可以说，成德之教就是使人加速变善的教育。

①孟子：教育在于存养本善

孔子不仅提出"性近习远"的观点，而且发表了"有教无

---

① 《孟子·告子上》。

② 《孟子·告子下》。

③ 《荀子·性恶篇》。

类"的著名思想。事实上，孟荀都重视教育的可能和教育的作用。依孟子观点，人性不善，"非才之罪也"，"乃不能尽其才也"。"不能尽其才"，一种可能是人受物欲的蒙蔽和陷溺；另一种可能是人把本有的善心"放失"了。物欲包括情感的诱惑，也包含物欲的诱惑。它们都是与人的肉体有关的欲望，孟子名之为"小体"，而属于精神方面的欲望则名之为"大体"。孟子曰："从其大体为大人，从其小体为小人。"① 因此，修养的关键在于抑制"小体"发扬"大体"。其次，人性本善，但"放心"可以使人为非作恶。"放心"是对"存心"而论的。在这种"放心"的状态下，人容易陷入物欲的诱惑之中，发出种种不善的行为。孟子曰："牛山之木尝美矣，以其郊于大国也，斧斤伐之，可以为美乎？是其日夜之所息，雨露之所润，非无萌蘖之生焉，牛羊又从而牧之，是以若彼濯濯也。人见其濯濯也，以为未尝有材焉，此岂山之性也哉？虽存乎人者，岂无仁义之心哉？其所以放其良心者，亦犹斧斤之于木也，旦旦而伐之，可以为美乎？其日夜之所息，平旦之气，其好恶与人相近也者几希，则其旦昼之所为，有梏亡之矣。梏之反复，则其夜气不足以存；夜气不足以存，则其违禽兽不远矣。人见其禽兽也，而以为未尝有才焉者，是岂人之情也哉？"② 不过，孟子认为，人性虽有不善的情况，但人可以通过修身和接受教育熏陶使人性改善和完美。孟子曰："仁义内在，性由心显"，所以，他特别关注"心"的问题。据此，"学问之道无他，求其放心而已"。③ 朱熹引杨氏的话说："孟子一书，只是要正人心，教

---

① 《孟子·告子上》。
② 同上。
③ 同上。

人存心养性，收其放心。"① 这就是孟子设计的人性教育。

②荀子：教育在于抑恶致善

荀子认为，人性本恶，若随人性发展，必然为非作歹。但是，通过驯化本性可以使之为善，因为人可以通过化导为善，因此人人皆有为善的可能。荀子曰："性者，吾所不能为也，然而可化也。"② 他肯定"涂之人可以为禹"。依"其善者伪"的理论推知，知"道"并努力修养的人就一定能够"化性起伪"，自可以为君子，自可以达到道德境界乃至天地境界。相反，则会因过于放纵而失去修养机会，人性将难以为善。荀子认为，圣人与一般人的区别只在于修己教育或自我教育的工夫大小。"干、越、夷、貉之子，生而同声，长而异俗，教使之然也。"③ 著名学者傅斯年（1896—1950）确信，荀子坚持的是"劝学之教"，他认为《劝学篇》共有四个意义：一是善假于物而慎其所立——必处里仁之美，使得去恶迁善；二是用心贵以专；三是隆于礼，凡学至乎礼而止，夫是之谓道德之极；四是君子贵全。盖不全不粹不足以为美，如天之贵其明，地之贵其光然。其劝学之教，几全为外物论，不取内心，故大异孟子"反身而诚，乐莫大焉"之旨④。

关于孟荀的观点，前人均有评述。梁启超对孟荀性论观评述道："荀子为什么主张性恶？亦是拿来作教育的手段。孟子讲教育之可能，荀子讲教育之必要。对于人性若不施以教育，听其自由，一定堕落。……一方面，孟子的极端性善论，我们不能认为

---

① 《孟子章句·孟子序说》。

② 《荀子·儒效篇》。

③ 《荀子·劝学篇》。

④ 转引自徐平章著《荀子与两汉儒学》，台湾文津出版社1988年版，第38页。

真理；一方面如荀子的极端性恶论，我们亦不完全满意。不过他们二人，都从教育方面着眼；或主性善，或主性恶，都是拿来作教育的手段，所以都是对的。"① 秦家懿（Julia Ching）认为孟荀揭示了两种不同的教育理论，"孟子的诱导——发展理论意在引出人的善，荀子的形式——调整理论则力图制服恶的倾向和冲动。结果是，孟子和荀子以后的儒家都坚信人完美可教"。② 如果用王充的观点，此意可以概括为，人类的性有善有恶，但没有不可变之性，没有不可教之人，即性可教而为善。王充说："论人之性，定有善有恶。其善者，固自善矣；其恶者，故可教告率勉，使之为善。凡人君父审观臣子之性，善则养育劝率无令近恶，近恶则辅保禁防，令渐于善。善渐于恶，恶化于善，成为善行。"③

③董仲舒：教化可使人致善

董仲舒不同意孟子的"先天性善说"，他提出"未善论"和"教化论"。他说："善如米，性如禾，禾虽出米，而禾未可谓米也；性虽出善，而性未可谓善也。米与善，人之继天而成于外也，非在天所为之内也；天所为，有所至而止，止之内谓之天，止之外谓之王教，王教在性外，而性不得不遂，故曰：性有善质，而未能为善也，岂敢美辞，其实然也。"④ 但是，董仲舒借助阴阳说论性情，依托"性，质也"的理论，提出人先天"未善"但教化可使之"为善"的观点。他说："孟子下质于禽兽之

---

① 梁启超著：《儒家哲学》，载于梁启超著《清代学术概论》，江苏文艺出版社2007年版，第 194 页。

② 秦家懿、孔汉思著：《中国宗教与基督教》，吴华译，三联书店 1997 年版，第 100 页。

③ 王充著：《论衡》。

④ 《春秋繁露·深察名号》。

所为，故说性已善；吾上质于圣人之所为，故谓性未善。"① 在他看来，教化是性的继续和发展，对人的成德具有很大的促进作用。中肯地说，董仲舒在这方面与孟子有接近之处。"性有善端，心有善质，尚安非善？""非也。茧有丝，而茧非丝也；卵有雏，而卵非雏也。比类率然，有何疑焉。"② 不过，董仲舒把天意引到人性的改造上来了。他说："天生民性有善质而未能善，于是为之立王以善之，此天意也。民受未能善之性于天，而退受成性之教于王，王承天意以成民之性为任者也。"③ 显然，这是利用人性问题为统治者制造来自"天意"的理论依据，以麻痹人民的思想，臣服统治者的教化。他说："卵待复而为雏，茧待缲而为丝，性待教而为善。"④

④朱熹：教育在于变化气质

朱熹认为，人性可分为本然之性（或天地之性）和气质之性，本然之性是善的，气质之性有善有恶。人因本然之性原本是善的，之所以有恶的表现，是因为受到人类禀赋的气质之性的偏蔽。"气质"是人的生理、心理、遗传、环境种种外源的总名和总括。如有人因为身体弱而有时怯懦，有人因为身体强而有时粗暴。这种怯懦与粗暴都是人的"气质之性"的偏蔽造成的。在他看来，教育可驱除人所含"气质之性"的偏蔽，使人恢复原初的善良本性；教育的目的在于帮助人变化气质之性，恢复本然之性或天地之性，使一般学子都能以圣贤自任，都能从事修身、齐家、治国、平天下的事业；教育的功能在于使人的操行践履由勉

---

① 《春秋繁露·深察名号》。
② 同上。
③ 同上。
④ 同上。

强入于规矩，使人性修养由复杂进为纯粹。简言之，教育可以帮助人和教人"明善复初"，回归"善人善境"。朱熹曰："人性皆善，而其类有善恶之殊者，气习之染也。故君子有教，则人皆可以复于善，而不当复论其类之恶矣。"① "圣人之教，在以道心为一身之主宰，使人心屈从其命令。"道心与本然之性与理一致，因而是尽善尽美的，而气质之性和人心未必与理相合，因而有时为善，有时为恶。这样，人若学做圣贤，在积极方面须发挥本然之性，在消极方面则须变化气质之性，亦即积极发扬道心，消极抑制人心。朱熹曰："古之圣王，设为学校，以教天下之人。……必皆有以取其气质之偏，物欲之蔽，以复其性，以尽其伦而后已焉。"② 这与张载的观点非常吻合。张载说："为学大益，在自求变化气质。不尔，皆为人之弊，卒无所发明，不得见圣人之奥。"③ 为此，朱熹列出培养青年人的"五步法"：立志、坚毅、用敬、求知、践实。

⑤王阳明：教育在于致良知

王阳明认为，人初生时，性原是相同的，"人性皆善，中和是人人原有的，岂可谓无"？④ 只是到后来"习于善而为善，习于恶而为恶"。这与孔子的"性近习远论"颇为相合。他认为"性无定体，论亦无定体，有自本体上说者，有自发用上说者，有自流弊上说者，总而言之，只是一个性，但所见有深浅耳。若执定一边，便不是了！性之本体原是无善无不恶的，发用上也原是可以为善可以为不善的，其流弊也原是一定善一定恶的"。他

---

① 《论语集注·卫灵公》。

② 朱熹著：《经筵讲义》。

③ 《张子全书》卷六《义理》，载于朱熹、吕祖谦编《近思录》卷二《为学大要》。

④ 《传习录·徐爱录》。

认为："孟子说性，直是说个大概如此。荀子性恶之说，是从流弊上说的，也未可尽说他不是，只是见得未精耳。"① 他说："夫良知即是道。良知之在人心，不但圣贤，虽常人亦无不如此，若无有物欲牵蔽，但循着良知发用游戏将去，即无不是道。"② 又说："良知之在人心，无间于圣愚，天下古今之所同也。"③ 在他看来，"圣人之学，惟是致其良知而已"，④ 而"学者学循此良知而已"。⑤ 他说："吾教人致良知，在格物上用功，却是有根本的学问。"⑥ 所以，教育是使人"致良知"，以良知体现人之善。"故致良知是学问大头脑，是圣人教人第一义。"⑦

　　总体上来说，把"成德之教"建立在性善教育的基础上，是儒家的一种独特发现和独特设计。站在比较的角度看，如果说，孔子、孟子把性善教育建立在人性自觉、自发、自信的基础上，那么，荀子和董仲舒则把性善教育建立在人性必须借助于外力开发的理论基础上，不同的是，荀子以圣人的权威和理念来开发和推动人性至善，董仲舒以现实统治者的权威和力量来开发和推动人性至善。至于朱熹和王阳明，则只不过是对孔孟荀理论的进一步阐释和确认。换言之，虽然方式和方法各有不同，但是，他们所主张的教育的目的和追求都是为了使人性至善。

① 《传习录·门人黄省曾录》。
② 《传习录·答陆原静书》。
③ 《传习录·聂文蔚书》。
④ 《书魏思孟卷》，《全书》卷八。
⑤ 《传习录·答陆原静书》。
⑥ 《传习录·门人黄修易录》。
⑦ 《传习录·答欧阳崇一》。

(2) 德性涵养教育

如果说性善是潜在，那么，德性就是显在。性善的成果是人的德性，人以德性行之于世，才表明性善得到巩固和实现。因此，儒家把德性教育视为性善教育的核心内容之一，它自然成为成德之教的关键内容。

①德性就是得善性

在中国文化中，"德性"（Character）一词被广泛应用、人人皆知、人人重视。通常人们听到的语言是，某人有或没有德性，就是说某人有或没有人性。也就是说，德性体现人性的状态。林语堂（1895—1976）发现，世界上很少有文化像中国文化那样重视这个"德性"的。他说："'德性'（Character）一字是一个纯粹典型英国的字，除了英国以外，在教育和人格的理想上把'德性'看得像中国那样重之国家恐怕是很少很少了。中国人的整个心灵好像被它所统治着，致使他们的全部哲学，直无暇以计其他。全然避免离世绝俗的理想，不卷入宗教的夸耀的宣传，这种建树德性的中心思想，经由于文字、戏剧、谚语势力的传导，穿透到最下层的农夫，使他有一种可凭借以资遵奉的人生哲理。"① 那么，究竟如何理解这个德性？首先，"德"是什么？韩愈在《原道篇》中曰："足乎己，无待于外之谓德。"朱熹曰："德者，得也。"② 后汉朱穆（100—163）曰："得其天性谓之德。"那么，"德性"是什么？郭象曰："德者，得其性者也。"③朱熹依"性即理"指出："德性者，吾所受于天之正理。"于此可

---

① 参见范炎编《林语堂散文》，浙江文艺出版社 2000 年版，第 247 页。
② 《论语集注·述而》。
③ 《皇侃论语义疏引》。

知，"德性"就是"得""性"。朱熹曰："品节详明，而德性坚定，故能立。"① 又曰："依仁，则德性常用而物欲不行。"② 进一步的解释就是，"德性"是"得"从"天命"来的善性而非恶性。显然，"德性"是一个褒义词。这样，对受教育者开展性善教育自然包含德性教育的内涵。不仅如此，就德性表述善性来说，德性教育比较善性教育更进一步，因为德性不仅包含人之善性，而且本身就体现了人对善性的巩固。其表现在，人将善性内化为自己的德，使德成为自我所有的本性，因而，人有人性就是人有德性。

②德性教育就是人的教育

蔡元培关于德性的理解可以给我们带来很多启示。他说："人之所以异于禽兽者，以其有德性耳。当为而为之之谓德，为诸德之源；而使吾人以行德为乐者之谓德性。"还说："德性之基本，一言之蔽之曰：循良知。一举一动，循良知所指，而不挟一毫私意于其间，则庶乎无大过，而可以为有德之人矣。"③ 对这段话，我们可以做以下阐释。第一，人区别于其他动物的特性就是德性。即"人是德性的动物"，或者说，"德性"是人的本质。第二，人如从"应当"和"应该"的角度去考虑做事就是"德性"的体现，如果有人以做这样的体现德性要求的事为快乐，从根本上可确认此人具有德性，是德性之人。从另个角度理解，德性是遵循自己的良心要求，把德行当作自己的自然行动，丝毫不涉及私心杂念。无不过也无不及就是有德之人，是值得所有人学习的道德人。冯友兰发明一个词——"觉解"。"觉解"就是"自

---

① 《论语集注·季氏》。

② 《论语集注·述而》。

③ 蔡元培著：《中国伦理学史》，商务印书馆 1999 年版，第 134 页。

觉"和"了解"。"觉解"是指某人在做某事时已了解那个事是怎
么回事，于是自觉地去做那件事①。于是，所谓德性，就是不仅
自己主动地去做了事，而且自己能直接地了解和明白这件事的内
在道理。根据这种理解，我们可以说，德性教育就是对人进行人
性的教育，对人进行德的教育，对人进行良知的教育。

　③以"先觉者"教育"后觉者"

　朱熹承认"人性皆善"，但认为人有"先觉"和"后觉"之
分，并确信"后觉者必效先觉之所为，乃可以明善而复其初也"。
意思是，先觉者既已明善，先觉者是后觉者的榜样，因为先觉者
在人性方面达到了"原初状态"，进入"至诚"的状态，成就了
人生的"德性"。朱熹认为，"人之德性本无不备，而气质所赋，
鲜有不偏，惟圣人全体浑然，阴阳合德，故其中和之气见于容貌
之间者如此"。② 依此观点，"温而厉，威而不猛，恭而安"是孔
子作为圣人的德性表现。德性修养最高者称为圣人，圣人是"先
觉者"。"圣人先得吾心之同然。"人之"先觉"是先"觉"本已
有的"善性"，用"先觉者"引导和感化"后觉者"是教育的初
源和根据。依朱熹的解释，德性是"天地之性"的自然表现，圣
人是"天地之性"的化身。相对应的，普通人是受各种"气质之
性"偏蔽的人。所谓教育，就是让圣人君子用先得的"天地之
性"的善性去培养普通人的善性，矫正其因"气质之性"偏蔽而
形成的恶性，这是"新民之举"。朱熹曰："盖人之性无不同，而
气则有异，故惟圣人能举其性之全体而尽之，其次则必自其善端

---

① 冯友兰认为，人与禽兽的区别就在于人有"觉解"。"因人的觉解不同，意义
则各有不同。这种不同的意义，构成了各人的境界。所以，每个人的境界也是不同
的。"境界可分四类：自然境界、功利境界、道德境界和天地境界。参见冯友兰著
《三松堂全集》第 11 卷，河南人民出版社 2000 年版，第 469—471 页。

② 《论语集注·述而》。

发见之偏，而悉推致之，以各造其极也。积而至于能化，则其至诚之妙，亦不异于圣矣。"① 因此，在圣人这里，必须"尊德性而道问学"，在普通人这里，就是"化性起伪"、"尽心知性"、"保性养性"，即"涵养气质，熏陶德性"。② 所以，朱熹曰："圣人之教亦多术，然其要使人不失其本心而已。"③ 遵循这样的逻辑，理解周敦颐（濂溪）的话就不难了。他说："人生而蒙，长无师友则愚，是道义由师友有之。"④ 又说："先觉觉后觉，暗者求其明，而师道立，则善人多，善人多，则朝廷正而天下治矣。"⑤

④德性教育即涵养教育

涵养教育偏重人生方面的道德修养特别是行为，即偏重教人进行道德的践履，而不是纯粹知识的传授。如"地理学"、"物理学"、"天文学"、"数学"等"学"的意义。朱熹认为，这些都是人生的"用"，而不是根本。最根本的学问是做人的学问。就是说，做人的学问是第一位的，是最切要的事情。朱熹在白鹿洞书院力倡德性之涵养教育，并给学生订立诸多涵养规则，包括（甲）"五教之目"：父子有亲，君臣有义，夫妇有别，长幼有序，朋友有序。（乙）"为学之要"：博学之，审问之，慎思之，明辨之，笃行之。（丙）"修身之要"：言忠信，行笃敬，征忿窒欲，迁善改过。（丁）"处事之要"：正其谊不谋其利，明其道不计其功。（戊）"接物之要"：己所不欲勿施于人，行有不得反求诸己。以上内容都是《小学》教材内容。朱熹在《语录》中答"初学当

①　《中庸章句》。
②　《孟子·告子章句上》。
③　《论语集注·为政》。
④　《通书·师友》。
⑤　同上。

读何书"的问题时说："《六经》《语》《孟》皆当读，但须缓急。《大学》《语》《孟》最是圣贤为人切要处。然《语》《孟》随事答问，难见要领。惟《大学》是说古人为学之大方，体统都具。玩味此书，知得古人为学所向，读《语》《孟》便易入。"① 朱熹还规定"小学"以上的"教读次序"："先读《大学》以定其规模；次读《论语》以立其根本；次读《孟子》以观其发越；次读《中庸》以求古人之微妙处。"② 总之，朱熹的核心思想是心性涵养教育。

（3）性善主体教育

性善教育的成果最终通过性善主体的活动表现出来，因此，性善教育的重要内涵之一是性善主体教育。性善主体，是人的德性行为的主体，是人的德行的施行者，是导致人的德行的根本。

①诚心教育。性善的主体是什么？儒家的回答是：人之"心"！《礼记·礼运篇》云："人者，天地之心也，五行之端也。"朱熹曰："圣人心同天地，视天下犹一家，中国犹一人，不能一日忘也。"③ 陆九渊提出"宇宙即吾心，吾心即宇宙"的命题④。就是说，"理"在"心"中，"心"就是"理"。王阳明力倡"象山之学"，明确提出"心即理"的观点，断言"心外无理"、"心外无物"、"心外无事"。人"关心"宇宙万物，把万物放在"心"上，就是性善的表现。明万历年间（1573—1619），关心国事的

---

① 朱熹著：《语录》，转引自《中国古代教育史资料》，人民教育出版社 1961 年版，第 357 页。

② 转引自《中国古代教育家语录类编》下册，上海教育出版社 1962 年版，第 175—176 页。

③ 《论语集注·宪问》。

④ 《象山全集·杂说》。

东林党领袖顾宪成（1550—1612）撰写的东林书院名联"风声雨声读书声，声声入耳；家事国事天下事，事事在心"，精确地道出了其中的奥妙。通俗地说，人就是一个道德的"小宇宙"。在此"小宇宙"内，由"四善端"构成的个体道德要素处于和谐的状态中，共同构成"性"和"心"的主体。显然，"性"或"心"是人的道德基地，是性善的实践基地。按儒家的设计，通过"性"和"心"可以知"天"，也可以知"人"，或者说，可以知"天道"，也可以知"人道"。但是，"性"和"心"如果想知"天"和"人"，就必须做到"诚"。《中庸》云："唯天下至诚，为能尽其性；能尽其性，则能尽人之性；能尽人之性，则能尽物之性；能尽物之性，则可以赞天地之化育；可以赞天地之化育，则可以与天地参矣。"简言之，"至诚"可以助人尽性，尽性可以知天；知天可以与天道相合，也可以与人道相合。用金岳霖（1895—1984）的话说，就是"主体融入客体，或者客体融入主体，坚持根本统一，泯除一切显著差别，从而达到个人与宇宙不二的状态"。[①] 其境界也就是董仲舒所说的"天人之际，合而为一"以及张载的"民吾同胞，物吾与也"的描述。实际上，这就是中华民族文化"天人合一"（anthropocosmically defined）的运作原理。

　　②实践教育

　　儒家认为，人生体验是实践道德、成就道德的关键；只有在实践道德的过程中，实现与天地合德，达到"参天地之化育"的境界。牟宗三（1909—1993）是这样理解的："如果人其本身不从事道德实践，或虽从事道德实践，而只以之服从一社会的道德规律，或神之命令，与新旧约圣经一章一句为事者，都不能真有

---

　　① 金岳霖著：《金岳霖学术文化随笔》，中国青年出版社 2000 年版，第 13 页。

亲切的了解。"他解释道："不容许人只先取一冷静的求知一对
象，由知此一对象后，再定我们行为的态度。此种态度可用于对
外在之自然与外在之社会，乃至对超越之上帝，然不能以之对吾
人自己之道德实践，与实践中所觉悟到之心性。此中我们必须依
觉悟而生实践，依实践而更增觉悟。知行二者相依而进。"在他
看来，儒家的设计就是，"在如此之实践与觉悟，相依而进之历
程中，人之实践的行为，固为对外面之人物等的。但此觉悟则纯
内在于人自己的。所以，人之实践行为，向外面扩大了一步，此
内在之觉悟也扩大了一步。依此，人之实践的行为及于家庭，则
此内在之觉悟中，涵摄了家庭。及于国家，则此内在之觉悟中，
涵摄了国家。及于天下宇宙，及于历史，及于一切吉凶祸福之环
境，我们之内在的觉悟中，也涵摄了其中之一切。"于是，"由此
而人生之一切行道而成物之事，皆为成德而成己之事"。事实上，
由于人的道德实践的意志所关涉的对象是无限量，而人自己的心
性也不限量，因此人尽性的道德事业十分繁重①。根据牟宗三的
理解，实践教育强调的就是提升人的内心的觉悟程度，教育人要
由内向外逐步拓展，要由己向外逐步提升，而这些都在世俗人间
进行，而无须到世俗之外去寻找支持。在实践的过程中，人必须
尽人之性，尽人之性，就可以尽物之性，然后可以尽天下国家之
性。这是儒家实践教育的本性要求。

（4）西方德性教育

在西方，德性教育是使受教育者灵魂得到境界的提升，使受
教育者成为富于理性精神和理性品质的人。

---

① 　牟宗三等著：《为中国文化敬告世界人士宣言》，载于刘志琴主编《文化危机
与展望——台港学者论中国文化上》，中国青年出版社 1989 年版，第 64—65 页。

①德性教育即灵魂教育

亚里士多德的观点最为鲜明。他说："德性不是肉体的德性，而是灵魂的德性。"① 他认为，人类的德性可分为两大类："理智德性"和"伦理德性"。"理智德性大多数由教导而生成，培养起来的。所以需要经验和时间。伦理德性则是风俗习惯熏陶出来的。因此把习惯（ethos）一词的拼写习惯略加改变，就形成了伦理（ethike）这个名称。"在亚里士多德看来，理智是理性的表现，培养理智德性需要经验和时间的条件，而培养伦理德性，则纯粹依靠人的自觉实践和习惯养成，因为"伦理德性没有一种是自然生成的"。② 例如，"智慧、理解以及明智都是理智德性。而大度与节制则是伦理德性"。③ 根据他的观点，一个人必须首先进行有关德性的现实活动，然后才能获得德性。例如，在待人接物的行为中，有的人成为公正的，有的人成为不公正的。在犯难冒险的行为中，有的人变得怯懦，有的人变得勇敢。总之，人做了公正的事才能成为公正的人，做了节制的事才会成为节制的人。"总的来说，品质是来自相应的现实活动，所以一定要十分重视现实活动的性质"，因为"品质正是以现实活动的性质来决定的。"④ 所以，对人来说，从小培养良好的习惯十分重要。亚里士多德发现在德性中有个价值标准——"中道"，此"中道"对人的言语行动品质有很大影响作用，他指出："德性，作为相对于我们的中道，是一种决定着对情感和行为的选择的品质。它受到理性的规定，像一个

---

① 亚里士多德著：《尼各马可伦理学》，苗力田译，中国社会科学出版社 1990年版，第 22 页。

② 同上书，第 25 页。

③ 同上书，第 24 页。

④ 同上书，第 26 页。

明智的人那样提出要求。中道在过度和不及之间，在两种恶事之间。在情感和行为中都存在着对应有限度的不及和超过，德性则寻求和选取中间。所以不论是从实体上说，还是从本质上说，德性都是中道，是最高的善和极端的正确。"① 亚里士多德的这种观点对后世产生了极其深刻的影响。

②德性教育即道德教育

康德认为，人性中有很多胚胎，人们要做的是让自然禀赋均衡地发展出来，让人性从胚胎状态展开，使人达到其本质规定。他认为："动物是不自觉地完成这一过程的，人则必须首先去追求达到它。"但是，"如果人对自己的本质规定一点概念都没有，这就不可能发生。对于单个的个体来说，达到这种本质规定是不可能的。"② 因此，教育的任务是把个体的自然禀赋发掘出来，并使其达到人的本质规定。在康德看来，人应该首先发展其向善的禀赋，因为"天意并没有将它们作为完成了的东西放在他里面，那只是单纯的禀赋，还没有道德上的分别"。而人"要让自己变得有道德——这就是人应该做的"。③ 然而，由于自然禀赋的发展在人这里不是自行发生的，所以教育完全是一种艺术。在康德看来，教育艺术的一个原理——那些制定教育规划的人士尤其应该注意它，即孩子们应该不是以人类的当前状况，而是以人类将来可能的更佳状况，即合乎人性的理念及其完整规定——为准进行教育。这一原理有极大的重要性④。他指出，道德教育的

---

① 亚里士多德著：《尼各马可伦理学》，苗力田译，中国社会科学出版社 1990年版，第 34 页。

② 康德著：《论教育学》，赵鹏、何兆武译，上海世纪出版集团 2005 年版，第 6 页。

③ 同上书，第 7 页。

④ 同上书，第 8 页。

第一要务就是确立一种品格，即按照准则来行动的能力——开始时是学校的准则，然后是人性的准则。因为，"儿童起初服从的只是法则。准则也是法则，但却是主体性，它是从人自己的知性中产生出来的"。① 他认为，儿童必须被置于某种必然的法则下。这种法则必须是普遍性的，在学校里尤其要注意这一点。"教师一定不能在众多学生中对某一个人表现出特别的偏爱，因为这样的话，法则就不再是普遍性的了。一旦他们发现不是所有人都遵从这同一法则，就会变得难以控制。"② 康德指出：人就其天性而言在道德上是善还是恶呢？都不是，因为就天性而言，他还完全不是一个道德的存在；只有当他的理性提高到义务和法则的概念时，他才变成一个这样的存在。基于这种认识，他说道：教育成功与否取决于人们是否在各领域确立正确根据，并使它们能为儿童所理解和接受。"他们必须学会以对丑恶和不和谐的反感来取代仇恨；要让他们达到的是内在的敬畏，而非外在的对人或神的惩罚的恐惧；是自知之明和内在的尊严，而非他人的意见；是行动和作为的内在价值，而非单纯的言语和内心的激动；是知性，而非情感；是心绪的欢快和虔诚，而非忧伤、恐惧和蒙昧的虔诚。"③ 应当说，康德的分析是有根据的，而且是充满理性的。

③基督文化关于德性教育

在西方文化中，基督教文化始终占据着重要的地位，从古而今对人们的心理、行为和习惯发挥着举足轻重的作用。基督教文化的主要特征是承认人有"原罪"。因此，人性本堕落及原罪观

---

① 康德著：《论教育学》，赵鹏、何兆武译，上海世纪出版集团2005年版，第36页。

② 同上书，第37页。

③ 同上书，第46页。

念深深植根于基督徒心中。欧洲著名的宗教改革家约翰·加尔文 (John Calvin，1509—1564) 在《基督教原理》中阐述了人性及教育思想。他说："罪自从征服了第一个人以后，不仅蔓延到全人类，而且占据了每个人的灵魂。"① 他认为，人因其祖先遗传下来的"原罪"，所以在本性上是邪恶的，他生而具有为恶犯罪的本能。如果听任人的本性的发展，人就会走向腐败、堕落。因此，人必须要受到不断的教育和训导，以抑制其为恶的本能倾向，同时培养向善的倾向，并从事善的活动。另一方面，由于人对上帝的信仰不是天赋的，而是后天培养的，所以为实现上帝的喜爱，为人的现实生活，人必须接受教育，以获得直接阅读《圣经》所必不可少的知识和技能，从而为获得信仰作准备。同时，由于人的认识能力的局限性和知识对人的生活的重要性，人应当不断地学习、接受和追求新知识，以获得真理。而要达到此重要目的，人应当及时地接受教育，以获得一定的知识技能。在这样的思想指导下，加尔文要求无论是教会和国家还是家庭都应当重视教育，都应当把教育年轻一代当作重要的事业来做。在他看来，学校、教会、家庭、国家都应当成为按照上帝意志训练、培养和教育人的机构。他还主张在家庭中每个人都应当对孩子讲授教义问答和基督教原理；宗教部门和宗教法庭应当对家庭教育进行监督，以确保家庭教育能够符合教会的旨意和要求。此外，教堂也有责任对儿童进行基督教原理的教育。我们注意到，与马丁·路德一样，加尔文坚持"二元论"的教育目的。从个人角度说，接受教育的目的是养成虔诚的信仰成为基督教徒，并养成善良的德性，以从事善良的德行，从而成为良好的国家公民。从教

① 约翰·加尔文著：《基督教原理》，载于任钟印主编《世界教育名著通览》，湖北教育出版社 1994 年版，第 210 页。

会和国家的目的看，对教徒进行教育，可以促进宗教信仰，培养公民的和谐意识。不过，加尔文主张普及性的公民教育目的仍然落在信仰、教义、教会、来世上。

二

人伦理念与人道教育

如果说人性反映的是人与自然、人与自我关系，其表达方式是人与天命的关系以及身与心的关系，那么，人伦反映的则是人与人的关系，其表现就是孟子所说的"五伦"关系。这种五伦关系是儒家确立的用于构建人类社会关系的基本范型。人伦，作为反映中国文化对人类关系的概念，不仅被中国人普遍地认同，而且被儒家文化作为基本概念使用，并因其独特的意义、结构、功能和文化作用而上升为儒家文化乃至中国文化的核心理念。儒家对人伦的"文化理解"产生的最主要成果是人道，最重要的价值是产生了儒家人道实践精神，落实在教育上就是对人道教育的推动和发展。历史上，《尚书》称"五伦"为"五典"；《礼记》将"五伦"称为"五达道"；朱熹把"五伦"升华为"五教"。所谓"五教谓父子有亲，君臣有义，夫妇有别，长幼有序，朋友有信"。① 儒家认为，成德教育的宗旨在于帮助人们"明人伦"，成德教育的原理是"人伦教化"原理，成德教育的内涵是孟子所说的"教以人伦"、朱熹确立的

---

① 《仪礼经传通解》卷九。

"五伦即五教"以及董仲舒主张的"人伦教化",核心指向"尊王明伦"。本质上,"明人伦"教育是儒家式的"人事教育"或"人道教育"或"新民之教",就是使人民得到儒家式的人伦道德教化。比较看,西方文化不以先天人伦关系而以后天的契约法律关系构建法制社会,不以家庭人伦日用文化寄托人的精神信仰,而以上帝或神寄托人的精神信仰,这样,西方文化排除了人伦教育的核心价值,而以"理性教育"和"神性教育"代替了儒家式的人伦教育。

1. 人伦设计与世俗情怀

正如人性概念一样,人伦是儒家创造的另一个重要的文化概念。显然,对人伦的认识必须建立在对人性的认识基础之上,因此儒家对人伦的认识在意义上比对人性的认识更进一步。如果说对人性的认识反映了儒家特有的思维模式:"天人合一",那么,对人伦的认识则反映了儒家特有的世俗情怀:"人伦日用"。如同对人性理念的认识一样,儒家根据人伦所表达的意义、价值、结构、功能等,也将人伦上升为一种人文理念,继而为儒家人道主义性质奠定了价值基础。

(1) 人伦的诠释

无论是西方文化还是儒家文化,它们都承认,世界始终存在特定的秩序,而文化反映着这种秩序。卢梭说:"万物是有一个毫不紊乱的秩序的。"[1] 他认为此秩序最终由上帝决定。例如,

---

① 卢梭著:《爱弥儿,或论教育》,李平沤译,商务印书馆 1978 年版,第 403 页。

《旧约圣经》描述上帝耶和华七天之内造好了万物，并为万物安排好了秩序，使之进入良好的运转。《圣经》云："第七日，上帝完成了造物的工作，就在第七日放下一切工作安歇了。"① 我国的儒家经典《大学》亦云："物有本末，事物有终始。知所先后，则近道矣。"《周易》云："有天地然后有万物，有万物然后有男女，有男女然后有夫妇，有夫妇然后有父子，有父子然后有君臣，有君臣然后有上下，有上下然后礼义有所错。"② 颜之推曰："夫有人民而后有夫妇，有夫妇而后有父子，有父子而后有兄弟：一家之亲，此三而已矣。自兹以往，至于九族，皆本于三亲焉，故于人伦为重者也，不可不笃。"③ 《礼记》云："男女有别然后父子亲，父子亲然后义生，义生然后礼作，礼作然后万物安。无别无义，禽兽之道也。"④ 又曰："男女有别而后夫妇有义，夫妇有义而后父子有亲，父子有亲而后君臣有正。"⑤ 朱熹曰："人之大伦有五：父子有亲，君臣有义，夫妇有别，长幼有序，朋友有信是也。"⑥ 可见，人伦的概念由来已久。事实上，作为中国文化中的一种伦理概念，"人伦"渊源于尚无政治国家形态的尧舜时期，如《尚书·尧典》记述"慎徽五典，五典克从"、"百姓不亲，五品不逊，汝作司徒，敬辅五教，在宽"中的"五典"和"五教"以及《左传·文公·十八年》记述的"父义，母慈，兄友，弟恭，子孝"，皆为国家尚未形成时的人伦，亦即，只有家

---

① 《圣经·创世记》2：2。

② 《周易·序卦传》。

③ "九族"就是以本族为核心，向上则有父亲、祖父、曾祖父、高祖父，向下则有儿子、孙子、曾孙子、玄孙。参见《颜氏家训·兄弟》。

④ 《礼记·郊特牲》。

⑤ 《礼记·昏义》。

⑥ 《论语集注·微子》。

庭人伦而无君臣朋友人伦。至孟子时，凝固为稳定的五伦结构。孟子曰："圣人有忧之，使契为司徒，教以人伦：父子有亲，君臣有义，夫妇有别，长幼有序，朋友有信。"① 在儒家看来，个体、家庭、国家和社会均起源于人伦。在这个角度看，像亚里士多德主张的"人天生是政治的动物"，② 那样，依儒家的观点则可以说："人天生是道德的动物，在其本性上是家庭人伦关系中的伦理动物。"

我们认为，人伦概念的发现和人伦原理的建构，是中国传统伦理最重要的发现和建构③。张岱年认为：儒家的中心观念是"人伦"。它一方面肯定人是人，人伦是人与人的关系，人作为一个人具有自己的意志；另一方面又认为人与人之间有上下贵贱的差别④。许慎的《说文解字》用同一个"辈"字解释"伦"与"群"两个字。在人部中说："伦，辈也"，在羊部中曰："群，辈也。"两字似乎意义相同。《乐记》云："乐者通伦理者也。"汉郑玄（127—200）注："伦，犹类也；理，分也。"唐孔颖达（574—648）疏云："乐能经通伦理也。阴阳万物各有伦类分理者也。"孟子喜用"人伦"，仅《孟子》一书就有六处之多。朱熹认为，"伦，序也"，并转述孟子的话说："父子有亲，君臣有义，夫妇有别，长幼有序，朋友有信，此人之大

---

① 《孟子·滕文公上》。

② 亚里士多德著：《政治学》，载于《亚里士多德选集》，颜一、秦典华译，中国人民大学出版社 1999 年版，第 6 页。

③ 樊浩著：《伦理精神的价值生态》，中国社会科学出版社 2001 年版，第 217页。

④ 张岱年著：《儒道墨与中国文化的演变》，载于《张岱年全集》第 7 卷，河北人民出版社 1996 年版，第 412 页。

伦也。庠序学校，皆以明此而已。"① 荀子曰："人伦并处。"②
杨谅注："伦，类也，其在人之法数，以类群居也。"荀子还从
"群"和"分"的比较角度说道："水火有气而无生，草木有生
而无知，禽兽有知而无义，人有气有生有知亦且有义，故最为
天下贵。立不若牛，走不若马，而牛马为用，何也？曰：人
能群，彼不能群也。人何以能群？曰分。分何以能行？曰
义。"③ 黄建中认为，古人所谓的"伦"指人群相待相依的社会
关系，包括三方面的意义：集合关系；对偶关系；联属关系④。
显然，在以上对"伦"的各种注释中，"序"比"类"的释义
是更进一步了。就人类认识规律看，把人与动物相区别是人类
认识自身存在价值的第一步，更深刻的认识应当是人类秩序问
题。换言之，只有同时从"类"和"序"两个角度来认识"人
伦"，我们才能真正把握人类的群体性特征。

在儒家看来，人伦有紧密相连的两个意义：一是反映人类与
动物类的区别，即"人之所以为人"的特点和性质；孟子称为
"大体"和"小体"的区别。"大体"表示与人"同伦"；"小体"
表示与动物"同伦"。这意味着，人类已意识到自己的独特存在
和独特价值。二是表达人类讲究秩序、次序和条理的意义，即人
类社会的各种关系。就是说，儒家用"伦"来描述人类存在的各
种关系。在前述两个意义方面，"类"是本义，"序"是在本义基
础上的延伸义和发展义。我们可以看到，孟子言人伦是从家庭开
始的，然后再从家庭推延开来。显然，从家庭关系说起，内涵着

①　《孟子·滕文公章句上》。
②　《荀子·富国篇》。
③　《荀子·王制篇》。
④　黄建中著：《比较伦理学》，山东人民出版社 1998 年版，第 22—23 页。

以血缘原理组织社会关系，潜藏着儒家试图以家庭结构关系来构建人类社会的组织关系和组织原理的意义。对此，朱熹指出："天之所生，地之所养，惟人为大。人之所以为大者，以其有人伦也。仲子避兄离母，无亲戚君臣上下，是无人伦也。岂有无人伦而可以为廉哉？"① 他认为："人伦正，天理得，名正言顺而事成矣。"② 这样，"臣弑其君，人伦之大变，天理所不容。"③ 孟子也从否定的意义上说："无父无君，是禽兽也。"④ 孔子从正面意义上说："君君，臣臣，父父，子子。"⑤ 这些话均表明古人十分重视人类与动物之间存在的区别性，以及由此而生发出来的人类秩序的独特性。

事实上，在人类文明体系中，人伦不仅是一个民族性的，而且也是一个在某种程度上是体现人类性的概念。我们知道，无论在任何社会结构中，家族血缘关系总是人的根源，家族伦理在个体伦理和社会伦理生活中，总或多或少具有某些根源的意义，只不过在不同的社会结构中，人伦原理的建构方法不同⑥。那么，西方文化是否设计此"人伦"和"五伦"？客观上，只要是人类就存在"人伦"和"五伦"的问题，关键在于，社会是否以它为构成社会组织的基本原理，如果以此建构社会关系原理，那么，此社会就是人伦型的社会，否则就不是人伦社会或不是以人伦为主要原理来构建的社会。关于这一

---

① 《孟子·滕文公章句下》。

② 《论语集注·子路》。

③ 《论语集注·宪问》。

④ 《孟子·滕文公下》。

⑤ 《论语·颜渊》。

⑥ 樊浩著：《伦理精神的价值生态》，中国社会科学出版社 2001 年版，第 217 页。

点，西方学者也有强烈的认同①。所以，国学大师钱穆说："中国五伦，为人生大礼。亦即人类大同之基础，亦即人类生命之得以和通会合而融成一体广大悠久之所在。"他曾经引用谭嗣同（1865—1898）的话说："谭嗣同仁学，谓西方人于中国五伦中仅有朋友一伦。实则无父母，无兄弟，无夫妇，无君臣，则其为朋友者，亦异乎中国人之所谓朋友矣。人而无礼，鼠之不如，而又何能齐家治国平天下。"② 梁漱溟分析说："西洋人未始无家庭，然而他们集团生活太严重太紧张，家庭关系遂为其所隐，松于此者，紧于彼；此处显，则彼处隐。"这样，"团体与个人，在西洋俨然两个实体，而家庭几若为虚位"。③ 张君劢（1887—1968）说："欧洲与吾国人有不绝相同之点，为对于团体之观念。个人不能独存，必有其所托命者，是为民族，是为国家，此即个人相依为命之最高之团体也。欧人惟能爱团体，遇有外患之来，则全体起立而无有异议，不独平日之小意见冰释，即个人之生命财产，尽以之托付于最高团体之国家。"④ 从以上各家的引言可以看出，中国文化强调五伦文化，而西方社会则削弱了五伦文化。

---

① Ambrose Y. C. King writes: "The five cardinal relations, centering upon kinship ties, form the core of social and moral training for the individual almost from the beginning of his consciousness of social existence until he became so conditioned to it that his standard of satisfaction and deprivation was based upon it. The fiver cardinal relations thus comprised the 'central value system,' of Confucian society." Ambrose Y. C. King: "The individual and Group in Cofucianism: A Relational Perspective." Donald, J. Munro edited, Individualism and Holism: Studies in Confucian and Taoist Values, The University of Michigan, America, 1985, p. 58.

② 转引自汤一介著《中国文化与中国哲学》，三联书店 1988 年版，第 43 页。

③ 梁漱溟著：《梁漱溟学术精华录》，北京师范学院出版社 1988 年版，第 262—263 页。

④ 张君劢著：《民族复兴之学术基础》，载于《二十世纪哲学学术名著》，第 312 页。

　　这样，在西方文化中，人类关系的组织结构显然不能以人伦来探求，而应放在集团和个人的关系中进行探索。关于这一点，我们可以从西方阐释伦理的原始含义看出，对应"伦理"的英文译词"Ethics"在基本意义上是指"社会的风俗习惯"和"个人的品质和气质"，这说明"伦理"在西方世界的原初文化中不具备在中国文化中那样的意义。另一方面，以《圣经》为核心的基督教义也可以说明"人伦"在西方世界的意义。例如，《圣经》记载：耶稣正在对众人说话的时候，不料，他的母亲和兄弟站在外面，要与他说话。这时，有人告诉他，看哪！你的母亲和你兄弟站在外面，要与你说话。耶稣却对传话人回答说："谁是我的母亲？谁是我的兄弟？"随后，他伸手指着自己的门徒说："凡遵行天父旨意的人就是我的兄弟姐妹和母亲了。"[①] 这里透露的信息是，基督耶稣不太看重家庭血缘人伦。对此，康有为（1858—1927）曾经有过评论，他说："耶教尊天而轻父母，斯巴达重国而合国民，故其报父母亦轻也。"他认为："论孝报欧美不如中国，耶教不如孔教（指儒教）。"[②] 其次，在夫妇方面，西人"惟知个人，不知伦理，故独身不嫁，节孕不举子者甚多"。他们"思想单简，性情凉薄"，夫妇双方均惧怕婚姻连累，更惧怕生养后代，而中国人则不是这样。"吾国人无此思想者，以为妇之助夫，天职也。夫之助妇，亦天职也。父母之助子女更天职也。天职所在，不顾一身，虽苦不恤，虽劳不怨。于是，此等仁厚之精神，充满于社会，流传至数千年，而国家亦日益扩大而悠久，此皆古昔

---

　　① 《圣经·马太福音》12：46—50。
　　② 康有为著：《大同书》，李似珍评注，中州古籍出版社1998年版，第222—223页。

圣哲立教垂训所赐，非欧美所可及也。"① 另外，西方社会中从古而今在家庭中即使是父母和孩子间也直称姓名的礼俗，说明儒家意义上的人伦名分或辈分观点在西方文化中的淡化和弱化的信息和程度。

（2）五伦的含蕴

按照儒家的文化设计，人伦由五伦表达包含着深刻的人文智慧。《释名》在"伦"字下说："伦也，水文相次有伦理也。"《荀子·臣道篇》云："伦类以为理。""伦"有"类"义，指人有"伦类"，也有理义和道义，即人的道理；还有辈义，即人的关系。实际上，当使用"人伦"概念的时候，人们已跨上一个新起点，这就是把"人伦"上升到"人理"的人类境界了，同时也把人伦原理理解为人类社会的组织关系原理了，即伦理或人伦之理。如此看来，孟子的话语"使契为司徒，教以人伦：父子有亲，君臣有义，夫妇有别，长幼有序，朋友有信"的含义就十分丰富了。②

首先，人类关系概括起来就是五种关系："父与子、君与臣、夫与妇、长与幼、朋友之间。"言外之意，五伦是人类社会关系的总概括、总提炼、总纲领。换言之，五伦关系在抽象的层次上已经穷尽了人类所有的社会关系。在这个意义上说，儒家把人类中的人际关系简单化了，而把复杂问题变成简单问题容易被人们理解、掌握和应用。实际上，这里正深藏着儒家的人文智慧。美国思想家约翰·杜威看到这一点，他同时认为，这其中体现了东

---

① 柳诒徵著：《明伦》，载于孙尚扬、郭兰芳主编：《国故新知论——学衡派文化论著辑要》，中国广播电视出版社1995年版，第411页。

② 《孟子·滕文公上》。

方思想相比较西方思想"更切实更健全"的精神①。

其次，人类关系从血缘文化的角度看就是两类：一类在家庭，另一类在家庭之外。家庭之内有父子、夫妇、长幼（兄弟）；家庭之外有君臣和朋友。更细致的分类包含四个方面：就上下关系看，内有父子（母女），外有君臣（长官部属）；就前后关系看，内有兄弟（姐妹），外有朋友；就左右关系看，内有夫妇，外有朋友。至于社会上的其他陌生关系，均可以利用儒家人伦关系原理"由近及远"或"引远而近"的方式来解释。"由近及远"的方法是"推己及人"、"老吾老以及人之老，幼吾幼以及人之幼"；"引远而近"的方法是"四海之内皆兄弟"、"海内存知己，天涯若比邻"、"四海皆兄弟，谁为行路人"？

再次，人类关系虽复杂但很有秩序。五伦起于家庭的父子，然后是君臣和朋友。家庭关系在先，其次是家庭外的各种关系，尤以君臣关系（即首领与从属的关系）最靠近家庭关系的父子关系。家庭关系优先家庭外的关系，足见家庭关系的重要性。换言之，社会关系可以用家庭关系进行解释、组织和推理。历史上，颜之推尤重"三亲"：夫妇、父子、兄弟。在他看来，家族繁衍本于"三亲"，人伦以"三亲"为重。值得重视的是，在五伦关系中，每对关系都有自身的伦理要求，如父子间是"亲"，君臣

---

① 约翰·杜威说，东方思想更切实更健全，而西方思想更抽象更属于智理的。"譬如五伦（君臣、父子、夫妇、兄弟、朋友），都是健全的、确定的、切实的、天然的人生关系。……所以东方的圣人就规定五伦的德律，教人怎样做君臣，做父子、夫妇、兄弟、朋友。西方的思想却不同。大概西方的主要观念为直（Justice）与慈（Benevolence），都是抽象的观念，并没有指实哪种伦常事物。换句话说，直和慈都是从智理推究出来的。""西方人不承认人伦有何种确定的关系，好像君臣等。他们只知道有我，有个人，所以没有尊卑的分别，直与慈，对父对子都是可以的。"参见约翰·杜威著《伦理讲演纪略》，载于《杜威五大讲演》，胡适口译，安徽教育出版社 2005 年版，第 300—301 页。

间是"义"，夫妇间是"别"，长幼间是"序"，朋友间是"信"。各组关系相互间不能取消、调换和借用。就是说，五伦关系是定性的、定位的，相互间的关系是固定的、稳定的、互补的。若用"理"和"道"理解这几组关系就可以得到"人伦之理"和"人伦之道"。这正如朱熹所说："君臣、父子、夫妇、长幼、朋友，有此五者，而实理寓焉。"① 颜之推认为，人类处理"三亲"关系务必由双方承担义务，而且要遵守"自上而行于下，自先而行于后"的规则，因为"父不慈则子不孝，兄不友则弟不恭，夫不义则妇不顺。父慈而子逆，兄友而弟傲，夫义而妇陵，则天之凶民……非训导之所移也"。② 可以看出，颜氏的人伦观与孔孟的人伦观极其相近。但是，汉代以后的三纲说强调自下而上的顺从，则使儒家的人伦关系由双向义务变成单向命令，相应地异化了先秦家族血缘关系的文化设计和初始意义。

最后，儒家最重大的文化设计是：以五伦关系决定人类的教化权力秩序和结构。具体地说，五伦秩序赋予人伦秩序中处于"上伦位"的人对"下伦位"的人具有不可推卸的道德教育的责任和义务。就是说，父对子具有教化的权力；君对臣具有教化的权力，亦即首领对从属拥有教化的权力；夫对妇具有教化的权力；兄对弟具有教化的权力；朋友之间因平等关系具有相互教育的义务。所以，朱熹说，五伦就是"五教"。仔细体会《学记》说的话"能为师然后能为长，能为长然后能为君"，意义十分贴切而深刻：个体若能"为师"，就能"为长"，而若"成为长"则自然"能为师"。"成为师"即教化权力的掌握和实施。事实上，在儒家文化中，这种"教化性的权力虽则在亲子关系里表现得最

① 朱熹著：《朱子语类》（第 95 卷）。

② 《颜氏家训·治家》。

明显，但并不限于亲子关系"。① 也就是说，在儒家社会中，"每一个年长的人都握有强制年幼的人的教化权力：'出则悌'，逢着年长的人都得恭敬、顺服于这种权力"。② 或者说，处于"上伦位"的人天然地拥有教化处于"下伦位"的人的责任和权利，客观上促成了一种"权威教育"文化的诞生和发展。本质上，这种教化权力包含显著的强制性甚至压迫性。如《三字经》云："养不教，父之过；教不严，师之惰。"可以看出来，自古以来家庭教育中的体罚与这种教化权力结构有很大的关系，而社会教育包括学校教育中的暴力倾向及道德灌输也可用同理来解释。

不过，也有学者注意到，在儒家文化中，除了五伦关系是最主要的家族关系，另外还有许许多多的家庭关系。例如，公元前有一部汉语词典《尔雅》，其中表示各种家族关系的名词有100多个，大多数在英语里至今没有相当的词语能够表达③。近代还有学者认为应当再增加了一个"主仆一伦"，构成"第六伦"。④

---

① 费孝通发现："儒家很有意思，形成一个建筑在教化权力上的王者，他们从没有热心于横暴权力所维持的秩序。"在他看来，"苛政猛于虎"的政即横暴性的，而"为政以德"的政则是教化性的。"为民父母"是"爸爸式权力"的意思。他同时认为："教化权力的扩大到成人之间的关系必须得假定个稳定的文化。稳定的文化传统是有效的保证。"我认为，两千多年的儒家社会确实提供了这个保证条件，所以以教化权力始终在这个社会中占据重要地位。参见费孝通著《乡土中国》，北京出版社2005年版，第97页。

② 费孝通著：《乡土中国》，北京出版社2005年版，第97页。

③ 冯友兰著：《中国哲学简史》，涂又光译，北京大学出版社1985年版，第25页。

④ 梁实秋（1903—1987）认为，"主仆关系"可以作为"第六伦"。他认为："仆"是以侍候私人起居为专职的那种人；"主"是指用钱雇买人的劳力供其驱使的人而言。参见梁实秋著《第六伦》，载于《雅舍小品》（合订本1），台湾正中书局1964年版，第52页。

著名学者韦政通先生将这个"第六伦"界定为"群己关系"。①
美国匹兹堡大学教授许倬云和台湾著名学者李国鼎（1910—
2001）先生都对把"群己关系"定位为"第六伦"的观点表示赞
同②。然而，依儒家的理论观点，从总体和简化的角度看，人类
的主要关系就是这五伦关系。

"五伦关系图"

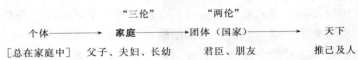

"三伦"　　　　　　"两伦"

个体————→　**家庭**————→团体（国家）————→　天下

［总在家庭中］　父子、夫妇、长幼　　君臣、朋友　　推己及人

可以看出，在各种社会关系中，家庭涉及的关系最多，团
体和国家涉及的关系其次，个体是虚位的，好像是没有关系，
其实是个体必须进入家庭、从家庭中获得伦理关系，其次在社
会团体或国家中获得关系，然后才可以成为儒家意义上的"真
正的人"。梁漱溟引用张东荪（1887—1973）的话说："中国的

---

① 韦政通说："什么是第六伦？第六伦就是个人与社会大众的关系，也就是从
前所说的群己关系。"他指出，第六伦是针对传统五伦的不足而倡立的。其目的：
"不是要求人人成为圣贤，只是要求人人守本分；不是要求牺牲自身的利益，只是要
求不侵犯别人的利益，不论此别人是和我们有特殊关系的对象，抑或是陌生的社会
大众。"在他看来，"一个社会如果过分重视五伦，第六伦不彰显，则遵守五伦可能
成为违反第六伦的理由"。其"直接后果是败坏社会的秩序、和谐与安宁，使生活素
质降低，间接后果是损伤社会作为一个促进社会福利的工具的有效性，最后终于阻
碍经济的发展"。参见韦政通《伦理思想的突破》，中国人民大学出版社2005年版，
第183—185页。

② 许倬云说道，前几年，李国鼎先生曾经提出"第六伦"的观念，在传统的五
伦之外，又增加群己的关系一伦。李先生的高瞻远瞩令人钦佩；今天，倬云想再一
次肯定这个"第六伦"的重要。参见许倬云著《中国文化与世界文化》，贵州人民出
版社1991年版，第200页。

社会组织是一个大家庭而套着多层的无数的小家庭。"在家庭中，"所有的人，不是父即是子。不是君就是臣。不是夫即是妇。不是兄就是弟。中国的五伦就是中国社会组织；离了五伦别无组织，把个人编入这样层系组织中，使其居于一定之地位，而课以那个地位所应尽的责任"。此分析是很有道理的。他继续说，"要之，各人尽自己的义务为先；权利则等对方赋予，莫自己主张。这是中国伦理社会所准据之理念。而就在彼此各尽其义务时，彼此权利自在其中，并没有漏掉，亦没有迟延。事实不改，而精神却变了"。这样看来，"中国之伦理只看见此一人与彼一人之相互关系，而忽视社会与个人相互间的关系"。也就是，"不把重点固定在任何一方，而从乎其关系，彼此相交换；其重点实在是放在关系上了。伦理本位者，关系本位也"。① 换用梁启超的话说，在儒家社会中，"人不是单独做得成，总要和别的人连带着做。无论何人，一面做地球上一个人，一面又做家族里头的父母或儿女丈夫或妻子，一面又做某省某县某市某村的住民；此外因各人的境遇，或者兼做某个学校的教师或学生，某个公司的东家或伙计……尤其不能免的是无论何人总要做某个国家的国民"。因此，教育家教人做人，不是教他学会做一个单独的人，还要学会做父母做儿女做丈夫做妻子做伙计等。这样，"教育是什么？教育是教人学做人——学做现代人"。② 西方学者认为，"做人"是儒家文化的核心，如果把"做人"这一条拿掉，那么，儒家的"文化大

---

① 以上两处引自梁漱溟著：《中国文化要义》，载于俞吾金《二十世纪哲学经典文本——中国哲学卷》，复旦大学出版社 1999 年版，第 495、497 页。

② 梁启超著：《教育与政治》，载于《梁启超演讲集》，天津古籍出版社 2005 年版，第 69 页。

厦"将会倒塌①。所以，杜维明把"学做人"作为儒家精神方向的第一内涵予以突出②。冯友兰则认为："儒家学说大部分是论证这种社会制度合理，或者是这种制度的理论说明。经济条件打下了它的基础，儒家学说说明了它的伦理意义。由于这种社会制度是一定的经济条件的产物，而这些条件又是其地理环境的产物，所以对于中华民族来说，这种制度及其理论说明，都是很自然的。"③

亚里士多德在《政治学》中谈到家庭的内部关系及其管理模式，其基本理念与西方的人性设计有关。亚氏从"初始共同体"谈家庭关系。他认为，一个完整的家庭由奴隶和自由人组成的。家庭首要和最细小的部分是主奴、夫妻和父子。就是说，家庭中存在着三种关系：主奴关系、配偶关系和亲嗣关系。亚氏把奴隶看作是一种有生命的工具，是家庭的财产。主人仅仅只是奴隶的主人，并不属于奴隶，相反，奴隶不仅是主人的奴隶，而且全部属于主人。在他看来，那种在本性上不属于自己而属于他人的人是天生的奴隶。奴隶是一件所有物，是一种能离开所有者而行动的工具。亚氏站在奴隶主阶级的立场上认为，使用奴隶与使用家畜的确没有什么大的差别，因为两

---

　　① Lin Yutang said："The finest philosophy perception of Confucius，it seems to me，is his recognition that 'the measure of man is man.' If it were not so，the whole system of Confucian ethics would fall to pieces，and would immediately become impracticable." Lin Yutang：The wisdom of Confucius，The Modern Library，New York，1938，p. 17.

　　② 杜维明将"儒家精神方向"的几个显著特征概括为"学做人"、"此世性"、"内在超越"、"人际关联"。应该说，他的这几点概括，意义不难解读。参见杜维明著《东亚价值与多元现代性》，中国社会科学出版社 2001 年版，第 186—196 页。

　　③ 冯友兰著：《中国哲学简史》，涂又光译，北京大学出版社 1985 年版，第 24—25 页。

者都是用体力提供生活必需品。由此他认为，家庭里存在着两种统治，一种是对天生的自由民，一种对天生的奴隶。"主人之所以称为主人并不在于他有知识，而在于他具有某种品质，同样这也适用于自由人和奴隶。"① 在后两类关系中，亚里士多德认为丈夫和父亲统治着妻子和子女，虽然这两种人都是自由人，但这里的统治各有各的不同，对子女的统治是"君王式的"，对妻子的统治则是"共和式的"。他说："对子女的统治是君王式的，因为其统治既靠敬爱又靠年长的尊严，恰是一种形式的君王统治。所以，荷马恰如其分地把宙斯称为'众神与万民之父'，因为他是所有神和人的王。君王在本性上有异于他的臣民，但在种族上却和臣民相同，这恰似长幼关系和父子关系。"② 显然，亚里士多德的家庭关系理论实际上是建立在人之灵魂有统治和被统治部分的观点之上的。因为他认为："在灵魂中一部分在本性上实行统治，而另一部分在本性上服从，而统治部分的德性和被统治部分的德性是不一样的，其一是理性部分的德性，而另一是非理性部分的德性。至此很显然，这种情形也见于其他事物，所以，大多数事物都是因其本性而统治着或被统治着。"③ 在他看来，灵魂的各个部分存在于所有人中，只是存在的状况不同罢了。但是，"统治者应当具有完美的伦理德性，因为他的职能绝对地要求一种统治技能，这种技能就是理性；而其他人只需要对他们各自适合的德性就行了"。④ 他认为，德性虽然为所有人具备，但各个人情况不同，

---

① 亚里士多德著：《政治学》，载于《亚里士多德选集》，颜一、秦典华译，中国人民大学出版社 1999 年版，第 15 页。

② 同上书，第 26—27 页。

③ 同上书，第 28 页。

④ 同上书，第 28—29 页。

男人和女人的情况也不同，男人在发号施令中体现出来，女人
在服从中体现出来。所有德性都是如此[①]。从亚氏的论述可以
看出，西方社会在原初的文化设计中不仅对国家的文化结构采
取了人性化的理解方式，而且对家庭的文化结构及其管理方式
也采取了同样的理解方式。换言之，人性的精神原理为西方家
庭和国家提供了最初来源和价值基础。

(3) 人伦的理念

孟子提出的人伦概念，经过历代大儒的理论详解和境界
提升，业已发展成为儒家的价值理念。从历史发展的角度看，
人伦的原理和机制的构建经历了由客观到主观，再由主观到
客观的发展过程：从"人伦本于天伦"，到"人伦即天伦"，
再到"天伦即人伦"的认识过程。当孟子把人伦具体归纳为
五伦的时候，其中包含了以血缘为基础的文化立论，因为血
缘文化必须以家庭文化为前提和基础，在某种意义上，可以
认为，儒家的家庭文化就是血缘文化。又由于血缘具有天生
自然的特性，因此，依据血缘原理构建的人伦关系，必然具
有先天自然的本性。在中国文化中，人伦，因其具有独特的
意义、内容、结构、功能和特性而成为一种独特的文化理念。
历史上，文化名人柳诒徵特撰写《明伦》一文；他指出："何
为人伦？何为伦理？何为礼教？此今日研究中国学术、道德、
思想、行为之根本问题也。"[②] 张之洞（1837—1909）、张岱年

---

① 亚里士多德著：《政治学》，载于《亚里士多德选集》，颜一、秦典华译，中
国人民大学出版社 1999 年版，第 29 页。

② 柳诒徵著：《明伦》，载于孙尚扬、郭兰芳主编《国故新知论——学衡派文化
论著辑要》，中国广播电视出版社 1995 年版，第 407 页。

对此均有认同①。

首先，人伦的意义与结构。人伦来自于人类与动物类的区别，并在此基础上形成人类的意义和秩序的意义。人伦是儒家文化确认的人类社会的组织秩序、组织关系和组织结构。人伦发端于家庭之内，与人在家庭中的血缘关系直接联系，所以，人伦具有先天自然的意义和特性。人伦的意义显示儒家伦理文化的价值意义，显示中国传统文化的精神意义。在中国伦理文化中，人伦具体指孟子首倡的五伦，即家庭之内有三伦：父子、夫妇、长幼；家庭之外有两伦：君臣和朋友。五伦意义在于：它建立了中国传统的人伦关系范型或伦理范型："父子有亲，君臣有义，夫妇有别，长幼有序，朋友有信。"在这里，"亲"、"义"、"别"、"序"、"信"可以被看作"伦基"。因父子、君臣、夫妇、长幼为异名对偶关系，名分不同，义务也不同；朋友为同名对偶关系，义务相同。同时，人伦结构既是一个关系结构，也是一个伦理结构，还是一种组织结构。五伦之中，父子、君臣代表纵向的人伦关系，兄弟、朋友代表横向的

① 柳诒徵说："吾国文化惟在人伦道德，其他皆此中心附属物。训诂，训诂此也，考据，考据此也。金石所载，载此也。词章所言，言此也。互古互今，书籍碑板，汗牛充栋，要其大端，不能悖是。"见柳诒徵著《中国文化西被之商榷》，载于孙尚扬、郭兰芳主编《国故新知论——学衡派文化论著辑要》，中国广播电视出版社1995年版，第415页。张之洞说："五伦之要，百行之原，相传数千年更无异议。圣人所以为圣人，中国所以为中国，实在于此。"见张之洞著《劝学篇》，参见苑书义等主编《张之洞全集》第12册，河北人民出版社1997年版，第9715页。张岱年说："中国人又最重人伦。中国所谓'学'，只是研究人伦日用当然之理；所谓'德'，也只是在人伦上处得好。由人伦的注重而形成礼教，礼教便是关于人伦的规律，是一种无形的严法。人伦的出发点当然又在家庭，可以说中国人的生活是以家庭为本位的，内无个人，外无社会国家，只注重一个家庭，与西洋的一方面注重个人又注重社会国家者大不同。"参见张岱年著《关于中国本位的文化建设》，载于《张岱年全集》第1卷，河北人民出版社1996年版，第231页。

人伦关系，夫妇作为一切男女关系的范型，成为人伦坐标的第三维①。人类的所有关系都可以通过"五伦"坐标体系加以认识和解释。

其次，人伦的功能。人伦的功能可以分为四个方面：一是区别和规范社会关系中个体的"名"与"分"。五伦之中，父子、夫妇、长幼；君臣、朋友各有自己的"名"和"分"，个体均须"安伦尽分"，不可虚名，也不可僭越。朱熹曰："人伦正，天理得，名正言顺而事成矣。"②二是组织社会关系。所有社会关系都可以归属到五伦关系中，相应的，社会的各种复杂关系可以根据五伦范型进行组织。三是引导和调节社会关系。五伦之中各有各的"名"与"分"，相关社会矛盾都可以利用五伦原理进行引导和调节，使其恢复到矛盾前的最佳状态。四是有关人伦的道理可以用来教化人，也就是说，五伦原理可以成为教育人的基本原理，《说文解字》云："教，上所施，下所效也。育，养子使作善也。"应该说，这是儒家的重大发现之一。

再次，人伦的文化特性。西方社会虽然有家庭血缘关系和复杂的社会关系，但是，它并没有强调人伦的概念和意义在其文化中的核心作用。"乱伦事件"在西方世界时有发生，就是最好的例证。从比较文化的角度看，人伦是一个十分中国化的概念。当人伦被具体化为五伦以后，儒家文化的人文特性和世俗特征被充分地凸显出来，特别是其内在的血缘特性和家庭文化原理被明显地凸出了。从这种角度说，要理解中国的传统文化，最重要的就

---

① 樊浩著：《伦理精神的价值生态》，中国社会科学出版社 2001 年版，第 145 页。

② 《论语集注·子路》。

是理解中国伦理文化中的人伦特性及其代表的文化内涵。我们知道，旅美人类学家许烺光（Francis L. K. Hsu，1909—1999）曾经就各民族的家庭中的人伦关系做了比较分析，他认为，中国家庭是以父子关系为主轴的文化①。台湾学者李亦园就此总结了四种特性："延续性"、"包容性"、"权威性"和"非性的"。"延续性"指父子伦所具有的延续性特征；"包容性"是相对于夫妻关系的排他性而言，父子、母子、兄弟关系都是包容的；"权威性"指父对子经常是权威的，而夫妻之间是自主的，母子之间是依赖的，兄弟之间是平等的；"非性的"是指相对于夫妻伦而言，父子关系是非性的，不强调两性间的区分。他认为，这些特点不但足以描述中国人的家庭生活，甚至也可以形容中国文化，不论是传统的，或是现代的②。

就此而言，儒家的人伦设计理念可以这样概述：所有社会关系当以"我"为中心进行家庭化、亲属化、密切化，即，所有社会关系皆可以"五伦化"。社会学家费孝通（1910—2005）的观点很精彩，他认为，中国的儒家社会是一种典型的"乡土社会"，这种社会"最考究的是人伦"。他以设喻论理："伦是什么？伦就是从自己推出去的和自己发生社会关系的那一群人里所发生的一轮轮波纹的差序。"其特征是，"以己为中心，像石子一样投入水中，和别人所联系成的社会关系，不像团体中的分子一般大家立在一个平面上，而是像水的波纹一般，一圈一圈推出去，愈推愈

---

① 许烺光认为，按照家庭中主要的人伦关系来区分，世界上有四种家庭文化。其中，中国是以父子伦关系为主轴的家庭，欧美是以夫妻伦关系为主轴的家庭，还有，以母子、兄弟伦为主轴的家庭等等。参见李亦园著《文化与修养》，广西师范大学出版社 2004 年版，第 84—86 页。

② 李亦园著：《文化与修养》，广西师范大学出版社 2004 年版，第 84—86 页。

远，愈推愈薄"。① 若用孟子的话说，就是"善推而已矣"。剑桥大学教授郑德坤也揭示了儒家人文设计的含义，他说，中国人把人与人的关系总体上综合成三层："群、家、己"。"国是群的一种，可有可无，不必视为独立的一种。中国人把它折中在家这一层里。一切的社会科学、伦理、礼教、五伦、五常等等都以家为中心。风俗习惯都以家为出发点，就是这个缘故。社会组织是以家为基础，而个人不过是家的一分子。天下的统一也以家为模范，所以要'天下一家'。"② 许倬云认为，西方文化的思想方式是"破裂"，中国文化的思想方式是"连续"，"连续"既表现在时间纵向上的"三不朽"，又表现在五伦的横向扩展上。而五伦差序格局的推延，造成了儒家文化"推己及人、民胞物与"的独特风格。他是这样分析儒家社会中的社会关系的："人际关系是层层地扩大而不是断裂的。差序格局的关系转变也是渐进的。权利和义务都渐渐淡化。每一个人都是一连串社会关系的中心。层层关系构成网络。"这样，"中国的社会由许多的格子紧密的堆叠形成全国的大网。在巨大的网络中，每个人都有一定的义务和权利，个人无法在这网外生存，也不能只是存在于一个空洞的国家观念中"。③

令人印象深刻的是，谭嗣同（1865—1898）敏锐地洞察到中

---

① 费孝通将"西洋社会"结构概括为"团体格局"，而将中国"乡土社会"概括为"差序格局"。他说，我们的格局不是西洋社会那样如同"捆一捆扎清楚的柴，而是好像把一块石头丢在水面上所发生的一圈圈推出去的波纹。每个人都是他社会影响所推出去的圈子的中心。被圈子的波纹所推及的就发生联系。每个人在某一时间某一地点所动用的圈子是不一定相同的"。参见费孝通《乡土中国》，北京出版社2005年版，第32—35页。

② 郑德坤著：《中国文化人类学》，台湾华世出版社1975年版，第70页。

③ 许倬云著：《中国古代文化的特质》，台湾联经出版事业公司1966年版，第54页。

国若学习西方先进国家就必须进行"变法"，而如果进行彻底的
"变法"，则必须从调整五伦开始。这明显地说明五伦在中国文化
中具有"牵一发而动全身"的社会意义和伦理效果。在《仁学》
中不仅把五伦文化与基督教文化做了比较，而且把五伦文化与佛
教进行了比较。谭嗣同说："其（指五伦）在耶教，明标其旨曰：
'视敌如友。'故民主者，天国之义也，君臣朋友也；父子异宫异
财，父子朋友也；夫妇择偶判妻，皆由两情相愿，而成婚于教
堂，夫妇朋友也；至于兄弟，更无论矣。"又曰："其（指五伦）
在佛教，则尽率其君若臣与夫父母妻子兄弟眷属天亲，……出嫁
受戒，会于法会，是又普化彼四伦者，同为朋友矣。无所谓国，
若一国；无所谓家，若一家；无所谓身，若一身。夫惟朋友之伦
独尊，然后朋友之权力始大。"① 谭嗣同深刻地认识到中国五伦
势力的强大，并试图通过改革儒家的伦理体系，尤其是用强化内
含平等关系的朋友之伦中来革新社会伦理关系，以建立他理想中
的自由、平等、博爱的儒家社会。在他看来，只要"惟朋友之伦
独尊，然后彼四伦不废自废。亦惟明四伦之当废，然后朋友之权
力始大。今中外皆奢谈变法，而五伦不变，则举凡至理要道，悉
无从起点，又况于三纲哉？"② 显然，谭嗣同的意图在于以朋友
之伦改造其余四伦，并带动其他四伦之改变，从而使整个中国传
统伦理社会关系及其结构体系得到改变，进而实现其建立大同世
界的美好梦想。从另一个角度来看，谭嗣同对准五伦的论述，集
中地体现了儒家文化设计的五伦道德在中国传统社会中的巨大影
响力和建构力。更有甚者，哲学家张岱年将儒家家庭文化的这种

---

① 谭嗣同著：《仁学》，载于俞吾金著《二十世纪哲学经典文本——中国哲学
卷》，复旦大学出版社 1999 年版，第 43 页。

② 转引自张岂之著《近代伦理思想的变迁》，中华书局 1993 年版，第 253 页。

伦理表现视为中国传统文化的四种"陈陋传统"和"缺陷"之一①。

不过，李大钊也看到了人伦文化在中国社会中的重要作用和积极意义。他从感情的角度对中西方伦理进行了阐释。他说："观于伦理：东方亲子之间爱厚，西方亲子之间爱薄；东人以牺牲自己为人生之本务，西人以满足自己为人生之本务；故东方之道德在个性灭却之维持，西方之道德在个性解放之运动。"②"东人既以个性之生存为不甚重要，则事事一听之天命，是谓'命定主义'（fatalism）；西人既信人道能有进步，则可事一本自力以为创造，是谓'创化主义'。"③

2. 明人伦与成德论

如果说性善论启发人们必须认识到人性将善，人性终善，人可成德，人将成德，美德可教，美德能教，那么，"人伦论"则启发人们必须认识到个体应该而且必须在人伦世界或世俗世界中完成"终善成德"的过程。换言之，人伦特别是五伦为人之成德已经"铺设"好通向圣人境界的人间正道。按照儒家的设计，成德的真谛是"明人伦"，成德的人格是"伦理人"，人格的范型是

---

① 张岱年说："中国文化具有优秀传统，同时也具有陈陋传统，简单说来，中国文化的缺陷主要表现为四点：（1）等级观念；（2）浑沦思维；（3）近效取向；（4）家族本位。"参见张岱年《中国文化的基本精神》，载于《张岱年全集》第7卷，河北人民出版社1996年版，第386页。

② 李大钊著：《东西文明根本之异点》，载于《二十世纪哲学经典文本——中国哲学卷》，复旦大学出版社1999年版，第367页。

③ 同上书，第366页。

"圣人君子"。此"圣人人格"不同于西方文化设计的"哲学王人格"。

(1) 成德真谛: 明人伦

儒家设计的成德要求是建立在性善认识基础上的"明人伦"。"明人伦",一方面体现个体对社会规范的认同和践行,做到"小大不逾等,贵贱如其伦",[①] 成为符合社会要求的"伦理人"。孟子曰:"学则三代共之,皆所以明人伦也。"[②] 戴震曰:"人道,人伦日用、身之所行皆是也";[③] 又曰:"圣人亦人也,以尽乎人之理,群共推为圣智。尽乎人之理非他,人伦日用尽乎其必然而已矣。推而极于不可易之为必然,乃语其至,非原其本。"[④] 朱熹赞同董仲舒对孔子观点的修正:"如今学而不穷天理、明人伦、讲圣言,乃兀然存心于一草一木,一器用之间,此是何学问?"[⑤] "明人伦"是个体成德的自然状态,也是个体成德的人性特征。"明人伦"并不一定通过申明自身受过道德教育才被认同,最重要的是体现在个体的实践行为方面。个体只要实践行为体现明人伦的特征,就具有人伦的知识和德性。《论语》记载,子夏曰:"贤贤易色,事父母能竭其力,事君能致其身,与朋友交言而有信。虽曰未学,吾必谓之学矣。"朱熹注:"贤人之贤,而易其好

---

① 《春秋繁露·精华》。

② 《孟子·滕文公上》。

③ 戴震著:《孟子字意疏证——道篇》,载于《中国学术名著今释语译——清代编》,台湾西南书局有限公司 1950 年版,第 358 页。

④ 戴震著:《戴氏遗书》,转引自《中国古代教育史资料》,人民教育出版社 1961 年版,第 414 页。

⑤ 参见《晦庵先生文集》卷 39,转引自丁纲主编《文化的传递与嬗变——中国文化与教育》,上海教育出版社 1990 年版,第 9 页。

色之心，好善有诚也。四者皆人伦之大者，而行之必尽其诚，学求如是而已。故子夏言有能如是之人，苟非生质之美，必其务学之至。虽或以为未尝为学，我必谓之已学也。游氏曰：'三代之学，皆所以明人伦也。'能是四者，则于人伦厚矣。学之为道，何以如此。子夏以文学名，而其言如此，则古人之所谓学者可知矣。故学而一篇，大抵皆在于务本。"① 在这里，朱熹强调了"明人伦"的后天性质和实践意义。孟子曰："舜明于庶物，察于人伦。"② 朱熹曰："此尧舜所以为人伦之至，而孟子言必称之也。"③ 又曰："尧舜人伦之至，亦率是性而已。"④ 孟子还说："今居中国，去人伦，无君子，如之何其可也？"⑤

那么，何为"明人伦"？"明人伦"的内涵是什么？这个问题可以分两个层次来论述。第一，家庭之内的"明人伦"。第二，家庭之外的"明人伦"。家庭之内的"明人伦"是家庭之外"明人伦"的基础和条件，家庭之外的"明人伦"是家庭之内的"明人伦"的合理延伸和推展。"其为人也孝悌，而好犯上者，鲜矣；不好犯上，而好作乱者，未之有也。"⑥ 在这里，要理解"明人伦"，还必须明确两个概念，也就是"名"与"分"。"名分者，天下之所共守者也。名分不立，则朝廷之纪纲不尊，而法令不行。"⑦ 所谓"名"就是人因人伦关系和人伦位置而得到的"责任"；所谓"分"就是人因人伦关系和人伦位置而得到的"义

---

① 《论语集注·学而》。
② 《孟子·离娄章句下》。
③ 《孟子·万章章句下》。
④ 《孟子·告子章句下》。
⑤ 同上。
⑥ 《论语·学而》。
⑦ （明）吕坤著：《呻吟语·卷二·修身》。

务"。可以说，"名"是"本"，"分"是"用"。有"名"才有"分"，有"分"必有"名"，"名"与"分"应当"相宜"。一个人的成德，既表现在家庭中"明"自己的"名"与"分"，也表现在家庭之外"明"自己的"名"与"分"。家庭之内的"名"由五伦中的三伦关系规定，家庭之外的"名"由另外两伦关系规定。所谓"名分相宜"，也就是"中庸"，根据"名"确定"分"，使"分"合于"名"，使"名"合于"分"。两者中任何一方，超过或不及都不值得肯定，否则就是"无名"或"没有分"，或者是"挂名"或"过分"。这样，就会造成"名不正"、"言不顺"，"言不顺"则"事不成"的局面。就此而言，"明人伦"的最高境界就是"中庸"境界，即"极高明而道中庸"的境界，就是说，在"名"与"分"的处理上，圣人达到了"中庸"的境界，体现了圣人的"高明"之处。

对个体来说，要成为一个有益于社会的人，必须在生活中实际地做到"明人伦"，否则按儒家的观点，他或她就不能被称为具有独立人格特征的社会人。而个体要做到明人伦，必须从认识和适应自己的家庭地位的事情做起，从认识和适应自己身边的伦理关系的事物做起。王阳明曰："夫三代之学，皆所以明人伦。今之学宫皆以明伦明堂，则其所以立学者，固未尝非三代意也。"他认为，"古圣贤之学，明伦而已"；"明伦之学，孩提之童亦无不能，而及其至也，虽圣人有所不能尽也。'人伦明于上，小民亲于下'，家齐国治平天下矣。是故明伦之外无学矣"。[①] 他评论道："唐、虞三代之世，教者惟以此为教，学者惟以此为学。当是之时，人无异见，家无异习，安此者谓之圣，勉此者谓之贤，

---

① 《全书》卷七《万松书院记》。

而背此者，虽其启明如朱，亦谓之不肖。"① 他所以把"明人伦"看得如此重要，关键在于他认为，必须通过伦理教育达到"人伦明于上，小民亲其下"的道德目的。颜元（1635—1704）指出："必有事焉，学之要也。心有事则存，身有事则修，家之齐，国之治，皆有事也。无事则道与治俱废。故正德、利用、厚生曰事，不见诸事，非德非用非生也，德行艺曰物，不征诸物，非德非行非艺也。"② 孟子则肯定有"大人之事"和"小人之事"。③因此，人伦教育就是儒家式的"人事教育"或"人道教育"，是中国传统道德教育的经典模式。

总之，儒家把人看作是人伦网络社会中的分子，对人的教育是通过人与人之间的"份位关系"来进行的。五伦关系又是五教关系。教育的核心自然是以人事为重，目标直接指向人际和谐。因此，每个人在成德过程中必须处理好人与人之间的关系——人伦关系。成德教育必须以此原理为根本原理。比较看，西方教育不仅重视人与人的关系（主要是法律关系而非儒家式的人伦关系），而且重视人与事物、人与自然的关系，并在其中寻找平衡。哲学家卢梭认为，任何个人在教育中所受到的影响主要来自三个方面：人、事物、自然。他认为，人们的才能和器官的内在的发展，是自然的教育；别人教我们如何利用这种发展，是人的教育；人们从影响我们的事物获得良好的经验，是事物的教育。他指出，每个人都是受这三种教育培养起来的。当这三种教育和谐的时候，所受到的教育就是最好的，否则就是不好的。他说：

---

　① 《传习录·答顾东桥书》。

　② 戴望著：《颜氏学记》，转引自《中国古代教育史资料》，人民教育出版社1961年版，第400页。

　③ 孟子说："有大人之事，有小人之事。或劳心，或劳力。劳心者治人，劳力者治于人，治于人者食人，治人者食于人。天下之通义也。"（《孟子·滕文公上》）

"在这三种不同的教育中，自然的教育完全是不能由我们决定的，事物的教育只是在有些方面才能由我们决定。只有人的教育才是我们能够真正地加以控制的。"他承认，即使如此，我们人类的控制也只是假定的。因为他不相信我们的周围环境能够完全为我们人类所控制。在这里，卢梭把人受教育的过程或成德过程看作是以上三种因素和谐合成的过程①。显然，这与儒家的观点有很大分别。

（2）成德人格：伦理人

教育问题历来受到儒家的高度重视。儒家教育以塑造人格为首要目的②。所谓"人格"，古时称为"人品"，在伦理意义上是指人之所以为人的内在价值，是道德主体品格的综合。一般来说，人有人格便是人或说是好人，否则就不是人或说坏人③。孔子以"不降其志，不辱其身"作为崇高的人格表现。《论语》记载："子路问成人。子曰：'若臧武仲之知，公绰之不欲，卞庄子之勇，冉求之艺，文之以礼乐，亦可以为成人矣。'曰：'今之成人者何必然？见利思义，见危授命，久要不忘平生之言，亦可以为成人矣。'"④ 此处"成人"，即完备的人格。在我们看来，这种人格就是儒家设计的成德人格——"伦理人"。所谓"伦理人"，是相对于西方文化中强调的"政治人"、"经济人"提出来的。从共性上说，这三种人都是"社会人"，意指在社会中生活

---

① 卢梭著：《爱弥儿，或论教育》，李平沤译，商务印书馆1978年版，第7页。

② 杜维明著：《中国传统文化关于人的教育——"修身"》，载于《跨文化对话》第2集，上海文艺出版社1999年版，第100页。

③ 钱穆著：《历史与文化论集》，载于《钱宾四先生全集》第42卷，台湾联经出版事业公司1998年版，第161—162页。

④ 《论语·宪问》。

的人，具有社会性、人类性、理性特征。从文化特征看，三种人的区别显而易见。"政治人"把人看作是"政治的动物"，是以个人权利为主导的社会关系中的人。亚里士多德说："人天生是政治动物。"① 柏拉图理想国中的公民就是以这种人格作为基本条件。"经济人"把人看作是"经济的动物"，是以经济利益为主导的社会关系中的人。"政治人"追求社会对个人权利的尊重和满足，这种人用以评价合理社会的价值标准建立在对个人权利的满足上。亚里士多德的城邦政治就是以这种人作为公民条件来考虑的。"经济人"追求社会对个人经济利益的尊重和满足，这种人评价合理社会的价值标准建立在对个人经济利益的满足上，西方的功利主义理论包含对这种人的价值观的理性阐释。而"伦理人"与以上两类人有很大区别。"伦理人"认为"人是实践仁性的动物"或"人是道德的动物"。"伦理人"坚持"人伦之道"是评价个人动机和行为的核心标准。在中国传统社会中，"伦理人"被主流社会认可为值得称赞的人，是值得人们效仿学习的人，是构成主流社会基本人群的人。在普遍的意义上，"伦理人"成了儒家社会评价人之标准的人格范型。孟子曰："人之异于禽兽者几希，庶民去之，君子存之。舜明于庶物，察于人伦。"② 自先秦以来，"伦理人"是儒家教育乃至中国传统教育着力培养的符合大众标准的人格模型。正因为如此，西方学者也认为，中国的儒家文化是不同于西方文化的

---

① ［德］恩斯特·卡西尔（Ernst Cassirer，1874—1945）认为，人的本性是以大写字母印在文化的本性上的。因此，"人是文化的动物"，因为政治不过是文化的一种组织而已。他还认为，人是"符号的动物"。参见恩斯特·卡西尔著《人论》，中译本序，甘阳译，上海译文出版社2004年版，第4—5页。

② 《孟子·离娄下》。

人文主义（Humanism）的文化①。

儒家教育致力于培养"伦理人"。道理在于："伦理人"通晓人伦意义和人伦规范，主动遵守社会道德规范，符合儒家构建的伦理型社会需要。"伦理人"在家庭中按孝悌规范做人理事，按孝悌规矩待人做事，按孝悌规矩处人办事。孔子曰："天地之性，人为贵。人之行，莫大于孝。"②"伦理人"按人伦之理的要求行动，既不虚位也不越位，本本分分地做人，循规蹈矩地待人。《礼记·礼运篇》称这种人为符合"人义"要求的人。"何谓人义？父慈、子孝、兄良、弟弟、夫义、妇听、长惠、幼顺、君仁、臣忠，十者谓之人义。"在儒家看来，健康有序的社会是由"伦理人"组成的人伦社会，而不是他类人组成的社会。换言之，儒家社会的人格范型不可能是"政治人"或"经济人"，因为在儒家看来，人人争做"政治人"容易造成社会秩序的混乱和不稳定，人人争做"经济人"将违背"以义制利"的道德规范和道德规则，同样会引起国家和天下的混乱和不稳定。因而，努力把普通民众培养成"伦理人"始终是儒家"有教无类"教育的基本目标。进而言之，"伦理人"素质决定着儒家伦理社会的素质，也决定儒家伦理社会的品质。所谓个体成德，便是成为合格的"伦理人"。依冯友兰（1895—1990）的"四境界论"看，"伦理人"最低应当处于

---

① Dr. Howard, Simth says, "Confucius's ethical philosophy is rooted in humanism. His emphasis is on being a man, but nevertheless a man whose fundamental nature is recognised to be ordained by Heaven. His emphasis is more on practice than on book learning, on study of virtue rather than knowledge, on teaching a man to become a gentlemen rather than an erudite scholar. " Howard, Smith: Confucius, Temple Smith, London, 1974. p. 80.

② 《孝经·圣治章》。

"自然境界"的位置和层次。依杜维明的"三类中国人"观看，"伦理人"应当是指"社会习俗的中国人"。①

比较看，古希腊时期，柏拉图依据人性分为金质、银质和铜质的"三分法"导出哲学王和理想国的逻辑结论，为人类社会的统治者及其合法治理的国家制作了一种范型和模式。亚里士多德从"政治动物"推演到城邦是人类社会存在的"最高的善"。圣·奥古斯丁从"人皆有原罪"的论点出发演绎出"天国"高于"世俗国家"的理念。马基雅维利（Niccolo'Macchia-velli，1469—1527）和霍布斯（Thomas Hobbes，1588—1679）确认人性"险恶、粗陋"，由此向往专制制度的建立。洛克和卢梭依据人性本善的论点，推延出人类必须以社会契约方式建立植根于自由平等理念基础上的理想国家。马克思以人是各种社会关系的总和为根据主张建立了符合人类现实需要的现代社会型国家。总之，在西方文化看来，人与政治社会相互联系，是有显著政治色彩和政治个性的人，人与人的关系是建立于对政治权利的需求和满足的互动结构之中。显然，"市民社会"或"公民社会"可以满足这样的结构需要。黑格尔指出："市民社会，这就是各个成员作为独立的单个人的联合，因而也就是在形式普遍性中的联合。这种联合是通过成员的需要，通过保障人身和财产的法律制度，和通过维护他们特殊利益和公共

————————

① 杜维明在对美国生活的华人群体进行分类时说，应分辨三种不同层次的中国人。一是"自然生命的中国人"，即有中国血统的中国人，二是"社会习俗的中国人"，三是"文化意识的中国人"，即"经过自觉的反省而把中国的文化价值内化的"人。前两种是"推脱不掉的"，后一种是"很难企及的"。他自称"多半属于前二者"。参见郑文龙主编《杜维明学术文化随笔》，中国青年出版社1999年版，第262—263页。

利益的外部秩序而建立起来的。"① 这种社会的理想模型是：公民服从国王，国王服从法律，法律服从公正，公正指向公民福祉。条件是个体须严格遵守法律。在这种情况下，人具有了"政治人"兼"经济人"的属性。"政治人"属性意味着拥有政治权力，"经济人"属性意味着拥有合法财产。可以看出，"政治人"和"经济人"均以自身利益为核心，而"伦理人"则以他人利益为核心。所以，中西方文化对成德人格的设计出现很大的区别。

(3) 人格范型：圣人君子

儒家为什么需要设计一个"圣人君子"的完美形象？适合人生存的土壤和环境应当如何？钱穆的分析很有道理。他认为，西方文化是"外倾文化"，中国文化是"内倾文化"。"外倾文化，是属于中国《易经》上所谓开物成务的文化。此种文化偏重在物质功利，不脱自然性。"他认为"中国文化之内倾主要在从理想上创造人、完成人，要使人生符合理想，有意义，有价值，有道。这样的人则必然要具有人格。中国人谓之德性。中国传统文化最看重这些有理想与德性的人"。② 在冯友兰看来，在有德性的人中，"圣人"居于最高位置，也就是"天地境界"中的人，并且，"圣人"就生活在人世间，是世俗人间的生活偶像。显然，"圣人君子"既不同于西方文化设计的上帝或神，也不同于西方文化设计的哲学王和政治家。按儒家的文化逻辑，人人可以成为尧舜，即人人可以成为圣人君子，但按基督文化的逻辑，则不可以说人人

---

① 黑格尔著：《法哲学原理》，商务印书馆1962年版，第74页。

② 钱穆著：《中国文化与中国人》，载于《文化危机与展望——台湾学者论中国文化》上，中国青年出版社1989年版，第6页。

可以成为上帝，因为上帝是惟一至善的，是至高无上的，而"圣人君子"不是惟一至善的，而是"人人可以为之"的，至少可以说，是人人可以达到"虽不能至，但心向往之"的心灵境界。从某种角度说，儒家文化需要的就是这种道德景象。也即，"圣人君子"在人世间不断地出现，哪怕是极少的几个，都可以起到感召人不断地向其努力并实现人生道德价值的作用，依《大学》的说法，就是让人们都去做"止于至善"的道德努力。现代社会中流行的"榜样的力量是无穷的"的说法以及不断地树立各种"榜样"的做法，本质上起源于儒家的这种文化理念。于是，体现道德素养的至善人格就成了儒家独特的人文概念。

我们且以孔子的人格设计为范本来理解儒家人格范型。考察得知，孔子把"人格"从低到高分递进式地分为"五个等级"：庸人→士人→君子→贤人→圣人①。"人有五仪，有庸人，有士，有君子，有贤人，有大圣。"② 显然，每个人总是希望获得高一等的境界。例如，周敦颐就说："圣希天，贤希圣，士希贤。"③ 其中，在儒家看来，人格范型是圣人君子，君子是多数人可企求的人格范型，即"学者，所以求为君子也"。④ 圣人是君子努力追求的最高境界，即如程颐（伊川）所言："人皆可以至圣人，而君子之学必至于圣人而后已。"⑤ 不过，"上为圣人，下为士君子"。⑥ 朱熹曰："君子，成德之名"；⑦ 又曰："仁人，则成德之

---

① 《孔子家语·五仪解》。
② 《荀子·哀公篇》。
③ 周敦颐著：《通书·志学》，见朱熹、吕祖谦编《近思录》卷二《为学大要》。
④ 《扬子法言·学行》。
⑤ 《遗书》卷二十五。
⑥ 《荀子·儒效篇》。
⑦ 《论语集注·学而》。

人也。"① 依儒家的观点，所谓"圣人"通常有两个含义：一是指古代对封建帝王的尊称，《白虎通义》说："德合天地者称帝。"一是指后来演变为道德高尚、智慧超人、功绩至上的完人。如《周易》云："夫大人者，与天地合其德，与日月合其明，与四时合其序，与鬼神合其吉凶。"此处的"大人"也称为"圣人"。《孔子家语·五仪解》也解释说："所谓圣人者，德合于天地，变通无方，穷万事之始终，协庶品之自然，明并日月，化行若神，下民不知其德，睹者不识其邻，此则圣人也。"孟子称之为充满"浩然正气"的"大丈夫"："居天下之广居，立天下之正位，行天下之大道；得志，与民由之；不得志，独行其道。富贵不能淫，贫贱不能移，威武不能屈，此之谓大丈夫。"② "其为气也，至大至刚，以直养而无害，则塞于天地之间。"③ 比较看，王弼的解说更通俗，他说，圣人"茂于人者，神明也。同于人者，五情也。神明茂，故能体冲和以通无；五情同，故不能无哀乐以应物。然则圣人之情，应物而无累于物者也"。④

圣人是儒家设定的完美的"伦理人"范型，是理想的人格范型。英语世界将这个词翻译成"Pefected Sage"（意即"完美的哲人"）。孟子曰："圣人，人伦之至也。"⑤ 荀子曰："圣也者，尽伦者也。王也者，尽制者也。两尽者，足以为天下极矣。"⑥ 朱熹曰："儒者之道，以为父子、君臣、夫妇、朋友、兄弟、顺此五者，则可以至于圣人；佛者之道，去此然后可以

---

① 《论语集注·卫灵公》。
② 《孟子·滕文公下》。
③ 《孟子·公孙丑上》。
④ 《三国志·魏书》卷二八。
⑤ 《孟子·离娄上》。
⑥ 《荀子·解蔽篇》。

至善圣人。"① 又曰："尧舜所以为人伦之至，而孟子言必称之也。"② 圣人何在？孔子曰："圣人，吾不得而见之矣；得见君子者，斯可矣。"朱熹认为："圣人，神明不测之号。君子，才德出众之名。"③ 连孔子都认为圣人难寻，可见成为圣人多么不易。于是，孔子退而求其次——君子。《程氏经说》认为孔子自己是谦虚为之④。英语世界将"君子"翻译为"Gentlemen"或者"Noble-minded men"。君子最早的定义出现在东汉《白虎通义》："或称君子者何？道德之称。君之为言，群也；子者，丈夫之通称也。"君子原为"阶级"之名称，指为政士大夫，与"小人"对称。《论语》对君子的讨论偏重在道德品质上。"君子之德风，小人之德草。草上之风，必偃。"⑤ "君子怀德，小人怀土；君子怀刑，小人怀惠。"⑥ "君子学道则爱人，小人学道则易使也。"⑦ 孔子对君子提出三个层次的要求，第一层次是"修己以敬"，原则是"躬自厚而薄责于人"，⑧ 目标是"修身"；第二层次是"修己以安人"，目标是"齐家"；第三层次是"修己以安百姓"，⑨ 目标是"治国平天下"。可见，君子指儒家意义上的道德人格范本。孟子总结说，"君子所以异于人者，以其存心也。君

---

① 朱熹：《伊洛渊源录》。

② 《孟子·万章章句下》。

③ 《论语集注·述而》。

④ 《程氏经书》解释说："圣人之道如天然，与众人之识甚殊邈也。门人弟子既亲炙，而后益知其高远。既若不可以及，则趋望之心怠矣。故圣人之教，常俯而就之。"见朱熹、吕祖谦编《近思录》卷十一·《教学之道》。

⑤ 《论语·颜渊》。

⑥ 《论语·里仁》。

⑦ 《论语·阳货》。

⑧ 《论语·卫灵公》。

⑨ 《论语·宪问》。

子以仁存心，以礼存心"。① 既然是道德的人格范型，那么，君子在学问、仪态、言行、品德、操守等方面均应超人一等，表现出与普通民众不同的特征。

①学问道德上，君子唯恐在道德上不能作为一般人的模范。因此，君子必须念德思业，修德进业，积善成德。用古人的话说，就是"君子以常德行，习教事"。② "君子食无求饱，居无求安，敏于事而慎于言，就有道而正焉，可谓好学也已。"③ 君子应有的德行，孔子明确地告诉世人："知者不惑，仁者不忧，勇者不惧。"④ 可见，智、仁、勇为儒家之君子"三达德"。

②在言行方面，君子应当慎重对待言语行动，以求得儒家倡导的适度和中庸之表现。孔子的一些话体现了这个要求。孔子曰："先行其言而后从之。"⑤ "君子欲讷于言而敏于行。"⑥ "君子于其言，无所苟而已矣。"⑦ 君子"敏于事而慎于言。"⑧ "巧言令色，鲜矣仁。"⑨ "君子以非礼弗履。"⑩ "君子以慎言语，节饮食。"⑪

③在行事方面，君子在处理世事方面应持慎重态度。也就是，当行则行，不当行则止。所以，孔子对君子提出"九思"的要求："君子有九思：视思明，听思聪，色思温，貌思恭，言思

---

① 《孟子·离娄上》。
② 《周易·坎卦》。
③ 《论语·学而》。
④ 《论语·子罕》。
⑤ 《论语·为政》。
⑥ 《论语·里仁》。
⑦ 《论语·子路》。
⑧ 《论语·学而》。
⑨ 《论语·阳货》。
⑩ 《周易·大壮卦》。
⑪ 《周易·颐卦》。

忠，事思敬，疑思问，忿思难，见得思义。"① 《中庸》曰："是
故君子戒慎乎其所不睹，恐惧乎其所不闻。莫见乎隐，莫显乎
微，故君子慎其独也。"② 《周易》曰："君子以成德为行，日可
见之行也。"③

④在操守方面，君子应该以道为本，持道以恒。《论语》中
有言："君子谋道不谋食。耕也，馁在其中矣；学也，禄在其中
矣。君子忧道不忧贫。"④ "富与贵是人之所欲也，不以其道得
之，不处也；贫与贱是人之所恶也，不以其道得之，不去也。"⑤
"君子固穷，小人穷斯滥矣。"⑥ "君子坦荡荡，小人常戚戚。"⑦
《周易》有言："君子以致命遂志。"⑧ "天行健，君子以自强
不息。"⑨

⑤在仪态方面，君子应该注重尊贵与平和，尤其远离卑微之
貌相。《论语》有言："君子有三变：望之俨然，即之也温，听其
言也厉。"⑩ 又言："君子所贵乎道者三：动容貌，斯远暴慢矣；
正颜色，斯近信矣；出辞气，斯远鄙倍矣。"⑪ "君子正其衣冠，
尊其瞻视，俨然人望而畏之，斯不亦威而不猛乎？"⑫

---

① 《论语·季氏》。
② 《礼记·中庸》。
③ 《周易·文言》。
④ 《论语·卫灵公》。
⑤ 《论语·里仁》。
⑥ 《论语·卫灵公》。
⑦ 《论语·述而》。
⑧ 《周易·困卦》。
⑨ 《周易·干卦》。
⑩ 《论语·子张》。
⑪ 《论语·泰伯》。
⑫ 《论语·尧说》。

⑥在品性方面，君子应随时注意自身修养，即使不在其位也是如此。《易传》曰："君子虽不在位，然以人观其德，用为仪法，故当自慎省，观其所生，常不失于君子，则人不失所望而化之矣。不可以不在于位故，安然放意无所事也。"① 但是，君子在其位也有规范，即"思不出其位"。② 意即君子考虑任何事情都不应出其职位所规定的范围和规矩。这也是君子修身的重要内涵。

显然，相对于儒家设计的"小人"来看，君子在道德上无疑是"高人一等"。我们知道，孔子曾经对此做过精致的阐释。孔子曰："君子周而不比，小人比而不周"；③ "君子求诸己，小人求诸人"；④ 又曰："君子和而不同，小人同而不和"；⑤ "君子泰而不骄，小人骄而不泰"。⑥ 又曰："君子成人之美，不成人之恶。小人反是。"⑦

（4）西方哲学王人格

承接上面来看，与儒家设计的理想人格范型——"圣人"不同，哲学家柏拉图塑造的西方理想人格范型是哲学家、政治家，或者两者合一的"哲学王"。柏拉图认为一个国家应当由最具有道德和博学的哲学家而非圣人来治理，因为治理国家是一门极其

---

① 《伊川易传》卷二《观传》，见朱熹、吕祖谦编《近思录》卷十一《教学之道》。
② 《论语·宪问》。
③ 《论语·为政》。
④ 《论语·卫灵公》。
⑤ 《论语·子路》。
⑥ 同上。
⑦ 《论语·颜渊》。

高超的综合性艺术，而不单纯是管理国家的一种职责。只有这样，国家才能得到最好的统治和治理，否则，将陷于危机和灾难。柏拉图观点的核心在于：“哲学王”的思想与理念世界（“相的世界”）最为切合，事实上，西方中世纪时期国家治理引入上帝和宗教的理论根据正源于此。按柏拉图的设计，由“哲学王”主持国家的统治和治理工作，统治和治理的成绩一定非常优秀，绝非常人所能企及。原因在于，“哲学王”常以真知为伴，其精神经常与永恒的理念世界合为一体，使自身熔铸于、融化于既善又美的理想境界之中，然后回过头来，“哲学王”将把人间的现实国家治理得有条不紊，进而最符合国家的本性和人的本性。因此，“哲学王”必须具备如下的修养和品质。

首先，“哲学王”是一个“爱智者”。他爱智慧甚于爱一切。柏拉图认为，“哲学家是智慧的爱好者，他不是仅爱智慧的一部分，而是爱它的全部”。[①] 因为哲学家的天性是“永远酷爱那种能让他们看到永恒的不受产生与灭亡过程影响的实体知识。”而且“他们爱关于实体的知识是爱其全部，不会情愿拒绝它的一个无论大点的还是小点的，荣誉大点的还是小点的部分的”。[②]

其次，“哲学王”掌握永恒真理。苏格拉底认为，哲学家的灵魂“始终不渝地追随理智，这样看见的才是真实的，神圣的，确切无疑的。”[③] 柏拉图说：“哲学家是掌握永恒不变事物的人，而做不到这一点，被千差万别事物的多样性搞得迷失了方向的人

---

① 柏拉图著：《理想国》，郭斌和、张竹明译，商务印书馆 1986 年版，第 217 页。

② 同上书，第 230 页。

③ 柏拉图著：《费多篇》，载于《古希腊散文选》，人民文学出版社 2000 年版，第 119—120 页。

就不是哲学家。"① 在这两种人中间，柏拉图选择了前者作为国家的领导者。这是柏拉图塑造的理想人格之范型，也是西方文化倡导的理想人格。

第三，"哲学王"研究政治的技艺。政治的技艺是统治的技艺，是最值得哲学家予以关注和掌握的"善的技艺"。柏拉图指出："研究哲学和政治艺术的事情天然地属于爱智者的哲学家兼政治家，至于其余的人，不知研究哲学但知追随领导者是合适的。"② 他断定："除非哲学家成为我们这些国家的国王，或者我们目前称之为国王和统治者的那些人物，能严肃认真地追求智慧，使政治权力与聪明才智合而为一；那些得此失彼，不能兼有的庸庸碌碌之徒，必须排除出去。否则的话，对国家甚至我想对全人类都将祸害无穷，永无宁日。"③

第四，"哲学王"作为政治家深谙人性和教育。作为政治家，柏拉图说："首先要使人类的本性能够尽情的表现，然后在考察完他们以后，将把他们委托给那些能帮助政治家达成所愿的合适的教育者。"柏拉图指出："真正的国王的技艺就是所有合法的教育者和指导者的女主人，并且拥有着女王般威严的权力，决不允许他们训练并培养出不适合国王所渴望建立的政治结构的品质，只允许培养出适合这一制度的品质。"④ 安德里亚（Johann Valentin Andreae，1586—1654）在《基督城》一书中指出："除非一个人能够胜任国家赋予的职责，他是不可能

---

① 柏拉图著：《理想国》，郭斌和、张竹明译，商务印书馆1986年版，第228页。

② 同上书，第215页。

③ 同上书，第214—215页。

④ 柏拉图著：《政治家》，原江译，云南人民出版社2004年版，第118—119页。

精心培育青年的；而一个能够成功地培育青年的人，也就有权去管理政府事务。"①

3. 人道教育的文化设计

如果说人伦是纯粹理性，那么，人道就是实践理性，落实在教育中就是实施人道教育——五伦教育。"五伦即五教"的观点强化了教育的人伦目的和人道主义精神。从终极的角度看，孟子强调"教以人伦"，后来演变成"人伦教化"的思想，其核心都是"尊王明伦"。如果说"教以人伦"仅表达一般的人伦教育，那么，"人伦教化"则显示了人伦被故意强化为统治工具的文化安排，而"尊王明伦"则直接反映了教育为统治者服务的政治本质。

(1) "五伦"即"五教"

最初，《尚书·舜典》载："帝曰：契，百姓不亲，五品不逊。汝作司徒，敬敷'五教'，在宽。"其目的是以道德教化建立社会秩序。之后是孟子和朱熹的论述最为清晰。从本义上说，五伦就是五教，实质是指五伦中的"上伦位"对"下伦位"的教育。其中包含两个方面：一是"上伦位"身体力行，让"下伦位"学习实践；二是"下伦位"主动仿效"上伦位"，主动接受"上伦位"的感化。所以，《白虎通义·三教》云："教者何谓也？教者效也，上为之，下效之。"朱熹曰："圣人教人有定本，舜使契为司徒，教以人伦，父子有亲，君臣有义，夫妇有别，长幼有

① ［德］约翰·凡·安德里亚：《基督城》，商务印书馆1991年版，第76页。

序，朋友有信……皆是定本。"① 又曰："人之有道，言其皆有秉彝之性也。然无教则亦放逸怠惰而失之，故圣人设官而教以人伦，亦因其固有者而道之耳。"② 孟子曰："设为庠序学校以教之。……学则三代共之。皆所以明人伦也。人伦明于上，小民亲于下。有王者起，必来取法，是为王者师也。"在这里，"人伦明于上"意近"明明德"，"小民亲于下"意近"亲民"和"新民"。朱熹曰："庠以养老为义，校以教民为义，序以习射为义，皆乡学也。……父子有亲，君臣有义，夫妇有别，长幼有序，朋友有信，此人之大伦也。庠序学校，皆以明此而已。"③ 朱熹视五伦为人性的固有天理，认为人因后天气质之性的遮蔽和压抑而不能"复其初"，教育是帮助人们"复其人性之初"。就是说，教育的目的在于帮助人们"明人伦"，"先王之学以明人伦为本。""昔者圣王作民作师，设官分职，以长以治。而其教民之目，则曰：父子有亲，君臣有义，夫妇有别，长幼有序，朋友有信，五者而已。"④ 于是，朱熹将"五者圣王教民之目"作为《白鹿洞书院学规》，后又作为岳麓书院的《书院教条》。朱熹曰："五教之目，尧舜使契为司徒，敬敷五教，即此是也。学者学此而已。"⑤ 如此，"五教谓父子有亲，君臣有义，夫妇有别，长幼有序，朋友有信。"⑥ 根据是："盖民有是身，则必有是五者，而不能一日离。有是心则必有是五者之理，而不可以一日离也，使以圣王之

① 《朱子语类》卷八。

② 《孟子·滕文公章句上》。

③ 同上。

④ 朱熹著：《琼州学记》。

⑤ 朱熹著：《白鹿洞书院揭示》。

⑥ 《仪礼经传通解》卷九。

教，因其固有，还以道之，使不忘乎其初。"①

　　按朱熹的理解，"五教"直指人伦之道，根本服务于"修身、齐家、治国、平天下"。朱熹曰："古者圣王设为学校，以教其民。由家及国，大小有序，是其民无不入乎其中而受学焉。而其所以教之之具，则皆因其天赋之秉彝而为之品节，以开导而劝勉之，使其明诸心，修诸身，行于父子、兄弟、夫妇、朋友之间，而推之以达乎君臣上下、人民事物之际，必无不尽其分焉者。……此先王学校之官，所以为政事之本，道德之归，而不可以一日废焉者也。"②"圣贤教人，只是要诚意、正心、修身、齐家、治国、平天下。所谓学者，学此为已。""圣贤教人为学，非是使人缀辑言语，造作文辞，但为科名爵禄之计，须是格物、致知、诚意、正心、修身而推之，以至于齐家，可以平天下，方是正当学问。"③ 不过，朱熹"明人伦"的核心思想已转变为"存天理灭人欲"，这与孟子说的有一定的区别。在朱熹看来，"天理"和"人欲"均存于人性之中，"天理"是至善的"天地之性"，由仁、义、礼、智、信等构成；"人欲"是"气质之性"。教育在于帮助人变化气质之性。元代理学家许衡（1209—1281）曰："古之教者，必以明伦而教，而学者必以明伦而学。"又曰："三代圣王，设为庠序学校以教天下者，无他，明此而已（指明人伦）。"④ 其意与朱熹相同。此外，"教以人伦"还体现在祭祀行礼方面。"祭者，教之本也已。夫祭有十伦焉；见事鬼神之道焉，见君臣之义焉，见父子之伦焉，见贵贱之等焉，见亲疏之杀

---

① 朱熹著：《琼州学记》。
② 朱熹著：《静江府学记》。
③ 转引自熊明安编著《中国高等教育史》，重庆出版社 1988 年版，第 179 页。
④ 《许鲁斋集·小学大义》。

焉，见爵赏之施焉，见夫妇之别焉，见政事之均焉，见长幼之序焉，见上下之际焉。此之谓十伦。"① 实际上，儒家经典无不贯穿伦理纲常，"明伦之说，具在六经"。韩愈（768—824）对"明人伦"教育做了如下论述："夫所谓先王之教者，何也？博爱之谓仁；行而宜之之谓义；由是而之焉之谓道；足乎己，无待于外之谓德。其文《诗》《书》《易》《春秋》，其法礼乐刑政，其民士农工贾，其位君臣、父子、师友、宾主、昆弟、夫妇，其服麻丝，其居宫室，其食粟米果蔬鱼肉：其为道易明，而其为教易行也。"总之，以仁义道德为核心的"明人伦"教育是儒家教育的目的所在。

孟子"教以人伦"思想以五伦的对偶性关系为基础关系。所谓"君之视臣如手足；则臣视君如腹心；君之视臣如犬马，则臣视君如国人；君之视臣如土芥，则臣视君如寇雠。"② 就是说，"欲为君尽君道，欲为臣尽臣道。"③ 君臣关系是对偶关系，是相互的关系；君要尽君道，臣要尽臣道，如此，相互间的关系才能达到令人满意的和谐状态。在外人看来，如果相互间出了问题，不可以只责臣而不责君，尽了君道才可以称为君，不尽君道就不可以称为君。其他关系与此类同。确实，这种文化设计把人与人之间的关系约定为相互承担必要而对应的义务和责任。我们偶然发现法国哲学家卢梭的话正好恰当地解释了孟子的观点。他说："母不母，则子不子。他们之间的关系是相互的，如果一方没有很好地尽她的义务，则对方也将不好好地尽他的义务。"④ 毫无

① 《礼记·祭统》。
② 《孟子·离娄下》。
③ 《孟子·离娄上》。
④ 卢梭著：《爱弥儿，或论教育》，李平沤译，商务印书馆 1978 年版，第 22页。

疑问，这种规定对促进人与人的和谐关系有相当大的规范作用。《礼记》明确指出："父慈子孝，兄爱弟敬，夫义妇德，长惠幼顺，君仁臣忠。"① 宋王应麟著《三字经》云："高、曾、祖、父而身，身而子，子而孙，自子孙，至玄、曾，乃九族，人之伦。父子恩，夫妇从，兄则友，弟则恭，长幼序，友与朋，君则敬，臣则忠。此十义，人所同。"实际上，"教以人伦"就是以这样的规范来引导人们的言行和生活。在孟子看来，人在家庭按家庭"三伦原理"生活，在家庭外按"二伦规范"要求自己。"欲为君，尽君道。欲为臣，尽臣道。"② 总之，儒家以这种人伦之道要求每个人过人伦生活，也就是以"十义"原则要求自己，在社会交往中注意相互间的和谐关系。

　　在西方文化中，具有文化代表性的宗教家马丁·路德（Martin Luther，1483—1546），对人所处的社会以及人所受的教育安排做了详细论述。他认为，对人类的安排和教育必须有两种相互联系的力量共同发挥作用："神圣教会"和"世俗当局"。在他看来，"神圣教会"和"世俗当局"对人的教育具有不同的重要的意义。"神圣教会"负责人的精神教育，满足人类在来世中的需要，"世俗当局"处理人的世俗教育，满足人类的世俗生活需要。由于精神生活在价值和意义上始终高于世俗生活，所以，"神圣教会"的地位也高于"世俗当局"的地位。他认为，"世俗当局"所做的工作仅仅局限于暂时的世俗存在中，诸如人身、妻子、儿女、住宅、物品和荣誉，以及其他现世生活需要的东西，而不是为了永恒的精神生活。因为精神生活比世俗生活更优越。因此，"神圣教会就要优越于世俗当局。他们中前者是本

---

① 《礼记·礼运》。
② 《孟子·离娄上》。

质，后者不过是前者的影子。世俗权威是教会权威的映象和影子，因为神圣教会（由上帝决定）给我们带来了至上的公正、永久的和平和不朽的生活，并使他们确立下来"。① 他说："教会是依照圣灵的旨意在运转的，可在世俗政府中人们却必须由理智（由法律体现）作导引，上帝将世俗政府和国家实体交给理智，因此就没有再把圣灵赐予它们。"这样，世俗政府的职能要比教会机构更为繁重，这是因为仅以良知无法进行统治，而必须有所行动。在他看来，仁慈的上帝赐予人们子女，人们应该送自己的子女接受世俗政府所安排的教育，只有这样，人们才能算上履行了对上帝恩赐的神圣责任，国家才能获得足够的人才。他想象着说："由于上帝十分乐于欣赏那些属于世俗的、有意义的、优秀而又神圣的工作，因此教育活动就得到了神的保佑。贪婪终究会遭到蔑视，行恶便会以失去心灵的平和为代价，这样的生活不能被看作是在侍奉上帝。"② 同时，"世俗当局有责任督促人们送子女上学，尤其是那些有前途的孩子。"因而，要"让所有能上学的孩子都上学，无论在哪里，政府只要发现一个有希望的儿童，就应让他上学，假如他的父亲很贫穷，那么可以由教会给予帮助，有钱人应当对这样的事情慷慨解囊"。③ 在马丁·路德看来，社会上那些"一面虔信上帝，一面却不给子女充分的爱护和关心，让他们受到教育以便将来胜任神圣而崇高的职责，因而他们并没有尊崇上帝。这是因为，只有使他们的子女受到教育，他们才能

---

① 马丁·路德著：《论送儿童入学的责任》，载于任钟印主编《世界教育名著通览》，湖北教育出版社 1994 年版，第 158 页。

② 以上两句引自马丁·路德著《论送儿童入学的责任》，载于任钟印主编《世界教育名著通览》，湖北教育出版社 1994 年版，第 159—160 页。

③ 马丁·路德著：《论送儿童入学的责任》，载于任钟印主编《世界教育名著通览》，湖北教育出版社 1994 年版，第 162 页。

实现侍奉造物主、为世界服务的愿望。同样，也只有如此，他们的世俗欲望才可能得到满足"。否则，"他们的身心反而处在了危险之中，像他们这样的生活无论如何也称不上是在'侍奉上帝'"。① 显然，马丁·路德把世俗教育与人对神圣上帝的虔诚联系起来了，以加强人们对儿童教育重要性的理解和支持。同时，他通过宗教而赋予了世俗教育以崇高的精神意义和超越的理性价值。

（2）人伦教化与文化传统

古希腊时代，"教化"（Paideia）意味着"教并使习于教"，继而使人形成一种习惯，获得相应的道德品质。据查，源于中世纪的德语语词"教化"（Bildung）指人性通过不断的转变达到神性的完满。事实上，西方文艺复兴时期的人文主义者认为，"教化"是培养人类最高的精神品质，使人达到人性的完美和崇高的道德境界。例如，哲学家黑格尔就认为，"教化"是个体赖以"取得客观效准和现实性的手段"，通过"教化"，人的自为存在、自我意识成为"普遍性的东西"。他指出："个体的教化乃是实体本身的本质环节，即是说，教化乃是实体的在思维中的普遍性向现实性的直接过渡，或者说，是实体的简单的灵魂，而借助于这个简单的灵魂，自在存在才得以成为被承认的东西，成为特定存在。因此，个体性的自身教化运动直接就是它向普遍的对象性本质的发展，也就是它向现实世界的转化。"② 就是说，普遍性是"教化"概念的本质内涵，个体之

---

① 马丁·路德著：《论送儿童入学的责任》，载于任钟印主编《世界教育名著通览》，湖北教育出版社 1994 年版，第 162 页。

② 黑格尔著：《精神现象学》，贺麟、王玖兴译，商务印书馆 1996 年版，第 42—43 页。

所以变成人，乃是因为人能不断地从个体的直接性趋向普遍性，使个体的人成为具有普遍精神的实体存在。在黑格尔看来，这种个体性将自己"教化"为它自在的那个样子，而且只因通过这种"教化"它才自在地存在，它才取得现实的存在。可见，"教化"是特殊性个体转变为普遍性个体的关键环节，是个体被社会认同的价值熏陶和培育，主动内化外在的价值营养，逐步走出自我的局限性，完善潜在的人类本性，成为符合社会规范的道德实体的复杂过程。

那么，儒家是如何表述"教化"的？《诗经·毛诗序》云："《关雎》，后妃之德也，风之始也，所以风天下而正夫妇也。故用之乡人焉，用之邦国焉。风，风也，教也，风以动之，教以化之。"可以看出，古有"风化说"，其本义是，由于长期的风吹日晒、雨水冲刷、生物的破坏等作用，地壳表面和组成地壳的各种岩石受到破坏或发生变化。显然，"风化"是指在自然界发生的一个漫长的物对物影响的过程。如果说这是"天道"，那么在人类的"风化"过程就是"人道教化"的过程，所以，中国自古就有"风俗教化"和"政教风化"之说。颜之推曰："夫风化者，自上而下行于下者也，自先而施于后者也。"① 此类"教化"应内含"教育"的意义。需要指出的是，在严格的意义上，"教育"带有系统的思想理论和教育手段，而"教化"则更强调环境的影响，包括教育者行为的感染和外在榜样的感化。《诗·周南·关雎序》云："美教化，移风俗。"《礼记·经解》云："故礼之教化也微，其止邪也未形。"《史记·三王世家》记载："传曰：'蓬生麻中，不扶自直；白沙在

---

① 《颜氏家训·治家》。

泥中　与之皆黑'者。土地教化使之然也。"①《管子·君臣上》说："身立而民化，德正而官治，治官化民，其要在上。"《孔子家语·始诛》提出："不教以孝而听其狱，是杀无辜。……言必教而后刑也。"在阶级社会中，道德教化是统治阶级治理民众的重要手段之一，自然是附属于政治的一种重要工具。《学记》提出"化民成俗，其必由学"和"建国君民，教学为先"，就是说，统治者要感化人民，使人民自觉遵守和维护社会秩序，并形成一种习俗，必须通过教育手段；要建设国家、统治人民，也必须把教育放在优先地位。班固在《汉书·艺文志诸子略》中说："儒家者流，盖出于司徒之官，助人君顺阴阳，明教化者也。"朱熹在《大学章句》序言中说："及周之衰，贤圣之君不作，学校之政不修，教化陵夷，风俗颓败，时则有若孔子之圣，而不得君师之位以行其政教，于是独取先王之法，诵而传之以诏后世。"清朝驻法外交官陈季同说："孔子哲学体系的根本就在于教化人心，教育一词再恰当不过地表达了这种学说的目的。"② 进一步说，"这一体系旨在提升人心，并随后将人的全部思想向神的方向引导，作为一种道德上的善的结果，它既不缺乏伟大，也不缺乏逻辑"。③ 赵昌平说："在孟子的体系里，教化是根本也是中心，而经济只是实施教化的物质保障。通过教化，启发善端，使人人明于人伦，个个安于自己天命的地位，从而维持差等互爱的社会和谐，便是孟子疗治社会弊病的根本方略。这种思想导源于三代，发明于孔子，

---

① 　以上三句古语引自《辞海》，上海辞书出版社 1979 年版，第 1468 页。

② 　陈季同著：《中国人自画像》，段映虹译，广西师范大学出版社 2006 年版，第 17 页。

③ 　同上书，第 18—19 页。

而集中于孟子，从而对中国的传统国策起了重大的影响。"①

在中国教育史上，真正把道德教化作为一种理论提出并实施的应该是董仲舒。他认为："圣王之道，不能独以威势成政，必有教化。"② 因为"凡以教化不立，而万民不正也。夫万民之从利也，如水之走下，不以教化堤防之，不能止也。是故教化立而奸邪皆止者，其堤防完也。教化废而奸邪并出，刑罚不能胜者，其堤防坏也"。所以，"古之王者明于此，是故南面而治天下，莫不以教化为大务。立太学以教于国，设庠序以化于邑，渐民以仁，摩民以义，节民以礼，故其刑罚甚轻而禁不犯者，教化行而习俗美也"。③ 在教育目的上，一方面强调培养统治阶级的治术人才，另一方面要"化民成善"。"化民成善"与其"性三品"的人性论直接有关。"圣人之性，不可以名性；斗筲之性又不可以名性，名性者中民之性。中民之性，如茧如卵，卵待复二十日而后能为雏，茧待缲以涫而后能为丝，性待渐于教训而后能为善。善，教训之所以然也，非质朴之所能至也。"④ 而"今万民之性，有其质而未能觉，譬如瞑者待觉，教之然后善"。所以，他坚持"性者，天质之朴也，善者，王教之化也；无其质，则王教不能化，无其王教，则质朴不能善"。⑤ 可见，董仲舒强调教育的作用，承认人"善"是教育的结果。但他又说："天生民性有善质而未能善，于是为之立王以善之，此天意也。民受未善之性于天，而退受成教之性于

---

① 赵昌平著：《孟子：匡世的真言》，中华书局（香港）有限公司 1996 年版，第 126 页。

② 《春秋繁露·为人者天》。

③ 《汉书·董仲舒传·贤良对策》。

④ 《春秋繁露·实性》。

⑤ 同上。

王，王承天意以成民之性为任责也。"① 在这里，董仲舒把"教育成善说"归结到"天意"处，显然是为维护封建统治合法性而设。在此思想指导下，《诗》、《书》、《礼》、《乐》、《易》、《春秋》自然成为其"兜售"的经典教学内容。儒学大师班固（32—92）编著的《白虎通义》论证了以"三纲六纪"为核心的政教模式，进一步强化了董仲舒的上述理论②。

继董仲舒后，韩愈提出了"道统"说。他首先对人性作了补充和修订，形成"性三品理论"："性也者，与生俱生也。""性之品有三"，即上品、中品、下品。"上之性就学而愈明；下之性，畏威而寡罪；是故上者可教，而下者可制也，其品则孔子谓不移也。"③ 他认为，学校教育就是传授传统的"先王之教"。"先王之教"就是封建社会的"伦、理、道、德"。如何达到三纲五常的教育目的？韩愈说："其文《诗》、《书》、《易》、《春秋》；其法礼、乐、刑、政；其民士、农、工、贾；其位君臣、父子、师友、宾主、昆弟、夫妇。"④ 就是说，以儒家经典为教材，以礼乐、刑政为手段，对士、农、工、贾等进行教育，目的在于使人明白"君臣、父子、夫妇"等伦常道理，使被统治民众成为绝对遵守人伦秩序和人伦规则的"伦理人"。根据统治者的制度安排，

---

① 《春秋繁露·深察名号》。

② 《白虎通·三纲六纪》云："三纲者，何谓也？谓君臣、父子、夫妇也。六纪者，谓诸父、兄弟、族人、诸舅、师长、朋友也。……何谓纲纪？纲者，张也；纪者，理也。""六纪"助"三纲"，构成以宗族血缘为原理的伦理关系和宗法等级制度，形成儒家伦理道德规范。根据季羡林的记述，国学大师陈寅恪（1890—1969）曾经说过，《白虎通》当中的这"三纲六纪"是中国文化的精华。参见季羡林著《略说中国传统文化及其特点》，载于季羡林著《三十年河东三十年河西》，当代中国出版社2006年版，第39页。

③ 韩愈著：《原性》。

④ 韩愈著：《原道》。

"伦理人"自然会享尽应得的各种好处和奖赏。我国古代《劝学诗》记录了其奥妙："夫家不用买良田，书中自有千钟粟。安房不用架高粱，书中自有黄金屋。娶妻莫恨无良媒，书中自有颜如玉。出门莫恨无随人，书中车马多如蔟。"另一则神童诗《劝学》则说："天子重英豪，文章教儿曹。万般皆下品，唯有读书高。"又说："学乃身之宝，儒为席上珍。君看为宰相，必用读书人。"流行谚语"朝为田舍郎，暮登天子堂"以及明代（1368—1644）朱伯庐（1617—1688）《治家格言》所言"读书在圣贤，为官心存君国"正是这种社会现象的最佳写照。① 对此，德国社会学家马克斯·韦伯（Max Weber，1864—1920）也有很精辟的见解，他说："中国的教育为俸禄利益服务，受经典束缚，但又是地地道道的俗人教育，一半儿打上礼仪的烙印，一半儿打上传统伦理的烙印。"② 而吴敬梓（1701—1754）撰写的《儒林外史》中所描写的众儒生像，更是戏剧性地展示了知识分子追求功名利禄、实现人生理想的社会现实。实际上，从古而今的"学而优则仕"思想的流传使得历代文人墨客把做官谋利作为成就人生的光明大道，而"仕而优则学"思想则鼓励人们在工作之余注意学习文化知识，充实自己的学识和本领。遗憾的是，在现今市场经济时代，后者已被某些人"异化"为谋取官职利益而选择的途径之一。

就此而论，如果说孔子和孟子把"教化"的权威置于人之内心的自觉自发自信，那么，董仲舒同荀子一样，则把"教化"寄托在外在的权威，韩愈则是把"教化"固化为儒家的一种道德传

---

① 《朱伯庐治家格言》。

② ［德］马克斯·韦伯著：《儒教与道教》，王容芬译，商务印书馆 2002 年版，第 178 页。

统。三者不同的是孔子、孟子把"教化"的力量寄托在理想中的圣人身上，董仲舒则把"教化"的力量寄托在现实的统治者身上，韩愈则把"教化"的力量寄托在圣人和统治者共同推动的道统传承上。就它们对后世教育的影响看，孔子、孟子、荀子是源头性的、基础性的、价值性的，而董仲舒和韩愈则是继承性的、政治性的、服务性的。可以说，正是儒家各派的共同推进，才使得"政治教化"在中国历史中成为一种难以撼动的教育文化传统。

（3）尊王明伦与政治秩序

儒家把"尊王明伦"作为教育的最后目的，实际上"异化了"先秦时期有关教育论述的意义，使教育由服务于人性的完美，发展到服务于特定的社会阶级的利益。因此，人道教育在这里被统治阶级强化为自身服务的工具和手段。

首先，儒家巧借天道确定人道规则。孔子曰："天无二日，士无二王，家无二主，尊无二上，示民有君臣之别也。"① 荀子曰："君者，国之隆也；父者，家之隆也。隆一而治，二而乱。自古及今，未有二隆争重而能长久者。"② 又曰："君臣父子兄弟夫妇，始则终，终则始，与天地同理，与万世同久。"③ 按照儒家的理解，天有天道，地有地道，人有人道，人道表现为人伦之道，以王道为核心。董仲舒极力倡导"尊王明伦"，他依据"三纲五常"提出治国的德教思想："是故仁义制度之数，尽取之天，天为君而覆露之，地为臣而持载之，阳为夫而生之，阴为妇而助

---

① 《礼记·坊记》。
② 《荀子·致士篇》。
③ 《荀子·王制篇》。

之，春为父而生之，夏为子而养之，秋为死而棺之，冬为痛而丧之，王道之三纲，可求于天。天出阳为暖以生之，地出阴为清以成之，不暖不生，不清不成，然而计其多少之分，则暖暑居百而清寒居一，德教之与刑罚犹此也。"[1] 董仲舒把德教看作治国的重要手段，并与刑罚作用相提并论。在他看来，刑法是硬性的手段，德教是软性的手段，但确是必需的方法和手段，而且德教必须与刑罚并用，效果才能显示出来，因为两者是以"互生互存"为基本条件。

其次，强调人道旨归是"尊王明伦"。汉代班固（32—92）曰："尊卑有序则上下和。"[2] 孔子和孟子带着众多门徒周游列国，目的是推行"仁政"，也就是德政思想。《大学》云："一家仁，一国兴仁；一家让，一国兴让。"孟子强调："为政不难，不得罪于巨室。巨室之所慕，一国慕之；一国之所慕，天下慕之；故沛然德教溢乎四海。"[3] 也就是说，为政核心在于强调国王或皇帝家室的重要示范性和规范性，即，德政或仁政应该从皇帝的家政开始，家政的核心就是"明人伦"，由于"家国同构"、"家国一体"，两者原理相同，所以，治国必行德政，同时，治国须行德教，其核心是"尊王明伦"。朱熹曰："学校之设，所以教天下之人为忠为孝也。"[4] 《礼记·祭统》载："夫祭，教之本也；外则教之以尊其君，内则教之以孝其亲。"应该说，这是儒家思想的重要特色，也是儒家伦理的重要内涵。同时，这是中国两千年来德治和德教、仁政和仁教紧密结合的思想来源。

---

① 《春秋繁露·基义》。

② 《汉书·爰盎传》。

③ 《孟子·离娄上》。

④ 《朱子类语》卷 109。

第三，"尊王明伦"即政治教化。"尊王明伦"思想的贯彻和推行使得中国的教育始终扮演着作为政治手段和政治工具的重要角色，发挥着维护、巩固、促进封建专制政治的功能和效用。在这个意义上，中国传统教育本质上是中国传统政治的重要组成部分，而以"尊王明伦"为核心的政治教育伦理几乎就是儒家教育伦理的全部内容。我们从董仲舒的论述中可以看到儒家政治社会的制度性考虑和故意安排。董仲舒曰："若夫大纲，人伦道理，政治教化，习俗文义尽如故，亦何改哉！故王者有改制之名，无易道之实。"① 还说："若去其度制，使人人从其欲，快其意，以逐无穷，是大乱人伦而靡斯财用也，失文采所遂生之意矣。上下之伦不别，其势不能相治，故苦乱也；嗜欲之物无限，其势不能相足，故苦贫也。"②

归根结底，"尊王明伦"在逻辑上起源于孔子的思想。辜鸿铭对这个问题有极深刻的论述。他说："孔子为中国人民所做的最伟大的工作，是给了人们国家信仰，教导人们对皇帝的效忠的绝对责任。"③ 他说："正如孔子前的中国家庭信仰把婚姻契约变成圣礼，孔子的国家信仰把效忠契约变成圣礼。正如家庭信仰建立的婚姻圣礼让妻子有绝对忠实于丈夫的义务，那么名分大义，孔子教导的国家信仰建立的荣誉法典，这种效忠契约的圣礼，使中国人有绝对忠实于他的皇帝的义务。"这样，"在中国，孔子教导的国家信仰里的这种效忠契约的圣礼可以被称为忠诚的圣礼或者忠诚的信仰"。不过，在他看来，孔子在中国教导的对皇帝的

① 《春秋繁露·楚庄王》。
② 《春秋繁露·度制》。
③ 辜鸿铭著：《中国人的精神》，陈高华译，陕西师范大学出版社2006年版，第112页。

神圣或绝对的效忠责任产生的约束力，不像欧洲君权神授理论那样其约束力来自超自然存在（也即上帝或别的神秘哲学），而是来自君子律法——人的荣誉感，所以国家让妻子效忠于她丈夫的荣誉感①。这样，使人们遵守社会道德规范的"最重要的一条就是对皇帝效忠的绝对责任，就像世界上所有伟大宗教里面最高最重要的道德行为准则就是畏惧上帝一样。换言之，基督的教会宗教说：畏惧上帝，服从他。而孔子的国家信仰—儒教说：尊敬皇帝，效忠他。基督教教会说：如果你畏惧上帝并服从他，首先要爱基督。孔子的国家信仰，或者儒教说：如果你想尊敬皇帝并效忠他，首先要爱你的父母"。②

　　假如站在现代的角度看，我们可以说，正是"尊王明伦"的教育思想使中国人总是在维护封建统治阶级或统治阶层的"政治学术"里"钻研"和"转圈圈"，而不是在体现理解大自然、开发大自然，使大自然为人类服务的智慧和真理中去努力。所谓"政治学术"，是指为封建专制社会制度服务的理论和学术，具体表现在儒家学者详细地论证封建专制制度的合理性与合法性，在学术上的表现就是为记录圣人思想的四书五经及其他经典著作反复做注解和论述，不对或少对其提出不合理之处，不批判其对社会制度的顽固不化所发挥的消极作用。从效果上看，这导致了中国学术始终停留在探索科学真理的大门之外，准确地说，它使中国文化难以培养出更多的出色的自然科学家，而依靠这种理念构建的教育制度所培养出来的人才则是继续顽固地维护人伦世界秩序的所谓的"圣人君子"。随着一代一代所谓的"圣人君子"甚

---

　　①　辜鸿铭著：《中国人的精神》，陈高华译，陕西师范大学出版社 2006 年版，第 70—71 页。

　　②　同上书，第 111 页。

至是统治者的思想被不断地注释和传播，以及历代统治者体制性的推波助澜，中国传统教育始终难以走上"怀疑政治权威，探索自然真理"的教育之路。常言所述"人情练达皆文章"正表明中国学术对人性、人情、人伦的关注，亦即对人伦人道的深刻关注，而不是对代表大自然的天道规律的关注。这是中国传统教育深受儒家伦理影响的一个典型。

三

至善理念与崇善教育

　　古罗马最杰出的演说家、教育家西塞罗（MarcusTulliusCi-cero）指出："至善这个题目，是哲学的关键问题。"[①] 至善（Chief Good）的设计，不仅能够反映文明的特色和文化的内涵，而且可以决定教育理想规划的人文特色。站在比较文化的角度看，西方文化把至善落实在上帝或神那里，儒家文化把至善落实在现实的人间世界。落实在上帝那里，必然把上帝或神奉为"至善化身"，进而把人类的精神寄托在上帝或神那里，而落实在人间世界，也必然以某种"善的化身"作为信仰的寄托之地。在儒家看来，生活在世俗人间的"善的化身"是圣人君子，每个人经过努力都可以达到善的境界，而不必借助外在力量。"涂之人可以为禹"；"人人皆可为尧舜"。自然，西方教

---

　　① 西塞罗在阐述并批判斯多亚主义、伊壁鸠鲁主义和学院派的过程中得出自己的结论：至善被认为并称为善是因为它自身固有的属性；至善就是与自然本性和谐一致的生活；人的终极之善就是按照自然生活。应该说，西塞罗在一定的意义上继承了亚里士多德的观点。参见西塞罗著《论至善与至恶》，石敏敏译，中国社会科学出版社 2005 年版，第 137 页。

育的目的是帮助人们完善知识和道德以达到与上帝同在的精神境界，而儒家教育的终极目标是帮助人们实现由凡人到圣人的理想追求。《大学》云："大学之道，在明明德，在新民，在止于至善。"具体说，儒家至善以人性为本，追求"明明德"的价值目标，以人伦为内容和具体路径，追求"亲民"和"新民"的价值目标。这种至善是人性和人伦的价值综合和价值归宿，由"盛德"表现成果。这种至善产生的最重要价值是崇善实践精神，落实在教育上，就是对崇善教育的推动和发展。在这个意义上，个体成德既以人性为内容，也以人伦为内容，前者目标是"修己"、"成己"、"立己"，后者目标是"安人"、"立人"、"达人"。因而，教育须以"人性之教"为基础，以"人伦之教"为内容，以"至善之教"为核心。程颐曰："世间有三件事至难，可以造化之力：为国至于祈天永命，养形而至于长生，学而至于圣人。此三事，工夫一般分明，人力可以胜造化，自是人不为耳。"① 曾国藩（1811—1872）说："盖人不读书则已，亦即自名读书人，则必从事于《大学》。《大学》之纲领有三：明德、新民、止至善，皆我分内也。若读书不能体贴到身上去，谓此三项与我身了不相涉，则读书何用？"② 换言之，人之"学"乃在于实现"三纲领"。自然，教育的目的也融入其中。在这个意义上，我们可以说，人性之教——人伦之教——至善之教，构成了儒家"成德之教"的价值结构和完整体系。

---

① 《河南程氏遗书》卷二十二上。
② 康浩明著：《康浩明点评曾国藩家书》上，岳麓书社 2002 年版，第 16—17 页。

1. 至善构想与民族精神

西方文化把"善"设定在上帝或神那里，进而认为人只有与上帝同在才能获得至善的德性，儒家把"善"定位在世俗的人伦世界，进而认为人只有与圣人君子同在才能获得至善的德性。这样，上帝或神决定了西方人必须根据上帝的意愿获得人间的幸福境界，圣人君子决定了儒家社会中的人必须通过学习作为人间模范的圣人君子来求得自身的善境。这里体现了儒家文化和西方文化之间有关民族精神理念的重大区别。

(1)"至善"与"幸福"

中国文化价值系统的特点是强调真、善、美统一，而以善为核心[①]。我们知道，"善"字，《说文解字》云："吉也，从言羊，此与义美同意。"段玉裁释云："羊，祥也，故此二字从羊。""善"、"义"、"美"三字都从"羊"字。《说文解字》云："义，己之威义也，从我从羊。""义"指美好之威仪表现。"善"指人与人互相述说吉祥美好的话语。这样看来，"善"和"义"都是美好的意思。就儒家所论，"善"和"义"专指道德的美好之义。换言之，人生的一切美德皆可总称为"善"。但是，严格地说，这是"善"的基本意义和范围，但不是一个严密的概念性定义。那么，何谓儒家意义上真正的"善"？孟子曰："可欲之谓善。"朱熹注释道："天下之理，其善者必可欲，其恶者必可恶。其为

---

① 张岱年、方克立著：《中国文化概论》，北京师范大学出版社 2002 年版，第 211 页。

人也，可欲而不可恶，则可谓善人矣。"① 换言之，"盛德"是人之所欲，为至善也。《易经·系辞》云："日新之谓盛德。"民谚云："善字的构成，是美字头，喜字尾，日行一善，则面目美丽，心中欢喜。"又曰："作善，降之百福；作不善，降之百殃。"孔子曰："君子成人之美，不成人之恶。"② 又论音乐说："《韶》尽美矣，又尽善也。"还说："《武》尽美矣，未尽善也。"③ 在这里，孔子将"美"、"善"并举。美是艺术标准，善是道德标准。在孔子看来，道德标准高于艺术标准。然而，两者在一定的意义上是相通的。可以说，善德与美德可互换使用。

何谓至善？倘如按照摩尔（George E. Moore，1873—1958）的说法，"至善"是不能下定义的④。然而，依儒家的说法，"尊德性而道问学，致广大而尽精微，极高明而道中庸"即是"至善"。也就是说，"中庸"是最高的德性境界，是体现盛德的完美境界。由于把人对至善的追求放置在世俗人间来完成，儒家为"善"开出了具体的目标追求。孟子解释说，"父子有亲，君臣有义，夫妇有别，长幼有序，朋友有信。"可以认为，"亲"、"义"、"别"、"序"、"信"就是儒家所谓的人间"至善"。《大学》所谓"止于至善"具体指"为人君止于仁，为人臣止于敬，为人子止于孝，为人父止于慈，与国人交止于信"。换言之，"仁"、"敬"、"孝"、"慈"、"信"就是儒家倡导的人间"至善"。它的具体意义

---

① 《孟子·尽心章句下》。
② 《论语·颜渊》。
③ 《论语·八佾》。
④ 摩尔说，我相信善的东西是可以下定义的，然而我断言，"善的"本身是不可能下定义的。或者像西季威克教授所说，是一个"不能分析的概念"。参见摩尔《伦理学原理》，载于万俊人主编《20世纪西方伦理学经典》（I）《伦理学基础：原理与论理》，中国人民大学出版社2004年版，第8—15页。

指，在一家之中，为父之善是"慈"，为子之善是"孝"；在一国之中，为君之善是"仁"，为臣之善是"敬"，为人之善是"信"。这些"善"具有浓厚的教育意义。张载就说："明善为本，固执之乃立；扩充之则大，易视之则小。在人能弘之而已。"① 于是，"人处家庭中，便可教慈、教孝。处国家及人群任何一机构中，便可教仁、教敬。人与人相交接，便可教信。故中国传统文化精神，乃一切寄托在人生实务上，一切寄托在人生实务之道德修养上，一切寄托在教育意义上"。② 在此意义上，《礼记·礼运》可以说表达了儒家关于"善"的具体内涵及其教育意义："父慈，子孝，兄爱，弟敬，夫义，妇德，长惠，幼顺，君仁，臣忠。"可以说，"十义"就是"十善"。按照儒家的理解，如果一个人在不同的份位角色中均能达到"十义"的要求，这就等于达到了"善"的要求，相应地就成为至善之人。

事实上，这种将至善视为五伦的"当然之情理"，就是"十义"所表达的"五伦即五教"的当然要求。那么，如何确切地理解"止于至善"？简言之，"止于至善"就是不达到善的目标誓不放弃，就是说，至善是儒家设计的人类难以达到的理想境界，但是人始终应该以至善的目标为追求，并把达到至善的价值目标作为人生的出发点和归宿点。依儒家的理解，圣人君子就是通过这种人生努力达到至善的境界的。如果分解开来看，"止于至善"不仅表现为个体必须达到"善"的目标——"明明德"，而且还要使他人达到这样的目标——"新民"和"亲民"，即"教化"

---

① 张载著：《张子全书》卷十四《性理拾遗》，见朱熹、吕祖谦编《近思录》卷二《为学大要》。

② 钱穆著：《钱宾四先生全集》第42卷《历史与文化论集》，台湾联经出版事业公司1998年版，第101页。

人。例如，为人君者不仅自己要达到"仁"善的目标，而且要使为人臣者达到"敬"的目标；在家庭中，为人父者不仅使自己达到"慈"的目标，而且应使为人子者达到"孝"的目标。换言之，对个体来说，不仅有个体至善的道德要求，而且有社会至善的道德义务，只有两者均达到要求，才达到"止于至善"，否则就是"独善其身"而不是"兼善天下"，而"独善其身"是儒家所耻的对象，"兼善天下"才是儒家追求的价值目标。可以说，儒家把此人生修炼过程看成一个永不停止的道德化过程，就是说，至善存于现实人生中，它要求人们必须不停地追求，不仅使自己的道德不断完善，而且使社会的道德达到完美的境界。

柏拉图认为，宇宙是无始无终的和谐整体，其运动中的一切现象都受到理性的支配和控制。至善是宇宙的最高原则——"理念"，代表着上帝或神的完美意志。人虽然琢磨不到至善的"理念"，但"理念"始终存于人们的观念中。所以人类应以至善的"理念"为最高目的。在柏拉图看来，人由两样东西构成——肉体和灵魂，身体有限，而灵魂无限。人死以后，灵魂依然存在，同时，灵魂不朽存于人们的观念之中。理性在灵魂中起着支配性和统摄性的作用，随着灵魂不朽，理性自然能够长久存在，这为人们追求至善的最高境界提供了条件和基础。亚里士多德认为，人世间的善正是体现柏拉图"理念"的善，它的名字就是"幸福"。"幸福"一词在希腊语翻译为"Eudaimonra"，在希腊语中，"eudaimon"指一个受到善的"daimon（精灵、小神）"保佑的人，他因而有一个善的命运，因为"daimon"表示一个安排人们命运的神[①]。亚里士多德指出，一切技术、一切规划以及

---

① ［德］弗里德里希·包尔生著：《伦理学体系》，何怀宏、廖申白译，中国社会科学出版社 1988 年版，第 36 页。

一切实践和选择都以某种善为目标。但是，"只有那种永远因自身而被选择，而绝不为他物的目的，才是绝对最后的善（希腊文 telos 意为'终极的、最高的善'）。看起来，只有幸福才有资格称作绝对最后的。我们永远只是为了它本身而选取它，而绝不是因为其他别的什么"。那么，幸福究竟是什么？在亚里士多德看来，"幸福就是灵魂的一种合于德性的现实活动，一切其他东西或是它的必然附属品，或是为它的本性所需的有用的手段"。①因此，合于德性的现实活动是幸福的主导原因②。由于"幸福是终极的和自足的。它就是一切行为的目的"，因此，"它（幸福）在一切善的事物中是最高的选择"。③ 亚里士多德还将"善"分为"外在的善"、"身体的善"、"灵魂的善"。其中，"灵魂的善"是"内在的善"，是主要的善、最高的善，是幸福的善。后来，卢梭将这种"幸福"导向了上帝，他说："惟有上帝才享受了绝对的幸福。"④ 唐君毅评论道："柏拉图之所谓对至善之爱慕，乃是一超世间之向往。至善之获得赖于死后灵魂之超升。其诗情乃一宗教的诗情。亚里士多德之最高道德，为对神之理智的关照。此实以真理之把握为最高之道德生活。"⑤

　　康德虽然不认为幸福可以导致是人的至善，但他没有否定幸福对人之至善的重大意义，并且注意到了幸福在人生至善之路中

---

①　亚里士多德著：《尼各马可伦理学》，苗力田译，中国社会科学出版社 1990 年版，第 16 页。

②　同上书，第 18 页。

③　同上书，第 11 页。

④　卢梭著：《爱弥儿，或论教育》，李平沤译，商务印书馆 1978 年版，第 303 页。

⑤　唐君毅著：《中西文化精神之比较》，载于《中西文化异同论》，三联书店 1989 年版，第 35 页。

的影响。在他看来，人类就其属于感性世界而言乃是一个有所需求的存在者，并且在这个范围内，他的理性对于感性就总有一种不能推卸的使命，那就是要顾虑感性方面的利益，并且为谋求今生的幸福和来生的幸福（如果可能的话）而为自己立下一些实践的准则。康德认为，幸福是不确定的，因为每个人虽然都希望得到幸福，但却不能说出到底需要什么，因此，不能依靠任何原则精确地确定什么样的东西才使人得到期望的幸福。例如，财富、知识、健康、长寿、名誉、地位等，这些东西都属于经验范畴的内容，只能开出一般的规律，不能供给普遍性的道德法则。他认为，人类如果"把意志的决定根据置于对幸福的渴求之中的准则，是完全非道德的，不能够为任何德行建立基础"。① 在康德看来，如果讲道德，那就必须舍弃幸福的经验之说，转而支持意志的作用。因为只有自由意志才能给出具有普遍意义的道德法则，同时，在意志控制和规范下的欲望才有可能为道德提供必要的动力源泉。最终，康德预设了上帝的存在和灵魂不灭，因为只有在这两个条件完全具备的情况下，道德法则才具有最终实现的可能性。康德在其名著《实践理性批判》的最后部分明确地写道："有两样东西，我们愈经常愈长久地加以思索，它们就愈使心灵充满始终新鲜不断增长的景仰和敬畏：在我之上的星空和居我心中的道德法则。……后者通过我的人格无限地提升我作为良知存在者的价值，在这个人格里面，道德法则向我展现了一种独立于动物性，甚至独立于整个感性世界的生命；它至少可以从由这个法则赋予我此在的合目的性的决定里面推得，这个决定不受此生的条件和界限的限制，而趋于无限。"②

---

① 康德著：《实践理性批判》，韩水法译，商务印书馆1999年版，第125页。
② 同上书，第177—178页。

(2)"至善"与"圆善"

如果说"至善"一词可以表达中国人的最高价值理念,那么,"圆善"一词就可以表达西方文化中的最高价值理念。两者的区别在于:儒家将至善落实在人性和人伦的道德境界中,而西方文化中的圆善是落实在柏拉图所谓的纯粹理念和康德所谓的纯粹理性的世界中,最终落实在上帝或神那里。难怪英国哲学家弗兰西斯·培根(Francis Bacon,1561—1626)说:"在人类高尚美好的品性中,善乃至高至美,因为善是上帝的特性。"他认为:"善与神学三德(信仰、希望、博爱)的博爱相符,也许会被误施,但永远不会过度。"① 而儒家把至善落实在人性之中,具体表现在"明明德"方面,即把个体由天命赋予的人之善性显明出来,不仅使个体自身的善性显明,而且使与个体有关的个体的善性均得到显明,均进入善的境界。这种"明明德"过程是终身的,而非暂时的。荀子就说:"生,人之始也;死,人之终也;终始俱善,人道毕矣。"② 朱熹曰:"人与尧舜初无少异,但众人汩于私欲而失之,尧舜则无私欲之蔽,而能充其性尔。"③ 按照儒家的理解,个体只需在自己所处的现实人伦世界中就可实现至善的价值目标,而不需求助上帝或神。

在西方,柏拉图的"理念论"表明,"圆善"是人们追求的最高境界。在柏拉图看来,世界上存在一个"理念世界",此"理念世界"是完美的,永恒的,不变的,是每个人向往的

---

① 前两句引自弗兰西斯·培根著《论善与性善》,载于弗兰西斯·培根著《培根随笔集》,曹明伦译,人民文学出版社 2006 年版,第 37 页。

② 《荀子集解·礼论》。

③ 《孟子·滕文公章句上》。

境界；而人类居住的现实世界是不完美的、短暂的、可变的。换言之，人类世界仅是"理念世界"的"复制品"或"摹画品"，"复制品"和"摹画品"归根结底是"摹本"，是不真实的、不完美的。人类只有通过自己的劳动和工作，逐渐"接近""理念世界"的真实和完美，这样才有最大的可能与此"理念世界"的"原本"相"冥合"。欧洲宗教家阿奎那是这样解释的："人们在尘世的幸福生活，就其目的而论，是导向我们有希望在天堂中享受的幸福生活的。"① 他又说："人在尘世的生活之后还另有命运；这就是他死后所等待的上帝的最后幸福和快乐。"② 也就是说，人类自诞生时就存在着"原罪"，并且在现世无法完全消灭罪恶，人必须依靠上帝的恩赐才能获得来世的幸福和快乐。就以上所论，西方哲人所描述的至善生活，如同在"天上人间""画"了一个"圆圈"，一个人只有走完这个"圆圈"的路程，才能说实现了人的价值和理想。这就是西方文化设计的"圆善境界"。

需要指出的是，西方文化论"圆善"总把它与知识、理性、智慧相联系。根据西方文化的逻辑，人类的特性是理性，理性重视知识的价值，获得知识必须有智慧，有了智慧的参与，人类才能实现与上帝或神的理念"冥合"。在这方面，希腊哲人论述甚多。苏格拉底说：智慧就是最大的善。而人所以有智慧，是因为他们有知识。因而，知识就是智慧。柏拉图继承了苏格拉底的知识论，认为："善的理念是最大的知识问题，关于正义等等的知识只有从它演绎出来的才是有用的和有益的。"同时，善的理念"乃是知识和认识中的真理的原因"。在他看来，真理和知识都是

---

① 阿奎那著：《阿奎那政治著作选》，商务印书馆 1963 年版，第 86—87 页。
② 同上书，第 83 页。

美的，但善的理念比这两者更美①。后来，基督教文化把柏拉图的这种思想导向上帝，因为在上帝那里，一切处于完美的境界中。柏拉图说："每一个灵魂都追求善，都把它作为自己全部行动的目标。"② 在他看来，没有一个人在知道善之前能足够地知道正义和美③。换句话说，知道善是知道人间正义和美的必要条件。而且，卢梭也说："正义和善是分不开的，换句话说，善是一种无穷无尽的力量和一切有感觉的存在不可或缺的自爱之心的必然结果"，意思是，上帝与人同在，人才变得完善，变得正义。"凡是因为有极大的能力而成为至善的人，必然是极正义的人；否则他本身就会自相矛盾，因为，我们所谓的'善'就是由于爱秩序而创造秩序的行为，我们所谓的'正义'，就是由于爱秩序而保存秩序的行为。"④ 卢梭认为，这种秩序是上帝创造的，人必须爱这种秩序，因为它帮助人们导向正义、导向道德。他说道："我愈扪心自问，我愈领会到刻画在我灵魂中的这句话：'行事正义，你就可以得福。'"⑤ 在这里，卢梭与康德的观点几乎相同。

（3）至善的原理

通过以上的论述可以知道，在西方文化中，至善与上帝紧密联系，因为上帝那里不仅存在着至善，而且帮助人们圆善并

---

① 柏拉图著：《理想国》，郭斌和、张竹明译，商务印书馆1986年版，第267页。

② 同上书，第261页。

③ 同上书，第262页。

④ 卢梭著：《爱弥儿，或论教育》，李平沤译，商务印书馆1978年版，第403—404页。

⑤ 同上书，第404页。

获得幸福。如果忽视上帝来谈个体和社会的至善显然十分荒谬。在这方面，我们可以通过卢梭和《圣经》的记载来理解。首先，卢梭在《爱弥儿》中明确地写道："我意识到我是那至高的上帝所创造的，是他的工具；凡是幸福的事情，他就希望，他就去做，他要通过我的意志同他的意志的结合以及我的自由的正确运用而创造我的幸福。我遵循他所建立的秩序，我深深相信我有一天会喜欢这个秩序，从中找到我的幸福；因为，还有什么事情比感觉到自己在一个至善至美的体系中有一定的地位更幸福的呢？"① 他是这样描写他心中的上帝的："那拥抱万物、推动大地、创造一切生物的不可思议的上帝，是我们的眼睛看不见、我们的手摸不到的；他逃避我们的感官：创造的东西呈现在我们面前，而创造东西的人却隐藏起来。"② 那么，人如何与上帝实现"圆善"或与上帝（或神）互动？《圣经》最能体现这种文化设计的原理。《圣经》记载：有一个人来见耶稣说，夫子，我该做什么善事才能得永生？耶稣对他说，你为什么以善事问我呢？只有一位是善的，除了神以外，没有一个良善的，你若要永生，就当遵守诫命。什么诫命？耶稣说，就是不可杀戮，不可奸淫，不可偷盗，不可作假见证，当孝敬父母；又当爱人如己。那少年人说，我这一切都遵守了，还缺少什么呢？耶稣说，你若愿意作完全人，可去变卖你所有的，分给穷人，就必有财宝在天上，你还要来跟从我③。耶稣有言道：凡为我的名撇下房屋，或是兄弟，姐妹，父亲，

---

① 卢梭著：《爱弥儿，或论教育》，李平沤译，商务印书馆 1978 年版，第 420 页。

② 同上书，第 361 页。

③ 《圣经·马太福音》19：16—21。

母亲，儿女，田地的，必要得着百倍，并且承受永生①。《圣经》还记载了门徒和耶稣的一段对话：门徒问："夫子，律法上的诫命，哪一条是最大的呢？""耶稣对他说，你要尽心，尽性，尽意，爱主你的神。这是诫命中的第一，且是最大的。其次也相仿，就是要爱人如己。这两条诫命是律法和先知一切道理的总纲。"② 显然，《圣经》或者说西方文化把人生求得"圆善"的路径做了细致的安排。这种安排的最终落实地就是上帝或神。

　　比较而言，儒家的至善具有鲜明的文化特色。如前所述，至善理念落实在人性和人伦世界之中。朱熹曰："至善者事理当然之极也。"③ 王阳明曰："至善者，明德亲民之极则也。"④ 首先，至善是人性至善，而人性至善在于"明明德"，郑玄注："明明德谓显明其至德也。"这里既包含个体自身的"明德"，也包含帮助别人"明德"—"亲民"。前者属于个体至善，后者属于社会至善。个体至善是个体德性的存养和扩充，是个体发觉自身价值的过程，社会至善是个体德性的普遍化。在这两者中，儒家更重视个体至善，因为个体至善是根本。儒家认为，至善只涉及人性世界和人伦世界，不涉及人性人伦范围之外的领域和方面，至善是个体对现实人伦世界的纯真人性的真切体验和价值复归。因而，善的结构只形成于人伦人性的组织结构，也就是五伦结构中，五伦结构在家庭存在三伦，即父子、夫妇和兄弟（长幼）；在国家存在二伦，即君臣和朋友。国家的二伦是家庭三伦的扩展和延

---

① 《圣经·马太福音》19：29。

② 《圣经·马太福音》22：36—40。

③ 《大学章句》。

④ 转引自冯友兰著《新理学》，载于《冯友兰学术论著自选集》，北京师范学院出版社 1992 年版，第 121 页。

伸。家庭的三伦是个体至善的"主战场",国家的二伦则是社会至善的"主战场"。因此可以说,至善的结构就是五伦结构,而不同的结构导致至善的道德要求不同,不同的结构导致不同的至善诉求。这样,至善在儒家精神体系中具有独特的功能和作用。人们可以这样理解,至善可以调节、规范、引导甚至监督处于人性世界和人伦世界中的个体精神状态,使他们不断地表现出最好的德性品质和德性行为。例如,"五伦十义"发挥的作用就是至善的功能作用。《大学》的"止于至善"要求人们,必须时刻地向至善的方向努力,不"止于"眼前的德性表现,以便充分地发挥好"明明德"、"亲民"和"新民"的功能作用。这就是儒家所谓的至善原理。

2. 至善论与成德论

显然,至善是一种价值理念,也是一种道德法则,更是一种道德要求。作为价值理念,它是儒家关于人类完善自身的价值导向;作为道德法则,它是现实世界中人们言行举止的规则和规范,是社会评价个体行为的道德标尺;作为道德要求,它给定人们在现实世界的行为必须遵守的道德准则。在这个意义上,个体成德是在理念上与至善精神相吻合,在内心活动中与至善法则相符合,在具体行为上与至善要求相契合。根据前面所述,我们可以把"中庸"("极高明的境界")作为儒家至善的"潜在",这样,孔子的仁、孟子的义、荀子的礼、子思的诚,就是至善的"显在",而大学之道中的"八条目"则是个体德性由"潜在"到"显在"、由"内在"到"外在"的实践途径,由此导向张载所述的个体道德境界:"为天地立心,为生民立道,为往圣继绝学,为万事开太平。"①

(1)"中庸"与"中道"

根据翻译家的意译,也为学术区别起见,我坚持用"中庸"表达儒家的至善意义,而用"中道"表达希腊时期尤其是亚里士多德提出的"中庸"观点。两者的区别在于文化理解的方式不同,确立的基本根据不同。

我们注意到,柏拉图把"中道"作为论证"绝对真理"的标准。也就是作为论证"理念"的标准②。而亚里士多德把"中道"界定在"伦理德性"而非"理论德性"的范围之内,因而它需要知识和实践的支持。他说:伦理德性就是中道,以及怎样是中道。中道在两种过错之间,一方面是过度,一方面是不及。它所以是这样,因为它就是对情感和行为中的中间的命中。这是一种需要技巧和熟练的事业,去在每一件事物中发现中间。例如,并不是所有人都能找到一个圆的中心,而是那些有知识的人才能找到。他举例说,任何人都会发怒,任何人都会收入银钱和支出银钱,但知道应该对谁,在什么时候,以多大数量,应该为什么,以什么方式,那就不是一件容易的事了。所以,把这件事做好是难得的,值得称赞的、可嘉的③。再如,在财富的接受和支付上,中道是慷慨,过度了变成挥霍,不及了就变成吝啬;在钱财问题上,中道是大度,过度了

---

① 张载著:《张子全书》卷十四《性理拾遗》,见朱熹、吕祖谦编《近思录》卷二《为学大要》。

② 柏拉图著:《政治家》,原江译,云南人民出版社 2004 年版,第 68 页。

③ 亚里士多德著:《尼各马可伦理学》,苗力田译,中国社会科学出版社 1990年版,第 38 页。

就变成无度，不及了就变成小气①。按亚里士多德的这种观点，
"中道"就是"应该"，"应该"就是"合适"和"适当"。即每个
人在实施德行的过程中，要"在应该的时间，根据应该的情况，
对应该的人，为应该的目的，以应该的方式"来行动②。在亚里
士多德看来，如果人要达到"中道"的"应该"境界，那么，他
或她既要有知识，又要有实践。因为事实上"并不是所有人都能
找到一个圆的中心，而是那有知识的人才能找到"。由于伦理德
性属于习惯和实践领域中的德性，所以，它只能通过获得足够的
知识及习惯的养成才能造就。这表明，知识和实践在个体的德性
修养和外在表现中的重要价值。下面是亚里士多德关于美德和恶
行的分类。

美德与恶行分类③

情感和行动的范围	过度	中道	不及
恐惧与自信	鲁莽	勇敢	懦弱
苦与乐	纵情放荡	节制	麻木迟钝
花费（对人）	挥霍浪费	慷慨	吝啬
荣与辱	虚荣	自重	自卑
欲望与企图	野心	上进	自甘堕落
愤怒	暴躁易怒	温和	麻木不仁
自我表现	吹嘘	诚实	自我掩饰
谈吐	刻薄/滑稽	幽默/机智	卑野

---

① 亚里士多德著：《尼各马可伦理学》，苗力田译，中国社会科学出版社 1990
年版，第 35 页。

② 同上书，第 33 页。

③ 黄藿著：《理性、德行与幸福——亚里士多德伦理学研究》，台湾学生书局
1996 年版，第 94 页。

续表

情感和行动的范围	过度	中道	不及
社交	谄媚	友爱	冷漠无情
对他人的遭遇的反应	嫉妒	义愤	幸灾乐祸

事实上，中国古人最重视"中庸"。朱熹引用"二程子"的话说："识得，则事事物物上，皆天然有个中在那上，不待人安排也。"① 又说："中者，天下之大本，天地之间，亭亭当当，直上直下之正理，出则不是，唯'敬而无失'最尽。"② 《中庸》云："君子中庸。"郑玄注："庸，常也，用中为常道也。"郑玄解说："名曰中庸者，以其记中和之为用也。"《论语》云："中庸之为德也，其至矣乎？民鲜久矣。"③ 孔子之前，先圣说"执中"而不说"中庸"。如《尚书》云："人心惟危，道心惟微，惟精惟一，允执厥中。"④ 孟子曰："禹恶旨酒，而好善言。汤执中，立贤无方。"⑤ 朱熹引用程颐的话说："不偏之谓中，不易之谓庸。中者，天下之正道。庸者，天下是定理。"他解释说："中者，不偏不倚，无过不及之名。庸，平常也。"⑥ 公元前三世纪战国后期楚国辞赋家宋玉曾描写一位美女时说："增之一分则太长，减之一分则太短，着粉则太白，施朱则太赤。"⑦ 这番描写是说女子的身材、容颜恰到好处。所谓"恰到好处"就是"中"。孟子

① 《二程遗书》卷十七，见朱熹、吕祖谦编《近思录》卷一《道体》。
② 《二程遗书》卷十一，见朱熹、吕祖谦编《近思录》卷一《道体》。
③ 《论语·雍也》。
④ 《尚书·大禹谟》。
⑤ 《孟子·离娄下》。
⑥ 《中庸章句》。
⑦ 宋玉著：《登徒子好色赋》。

说孔子"可以仕则仕，可以止则止；可以久则久，可以速则速"。① 又说："孔子，圣之时也。"② 就是说，孔子对"时"的把握恰到好处，也就是达到了"中庸"的境界。从逻辑上看，"执中"即"执其两端而用其中"，再演变为"执两用中"，进一步变化为"中庸"这个词。《中庸》云："喜怒哀乐之未发谓之中；发而皆中节谓之和。中也者，天下之大本也；和也者，天下之达道也。致中和，天地位焉，万物育焉。"朱熹解释说："喜、怒、哀、乐，情也。其未发，则性也，无所偏倚，故谓之中。发皆中节，情之正也，无所乖戾，故谓之和。大本者，天命之性，天下之理皆由此出，道之体也。达道者，循性之谓，天下古今之所共由，道之用也。"③ 他引陈氏的话说："尧舜人伦之至，亦率是性而已。"④ 柳宗元（773—819）曰："圣人之为教，立中道以示于后"，"立大中，去大惑，舍是而曰圣人之道，吾未之信也"。⑤

　　因此，"中庸"就是人在"喜怒哀乐之未发"时的自然的纯真的人性状态。这种人性状态是任何人都有的人性状态，是不受任何外界因素的蒙蔽和干扰的状态，保持这样的人性就是至善。孟子认为这种状态是人心有"四善端"的表现；王阳明认为这种状态是人的良知良能的外在表现；朱熹认为这种状态是由"天地之性"造成的至善境界。所以，《大学》论"明明德"，《周易》论"恐惧修省"，孟子论扩充"善端"和"求放心"，《中庸》论"慎独"和"至诚"，朱熹论"格物"和"居敬穷理"，王阳明论

① 《孟子·公孙丑上》。
② 《孟子·万章下》。
③ 《中庸章句》。
④ 《孟子·告子章句下》。
⑤ 转引自周谷城主编《中国学术名著提要》，复旦大学出版社1992年版，第238页。

"诚意"，他们都认为，依照此状态下的人性规则进行道德修炼、进德修业，人必然能够进入圣人君子的道德境界。比较地看，基督教文化传统则开不出"慎独"和"诚"的工夫，因为基督教认为人必须依靠上帝降恩才能得救，所以不能说人人都可以依靠人伦道德实践而成为基督。于此，我们可以看到，儒家和耶教之间存在着显著的区别，而这种区别正说明儒家"天命之谓性"所表达的人文意蕴。

值得重视的是，儒家倡导的"中庸"所表达的深刻意义，已不止于表达人性的至善状态，它已扩大到人类活动所涉及或可能涉及的所有领域和方面。我国民国时期学衡派领军人物吴宓（1894—1978）就对"中庸"极为推崇，并认为：人之道德的实践与完成，在于"克己复礼"、"行忠恕"、"守中庸"，还说："吾终身奉行之矣。"① 在他看来，这是"立身行事，最简单、最明了、最实用、最安稳、最为通达周备之规训。"② 而"吾对于政治社会宗教教育诸问题之意见，无不由此所立之标准推衍而得。"③ 概言之，"中庸是实际生活之原则，道德行为之原则，也是现今世界或社会生活之原则"。④ 林语堂也说："中华民族之特征，在于执中，不在于偏倚，在于近人之常情，不在于玄虚的理想。"中国人"凡事以近情近理为目的，故贵中和而恶偏倚，恶执一，恶狡猾，恶极端理论"。⑤ 另一位学衡学者张其昀

---

① 吴宓著：《我之人生观》，载于《学衡》1923 年第 16 期。

② 同上。

③ 转引自《论吴宓的中国传统文化观》，载于李继凯等编《解析吴宓》，社会科学文献出版社 2001 年版，第 163 页。

④ 吴宓著：《文学与人生》，清华大学出版社 1993 年版，第 163、131 页。

⑤ 前两句引自林语堂著《中国文化之精神》，载于范炎编《林语堂散文》，浙江文艺出版社 2000 年版，第 239、243 页。

（1900—1985）在将中国文明与古印度、古埃及、古巴比伦等古国文明比较之后，概括了中国文化的中庸精神的历史来源及其外在表现，实为深刻。

图示①

其次，我们还可以从剑桥大学教授郑德坤（1907—2001）把经过历史发展的"中庸"概括为"中庸主义"看出来。他认为，"中庸主义"以"综合折中"为手段，经过历史的演进，已经落实到中国人生活的各个方面。第一，人对其他凡属非人的事物的领域。即人与自然的关系，也就是人与宇宙中一切事物的关系，包括天地人"三才"。所谓"天为人而立，地为人而成"。换言之，人是天地的中心，人要敬畏天命，爱惜大自然，任劳任怨。第二，人对待其他的人的领域。即个体在家庭、国家乃至世界中都应当遵循代表"中庸"精神的五伦之道，处理好人与人的关系。第三，人对待自己的领域。即修身要以节制为基础，以静止为生活境界，以温雅、谦让为美德。

---

① 张其昀著：《中国与中道》，载于孙尚扬、郭兰芳主编《国故新知论——学衡派文化论著辑要》，中国广播电视出版社1995年版，第405页。

第四，人对于既往与未来的事物的领域。在此领域内，中国人综合为"既往"、"现在"以及"未来"，包括贯穿时间的人与物，进而形成传统、道统、血统等，形成中国人数千年不断的时间传统。同时，人类的活动，特别是历史，都要以"现在"为中心，因此形成了传统一贯的系统。中国人一贯提倡和重视"继往开来"、"承先启后"，就是这种文化的最重要表现[①]。

（2）仁、义、礼、诚

既然儒家以"中庸"或"中庸主义"为至善的潜在，那么，儒家在社会现实中如何显示至善的意义、功能和作用？如果从核心意义的比较上看，我们大致可以确认《论语》主要以"仁"的方式显示，例如，"夫仁者，己欲立而立人，己欲达而达人"。《孟子》侧重以"义"的方式显示，例如，以"义"行"仁政"，可以"保民而王"，而《荀子》主要以"礼"的方式显示，例如，"礼者，众人法而不知，圣人法而知之"。《中庸》则侧重以"诚"的方式显示，例如，"诚者，非自成而己也，所以成物也，成己，仁也，成物，知也"。历史上，梁启超提出过近似的观点[②]。可以看出，虽然四者的显示方式和方法有些差异，但它们却有异曲同工和殊途同归之妙。

①孔子以"仁"显示"至善"。在孔子看来，人若做到了"仁"就等于实现了人的"中庸"价值，这种人最低是"君子"，

---

　　①　郑德坤著：《中华民族文化史论》，香港天地图画有限公司 1978 年版，第120—123 页。
　　②　梁启超说："孔子言仁，孟子言义；荀子言礼，以礼为修养的主要工具。"参见梁启超《儒家哲学》，载于梁启超《清代学术概论》，江苏文艺出版社 2007 年版，第 133 页。

"圣人"则更胜一筹。《中庸》云："君子中庸。"虽然依孔子说法，"仁"有广义的"仁"或狭义的"仁"的区别，广义的"仁"是忠、孝、爱、信、义、悌、恕诸德的总称，狭义的"仁"就是"爱"，即"泛爱众"和"仁者爱人"，[①] 但是，这正说明人生若想真正进入"中庸"境界确是不容易的。所以，人需要做"止于至善"的努力。这种努力在孔子看来核心的意义就是"爱"。"爱"首先表现为自爱，因为不知自爱的人难以爱别人。孔子对颜渊曰："克己复礼为仁。"又对子贡曰："夫仁者，己欲立而立人，己欲达而达人。"孟子发挥了孔子的意思："爱人者人恒爱之；敬人者人恒敬之"；[②] "仁者无不爱也，急亲贤之为务"。[③] 爱人表现在家庭里是爱家人，在外要推爱及人，即："老吾老以及人之老，幼吾幼以及人之幼。"其中，"孝悌"是"仁"的根本。"君子务本，本立而道生。孝悌也者，其为仁之本欤。"[④] 孔子认为，显示至善的关键必须从家庭做起，然后向外扩充，达到"己立立人，己达达人"的"中庸"境界。

②孟子以"义"显示"至善"。在孟子看来，人若做到了"义"就等于实现了人的"中庸"价值，这种人始终能够做到"以义制利"。用这种精神行使德政就是仁政，进而达到"内圣外王"的"中庸"境界。《孟子·梁惠王上》记载的孟子与梁惠王的对话，最能体现孟子的"至善"观点：王曰："叟不远千里而来，亦将有以利吾国乎？"孟子对曰："王何必曰利？亦有仁义而已矣。"王曰："何以利吾国"？大夫曰："何以利吾家？士庶人

---

① 《孟子·颜渊》。

② 《孟子·离娄下》。

③ 《孟子·尽心上》。

④ 《论语·学而》。

曰：何以利吾身？上下交征利而国危矣。万乘之国弑其君者，必千乘之家；千乘之国弑其君者，必百乘之家。万取千焉，千取百焉，不为不多矣。苟为后义而先利，不夺不餍。未有仁而遗其亲者也，未有义而后其君者也。王亦曰仁义而已矣，何必曰利？”这是孟子与梁惠王之间的“义利之辩”。孟子观点的主旨是建议大王以“义”行“仁道”，以“义”行“仁政”，这样就可以帮助大王达到“保民而王”的目的，“保民而王”正是大王实施仁政的“至善”境界。在这里，孟子是以“义”的理念深化了孔子的仁政思想。也就是说，以“义”而非“利”的方式处理“保民而王”的问题是“内圣外王”的正道，是“至善”的“中庸”途径。

③荀子以“礼”显示“至善”。在荀子看来，人若做到了“礼”就等于实现了人的“中庸”价值。“礼”是什么？荀子曰：“礼者，人道之极也。”[①] 在荀子看来，有“礼”才有道德，遵“礼”而行是道德，违“礼”而行就是不道德。一般而言，“礼者，众人法而不知，圣人法而知之”。[②] “礼者，人之所履也，失所履，必颠蹶陷溺。所失微而其为乱大者，礼也。礼之于正国家也，如权衡之于轻重也，如绳墨之于曲直也。故人无礼不生，事无礼不成，国家无礼不宁。”[③] 从做人的角度来看，“礼者，所以正身也，教师，所以正礼也。无礼何以正身？无师吾安知礼之为是也？礼然而然，则是情安礼也；师云而云，则是知若师也。情安礼，知若师，则是圣人也。故非礼，是无法也；非师，是无师也。”[④] 从

---

① 《荀子·礼论篇》。
② 《荀子·法行篇》。
③ 《荀子·大略篇》。
④ 《荀子·修身篇》。

社会的角度来看，"礼者，法之大分，类之纲纪也。故学至乎礼而止矣"。① 从政治的角度来看，"礼者，人主之所以为群臣寸尺寻丈检式也。人伦尽矣"。② "礼者，政之挽也。为政不以礼，政不行矣。"③ "故修礼者王，为政者强，取民者安，聚敛者亡。"④ 总之，"礼者、节之准也；程以立数，礼以定伦；德以叙位，能以授官"。⑤

④中庸以"诚"显示"至善"。《中庸》云："诚者，天之道也。诚之者，人之道也。"又曰："自诚明，谓之性；自明诚，谓之教；诚则明矣，明则诚矣。"《中庸》里，"诚"贯穿了形而上和形而下。形而上是天道，形而下是人道。其暗含着"天人合一"的思想，即天道与人道的合一。"诚者，非自成而已也，所以成物也，成己，仁也，成物，知也。"在"内圣外王"中含着"成己"，也含着"成物"。可见，"天道"、"人道"、"成己"、"成物"都把"诚"字作为"根源动力"和"源头活水"。《中庸章句》云："五达道，三达德，所以行之者一也"。朱熹解释说："一则诚而已矣……然一有不诚，则人欲间之，而德非其德也。""五达道"是孟子所述的"五伦"。依《中庸》，按"诚"的要求行动可以达到"三达德"。因此，"知仁勇三者，天下之三达德也，所以行之者，一也"。表现在行为上就是实践"五达道"：为君能敬，为臣能忠，为父能慈，为子能孝，为兄弟能友，为弟能恭，为夫妇能互爱，为朋友能互信。《中庸》云："唯天下至诚，为能经纶天下之大经，立天下之大本，知天地之化育。夫焉有所

① 《荀子·劝学篇》。
② 《荀子·儒效篇》。
③ 《荀子·王制篇》。
④ 《荀子·大略篇》。
⑤ 《荀子·致士篇》。

倚?"朱熹注释说:"大经者,五品之人伦。大本者,所性之全体也。惟圣人之德极诚无妄,故于人伦各尽其当然之实,而皆可以为天下后世法,所谓经纶之也。"① 故而,王阳明概括说:"大抵《中庸》工夫只是诚身,诚身之极便是至诚。《大学》工夫只是诚意,诚意之极便是至善。"②

(3) 成德的条目

据儒家的观点,"中庸"状态和境界的现实显示是可能的,但它需要个体对成德的悟性和自觉实践。对个体来说,"中庸"的境界是共同的,但确实需要个体的道德努力,特别是自我教育——修身的努力。因为不管个体处于什么位置,只要后天的悟性、修养不同,成德的进级程度也不会相同。周敦颐曰:"惟中也者,和也,中节也,天下之达道也,圣人之事也。故圣人立教,俾人自易其恶,自至其中而止矣。"③ 事实上,在这方面,不管是主张性相近的孔子,还是主张性善论的孟子,或是主张性恶论的荀子,或是主张"性即理"论的朱熹,都把修身教育的工夫摆在道德生活的核心位置。《大学》云:"身修而后家齐,家齐而后国治,国治而后天下平。"由此引出儒家各派均赞同的修身"八条目",也就是,修身成德有相同的原理规范——"大学之道""三纲领"之下的"八条目",即"格物、致知、诚意、正心、修身、齐家、治国、平天下"。具体地说,前四个条目是个体修身的路径和法则,即"内圣"之道,是"德"之原理,后四个条目是"外王"之道,是"得"之原理;"德得相通"造就

---

① 《中庸章句》。

② 《传习录·薛侃录》。

③ 周敦颐著:《通书·师》,见朱熹、吕祖谦编《近思录》卷十一《教学之道》。

"内圣外王"。① 其次，"八条目"的前四个条目是"明明德"的内涵和要求，后四个条目是"新民"规则和要求。就前后的关系看，前四个条目是后四个条目的基础和条件，后四个条目是前四个条目的延续和发展；前四个条目决定后四个条目的实现条件，后四个条目反映前四个条目的发展程度。如果说，前四个条目是个体至善的途径和方法，那么，后四个条目就是社会至善的状态和前景。个体至善必须以"明明德"为基础和条件，社会至善必须以"新民"为价值归宿，而把两者结合起来就形成了儒家"止于至善"的道德境界。有学者研究指出，"内圣"与"外王"虽然地位不同，事业不同，但"其为修身则一，其为止于至善亦一"。② 就是说，个体遵循"八条目"进行"修道进业"或"进德修业"，均能达到"知德合一"、"内外合一"，即"内圣外王合一"的"天地境界"。

在儒家看来，"八条目"中，修身是关键。这可从《大学》看出来。《大学》云："古之欲明明德于天下者，先治其国；欲治其国者，先齐其家；欲齐其家者，先修其身；欲修其身者，先正其心；欲正其心者，先诚其意；欲诚其意者，先致其知；致知在格物。物格而后知至，知至而后意诚，意诚而后心正，心正而后

---

① 樊浩教授认为，"德"—"得"相通，"不仅是儒家伦理精神的结构，而且也是整个传统伦理精神的结构"。他指出："中国传统伦理精神就是以此为根本原理和价值结构建构起来的。"参见樊浩著《伦理精神的价值生态》，中国社会科学出版社2001年版，第352—353页。

② 钱穆解释说：何为致知在格物呢？物即孟子"万物皆备于我"之物，即指万善万德。格，到达义。人生实践，必到达此万善万德之理想标准，始是知至，始是意诚，始是心正，始是明明德。此就对内言。若就对外言，即此已是齐家、治国、平天下，已是亲民，已是止于至善了。如孝是明德，孝必有对象，明我之明德而孝于父母，即是亲民，即是齐家。参见钱穆著《中国思想史》，参见《钱宾四先生全集》第24卷，第102页。

身修，身修而后家齐，家齐而后国治，国治而后天下平。自天子以至于庶人，壹是皆以修身为本。"《大学》以修身把个人、家、国联系起来，视修身为最重视的环节。抓住并落实好此环节就可以实现人生的境界追求。梁启超在《儒家哲学》中说："以现在语解释之，即专注重如何养成健全人格。人格锻炼到清纯，便是内圣；人格扩大到普遍，便是外王。儒家千言万语，各种法门，都不外归结到这一点。"① 金岳霖对此解读说，儒家的人生事业就是继续不断地把自己修养到近于无我的纯净境界，从而与宇宙合而为一。他形象地说："这个修养过程显然是不能中断的，因为一中断就意味着自我抬头，丢掉宇宙。"② 杜维明认为："《大学》中设计的教育方案之所以赋予'修身'枢纽的地位，是由于人们认识到，人类的发展壮大端赖此种社会群体的自我评判意识。促使儒家学者把修身视为齐家、治国、平天下之基的并非是道德理想主义或教育乐观主义，而是信仰，即相信通过每个人的不断努力可以改善提高人类总体状况，他们将其道德教育的大厦奠基于'修身'之上。"在他看来，以上观点基于如下的认识，"即人是学习的人，并且真正有可能把已定的结构性限制转化为一系列能动的自我实现行为。所谓学习就是使我们的身体塑型为自身的美学外现这一过程。作为个人塑造手段的教育，其真正功能就是学习成为一个人。在'成人'（humanization）过程中，我们使先天固有的人性得到体现。在自身生存之基上挖一口井，我们就可以接通自身生命之水的源泉，从而创造、滋养并维持不断扩大的人际关系网络，将我们这种有感觉、有思想、充满意志

---

① 梁启超著：《儒家哲学》，载于梁启超著《清代学术概论》，江苏文艺出版社2007年版，第105页。

② 金岳霖著：《金岳霖学术文化随笔》，中国青年出版社2000年版，第22页。

的个体生命发挥到极致"。① 应该说,以上三位学者从不同角度阐述了儒家"八条目"中包含的人文智慧。

值得强调的是,以上"八条目"均无须借助外在的力量,只需在世俗人间强化道德自我就可以完成。在儒家看来,一个人来到世界上,其终身事业已经确定,就是去"实现"这个"八条目"规定的事业。印度著名诗人泰戈尔(Rabindranath Tagore, 1861—1941)肯定了中国文化对人生过程的这种安排②。正是在这个意义上,钱穆针对社会上那种羡慕西方文化的潮流作了独到的评价,直到今天,它仍具有一定的现实意义。钱穆说:"不论我们要做的是大事或小事,乃至处任何社会,在任何环境与条件下,下面一套哲学(大学之道),总之不会给予我们以防碍,而只给予我们以成功。我们纵使信仰了任何宗教,亦不会与此有冲突。它是一个最真实最积极的人生哲学,而又简单明白,人人可以理解,可以践行。"他问道:"我们今天总喜欢讲西洋观念,像说进步,试问儒家的一套理论不也是进步吗?"在他看来,根据儒家的"八条目"理论,每个人只要日新其德、自求进步就可以"开物成务"。自我选择做一个道德自我、理想自我,就是最自由的表现。人人可以按照儒家的理论自己成德进步,追求理想的实现,就是最平等的表现。 "苟日新,日日新,又日新,作新

---

① 所谓"美学外现",如孔子在回顾一生时谈到的一个阶段"从心所欲不逾矩"(《论语·为政》)就是指这种状态。参见杜维明著《中国传统文化关于人的教育——"修身"》,载于《跨文化对话》第2集,上海文艺出版社1999年版,第100、106页。

② 泰戈尔认为,东方文化与西方文化是种类的差异。西方的人生目的是"活动"(Activity),东方的人生目的是"实现"(Realization)。冯友兰的理解是,西方人生没有目的,只是往前走;东方人却以为人人本有其真理,只是把它"实现"出来就是。转引自冯友兰著《三松堂全集》第11卷,河南人民出版社2000年版,第6—9页。

民"，①以各自修身为起点，终极境界是治国平天下，使人人各得其所，本身就是博爱之至②。在他看来，儒家也讲自由、平等、博爱精神，但是，儒家的一套理论始终建立在现实的人生世界中，而非上帝和神的虚幻处，因而更值得中国人重视和实践。无独有偶。国学大师季羡林有一段关于人类文化的精彩评述，也许从另一角度可以启发我们。季羡林在《东方文化与西方文化》中写道："现在主宰世界的是西方文化。这是事实，谁也无法否认。但这只能是一时的现象。西方人轻视东方文化，实出于民族偏见。东方人，特别是中国人，轻视东方文化，则是短见。如果看问题能上下数千年，纵横几万里，则能看到事实的真相。"③建立在这种认识的基础上，季老甚至断言："三十年河东，三十年河西"，"从21世纪开始，河东将取代河西，东方文化将逐渐主宰世界"。④其结论是："21世纪是东方文化的时代，这是不以人的意志为转移的客观规律。"⑤确实，目前，西方世界高度发达而中国处于不发达的社会主义初级阶段，中国不少青年人甚至是中老年人，对于中国文化发展的自信心确实存在降低的危险。于此，我们不妨以季老的话作为勉励，以儒家特有的那种"风物长宜放眼量"的冷静态度来看待中国文化和中国发展的前途。

---

①　《礼记·大学》。

②　钱穆著：《中国文化与中国人》，载于刘志琴主编《文化危机与展望（上）·台港学者论中国文化》，中国青年出版社1989年版，第14页。

③　季羡林著：《东方文化与西方文化》，载于季羡林著《三十年河东三十年河西》，当代中国出版社2006年版，第142页。

④　同上书，第143页。

⑤　同上书，第173页。

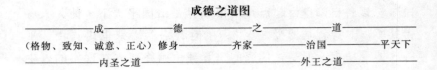

成德之道图

——————成——————	——————德——————	——————之——————	——————道——————
(格物、致知、诚意、正心) 修身—————	————齐家—————	————治国—————	————平天下
——————内圣之道——————		——————外王之道——————	

3. 崇善教育的文化设计

如果说至善是纯粹理性，那么，崇善就是实践理性，崇善把至善落到实处、落到实践中，落到个体的行为中。表现在教育中，就是以崇善理念影响和推进教育的发展尤其是成德之教的发展。于此，儒家的设计是以主体崇德实践为载体，先以主体明德教育为基础和前提，再以新民育人教育落实对崇善教育精神的追求。也就是说，崇善教育的实践理性精神在儒家文化设计中表现为主体明德、新民育人、崇德实践的伦理过程。《易传·易辞上》云："精义入神，以致用也；利用安身，以崇德也。"这表明，儒家以崇德为精义致用的最高目的，并以此为教育的理想追求。此意还可以用大儒颜元（1635—1704）的话来诠释。颜元说："大学四句吾奉为真传。所学无二理，亦无二事，只此仁义礼智之德，子臣弟友之行，诗书礼乐之文。以之修身，则为明德，以之齐治，则为亲民。"[1] 顺此延伸，就是，以仁义礼智做"明德"、"亲民"之事业，即为人之"崇德至善"的实践，它实为儒家教育的文化追求和价值根基。

（1）主体明德教育

儒家始终把个体视为崇善的主体和道德的主体。主体崇善主

---

[1] 颜元著：《存学编·明亲条》。

要表现在主体崇德，因为"德"始终以"善"为核心，并时刻体现着"善"。在儒家看来，对"善"的倡导和追求是对"德"的倡导和追求，是对"德"的承诺和实践。但是，"德"首先表现在个体身上，只有个体崇德，个体崇善的精神理念才能得到具体落实。于是，儒家将这种精神的过程设计为"明明德"的过程。所谓"明明德"，按照朱熹的说法："明德者，人之所得乎天，而虚灵不昧，以具众理而应万事者也。但为气禀所拘，人欲所蔽，则有时而昏；然其本体之明，则有未尝息者。故学者当因其所发而遂明之，以复其初也。"① 这段话包含了朱熹的理学含义。在"明明德"中，第一个"明"是动词，即"使……显明"；第二个"明"是形容词，意即"光明"，如此看来，"明明德"的意思合起来就是"使个体已经具有的光明之德得到显明"。它说明，人性本善且有德性，每个人在成德方面所做的工作不过是"使自己本有的德性发挥出来"。但是，人是一种相当复杂的社会性动物，一方面，人具有德性的潜在，它是人内在的正面因素，另一方面，人存在着被外在欲望影响和控制的可能性，它是外在的负面因素。在这个意义上说，个体"明明德"的过程实质上是个体战胜自我欲望的过程，是个体规范和约束自我欲望的过程。那么，如何战胜欲望？如何规范和约束欲望？可能的选择途径无外乎两种：一种是用自我内在的力量，"为仁由己"；另一种是使用外在的力量。根据儒家的观点，自我的力量无非就是："心性"的力量，孟子和王阳明等已为此做了详细的阐释；外在的力量在荀子看来是圣人制定的道德规章，在董仲舒看来是统治者的道德要求，具体表现为"三纲五常"，在韩愈看来是以仁义道德为核心的儒家道统。总之，无论是外在的力量还是内在的力量，儒家认

---

① 《大学章句》。

为，它们对人之明德都将起到促进作用。

从总体上，我们可以说，儒家的主体明德教育重在启发人的"善端"或者开发人的"善根"和德性潜力。因为，个体是性善的主体，是道德的主体。个体谋求至善，实践主体就在自身而不在别处。性善论确定人有"善端"和"善性"，个体只须循着本有的"善性"就可以为善，就可以达到至善。所以，孔子曰："我欲仁，斯仁至矣。"① 孟子除了"四端论"还有两段话论述此观点。

其一，孟子曰：

> 人之所不学而能者，其良能也；所不虑而知者，其良知也。孩提之童，无不知爱其亲者；及其长也，无不知敬其兄也。亲亲，仁也；敬长，义也。②

其二，孟子曰：

> 虽存乎人者，岂无仁义之心哉？其所以放其良心者，亦犹斧斤之于木也，旦旦而伐之，可以为美乎？其日夜之所息，平旦之气，其好恶与人相近也者几希，则其旦昼之所为，有梏亡之矣。梏之反复，则其夜气不足以存；夜气不足以存，则其违禽兽不远矣。人见其禽兽也，而以为未尝有才焉者，是岂人之情也哉？故苟得其养，无物不长；苟失其养，无物不消。③

---

① 《论语·述而》。
② 《孟子·尽心章句上》。
③ 《孟子·告子章句上》。

它说明，良心是人生来固有的，人人都有良心，良心能够实施伦理判断或道德决断。于是，个体崇善明德教育实质上是启发善端的教育。有关这类活动的性质，孔子称之为"欲仁"的活动；孟子称之为"求放心"的活动；荀子称之为"化性起伪"的活动；王阳明称之为发觉"良知良能"的活动。总之，这些话语的意思都是要求人们在人的内部找寻和发挥道德的动力源泉作用。

比较看，在西方人看来，人要作为道德判断或伦理判断的主体，必须等到具有理性的自觉能力时才有可能。柏拉图认为，儿童要成为崇善的主体和道德的主宰，必须等待儿童到达一定的理性阶段，亦即能够依靠自身确立的道德法则行动的时候，才能让他们获得道德的自由决断权。他说：所谓教育，就是指对儿童适当的习惯给予善端的培养①。柏拉图发现，当把欢乐、友谊、痛苦和憎恨植根于儿童心中，虽然儿童暂时不能理解，但是一旦他们获得了理性，他们就会发现这些都是相和谐的。而这心灵的和谐达到完美境界时，就是道德。"那些依于欢乐和痛苦的特殊训练——它从始至终引导着你去恨你所应该恨的，爱你所应该爱的……是可以分开的。"② 这就是教育的追求。柏拉图认为，教育有两件事：体育和音乐，前者是为身体的和谐，后者是为心灵的和谐，而心灵的和谐就是灵魂的和谐。他还说：最好的音乐能够使最好的与受过最好教育的人，特别是那些有最好的道德与修养的人感到愉快③。他指出：在教育过程中，"我们管教儿童，

---

① 柏拉图著：《法律篇》，载于任钟印主编《世界教育名著通览》，湖北教育出版社1994年版，第61页。

② 同上。

③ 同上书，第62页。

直到我们已经在他们身上确立了所谓的宪法管理（即获得理性）时，才放他们自由。直到他们已经靠他们自己心灵里的最善部分帮助，在他们心灵里培养出了最善部分来，并使之成为儿童心灵的护卫者和统治者时，我们才让它自由"。① 就是说，道德的主体能力与个体对理性的获得直接相关，而不是儒家那种通过启发本有的善端就可以直接解决问题的。

（2）新民育人教育

儒家经典《大学》开篇就说："大学之道，在明明德，在亲民，在止于至善。"朱熹引程子的话说："亲，当作新。"朱熹曰："新者，革其旧之谓也，言既自明其明德，又当推以及人，使之亦有以去其旧染之污也。"② 在这里，儒家的理解有一些分歧，一是认为，"在亲民"，一是认为"在新民"。在我看来，"亲"与"新"在本质上是一致的。"亲民"必然要求"新民"，使"民"达到"日新"境界。而达到"日新"境界，自然表现出"亲民"的意蕴。其实，这既是"天道"的自然，也是"人道"的必然，"天道"如《易经》所述，时刻在"变化"，世界上万事万物无一刻不发生变化。而作为"三才"之一而且是最重要的"人才"，怎么可能不变化呢？那么，"新民"如何发生变化？《大学》引汤之《盘铭》的语言曰："苟日新，日日新，又日新。"朱熹注释说："日日新之，又日新之，不可略有间断也。"简言之，"新民"就是使人民得到不断的"更新"，也即在人的道德方面得到不断的发展。在儒家看来，只有这样，国家及其统治者的功劳和价值

---

① 柏拉图著：《理想国》，郭斌和、张竹明译，商务印书馆 1986 年版，第 384 页。

② 《大学章句》。

才能得到肯定和赞扬。孔子高度赞赏周公的业绩和品德,其意思主要是赞扬周公的"新民之举"。《大学》引《诗》的话说:"周虽旧邦,其命惟新。"如此看来,"新民"是儒家追求的精神境界,也是儒家内圣外王的重要表现。从教育的角度看,"新民"就是"育人",使人"崇德",使人得到道德的升华和境界的提升,这种活动主要体现在"治国平天下"的教育环节上。所以,朱熹曰:"修身以上,明明德之事也。齐家以下,新民之事也。"① 梁启超在教育上也主张:"开明智"、"养新民"。他说:"智恶乎开?开于学。学恶乎立?立于教。"② 那么,儒家在"新民育人"方面的特色表现在何处?它与西方文化的设计有什么区别?

首先,不利用世俗之外的力量。也就是说,"新民育人"主要通过道德的途径和道德的方式进行,而不是通过设定一个上帝或神并利用其神秘力量进行控制,而使人民臣服。利用道德的途径和方式进行"新民",其本身就承认"民"性本善,自身可以成就道德,可以成为符合儒家社会需要的"伦理人"。朱熹引邹氏的话说:"以德服人者,无意于服人,而人不能不服。"③ 这种方式通常包含利用社会舆论、风俗习惯、内心信念等影响民众,使"民"更"新"。

其次,以内圣道德感召民众。在儒家看来,在伦理社会中,实行道德统治或仁政必须进行自我道德的训练,也就是,首先使统治者自我变成社会中的道德模范,这样,就可以起到感召民

---

① 《大学章句》。

② 转引自陈鹏鸣著《梁启超学术思想评传》,北京图书馆出版社 1999 年版,第 271 页。

③ 《孟子·离娄上》。

众、提升社会道德的作用。孔子曰："其身正，不令而行；其不正，虽令不从。"① 孟子曰："其身正，而天下归之。"② 孔子曰："政者，正也。子帅以正，孰敢不正？"③ 班固曰："教者何谓也？教者效也，上为之，下效之。民有质朴，不教不成。"④ 简言之，这种方式是以"道德自我"使"民"更"新"。

第三，利用圣人的感化作用。在儒家看来，圣人既是人性善的集中体现，又是人伦中的至尊者，还是至善的化身。孟子曰："尧舜，性之也"；⑤ 又曰："圣人，人伦之至也。"⑥ 孟子还说："圣人与我同类者。"朱熹注曰："圣人亦人耳，其性之善，无不同也。"⑦ 因此，圣人是"新民"的最好榜样，而"榜样的力量是无穷的"。这其实就是儒家"新民"逻辑的自然结论。

于此，让我选取西方四位杰出的思想家、宗教哲学家、教育家来"透视"一下西方教育的宗教性特征。捷克大教育家夸美纽斯认为，人的终极目标是与上帝共享永恒的幸福，因为上帝是"至善的化身"、"幸福的化身"。"人在一切有形的造物之中是要成为理性的动物，一切造物中的主宰，造物主的形象和爱物的。""人是生成要熟悉万物；具有能力去管束万物与自己；使自己与万物均归于万有之源的上帝。"如果用三个词表达上面的三方面，就是"博学、德行或合适的道德、宗教或虔信"。在他看来，在博学项目下面包括关于一切事物、艺术与语文的知识；在德行项

---

① 《论语·子路》。
② 《孟子·离娄上》。
③ 《论语·颜渊》。
④ 《白虎通义·三教》。
⑤ 《孟子·尽心章句上》。
⑥ 《孟子·离娄章句上》。
⑦ 《孟子·告子章句上》。

目下面包括的不单是外表的礼仪，而是我们的内在的与外表的动作的整个倾向。至于宗教，我们的了解是一种内心的崇拜，使得人心借此可以皈依最高的上帝①。美国教育家赫嵌斯（Robert M. Hutchins，1899—1977）认为，人是理性的、道德的和精神的生物。"教育的目的是改善人。"② 在他看来，所谓改善人，意味着他们理性、道德和精神诸力量的最充分发展③。教育是从事人的智力发展工作的。但是，他们的道德和精神力量属于家庭和教会的范围。学校、家庭和教会三者必须协调工作④。"教育的首要目的是要知道对人来说什么是善的。要按照各种善的次序来认识善。价值是有等级的。教育的任务就是帮助我们了解这个价值等级，建立这个价值等级，并且以这个价值等级为生。"⑤ 价值等级的最上层部分掌握在教会那里，因此，人必须接受上帝的教育或宗教教育。欧洲 19 至 20 世纪杰出的思想家、英国哲学家艾尔弗雷德·诺思·怀特海（Alfred North Whitehead，1861—1947）表达得更明确。他说："教育的本质在于那虔诚的宗教性。"那么，"什么是宗教性的教育？宗教性的教育是这样一种教育：它谆谆教导受教育者要有责任感和崇敬感。责任来自于我们对事物发展过程具有的潜在控制。当可习得的知识能够改变结局时，愚昧无知便成为罪恶。而崇敬是基于这样的认识：现在本身就包含着全部的存在，那漫长完整的时间，它

---

① 夸美纽斯著：《大教学论》，载于张焕廷主编《西方资产阶级教育论著选》，人民教育出版社 1979 年版，第 3—4 页。

② 赫嵌斯著：《教育中的冲突》，载于《现代西方资产阶级教育思想论著选》，人民教育出版社 1980 年版，第 218 页。

③ 同上书，第 219 页。

④ 同上书，第 220 页。

⑤ 同上书，第 221 页。

属于永恒。"① 按照他的意思，显然，教育的本质就是要帮助人学习知识，增进智慧、道德和责任，最终为那属于永恒的"上帝"做人类的贡献。

约翰·杜威（John Dewey，1859—1952）认为教育是生活的需要，是社会的职能；教育即指导，教育即生长。即教育是一个过程。过程本身就是教育的目的。"教育上合乎（生活）需要的一切目的和价值，它们自身就是合乎道德的。"他认为不能以狭隘的道德说教的方式来理解教育的道德特性。在他看来，纪律、自然发展、文化修养和社会效率都是道德的特性，都是教育工作所要促进的一个社会优秀成员的标志，都是一个社会成员高尚地参与这种平衡经验的能力的重要方面。教育不只是生活的手段，教育本身就是生活。而维持这种教育的能力就是道德的精髓，因为有意识的生活是继续不断的重新开始。他认为康德理论强调内在的心理倾向和动机对行为者的影响很自然地把个体意识与纯粹物质的和外在的行动割裂开来，而柏拉图和亚里士多德则把为兴趣而采取的行动与为原则而采取的行动对立起来，因此必须寻求另外的途径来解决两者的不完善，这条途径就是，把学校当作雏形的社会加以对待，并让学生在其中接受完整的教育，以与校外的社会相结合，形成彼此密切联系的体系。总之，一切能发展有效地参与社会生活的能力的教育，都是道德的教育。实际上，这种教育塑造一种性格，不但能从事社会所需要的特定的行动，而且对生长所必需的继续不断的重新适应感到兴趣。对于从生活的一切接触学习中学习感到兴趣，就是根本的道德兴趣②。

---

①　怀特海著：《教育的目的》，徐汝舟译，三联书店 2002 年版，第 26 页。
②　约翰·杜威著：《民主主义与教育》，王承绪译，人民教育出版社 2001 年版，第 378—379 页。

(3) 崇德实践教育

　　如果说西方文化在传统上注重理性和知识，进而培育出个体本位的包含着自由平等精神的法制和宗教社会，那么，儒家文化则向来注重伦理情感和人伦道德，进而培育出关系本位的以内圣外王为核心理念的人治和威权社会。在西方社会中，崇德的本质是崇善，但它所"崇"的"善"落实在上帝或神那里，而在儒家伦理社会中，崇德的本质也是崇善，但这种"善"是落实在世俗人间，而非超越的"天国世界"。从一定的意义上说，西方文化正因为把所崇的"善"放置在超越世俗的"天国世界"，而这个"天国世界"又是不可以见的，因此，西哲的人道理论只能是，要么在知识领域进行理性论证，要么去超越人类情感，把精神归宿到上帝那里，进而使上帝成为"绝对"和"理念"。而在儒家这里，因为所崇的"善"在世俗人间，所以儒家非常注重"学以致用"，注重人在实践中的锻炼，进而强调实践教育和人伦日用对人的教育价值。《周易》云："君子以果行育德。"就是说，君子以果断的行动培养自己的道德品质。《论语》引用子夏的话说："贤贤易色，事父母能竭其力，事君能致其身，与朋友交言而有信。虽说未学，吾必谓之学矣。"孔子曰："其为人也孝悌，而好犯上者，鲜矣；不好犯上，而好作乱者，未之有也。君子务本，本立而道生。孝悌也者，其为仁之本与！"朱熹认为，"所谓孝悌，乃是为仁之本。"并引用程子的话说："孝悌行于家，而后仁爱及于物，所谓亲亲而仁民也。故为仁以孝悌为本。论性，则以仁为孝悌之本。"[1] 荀子曰："闻之不若见之，见之不若知之，

---

[1]　《论语集注·学而》。

知之不若行之。学至于行之而止矣。行之，明也。明之为圣人。"① 周敦颐曰："圣人之道，入乎耳，存乎心，蕴之为德行，行之为事业。彼以文辞而已者，陋矣。"② 这些话都强调崇德实践精神。梁启超曾经在《儒家哲学》中总结道："儒家的特色，不专在知识，最要在力行，在实践。"③ 于此我们可以说，儒家提倡的道德，均是立足于人类生活的起居环境和直接的需要之中，向来不以宗教式的教条束缚人们的观念和精神，只把自由交给个体自身去实践。这样，在儒家的道德教育中，最重视的就是行为品质的塑造，而不是个人的理性思辨能力以及逻辑知识程度。换言之，儒家看待和评价一个人的价值，主要看其践行道德的能力和水平，特别是行为的道德水平。朱熹有一段论述很有代表性。

> 熹窃观古昔圣贤所以教人为学之意，莫非使之讲明义理以修其身，然后推己及人。……然圣贤所以教人之法，具存于经。有志之士，固当熟读深思而问辩之。苟知其理知当然，而责其身以必然，则夫规矩禁防之具，岂待他人设之，而后有所持循哉？……特取凡圣贤所以教人为学之大端，条列如右，而节之楣间。诸君其相与讲明遵守而责之于身焉，则夫思虑云为之际，其所以戒谨恐惧者，必有严于彼者矣④。

---

① 《荀子·儒效篇》。

② 周敦颐著：《通书·陋》，见朱熹、吕祖谦编《近思录》卷二《为学大要》。

③ 梁启超著：《儒家哲学》，载于梁启超著《清代学术概论》，江苏文艺出版社2007年版，第122页。

④ 《白鹿洞书院学规》，见《朱子文集》卷七十四。

如果回顾一下柏拉图和亚里士多德的看法，则可以帮助我们更清楚地理解这一点。苏格拉底认为，知识即道德或智慧即德行。人们之所以做坏事，是因为对什么是善恶、是非缺乏知识，相反，如果认清了是非善恶，人们就会趋善避恶。在他看来，道德从根本上说是人对自身的认识问题，人是可以为善的，而且教育可以教人选择善。柏拉图认识到，知识与逻辑、辩证法是密切联系的。因此，人必须学习辩证法及其包含的逻辑知识，才能称得上学习知识，才有条件获得真正的知识。这样一来，西方的道德就不是常人所能熟悉和理解的。或者说，在理性的西方社会，知识成为人们获得道德的"屏障"，人们只有跨过这道"屏障"才可以获得道德。当然，亚里士多德也强调，人要获得德性，最重要的是按照德性来行动，因为行动是根本的。"公正的人由于做了公正的事，节制的人由于做了节制的事，如果不去做这些事，谁也别想去做有德行的人。但有些人什么合于德性的事都不做，而是躲避到有关德性的道德言谈之中，认为这就是哲学思考，并由此可以成为善良之人。这正像病人们，很认真地听医生所说的话，却不去做医生吩咐所做的事。正如言谈道理不能改善病人的身体状况，像这样的哲学也不能改善灵魂。"① 而且，人必须终身做好事才能说具备了德性。"人的善就是合于德性而生成的、灵魂的现实活动。如若德性有多种，则须合于那最美好、最完满的德性。而且在一生中都须合于德性，正如一只燕子造不成春天，一个白昼的、一天的和短时间的德性，也不能给人带来幸福和至福。"②

---

① 亚里士多德著：《尼各马可伦理学》，苗力田译，中国社会科学出版社 1990 年版，第 31 页。

② 同上书，第 10 页。

就是说"幸福需要完满的德性，并须终其一生。"① 然而，遗憾的是，亚里士多德的德性幸福行为仍然被认为是柏拉图的"理念论"在世俗人间的反映。这样，亚氏关于德行的终极意义又被"拉"回到上帝或神那里去了。

（4）上帝与真善美教育

承接上述，中国文化是德行本位的人本主义文化，西方文化是神性本位的上帝文化或宗教文化。中国在先秦时期就奠定了人本文化的基础，之后的文化历史过程就是不断地论证、确认、传承这种文化，而儒家在其中发挥着主流和先锋的功能作用。西方从古希腊时期就开始论述上帝或神的存在对人类的价值，到中世纪将上帝确立起来，并以有效的教会组织和可视可入的教堂确立上帝或神的神圣性，而文艺复兴时期则是把人类对上帝的精神信仰与人类的世俗生活既加以区别又加以联系，从而为世俗的社会生活和工业文明注入了伦理的活力和精神的动力。简言之，不管如何，上帝总在西方文化中占据着"精神中枢"的位置。一切政治、科学、文学、艺术、教育，包括经济生活的方方面面，都与上帝或神的存在有极大的关系。在西方人的头脑中，"《圣经》是不能作废的"。② 耶稣说："天地会消逝，我的话不会消逝。"③ 在西方，1920 年出版的现代社会学创始人马克斯·韦伯（Max-Weber，1864—1920）的著作《新教伦理与资本主义精神》就是体现上述观点的经典之作。

---

① 亚里士多德著：《尼各马可伦理学》，苗力田译，中国社会科学出版社 1990 年版，第 16 页。

② 《圣经·约翰福音》10：35。

③ 《圣经·路迦福音》21：33。

那么，西方文化究竟是如何理解上帝与人类道德的关系，以及如何理解社会和国家所实施的宗教教育？对此，法国哲学家卢梭、德国哲学家康德、英国哲学家洛克、德国教育家第斯多惠、德国宗教学家马丁·路德均从不同角度揭示了其中的奥妙所在。

其一，卢梭的论证。卢梭认为，教育就是要使人类相信上帝、信任上帝、热爱上帝，并按照上帝的旨意行动，而按照上帝旨意行动就是道德的，是真善美的集中体现。他在《爱弥儿》中的论述分三步骤。首先，上帝确实存在，并主宰世界的安排。卢梭认为，世界是由一个有力量和有智慧的意志统治着。"这个有思想和能力的存在，这个能自行活动的存在，这个推动宇宙和安排万物的存在，不管它是谁，我都称它为'上帝'。"① 其次，上帝主宰人类，重视人的品德和来世安排。卢梭说："对我和跟我同类的人来说，重要的是每一个人都应当知道人类的命运有一个主宰（指上帝），我们大家都是这个主宰的儿子，他要求我们为人公正，彼此相爱，而且对人要善良和仁慈，要遵守我们同一切人的信约，即使同敌人订立的信约，我们也应当遵守；我们今生的表面的幸福是虚假的，我们过了今生还有来生，在来生中，至高的存在对善良的人要给予奖赏，对恶人要给予惩罚。应当拿这些教义和类似的教义来教育年轻人和劝导公民。"② 第三，上帝通过《圣经》指导人类的道德建设。"我要坦率地告诉你：《圣经》是那样的庄严，真使我感到惊奇；《福音书》是那样的神圣，简直是说服了我的心！你看哲学家的书尽管是这样的洋洋大观，但同这本书比较起来，就太渺小了！像这样一本既庄严又朴实的

---

① 卢梭著：《爱弥儿，或论教育》，李平沤译，商务印书馆 1978 年版，第 394—395 页。

② 同上书，第 567 页。

书，是人写得出来的吗?"① 值得注意的是，德国诗人歌德也说了同样的话②。因此，"毫无疑问，谁要是违反这些教义，就应当受到惩罚；这样的人将扰乱整个秩序，成为社会的敌人。谁要是鄙弃这些教义，硬要我们拿他个人的看法作为我们的看法，其结果也是一样的"。他指出，必须使孩子们始终只学那几条涉及道德修养的教义，必须使他们相信，只有那些教导我们行为端正的教义才对我们有所裨益，值得学习③。卢梭说明，人的品德归根结底来自上帝，因此，人应当按照上帝的旨意行动。人类的教育当然要以《圣经》为宗旨。

其二，康德的论证。康德首先明确，教育是使受教育者培养起对上帝的情感，并遵照上帝的旨意在内心中树立道德法则，同时据此行动。首先，康德确立良心即上帝，良心的本质就是道德法则，宗教通过道德良心对人类的行为发挥作用。他说："我们的内心法则叫良心。良心的本质就是把这法则应用于我们的行动。如果人们不把良心看作上帝——他不仅具有在我们之上的崇高地位，也在我们之内占有一个法官的位置——的代表，它的谴责就会没有效果。如果宗教不与道德良心相结合，它就没有作用。没有道德良知的宗教只不过是对神的迷信的侍奉。"④ 其次，

---

① 卢梭著：《爱弥儿，或论教育》，李平沤译，商务印书馆1978年版，第446页。

② 歌德说："无论（人类）精神文化教养怎样不断向前迈进，自然科学在广度和深度上怎样不断进展，人类心灵怎样尽量扩张，它也不会超越'福音书'中所闪耀的那种基督教的崇高和道德修养。"参见歌德著［德］《爱克曼辑录》，载于《歌德谈话录》，朱光潜译，人民文学出版社1978年版，第255页。

③ 卢梭著：《爱弥儿，或论教育》，李平沤译，商务印书馆1978年版，第567页。

④ 康德著：《论教育学》，赵鹏、何兆武译，上海世纪出版集团2005年版，第48页。

内心的道德法则来自上帝，信仰宗教的目的在于改善人心，付诸行动。他说："什么是宗教呢？宗教就是我们心中的、通过一个高于我们的立法者或法官所颁布的法则；它是一种应用了对于上帝的认识的道德学。如果人们不把宗教与道德相联系，宗教就会变成单纯的对上帝的讨好。"在他看来，唱诗、祈祷、上教堂等应给人们带来新的改善自身的力量和勇气，或者是一颗为义务表象所振奋的心的表现。它们只是行善的准备，本身却还不是那种善行，而且人只能通过自身的改善来取悦上帝，别无他途①。第三，他建议应当把上帝教给儿童。康德承认，儿童不可能掌握所有宗教概念，但是，尽管如此，还是必须把其中一切教给他们，只是这些更多地应该是否定性的东西，而非肯定性的。在他看来，对上帝的真正敬拜，在于按照上帝的意志行动，所以，必须让儿童理解这一点。康德说："儿童必须学会首先敬畏作为生命和世界之主宰的上帝；进而敬畏作为人类之看护者的上帝；最终敬畏作为人类之法官的上帝。"因此，"人们必须教给儿童一些有关最高存在者的概念，这样当他们看到别人做祈祷这类事时，就会知道这是在向谁祈祷，以及为什么要这样做。"② 康德强调：道德必须先行，神学跟随其后，这才叫做宗教③。并指出，上帝的概念应该让人在每次说出这个名号时充满敬畏之心，因此对它的使用应该谨慎，不可轻易为之④。值得注意的是，英国哲学家洛克也认为，教育必须从较早时候开始引入上帝的概念，使之植根于儿童心中。他说："作为德行的基础，要早早地在儿童的心

---

① 康德著：《论教育学》，赵鹏、何兆武译，上海世纪出版集团 2005 年版，第 47 页。

② 同上书，第 48 页。

③ 同上。

④ 同上。

智中印上上帝的真实观点，让他明白上帝是自主的至高无上的存在，他是一切事物的主人和创造者，我们从他那里获得一切善，他爱我们，并赠予我们一切东西，然后，就要将爱戴和敬畏这一至高无上存在的情感，注入他们的心田。"①

其三，第斯多惠的论述。首先，上帝创造人类，并让人类完善自身，也就是实现真善美。第斯多惠说：上帝将人带到世上来，为的是叫人完成自身完善的使命。但是，人不能单凭本能去追求生活目的，人类必须是思想明确，旗帜鲜明的，胸有成竹地去追求人生的目的②。这就形成了人生观。在他看来，人生观的树立有两个来源：先人的经验和思想，以及传统精神，即"传统加自我思考"。他指出：从整体上说，人类的奋斗目标就是实现真与善的伟大理想，把真、善、美看成是人生的最宝贵的财富，用全部纯洁的爱，自由自决地，全力以赴方能胜利达到目的。这是全人类也是个人的最崇高的永恒理想，与上帝的真与善合二为一③。其次，人类从两个方面理解教育思想，但终极目标都是让人与上帝合一以实现自我完善。他认为，一种思想认为，教育是一种在人以外存在的自我完善，人把这一完善作为奋斗的典范和目标；另一种思想认为，教育是一种通过发展逐渐自我成长的现象。前者带宗教色彩，后者是哲学思想。在他看来，前者主张自我完善，阐明个人通过努力发展自身生活的高贵的萌芽；后者主张发展自由思想，作为理性和完善的结果。前者是上帝的意志，把人类神化，后者是人以道德为本，升华道德，执行上帝的意

---

① 约翰·洛克著：《教育片论》，熊春文译，世纪出版集团 2005 年版，第 207 页。

② ［德］第斯多惠著：《德国教师培养指南》，袁一安译，人民教育出版社 2001 年版，第 14 页。

③ 同上书，第 18 页。

志。前者以上帝来教育人，后者是教育人执行上帝的意志。前者是宗教博爱思想，后者是哲学和人类学观点。前者是从虔诚开始导致美德，后者是美化道德，导致虔诚。当然，从尽善尽美的高度来看，两者又有相同之处，就是信仰和知识的统一。基督教义就是培养宗教思想，内容是自我完善①。他说："人性深深扎根于人类，人类必须以毕生的精力献身于真、善、美，尽管明明知道征途上千险万阻，困难重重，只要不畏艰险，奋发图强，勇于冲向这一目标，最终必将完成这一重任。""造物主给人类确立了这一目标，人类自身要勇于担起这一重任，要用教育来解决这一生活的重任，而学校教育就是人的自我完善。"②

其四，马丁·路德的论述。马丁·路德说："我的孩子，你要使你的灵魂时时刻刻都希望有一个上帝，而且对他不要抱丝毫的怀疑。此外，不管你最后的决定怎样，你都要记住：真正的宗教的义务是不受人类制度的影响的，真正的心就是神灵的真正的殿堂，不管你在哪一个国家和哪一个教派，都要以爱上帝胜于爱一切和爱邻人如同爱自己作为法律的总纲；任何宗教都不能免除道德的天职，只有道德的天职才是真正的要旨，在这些天职中，为首的一个是内心的崇拜；没有信念，就没有真正的美德。"③他认为，任何时候基督徒都应该把《圣经》当作惟一书本来认真学习，彻底熟悉《圣经》④。而我们在《圣经》中可以读到这样

---

① 第斯多惠著：《德国教师培养指南》，袁一安译，人民教育出版社 2001 年版，第 18 页。

② 同上书，第 24 页。

③ 卢梭著：《爱弥儿，或论教育》，李平沤译，商务印书馆 1978 年版，第 454 页。

④ 马丁·路德著：《给市长和市政官员的信》，载于任钟印主编《世界教育名著通览》，湖北教育出版社 1994 年版，第 153 页。

的耶稣话语。耶稣说："人一切的罪和亵渎的话都可以赦免；惟独亵渎圣灵才不得赦免"；"凡说话干犯人子的，还可得赦免；惟独说话干犯圣灵的，今世来世不得赦免"。[①] 如果从比较的角度看，借用辜鸿铭的话说："欧洲意义上的宗教的目标是让人自己成为一个完美的理想的人，成为一个圣徒、一个佛、一个天使，而儒教限于让人成为一个好公民——像孝子和好公民那样生活。换句话说，欧洲词义上的宗教说：如果你想要拥有信仰，你就必须成为一个圣徒、一个佛、一个天使；而儒教说：如果你是一个孝子和好公民，你就有信仰。"[②] 这样看来，西方文化通过把人导向终极的上帝而使人获得心灵的净化和道德的提升，而儒家文化则通过孝敬父母获得道德的资源和动力。这既是人生的目标，也是教育的目标。

---

① 《圣经·马太福音》12：31—32。

② 辜鸿铭著：《中国人的精神》，陈高华译，陕西师范大学出版社 2006 年版，第 52—53 页。

实践篇

在儒家文化中，教育之道是指教育者通过适当的方式帮助受教育者完美人性、体悟人伦、积善成德、内圣外王的基本原理，即"成德之教"。儒家把教育的功用定位于能够使受教育者达到更好的修身、更好的齐家、更好的治国、更好的平天下的实践之中。王安石曰："苟不可以为天下国家之用，则不教也。苟可以为天下国家之用者，则无不在于学。此教之之道也。"①顾炎武（1613—1682）亦曰："君子博学于文，自身而至于家、国、天下，制之为度数，发之为音容，莫非文也。"②诚然，"止于至善"暗示至善为儒家社会发展的终极目标和最高价值，人将以此为一切行为的准则。教育当然也不例外。"成德之教"既实施"个体至善之教"，也实施"社会至善之教"。法理上，"成德之教"从"个体至善之教"逐步向"社会至善之教"过渡，以"天下至善"为最终目标，并体现"个体至善"的价值。逻辑上，"成德之教"是"个体至善之教"和"社会至善之教"的辩证合一而形成的"止于至善之教"。本质上，"成德之教"既是儒家成德伦理的文化原理，也是儒家教育伦理的实践原理，它始终遵循着"修身"、"齐家"、"治国"、"平天下"的内在逻辑。实践中，儒家以这种道德学问教化民众，造就"大人"，培养社会所需要的人才。其中，"修身之道"服务于生命（自主）教育的环节，"齐家之道"服务于家庭（家族）教育的环节，"教化之道"服务于社会（政治）教育的环节，"普世之道"服务于具有儒家特色的普世（理想）教育的环节。目标上，生命教育使主体养成"以心制欲"的自律品性，家庭教育使主体养成"以情理序"的美德品性，社会教育使主体养成"积善成人"的公德品性，理想教育

①　王安石著：《上仁宗皇帝言事书》。
②　顾炎武著：《日知录·博学于文条》。

使主体养成"推己成圣"的普世情怀。简言之，修身之道—齐家之道—教化之道—普世之道构成了儒家教育伦理的实践原理，并于生命教育—家庭教育—社会教育—普世教育四环节具体落实，最终由受教育者养成个人品德—家庭美德—社会公德—理想道德予以体现。儒家认为，凡遵照人性—人伦—至善的伦理精神并循此实践原理在密切相连的四环节中使个体养成高尚的品德素养的教育本质上就是"善的教育"。

四

修身之道与生命教育

　　修身之道是儒家设计的为落实"大学之道"的第一个环节——生命教育的实践原理。它是调节和规范人与自我关系、人与自然关系的基本原理。与西方文化把个体伦理生命设计为灵魂和肉体的巧妙结合不同，儒家将个体伦理生命设计为由"心性"和"身"构成的伦理实体。"心性"是道德的载体，"身"是欲望的载体，"身"必须接受"心性"的规范和约束，然后成为道德的主体，担负起伦理判断的职责和任务。"心性"修炼的境界是能"以心制欲"、"以理制欲"。修身之道不仅是个体养成良好品德的必需，而且是个体更好地齐家治国平天下的必需，是个体与世界和谐相处达到"天人合一"境界的关键。理论上，修身之道就是儒家生命教育的伦理原理。

1. 伦理文化中的生命设计

　　在伦理文化中，生命是按伦理或道德的特性和要求设计的。不同的伦理文化对人的伦理生命的文化设计是不同的。儒家将生命设计为由"身"和"心性"构成的伦理实体，而西方则将生命设计为由"灵魂"和"肉体"构成的伦理实体。进而，儒家引入"修身养心（性）"的完善人性方法，而西方引入"正义"与"和谐"的调整生命体系的方法。儒家和西方文化均认为，个体只有经过如上伦理方法的调整才可以成为道德判断的主体，并可以行使伦理判断的职责。

（1）"身"与"心"

儒家依据天命和血缘论生命，天命提供人的"性"，血缘提供"身"的来源。具体说，"身"是父母给的，朱熹引用尹氏的话说："父母全而生之，子全而归之。"又引范氏的话说："身体犹不可亏也，况亏其行以辱其亲乎？"① 而"性"是从天命来的。《中庸》云："天命之谓性。"根据儒家的观点，"身"可以代表人的自然存在，也可以代表人的社会存在。但是，"身"和"性"的来源不同造成了"身"与"性"的文化分离，也就是"身"与"心"的文化分离。"身"与"心"（"性"）的文化分离使"身"成为一种值得研究的哲学课题。我们知道，汉语里有很多带有"身"字的词语，如"本身"、"自身"、"人身"、"出身"、"安身立命"、"自身难保"、"翻身"、"进身"、"献身"、"舍身"、"身家"、"身不由己"、"修身"、"身教"、"身体力行"、"不得志修身见于世"、"穷则独善其身"、"不降其志，不辱其身"等。孟子曰："吾身不能居仁由义，谓之自弃也。"又曰："反身不诚，不悦于亲矣。"② 所以，"身"是儒家文化中一种重要的文化符号。

那么，"身"为什么如此重要？简言之，"身"与儒家的几个

---

① 《论语·泰伯》。
② 《孟子·离娄章句上》。

重要概念如"家"、"国"、"天下"直接联系，导致它的价值的急剧递增。更为重要的是，儒家社会中的个体要借助于这个"身"来回报父母、生男育女、传宗接代、延续族人。在儒家的经典著作中，体现这种联系的语言很多。孟子曰："人有恒言，皆曰天下国家。天下之本在国，国之本在家，家之本在身。"① 《大学》云："古之欲明明德于天下者，先治其国；欲治其国者，先齐其家；欲齐其家者，先修其身。"再反过来说："身修而后家齐，家齐而后国治，国治而后天下平。""其本乱而末治者，否矣。"② 可见，"身"是基础，是中介，是桥梁，是纽带，是核心。如此多的意义综合成为"身"之意义。也许，正因为"身"的重要性，儒家特别设计用"心"来关心和管束"身"的活动，或者说，以"心"来监督和掌控"身"的功能和作用，以使"身"始终处于道德的控制之中，也使"身"有能力体现人伦道德。

在儒家伦理文化中，"心"与"性"是一致的概念。程颐曰："性之有形者谓之心。"③ 孟子曰："君子所性，仁义礼智根于心。"④ 孟子曰："尽其心者，知其性也。"朱熹解释道："性则心之所具之理。"⑤ 朱熹还说："恻隐、羞恶、辞让、是非，情也。仁、义、礼、智，性也。心，统性情者也。"⑥ 朱熹弟子陈淳（1153—1217）曰："性字从生从心，是人生来具是理于心，方名之说性。"⑦ 这样，以"心"来规范和调整"身"的功能，也就

---

① 《孟子·离娄章句上》。
② 《礼记·大学》。
③ 程颐著：《遗书》卷二十五。
④ 《孟子·尽心上》。
⑤ 《孟子·告子章句下》。
⑥ 《孟子·公孙丑章句上》。
⑦ 转引自刘小枫编《中国文化的特质》，三联书店 1990 年版，第 225 页。

是以"性"来规范和约束"身"。所以，与其说"身"之重要，不如说"心"和"性"之重要。由此，在中国文化中，"事亲"也以"事心"而非"事身"为上，关心人的"身"也以被解释为"关""心"人，进而形成了儒家所谓的"心性之学"，而没有所谓"身学"的研究①。

从完整的意义上说，个体的生命价值由三个方面构成："身"、"心"、"性"。如果说，"身"是祖先给的，那么，"性"就是天地给的，而"心"则是圣贤给的。所以，在文化的意义上，儒家认为人的生命来源于三个方面：天地、祖先、圣贤。首先，"先有天地然后有万物"，天地是宇宙万物之本源，人是天地造化之一。其次，人人都有造就自我生命之本的祖先。《礼记》云："圣人反本复始，不忘其所由生也。"② 又曰："万物本乎天，人本乎祖，此所以配上帝也。"③ 最后，圣贤是人的文化生命之本。人之心善是儒家的圣贤给予确定的。这样，儒家社会出现的"三祭"其实就是以上所述的三项祭礼。可以看出，儒家试图通过"三祭"发现人的生命来源和人的本质特性。其意义在于：让人看到了自己的价值根据：人是天地中的客观存在物，而且是最高贵的理性存在物；人在祖先那里得到了自己的真实身份和地位，而且应当继续保持这个价值的联系和连续；人必须珍视和托载古代圣贤所留下的文化遗产，并以圣贤精神为榜样行人伦之道。《礼记》云："祭者，所以追养继孝也。"又曰："夫祭之为物大矣，其兴物备矣。顺以备者也，其教之本与？是故，君子之教

---

① （明）吕坤说："人子之事亲也，事心为止，事身次之，最下事身而不恤其心，又其下事之以文而不恤其身。"见《呻吟语·卷一·伦理》。

② 《礼记·祭义》。

③ 《礼记·郊特牲》。

也，外则教之以尊其君长，内则教之以孝于其亲。"①

（2）"灵"与"肉"

西方文化将人的伦理生命看作是"灵魂"与"肉体"的有机性结合，它们均来源于上帝或神的故意造化。捷克教育家夸美纽斯（Johann Amos Comenius，1592—1670）说："这可以从创造的本身看出来，因为上帝不独吩咐人类去生存，如同吩咐他的其他造物一样，而且经过慎重的考虑之后，上帝又亲自用手给他做了一个身体，亲口把灵魂给他嘘了进去。"②《圣经》记载："耶和华上帝用地上的尘土造人，把生命的气息吹进他的鼻孔，他就成了一个活人。"③《圣经》又载曰："所有人的生命属于我。"④可见，上帝是全能的造物主，上帝不仅给了人类的"肉体"，而且给了人类的"灵魂"。正是"灵魂"和"肉体"的结合，构成了人的个体存在。从"上帝造人"的过程看，先有"肉体"后有"灵魂"。那么，如果将"人"看作是一个"道德的存在"，"灵魂"和"肉体"的作用如何联系又如何区别？在这方面，我们可以参考柏拉图和亚里士多德及基督教文化的理解和论述。

柏拉图确信，人由灵魂和肉体构成，灵魂使肉体成为活体，成为有生命特性的个体。灵魂是先在的、永生的，肉体是后在的、短暂的。"肉体很快会解体，而灵魂则完全不会瓦解，不会

---

① 《礼记·祭统》。

② 夸美纽斯著：《大教学论》，载于张焕廷主编《西方资产阶级教育论著选》，人民教育出版社1979年版，第2—3页。

③ 《圣经·创世记》2：7。

④ 《圣经·以西结书》18：4。

消灭。"① "完全可以肯定：灵魂是不死的，不朽的。我们的灵魂将存在于另一个世界某处。"② 灵魂一方面分享真实世界或理念世界，或神的世界，另一方面加入有生有灭的肉体世界。灵魂的两个方面通过内在的中间形式连接起来。此中间形式内涵包括高尚的冲动、对荣誉的热爱、心灵的感情和对道德的敬畏。同时，这种内在的有机性通过外在的有机性表现出来。其中，头脑是理性的住所和智慧的发源地，是统治者的城堡。胸中驻有心灵，是感情的住所，也是勇敢和义愤的住所，随时准备接受来自统治者的命令。在膈膜的下面则驻有动物欲望的器官，也是营养的繁殖的器官所在地。人的有机构造及功能的协调配合构成人在真实世界的具体形式——"肉身"，体现着上帝或神之意志的巧妙安排。

那么，在现世的生活中，灵魂与肉体如何相处，并成就人的道德品质？透过柏拉图的对话记录，我们也可以看到苏格拉底的观点。苏格拉底说："灵魂既然不朽，我们就应该爱护它，不仅在所谓的今生今世，而且永远都应爱护它"，而"要想使灵魂得救，就得千方百计使它变成善良而有智慧，别的办法是没有的。因为灵魂带往另一个世界的，不是别的而是它现世的训练和修养"。③ 他强调，人在活着的时候不应用体外之物来装饰他的灵魂，而是用自身的饰物——自我克制、正直、勇敢、自由、真实——来装饰他的灵魂，以便做好前往另一个至善世界的各种准备④。他说："自我克制、正义、勇敢、智慧本身就是一种灵魂

---

① 柏拉图著：《裴多篇》，载于《古希腊散文选》，人民文学出版社 2000 年版，第 114 页。

② 同上书，第 152 页。

③ 柏拉图著：《费多篇》，载于《古希腊散文选》，人民文学出版社 2000 年版，第 153 页。

④ 同上书，第 161 页。

的净化。"① 夸美纽斯认为，人的终极目标是超于现世人生的，因为"理智本身就已宣布，人类这种完善的生物较之其他一切生物注定具有一个更高目标，要与一切完善、光荣与幸福的极致的上帝相结合，要与上帝永远同享最高的光荣与幸福"。② 而且，"我们的本性也表明现世的人生对于我们是不够的，因为在这个世界，我们的生活有三方面，即植物的，动物的和智力或精神的。这其中头一种作用限于身体方面，第二种利用感官和动作的作用，伸展到外物上去，而第三种则能单独存在，这是看了天使的例子可以明白的"。③ 柏拉图也说："人世生活间的事本也没有什么值得太重视的。"④《圣经》说："不要爱世界和世界的事。""因为凡世界的事，比如肉体的欲望、眼睛的欲望、炫耀财物的行为，都不是源于父亲的，而是源于世界的。"⑤ 从此可以看出，西方文化看轻现世人生，看重来世生活。人即使是在现世中修炼自己的灵魂，其目的也是指向灵魂的不朽。

　　事实上，苏格拉底和柏拉图的观点为基督教文化的诞生奠定了文化的基础。苏格拉底认为，死是灵魂从一个世界迁往另一个世界。在另一个世界，人会得到神的良好的照顾和安排⑥。基督教就设计了一个超验的人生之外的世界，以解决人生因为有限生

---

①　柏拉图著：《费多篇》，载于《古希腊散文选》，人民文学出版社 2000 年版，第 95 页。

②　夸美纽斯著：《大教学论》，载于张焕廷主编《西方资产阶级教育论著选》，人民教育出版社 1979 年版，第 2 页。

③　同上书，第 2—3 页。

④　柏拉图著：《理想国》，郭斌和、张竹明译，商务印书馆 1986 年版，第 403 页。

⑤　《圣经·约翰一书》2：15—16。

⑥　柏拉图著：《辩护词》，载于《古希腊散文选》，人民文学出版社 2000 年版，第 57 页。

命而无法超越的来世安顿问题。因为他们认为现实世界是不完美的，人只有到现实世界之外的境界中去寻求个体的价值根基。《圣经》引耶稣的话说："你们是从下头来的，我是从上头来的；你们是属这个世界的，我不是属这个世界的。"① "叫人活着的乃是灵，肉体是无益的；我对你们所说的话，就是灵，就是生命。"② "信的人有永生。我就是生命的粮。"③ "我是从天上降下来生命的粮；人若吃这粮，就必永远活着；我所要赐的粮，就是我的肉，为世人之生命所赐的。吃我肉喝我血的人就得永生；在末日我要叫他复活。吃我肉喝我血的人，常在我里面，我也常在他里面。"④《圣经》记载："耶稣对众人说，我是世界的光；跟从我的，就不在黑暗里走，必要得着生命的光。"⑤ "爱惜自己生命的就丧失生命；在这世上恨恶自己生命的，就要保守生命到永生。若有人服侍我，就当跟从我；我在哪里，服侍我的人也要在哪里；若有人服侍我，我父必尊重他。"⑥ "你们若常常遵守我的道，就真是我的门徒。你们必晓得真理，真理必叫你们得以自由。"⑦

(3)"心""灵"与伦理判断

根据伦理学的理论，所谓伦理判断或道德判断，就是有意识的行为者对自身的行为（包括心理行为）及行为者作善恶的价值

---

① 《圣经·约翰福音》8：23。
② 《圣经·约翰福音》6：63。
③ 《圣经·约翰福音》6：47—48。
④ 《圣经·约翰福音》6：51—56。
⑤ 《圣经·约翰福音》8：12。
⑥ 《圣经·约翰福音》12：25—26。
⑦ 《圣经·约翰福音》8：31—32。

判断。通常情况下，世界上的每个人在日常生活、工作和各种交往中都会遇到需要行为主体进行伦理判断或道德判断的情形和要求。于是，个体必须做出自己的判断。那么，中西方文化对这种伦理判断或道德判断的主体是如何看到的？

①"心"作为伦理判断的主体

儒家将人视为一个"道德的小宇宙"，在此"道德的小宇宙"中，一切活动属于人道的心理活动，它的"掌舵者"就是"良心"，"身是心当。"① 王阳明曰："身之主宰便是心。"② 也就是说，所有道德或伦理的判断都必须经过"良心"的"审核"和"批准"，然后，人才可以进入具体的实施阶段，即由心理活动转化为具体的实践行为。按照儒家的观点，"良心"存在于每个人的心性之中，由每个人自己"掌控"。荀子曰："心居中虚，以治五官，夫是之谓天君。"③ 孟子曰："君子所性，仁义礼智根于心。"④ 就是说，仁义礼智的道德行为均须"心"的参与和决断。孔子曰："为仁由己"；"君子求诸己"。⑤ 又曰："唯仁者，能好人，能恶人。"⑥ "好人"就是"好善"，"恶人"是否定"恶恶"。孟子引"孺子入井"的例子说明人有"四心"，"四心"使人看到道德的主体不是别人，也不是外在的因素，恰恰是行为者自身。换言之，每个人完全可以做伦理判断者，因为判断的主体就存在于个体之内的善性直觉中。在任何需要做出伦理判断或需要给出

---

① （明）吕坤说："身是心当，家是主人翁当。"见《呻吟语·卷二·修身》。

② 王阳明曰："身之主宰便是心，心之所发便是意。意之本体便是知。意之所在便是物。"(《传习录·徐爱录》)

③ 《荀子·天论篇》。

④ 《孟子·尽心上》。

⑤ 《论语·颜渊》。

⑥ 《论语·里仁》。

伦理或道德结论的地方和时候，每个人都不需要外求帮助。朱熹曰："仁者，心之德，非在外也。"① 孔子曰："克己复礼为仁。一日克己复礼，天下归仁焉。为仁由己，而由人乎哉?"② 又曰："仁以为己任。"③ 又曰："志士仁人，无求生以害仁，有杀身以成仁。"④ 孟子曰："鱼，我所欲也；熊掌，亦我所欲也，二者不可得兼，舍鱼而取熊掌者也。生，亦我所欲也；义，亦我所欲也，二者不可得兼，舍生而取义者也。"⑤ 孔子曰："知其不可为而为之"，"匹夫不可夺志也。"因此，心性修养的水平决定"良心""掌控"道德判断的水平，决定个体实施道德行为的水平。所以，儒家强调"工欲善其事，必先利其器"。⑥ 通俗地说，就是锻炼心性的能力，以提高道德主体的伦理判断能力。这导致了儒家社会里心性之学的繁荣和发展，造就了儒家的直觉文化。

　　在牟宗三看来，由孟子所说的"善端"构成的"本心仁体"的认识能力就是人类的一种"智的直觉能力"。牟先生的理性分析包括三方面。其一，本心仁体的明觉活动自知、自证自己。所谓"逆觉体证"即"智的直觉"，这纯是本心仁体自身的明觉活动造成的结果，而不是感性的自我影响。其二，凡有智的直觉能力者就有智的能力发出道德行为。因为，本心仁体具有智的直觉能力，完全能发出道德法则，并指挥自身行为按道德要求进行和开展。如，见父自然知孝，见兄自然知弟，当恻隐则恻隐，当羞恶则羞恶。他说："知孝即孝，当孝即能孝，此即性体之不容己。

①　《论语集注·述而》。
②　《论语·颜渊》。
③　《论语·泰伯》。
④　《论语·卫灵公》。
⑤　《孟子·卫灵公》。
⑥　《论语·卫灵公》。

性体不易己地发布命令，亦不容己地见诸行事，不是空悬的一个命令。此即孟子所谓良知良能，亦即本心仁体之创造性。"他引用孟子的话说："舜之居深山之中，与木石居，与鹿豕游，其所以异于深山之野人者几希。及其闻一善言，见一善行，若决江河，沛然莫之能御也。"① 这就是人的"智的直觉能力"的外在表现。朱熹对孟子这段话的注释很清楚："盖圣人之心，至虚至明，浑然之中，万理毕具。一有感触，则其应甚速，而无所不通，非孟子造道之深，不能形容至此也。"② 其三，本心仁性是无限的，有绝对普遍性。它不但特显于道德行为之成就，它也遍润一切存在而为其体。这就是孟子所说的"沛然莫之能御"，以及"万物皆备于我，反身而诚，乐莫大焉"。③ 根据牟先生的分析，人在进行伦理判断或道德判断时，"本心仁体"发挥着核心的作用，也就是"智的直觉能力"所发挥的功能作用④。

②　"灵"作为伦理判断的主体

柏拉图认为，理性是人的灵魂的特性，理性在人性的三要素中发挥主导功能，决定着行为者的行为倾向。柏拉图说："一切好的和坏的，不管是身体方面还是整个人方面的，都是以灵魂为发源地，都是从那里流到各处，就像从头部流到眼睛那样，所以我们必须密切关怀灵魂，才能使头部以及整个身体处于良好状态。"⑤ 亚里士多德说："很显然，灵魂统治肉体，心灵和理智的

---

① 《孟子·尽心上》。

② 《孟子·尽心章句上》。

③ 《孟子·尽心上》。

④ 牟宗三著：《智的知觉与中国哲学》，载于俞吾金著《二十世纪哲学经典文本》，复旦大学出版社 1999 年版，第 700—702 页。

⑤ 柏拉图著：《卡尔弥德篇》，载于《柏拉图对话集》，商务印书馆 2005 年版，第 77 页。

因素统治情欲的部分是自然而且有益的。相反，两者平起平坐或者低劣居上总是有害的。"然而，"灵魂分为两个部分，一部分就其自身具备理性，另一部分虽则就自身而言不具备，但有能力听从理性。具有了这两个部分的德性，一个人就能因此在某种程度上被称为善良之人"。① 康德认为，自由意志是灵魂而非肉体的特性，人按照善良意志制定的道德法则行事，就是道德的行为和善的行为。在他看来，由善良意志制定的道德法则本身是"应该的"而且是被所有人接受的原则和准则，因此，行为主体必须按照此道德法则来执行，而按此道德法则行动，行为主体的活动就是善的，否则就不是善。于此，康德排除了由外在因素决定行为的可能性，如欲望、利益、爱好、名誉、感情等。康德把这种道德法则称为最高的"道德法则"，它来自主宰一切的上帝的旨意，因而这种道德法则本身就是"绝对的善"，它是人人必须遵守的"道德律"。在康德看来，人遵守道德法则的行为一定是符合伦理和道德的理性行为，行为人可以被称为有德性的人或有道德的人。显然，康德的道德法则要求行为者的内心动机必须是纯粹的、诚实的，不涉及任何"私心杂念"，即以善良意志为基础的"形式论"，它主要依赖于行为者的动机而无须涉及行为的效果，人生的意义和价值在于追求自我意志的自由实现。

在卢梭看来，人的灵魂中存在一种"怜悯"的天生情感，它能克制个人身上强烈的自爱情绪，促进全人类的互相保护。它是不用思考就有的感情，是人的一种美德，是人的一种禀性。这种"怜悯之心"就是人的"良心"。他说："在我们的灵魂深处生来就有一种正义和道德的原则；尽管我们有自己的准则，但我们在

---

① 亚里士多德著：《政治学》，载于《亚里士多德选集》，颜一、秦典华译，中国人民大学出版社 1999 年版，第 264 页。

判断我们和他人的行为是好或坏的时候，都要以此原则为依据，所以我把此原则称为良心。"① "良心是灵魂的声音，欲念是肉体的声音。"② 而且 "良心是最善于替我们决疑解惑的"。③ 本质上，卢梭所述的良心其实就是来自上帝的道德命令或道德旨意。他强调："我们好善厌恶之心也犹如我们的自爱一样，是天生的。"④ 所以，人类应该用 "良心" 来指导行动。卢梭因此对 "良心" 进行了赞美："良心呀！良心！你是圣洁的本能，永不消逝的天国的声音。是你在妥妥当当地引导一个虽然愚昧无知然而是聪明和自由的人，是你在不差不错地判断善恶，使人形同上帝！是你使人的天性善良和行为合乎道德。没有你，我就感觉不到我身上有优于禽兽的地方；没有你，我就只能按我没有条理的见解和没有准绳的理智可悲地做了一桩错事又做一桩错事。"⑤ 也许正是基于这样的理念，西方社会中始终流传着关于良心的谚语。英国谚语说："本心之善，乃最善之法律也。"德国谚语说："善之本心，天堂也；恶之本心，地狱也。"西谚说： "良心者，人生之基础也。"

2. 性善本位的修身之道

以性善为本位的修身之道是儒家为贯彻和落实 "大学之道"

---

① 卢梭著：《爱弥儿，或论教育》，李平沤译，商务印书馆 1978 年版，第 414 页。

② 同上书，第 411 页。

③ 同上书，第 410 页。

④ 同上书，第 416 页。

⑤ 同上书，第 417 页。

而设计的用于个体自身环节上的实践原理。它以"性善"为基础，以调节和规范人性中设计的天人关系、人与自身的关系为基本内容，以实现人性和谐发展并在社会中实现安伦尽分为目标归宿。按儒家的设计，它必须经过格物、致知、诚意、正心的伦理过程，实践上就是个体"修身养性"以适应在家庭和社会中"安伦尽分"的人生需要。

(1)"正心"之道

根据以上所述，"心"是伦理或道德判断的主体，所以，在儒家看来，一个人能够成德关键在于"心""正"。因为"心"不"正"，则"意"不"诚"，"心意不正"则"事难成"。可以说，正是看到了心在道德行为中的重大作用，儒家把"正心"放在了核心的位置上，在总计"八条目"的"成德之道"中占据了"一半"的"路程"。其中，格物和致知重在"求知"，诚意和正心重在"明仁"。历史上，朱熹的解释使《大学》中的前四个条目的条理更加明确，逻辑更加清晰。

①格物

通俗地说，格物就是研究事物。按照朱熹的理学观点来说，就是研究世界上的万事万物的"理"。在世界中，"人"得全部的"理"，"物"得部分的"理"。若"使学者即凡天下之物"，"知之理而益穷之，以求至乎其极"。同时，"至于用力之久，而一旦豁然贯通焉，则众物之表里精粗无不到，而吾心之全体大用无不明矣"。

②致知

通俗地说，致知就是对万事万物之"理"的认识达到"知"的境界。依朱熹的说法，"人心之灵莫不有知，而天下之物莫不有理"，把世界的"理"弄清楚，并转化为人的"知"，这是由认识"物"的"理"到认识"人"的"理"的过程，也就把客观的"理"转化为人的主观的"理"——"知"。

③诚意

"知至"则"意诚"。所谓"意诚则真无恶而实有善矣"。本质上，"诚其意者，毋自欺也"。朱熹曰："诚其意者，自修之首也。"因为"欲自修者知为善以去其恶，则当实用其力，而禁止其自欺"。"此谓诚于中，形于外。"虽然"诚意"和"致知"都是人的主观活动，但是，"诚意"实际上比"致知"更进一步，因为"诚意"已经把"人"得到的对"理"的"认识"向"人"的内心深处转化，进而为"正""心"准备基本的前提条件。

④正心

"身有所忿懥，则不得其正；有所恐惧，则不得其正；有所好乐，则不得其正；有所忧患，则不得其正。"朱熹认为，"忿懥，恐惧，好乐，忧患""四者，皆心之用"，如果人"心""不能察，则欲动情胜，而其用之所行，或不能不失其正矣"。这样，道德或伦理判断的主体就会失去正确的方向。所以，"君子必察乎此而敬以直之"，"然后此心常存而身无不修也"。"此谓修身在正其心。"王阳明所说"种树者必培其根，种德者必养其心"①就是这个道理。

历史上，儒家对以上四个条目强调多有不同，但意义基本一致。在我看来，曾国藩的论述颇为深刻。他认为："《大学》之纲目，皆己身切要之事，明矣。其条目有八，自我观之，其致功之处则仅二者而已，曰格物，曰诚意。"所谓"格物，致知之事也，诚意，力行之事也。物者何？即所谓本末之物也。身、心、意、知、家、国、天下，皆物也；天地万物，皆物也；日用常行之

---

① 《传习录》。

事，皆物也。格者，即物穷其理也。如事亲定省，物也；究其所以当随行之理，即格物也……所谓诚意者，即其所知而力行之，是不欺也。知一句便行一句，此力行之事也"。① 曾国藩的意思是，只要人做到了"格物"和"诚意"就可以达到恢复人之善性的目的。事实上，多卷本的《曾国藩家书》正是曾国藩这一思想的真实反映。林语堂也十分欣赏儒家文化的精义之处，他在《论东西思想法之不同》中写道："儒家正心、诚意、修身、齐家，自然是儒道之中心思想，也是儒道的本源，也是吾国思想系统所以独异于西方哲学，而足以救西方专求知不求道的空疏迂阔之谬。"② 他还赞美文天祥、史可法、王阳明、林则徐等人："皆一片天地正义在心头，其学问皆从正心、修身做起。"很显然，他将"正心"和"修身"看作人生要务予以强调。就两者均对准"人心"来说，曾国藩和林语堂的阐释具有异曲同工之妙。

总之，在儒家看来，经过以上"四个环节"的修炼，"人""心"就可以担当对"身"的管理和约束工作，使"身""听从"道德的命令，成就人生的大事业——齐家治国平天下。朱熹曰："大学之修身、齐家、治国、平天下，其本只是正心、诚意而已。心得其正，然后知性之善。"③ 值得注意的是，在四环节修炼的过程中，儒家没有安置一个"上帝"在"人"的"心"中。这反映了儒家重视人之修养的内向性和自我性，也反映了儒家的人本主义精神。那么，为什么会如此？于此，让我们引用钱穆的话予以论述。他说：

---

① 康浩明著：《康浩明点评曾国藩家书》上，岳麓书社 2002 年版，第 17 页。
② 转引自王兆胜著《林语堂的文化情怀》，中国社会科学出版社 1998 年版，第 106 页。
③ 《孟子序说》。

中国思想则认为天地中有万物，万物中有人类，人类中有我。由我而言，我不啻为人类之中心，人类不啻为天地万物之中心。而我之与人群与物与天，则寻本而言，浑然一体，既非对立，亦非绝对。最大者在最外围，最小者占最中心。天地虽大，中心在我。然此绝非个人主义。个人主义乃由分离个人与天、物、人群对立而产生。然亦决非抹煞个人，因每一个人，皆各自称为天、物、人群之中心。个人乃包裹于天、物、人群之中，而为其运转之枢纽。中心虽小，却能运转得此大全体。再深入一层言之，则所谓中心者，实不能成一体，因其不能无四围而单有一中心之独立存在。故就体言，四围是实，中心是虚。就用言，四围运转，中心可以依然静定。中心运转，四围必随之而全体运转。此为中国思想之大道观。此所谓"道"，亦可以说是中国人之宗教观，亦可以说是中国人之自然科学观，亦即中国人之人生哲学。[①]

(2) 修"身"养"性"

儒家把"修身"和"养性"或"存心"直接联系起来，具有深刻的伦理意蕴。我们可以从这几个角度来理解它们的关系。第一，"修身"是为了"养性"或"存心"；第二，"养性"或"存心"的目的是"修身"；第三，"修身"的手段和方法是"养性"或"存心"；第四，"养性"的手段和方法是"修身"。总之，"身"和"心"或"性"通过"修"和"养"获得了统一。同时，

---

① 钱穆著：《钱宾四先生全集》第 24 卷《中国思想史》，台湾联经出版事业公司 1998 年版，第 9—10 页。

在这里，我们也可以看出儒家文化关于"修身"和"养心"的"深层结构"设计。

在儒家看来，"身"与"心"（"性"）被认为是二元分离的。其中，"心"（"性"）被设计为道德的主体，具有道德的基础和能力，它须"存养"、"保养"，而"身"被设计为欲望的主体，具有偏离道德的危险性，必须不断地施加"修"功，即"修炼"、"修明"、"修复"。《大学》云："身""有所愤怒"、"有所恐惧"、"有所好乐"、"有所忧患""则不得其正"。这样，个体便存在两个主体，道德的主体和不道德的主体；不道德的主体随时有离开道德主体的可能，为了约束和规范不道德的主体，个体必须用道德的主体对不道德的主体进行"修炼"，使之恢复到或规范到道德的主体所希望的轨道上来，并与道德的主体一起呈现人之善良本性①。因此，孔子曰："为人由己"；"克己复礼为仁"，"克己"就是克服不道德主体存在的人性，恢复到本有善性上来。"修身养性"就是"存养"道德的纯真善性、"修复"不道德的恶性，使个体处于道德的控制和规范之中，终极目标则是"事天"。朱熹认为，《孟子》旨在"教人存心养性"。② 扬雄说："学者所以修性也。"③ 目的在于"存心养性以事天，所以履其事也。"④

如果说，"修身"和"养心"是一对矛盾的话，那么，很显然，"养心"是矛盾的主要方面。也就是说，只有解决好"养心"或"养性"，"修身"才可以得到最佳的效果。在这方面，几乎是所有的儒家都强调对"心"或"性"的"养"和"存"，因为它

---

① 樊浩著：《伦理精神的价值生态》，中国社会科学出版社 2001 年版，第 184 页。

② 《孟子序说》。

③ 《扬子法言·学行》。

④ 《孟子·告子章句下》。

们是解决"修身"问题的关键点。那么，如何"养性"或"存心"？孟子的观点可以作为代表。孟子曰："养心莫善于寡欲。"①它示意：修身养性的最好办法莫过于减少欲望。孟子把"性"和"欲"对立起来，认为"性"是善之本，而"欲"是恶之源。"欲"多则"善"少，"欲"少则"善"存。后来，朱熹从理学角度论述了"存天理，灭人欲"的伦理学说，事实上导源于孟子的"养心寡欲说"。差别在于朱熹将"性"上升到形而上的高度加以论述，以便为其处理好"情"与"欲"的关系做好铺垫。

儒家发现，以上问题确实是人生的主要问题，因此开出了许多具体的方法。其核心均承认个体具有道德的能力，可以成为道德的主宰。这其实也是性善论的根据和理由。细言之，孔子开出的方法是"自省"和"内省"。孔子曰："内省不疚。"②"见贤思齐焉，见不贤而内自省也"。③"吾日三省吾身：为人谋而不忠乎？与朋友交而不信乎？传不习乎？"④孟子的方法是"自反"、"不动心"、"持志养气"、"养浩然之气"。孟子曰："爱人不亲反其仁，治人不治反其智，礼人不答反其敬。行有不得者，皆反求诸己。其身正，而天下归之。"⑤"万物皆备于我，反身而诚，乐莫大焉。"⑥"我四十不动心……我知言；我善养浩然之气。"⑦荀子的方法是"治气养心"，主张"相形不如论心"，并说："形相虽恶而心术善，无害为君子也。形相虽

---

① 《孟子·尽心上》。
② 《论语·颜渊》。
③ 《论语·里仁》。
④ 《论语·学而》。
⑤ 《孟子·离娄上》。
⑥ 《孟子·尽心上》。
⑦ 《孟子·公孙丑上》。

善而心术恶，无害为小人也。"① "君子博学而日省乎己，则知
明而行无过矣";② "见善，修然必以自存也；见不善，愀然必
以自省也"。③ 子思的方法是"慎独"。"道也者，不可须臾离
也，可离非道也。是故君子戒慎乎其所不睹，恐惧乎其所不
闻。莫见乎隐，莫显乎微，故君子慎其独也。"④ "二程子"的
方法是"主敬存诚"。许衡的方法是"持敬"。朱熹的方法是
"居敬"和"穷理"，即"格物、致知、诚意、正心"的方法。
《周易》的良方是"自强"，即"天行健，君子以自强不息。"
清代李毓秀的《弟子规》强调指出："见人善，即思齐。纵去
远，以渐跻。见人恶，即内省。"孟德斯鸠在《论法的精神》
中对此予以肯定⑤。总之，儒家看重的是道德主体应该时刻注
意、积极发挥自我调节功能，以使自身始终处于道德的规范
之中。

那么，儒家主张个体修身养心的意义何在？这里体现的就是
儒家的人文精神。在此，杜维明的论述可以帮助我们理解其中的
奥妙。他指出，儒家所体现的兼容并包的人文精神，即从每个人
自己身心性命的陶冶、建立做起，通过家庭伦常合情合理的安顿
和社会关系公平正义的调节，而达到天下太平的幸福世界，是成
千上万中国和东亚知识分子以及群体大众立身处世的准则。"儒

---

① 《荀子·非相篇》。

② 《荀子·劝学篇》。

③ 《荀子·修身篇》。

④ 《中庸章句》。

⑤ 孟德斯鸠在《论法的精神》中认为，中国人的一般精神是建筑在初民的自身
向内行为的基础上的，而且宣传和教育又一再强化这种精神，甚至把法律和礼仪也
与之拴在一起，成为仍然注重内省修养的"礼教"，"礼教构成了国家的一般精神"。
转引自忻剑飞著《世界的中国观》，三联书店（香港）有限公司1991年版，第196
页。

家传统所体现的人文精神不仅是一个横向的扩展，同时也是深化的过程。"在他看来，人不仅是身体，而且是心知，是灵觉，是神明。从人的身体到心知，到灵觉到神明是逐渐深化、逐渐扩展的整合过程。这个过程突出三个向度：第一向度是个人和社会，第二向度是个人和自然，第三向度是人心和天道。总之，"儒家所体现的正是这种个人、社会、自然及天道四个层面的人文精神"。[①]

（3）正义与和谐

西方文化把正义与和谐作为人的灵魂制约和规范肉体的活动以便培育正义之人的必须手段。这可以从柏拉图的论述中看出来。柏拉图认为，人由灵魂和肉体构成，灵魂不朽不灭，肉体短暂易逝。因此人性应当而且只能根据人的灵魂确定。他认为，灵魂和灵魂都一样，每个灵魂没有什么不同，所有生灵的灵魂同样是善良的。灵魂如果是和谐的，就不可能有邪恶。"和谐"指灵魂的三个部分处于协调的状态中，本质就是"正义"，即是善；表现出来不和谐和不正义即是恶。柏拉图说："正义是智慧和善，不正义是愚昧和恶。"[②] 具体地说，人性的三部分处于相互协调，理性发挥正确的领导作用，这样的人性就是善的人性。换言之，善性表现在人的心灵（或灵魂）之深处。心灵（或灵魂）时刻反映着人性的状态，如果心灵（或灵魂）败坏了，就证明理性没有发挥应有的作用。在这里，柏拉图通过"正义"表明对人性的看

---

① 见杜维明相关论述。参见郑文龙主编《杜维明学术文化随笔》，中国青年出版社 1999 年版，第 16—28 页。

② 柏拉图著：《理想国》，郭斌和、张竹明译，商务印书馆 1986 年版，第 36 页。

法。在他看来，"正义"是人性各部相互协调，处于"正义"控制状态中的心灵（或灵魂）是最善的、最有德性的。因此，"不正义是心灵本身最大的恶，正义是最大的美德"。[1] 柏拉图把这种"正义"看作"最好的东西"。"最好的东西就是指不仅它们的结果好，尤其指它们本身好"，"正义本身赐福于其所有者；不正义本身则贻祸于其所有者"。[2] 结论是，"正义是心灵的德行，不正义是心灵的恶"，[3] 而且"正义本身就是最有益于灵魂自身的"，因此，"为人应当正义"。[4] 恶的心灵造就不正义，形成恶的人性，善的心灵造就正义，形成善的人性。于是，柏拉图赞美正义之人："正义之人无论陷入贫困、疾病，还是遭到别的什么不幸，最后都将证明，所有这些不幸对他（无论活着的时候还是死后）都是好事。因为一个愿意并且热切地追求正义的人，在人力所及的范围内实践神一般的美德，这样的人是神一定永远不会忽视的。"[5] 而"来自神的一切都将最大可能地造福于神所爱的人，除非他因有前世的罪孽必须受到某种惩罚"。[6] 卢梭继承了柏拉图观点，但他承认人的心灵（或灵魂）存在不同形式："每个人的心灵有它自己的形式，必须按它的形式去指导他；必须通过它这种形式而不能通过其他形式去教育，才能使你对他花费的苦心取得成效。"[7]

---

[1] 柏拉图著：《理想国》，郭斌和、张竹明译，商务印书馆 1986 年版，第 55 页。

[2] 同上书，第 56 页。

[3] 同上书，第 2 页。

[4] 同上书，第 415 页。

[5] 同上。

[6] 同上。

[7] 同上书，第 97 页。

3. 生命教育的文化设计

生命教育是儒家设计的旨在促进个体的人性修养、完善个体的德性品质、培养个体善于处理个体与自我、个体与自然的矛盾关系的重要环节，它贯穿人生的整个过程。鉴于对伦理生命的独特设计，儒家对生命教育环节的设计，概括起来主要由性命观教育、人道观教育、道德自律教育构成。性命观教育培育人尊重自然、敬畏生命、爱护生命的人文精神，人道观教育培育人尊重人、信任人、爱护人的人文精神，而道德自律教育培育人的道德自尊心、自制心的良好品质。《中庸》首句"天命之谓性，率性之谓道，修道之谓教"，可以用来支持以上观点。

（1）性命观教育

《中庸》云："天命之谓性。"朱熹解释说："命，犹令也。性，即理也。天以阴阳五行化生万物，气以成形，而理亦赋焉，犹命令也。于是人物之生，因各得其所赋之理，以为健顺五常之德，所谓性也。"这是儒家性命观教育的根据。

首先，热爱大自然，是生命德性的直接表现。我们可以从《周易》等经典著作中找到充分的证据。《周易》云："天有好生之德。"《周易》虽没有连续提到"生命"的字样，但提到"生"、"命"及"性命"，核心意义是把"生""命"同自然变化相联系。"有天地，然后万物生焉。"[1]"天地感而万物化生。"[2]"天地之大

---

① 《周易·序卦传》。
② 《周易·咸》。

德曰生。"① "生生之谓易。"② "至哉坤元，万物滋生，乃顺承天。"③ 孔子曰： "天何言哉！四时行焉，百物生焉，天何言哉！"④ 荀子曰："天地者生之本也"，"天地合而万物生"。⑤ 这些经典话均示意：人的生命来自大自然，是天生的，同时也肯定"天命"对人的道德关怀。《周易》还说："干道变化，各正性命。"又说："穷理尽性以至于命。"⑥ 这说明"性"与"命"是紧密相关的。无性命也就无生命，无生命也就无性命。

其次，热爱生命、敬畏生命，是人的德性表现。朱熹曰："道从性命而来，性命从天而来。"⑦ 具体说，"性命"从"天"而来，"道"从"性命"而来。"天"是源头，"道"是归宿，"性命"是中介和桥梁。孟子强调："尽其心者，知其性也。知其性，则知天矣。存其心，养其性，所以事天也。夭寿不贰，修身以俟之，所以立命也。"⑧ "故人者，其天地之德，阴阳之交，鬼神之会，五行之秀气也。"⑨ "秀气"为"气"中最佳的"气"，意谓人是万物中的"精灵"。朱熹认为，万物都有一个"理"，人得"全部的理"，而物得"部分的理"，人之气"清"，物之气"浊"，气"清"则"理"显明，气"浊"则"理"蔽塞。孟子曰："人之异于禽兽者几希。"此性即人兽相区别的"几希处"。人之性命的贵重显而易见。以上论述透露的信息是：人的"性命"与"天

---

① 《周易·系辞下》。
② 《周易·系辞上》。
③ 《周易·坤》。
④ 《论语·阳货》。
⑤ 《荀子·礼论篇》。
⑥ 《周易·说卦》。
⑦ 《四书集注·附录二》。
⑧ 《孟子·尽心章句上》。
⑨ 《礼记·礼运》。

命"始终紧密相连。一方面，人应当热爱大自然，另一方面，热
爱大自然也表现为热爱大自然所给的人的生命或性命。

第三，做"顶天立地"的人，是人的德性表现。"做人"是
儒家对人提出的基本要求，也是最重要的要求，同时还是一个不
简单的要求。陆九渊曰："人生天地间，为人当尽人道。学者所
以为学，学为人而已，非有为也。"又曰："若某不识一个字，亦
须还我堂堂地做个人。"① 在儒家看来，"做人"不是"做"一般
的人，而是要做"顶天立地"的道德之"人"。儒家认为，天地
人合起来被称为"三才"。荀子将天地君亲师并列，天地属物之
系列，君亲师是属人之系。《周易》云："形而上者谓之道。"②
又曰："有天道焉，有人道焉，有地道焉。兼三才而两之，故六。
六者，非他也，三才之道也。"③ "是以立天之道，说阴与阳；立
地之道，说柔与刚；立人之道，说仁与义。"④ 韩愈曰："形于上
者谓之天，形于下者谓之地，命于其两间者谓之人。"⑤ 可见，
人是"三才"中最重要的"才"。《礼记·礼运》云："人者天地
之心也，五行之端也。"王阳明说："夫人者，天地之心，天地万
物本吾一体者也。"⑥ 换言之，"人才"是核心，"天才"和"地
才"是"人才"的本体。也可以说，有"人才"，"天才"和"地
才"才有意义和价值。朱熹曰："盖天地万物本吾一体，吾之心
正，则天地之心亦正矣，吾之气顺，则天地之气亦顺矣。"⑦ 这

---

① 陆九渊著：《语录》。
② 《周易·系辞上》。
③ 《周易·系辞下》。
④ 《周易·说卦传》。
⑤ 韩愈著：《原人》。
⑥ 《传习录·聂文蔚书》。
⑦ 《中庸章句》。

里暗示：人是天地间最重要的"才"。第二，"三才"是一个整体。"人才"存于天地之间。第三，人道与天道和地道并列，但人道是核心，天道和地道围着人道转。《荀子·礼论》云："圣人者，人道之极也。"那么，"顶天立地"如何表现出来？《左传》云："古有三不朽：太上立德，其次立功，其次立言。"可以说，立德、立功、立言体现中国人的价值意向和人生宣言。

最后，人应当"尽性"，"尽性"也是人的德性。按《中庸》的意义理解，人的"性命"不仅是连着"天道"和"人道"，而且实际上就是"天道"和"人道"的"统一体"。换言之，人的"性命"是"天道"和"人道"的内在合一和辩证统一。所以，"性命"的问题，与其说是"天道"和"人道"的连接问题，不如说是"天人合一"的问题。解决人的"性命"问题，就可以解决好"天道"和"人道"的统一问题。如何解决好这个问题？《中庸》云："尽己之性，可以尽人之性，尽人之性可以尽物之性，尽物之性可以赞天地之化育。"简言之，人之"尽性"可以达到"尽"家、国家和天下的"性"，最后实现"天人合一"的理想。事实上，虽然每个人因为禀赋的不同，"尽性"的水平有差距，但是，人应当"尽性"，这是人尊重生命、热爱生命的最好表现，也是个体生命的德性表现。

(2) 人道观教育

按照儒家的观点，每个人从生到死都不能单独存在和发展，他或她必须遵循由人与人关系构成的人道原理，也就是儒家所说的人伦之道。在此方面，儒家不像西方文化那样还要依靠一种世俗之外的力量，它排除了上帝或神的外在力量对人生实际的控制，基本上把对人道的贯彻全部落实在人类生活的世俗社会中。也许，人偶然也会借助于天的力量，但是，由于在儒家文化的设计中人本身就包含了"天命"的因素——人"性"为"天命"所赐，所以，儒家认为，每个人依靠他自我的力量本身就包含了依靠自然的力量，换言之，人完全可以用自身力量来体现自然的力量。为此，儒家十分重视人道的实现和人道的教育问题。

首先，重视人的生命和人事问题。孔子开启重视人道的先河。《论语》记载：当子路向孔子请教事鬼神和死时，孔子曰："未能事人，焉能事鬼？"又曰："未知生，焉知死？"① 《论语》又载："厩焚。子退朝，曰：'伤人乎？'不问马。"朱熹注释道：孔子"非不爱马，然恐伤人之意多，故未暇问。盖贵人贱畜，理当如此"。②

其次，以人道"教化"人民。儒家最担心的就是世间无人道，因为无人道则人伦乱。朱熹曰："无父无君，则人道灭绝，是亦禽兽而已。"③ 人道在哪里？任凭各人说的人道可否？当然不行！朱熹曰："圣人尽得人道而能充其形也。"④ 所以，孔子编古书传"尧舜之道"、建"仁道大厦"，目的是为人类建立永恒的人道，其核心从消极意义上说是"己所不欲，勿施于人"，从积极意义说是"己欲立而立人，己欲达而达人"。于是，《中庸》开出"人道"原则；《大学》开出"三纲领八条目"的"人道"秘方；孟子开出"王道"之方，以解决仁政问题。

再次，确定以心性实现人道的教育。"天地之性，人为贵。"⑤ 孟子曰："仁也者，人也。""仁，人心也。"⑥ 在儒家的设

① 《论语·先进》。
② 《论语集注·乡党》。
③ 《孟子·滕文公章句下》。
④ 《孟子·尽心章句上》。
⑤ 《孝经·圣治章》。
⑥ 《孟子·告子上》。

计中，人无法逃避本有的道德责任和道德义务。唐君毅认为，中国文化以心性为一切价值的根源，所以人有"一念之自觉"。"人之生命，即当安顿于此一念之中，此即所谓无待他求，当下即是之人生境界。"① 他把人生价值和宇宙价值均归到心性的把握上和切实的体验上。对此，辜鸿铭说："中国人具有善解人意（人心）的力量，是因为他们完全过着一种心灵生活、一种情感或者人类情爱的生活。"② 或者说，正是因为善解人意的力量赋予中国人同情理解或真正的人类智慧，才让他们具有难以言表的文雅③。他认为，中国人特别讲究礼貌，就是考虑别人的感受。他们知道自己的感受，因而也容易考虑别人的感受④。在他看来，真正的中国人"具有成人的头脑和孩子的心灵"。"这种真正的人类智慧是两种东西——善解人意和通情达理——结合的产物。这是心灵和头脑的和谐工作"。⑤

最后，获得人生境界的方法教育。儒家为人格设定了几个阶梯，从小人到圣人，从贤人到圣贤，这都是人生境界的区别而已。冯友兰将中国人的人生境界概括为四层级，最低级为自然境界，最高级为天地境界，中间两级是功利境界和道德境界。他为此引入了一个概念——"觉解"，意思是"自觉"和"了解"。显然，这种"觉解"是对人道乃至天道的"觉解"。他认为，每个人可能达到的人生境界的机会都是相同的，然而，各人因为多种

---

① 转引自陈正夫、何植靖著《孔子、儒学与中国现代化》，福建教育出版社1992年版，第228页。

② 辜鸿铭著：《中国人的精神》，陈高华译，陕西师范大学出版社2006年版，第24页。

③ 同上书，第25—26页。

④ 同上书，第27—28页。

⑤ 同上书，第33—34页。

因素的作用对人生"觉解"的程度和水平不同而在人生境界上处于不同的层次。处于自然境界中的人生表现为"顺才而行",即"率性而行"、"顺习而行"的状态;处于功利境界中的人生表现为"追名求利"的状态;处于道德境界中的人生"尽伦尽职"、"行义为公"、"重义轻取";处于天地境界中的人生不是停留于"行义",而是"事天"。因为"事天"的前提是"知天",所以,在这个天地境界中的人对于宇宙人生已经有完全的了解,这种了解是对宇宙人生的最终觉解①。在冯友兰看来,人生境界的高低以"觉解"的多寡为标准。自然境界的人,其觉解比功利境界的人为少;道德境界的人的觉解,又比天地境界的人为少;功利境界的人知道有个人,道德境界的人知道有社会,天地境界的人,除了知道有个人、社会外,还知道有大全。不过,他的境界虽高,所做的事情还是和一般人一样。只是他的觉解达到了常人所不能达到的高度。即《中庸》所言"极高明而道中庸"、"赞天地之化育,可以与天地参矣"的境界②。

(3) 道德自律教育

儒家基于对人心和人性的独特认识,进而把人的道德教育的根据放置于人的内部而非外部。这使得教育必须从人的内部着手,最佳方法就是人以慎独内省的方式进行道德自律教育。

首先,确立道德自律的伦理依据。儒家把道德活动植根于人的本心善性,让人有不可回避的道德责任和道德义务。这种依靠本心善性的认知不能不说是儒家的智慧,因为它确立了人不仅是

---

① 王中江、高秀昌主编:《冯友兰学记》,三联书店 1995 年版,第 171—173
页。

② 冯友兰著:《三松堂全集》第 11 卷,河南人民出版社 2000 年版,第 472 页。

自我价值的主宰，而且是心理自我的主宰，同时也是道德自我的主宰，即，每个人在选择"善"的行为方面是自由的。言外之意，一个人如果不能主宰自己的价值、心理和道德，那么就不能称之为合格的人，而且也没有理由责怪任何人。孔子曰："不怨天，不尤人。"① "见贤思齐焉，见不贤而内自省也。"② "择其善者而从之，其不善者而改之。"③ "吾日三省吾身：为人谋而不忠乎？与朋友交而不信乎？传不习乎？"④ 荀子曰："见善，修然，必以自存也；见不善，愀然，必以自省也。"⑤ 欧阳修（1007—1072）曰："君子之修身也，内正其心，外正其容而已。"⑥

其次，儒家特别强调培养"慎独内省"。《中庸》云："是故君子戒慎乎其所不睹，恐惧乎其所不闻。莫见乎隐，莫显乎微，故君子慎其独也。"又曰："故君子内省不疚，无恶于志。君子之所不可及者，其唯人之所不见乎。"《大学》云："所谓诚其意者：毋自欺也，如恶恶臭，如好好色，此之谓自谦，故君子必慎其独也！"《周易》云："天行健，君子以自强不息"；"见善则迁，有过则改"；"君子以恐惧修省"；"君子以反身修德"。⑦ 又曰："君子以慎言语，节饮食"；⑧ "君子以慎辨物居方"；⑨ "言行，君子之所以动天地也，可不慎乎"？⑩

---

① 《论语·宪问》。
② 《论语·里仁》。
③ 《论语·述而》。
④ 《论语·学而》。
⑤ 《荀子·修身篇》。
⑥ 欧阳修著：《左氏辨》。
⑦ 《周易·震》。
⑧ 《周易·颐》。
⑨ 《周易·未济》。
⑩ 《周易·系辞上》。

最后，文化比较可凸显儒家道德自律的特色。儒家通过人心来规范人的道德自律活动，而西方文化则通过观照人的来自上帝的灵魂进行道德自律。苏格拉底说，无论个人还是国家都应当重视道德的自我培养问题，"我四处奔走，无非要鼓励大家，不论老少，不要只注意你们的身体或你们的财产，而不注意你们的灵魂的完善。"① "我要劝每一个人珍惜自己，注意自己在道德和智慧上的修养，而不要只注意个人的利益，我劝每一个人应当首先注意城邦本身然后才注意城邦的利益，对一切事情都要这样考虑。"② 苏格拉底说，尽管"已命在旦夕"，但也"没必要做有损于一个自由人人格的事情"。③ 他自述道："这些年来，我一直置私事不顾，置家事不顾，一心为大家奔走，到每个人那里劝大家关心品德。"④

---

① 柏拉图著：《辩护词》，载于《古希腊散文选》，人民文学出版社 2000 年版，第 47 页。
② 同上书，第 53 页。
③ 同上书，第 56 页。
④ 同上书，第 48 页。

五

齐家之道与家庭教育

齐家之道是在修身之道基础上的进一步发展，是儒家设计的为落实"大学之道"的第二个环节——家庭教育的实践原理，是关于家庭成员相处的基本原理。如果说"五伦"就是"五教"，那么，齐家之道集中了"五伦"教育的"三伦"教育，即"父子"、"夫妇"、"兄弟"的教育，自然是最重要的人伦教育。孔子曰："父子笃，兄弟睦，夫妇和，家之肥也。"①康有为说："盖就天合夫妇、父子、兄弟之道而推至其极，必若中国之法而后为伦类合群之至也。"②"齐家之道"在家庭的落实表现为"有亲"、"有别"和"有序"的教育，其核心是"孝悌"的教育。教育者和受教育者间的道德关系通过"三伦"调节和规范，其中以调节和规范父子兄弟关系的孝悌之道为基础，具体表现为"夫义，母慈，兄友，弟恭，子孝"。鉴于家庭为血缘文化的"起源处"，仁爱之情的培养、人伦秩序的维护，都需要家庭文化的伦理支持，儒家将家庭教育设计为以情感教育、中和教育、齐家教育为基本

---

① 《礼记·礼运》。

② 康有为著：《大同书》，李似珍评注，中州古籍出版社 1998 年版，第 216 页。

构成。情感教育解决人与人之间的情感沟通问题，中和教育解决人与人之间的关系和谐问题，齐家教育解决家庭成员间的团结问题。情感教育、中和教育、齐家教育协同地构成家庭教育的完整结构。在西方，家庭关系不是以人伦关系而是以后天契约法律关系为范型，因而家庭教育是国家公民教育的准备阶段，或者称为前公民教育阶段。

1. 儒家伦理文化中的家庭

在儒家伦理文化中，家庭是整个社会和国家的缩影，它被设计为由"三伦关系"〔即父子关系、夫妇关系和长幼关系（兄弟、姐妹关系）〕构成的伦理实体，其中尤以父子关系为核心，其他关系次于、附属于这个核心关系。当个体被放置在这种伦理实体中，其所有道德活动包括受教育活动必须遵循此伦理实体的内在原理，因而个体的伦理活动必须遵循家庭的伦理要求和伦理原则，也就是说，个体的人性修养、人伦修养必须依靠家庭的伦理支持，否则，不仅个体难以立己成己，更难以立人成人，最终家庭也难以获得伦理性的生存和发展。

（1）儒"家"的结构关系

在社会学里，家庭是人类社会的基本构成和基本单元，是人类得以存在和繁衍的基本场所。虽然不同的文化和不同的社会对家庭存在的意义和价值的认识有一定的差别，但是，对家庭与社会之间的密切关系却有深刻的认同，就是，没有家庭就没有真正意义上的人类社会，没有家庭就没有人类社会的延续和发展，没有家庭就没有人类文明社会的诞生和发展。站在血缘文化的角度看，一般而言，完全的家庭是由夫妻及他们的未成年子女构成，亦即父（母）子（女）、兄弟（姐妹）基本三角关系组成。按理说，夫妇关系是家庭关系的"核心"或"主轴"，其次是母子关系，因为父母养育了儿女，因此古人云："有夫妇然后有父子"、①"阴阳和而后雨泽降，夫妇和而后家道成"；②"君子之道，造端乎夫妇"。③《礼记·昏义》云："男女有别而后夫妇有义，夫妇有义而后父子有亲。"孟子曰："男女居室，人之大伦也。"康有为也认为："人道文明之事，借女子之功最多。"④ 此外，《圣经》"创世说"也认为，人类从亚当和夏娃结为夫妇开始。但事实上，人类对家庭关系的文化认识和"文化理解"远没有这么简单。在儒家文化的设计中，家庭的核心关系首先是父子关系，而非夫妇关系。孔子曰："父在观其志，父没观其行。三年无改于父之道，可谓孝矣。"⑤ 此语说的就是家庭以父子人伦关系为重。原因在何处？程伊川曰："男女有尊卑之序，夫妇有倡随之义，此常理也。"⑥ 按照孟子的五伦说，父子关系排在第一位，其次是君臣关系，再次是夫妇关系，第四是长幼关系，即兄弟姐妹关系，最后是朋友关系。各类关系的重要性依此排列类推。孟子曰："圣人有忧之，使契为司徒，教以人伦：父子有亲，君臣有义，夫妇有别，长幼有序，朋友有信。"⑦《仪礼·丧服·传》

---

① 《周易·序卦》。

② （明）程登吉原编、（清）邹圣脉增补：《幼学故事琼林·卷之二·夫妇》，参见尚圣德主编《中华经典蒙书集注》，华文出版社 2002 年版，第 439 页。

③ 《礼记·中庸》。

④ 康有为著：《大同书》，中州古籍出版社 1998 年版，第 186 页。

⑤ 《论语·学而》。

⑥ 《伊川易传》卷四《兑传》，见朱熹、吕祖谦编《近思录》卷十二《改过及人心疵病》。

⑦ 《孟子·滕文公上》。

云："父子一体也，夫妻一体也，昆弟一体也。故父子首足也，夫妻拌合也，昆弟四体也，故昆弟之义无分。"如果根据封建社会的伦理安排，"君臣"的重要性甚至超过了"父子"的重要性。例如，《中庸》云："君臣也，父子也，夫妇也，昆弟也，朋友之交也：五者天下之达道也。"荀子曰："君臣父子兄弟夫妇，始则终，终则始，与天地同理，与万世同久。"① 本质上，这种安排是整个社会伦理秩序的结构安排。

许烺光在研究世界不同民族的家庭文化的基础上把家庭关系的主轴分为四种类型：第一种类型是以"父子伦"为主轴者，以中国家庭为典型代表；第二种类型是以"夫妻伦"为主轴者，以欧美民族的家庭为代表；第三种类型是以"母子伦"为主轴者，以印度家庭为代表；第四种类型是以"兄弟伦"为主轴者，以东非洲及中非洲若干部落社会的家庭为代表②。费孝通在《乡土中国》中对此表示认同③。显然，这种根据各民族传统文化特性的划分有一定的道理。实际上，不同"主轴者"的家庭文化造成了不同的家庭结构关系甚至社会关系。以"父子伦"为主轴者的家庭文化形成了如下的成员关系。按照孟子的说法，儒家的家庭结构关系是，"父子有亲，君臣有义，夫妇有别，长幼有序，朋友有信。"如果说，"合关系"就是"合伦理"，那么父子间"合于亲"的关系就是"合伦理"的关系，即符合家庭父子间"善"的

---

① 《荀子·王制篇》。

② ［美］许烺光著：《宗族·种姓·俱乐部》，薛刚译，华夏出版社1990年版。

③ 费孝通说："在西洋家庭团体中夫妇是主轴，夫妇共同经营生育事务，子女在这团体中是配角，他们长成了就离开这团体。"因为"在他们，政治、经济、宗教等功能由其他团体来承担，不在家庭的分内。"而"中国的家是一个事业组织"，而且是个"绵续性的事业社群，它的主轴是在父子之间，在婆媳之间，是纵的，不是横的。夫妇成了配轴"。参见费孝通《乡土中国》，北京出版社2005年版，第57页。

关系，夫妇间"合于别"的关系就是"合伦理"的关系，即符合家庭夫妇间"善"的关系，兄弟姐妹间"合于序"的关系就是"合伦理"的关系，即符合兄弟姐妹间"善"的关系。同时，"合关系"也有重要性区别。根据家庭伦理关系看，"合于亲"的父子关系在家庭中的重要性显然超过了"合于别"的夫妇关系，也超过"合于序"的长幼关系。以先秦五伦关系看，"合于亲"的父子双方是相互的，"合于别"的夫妇双方是相互的，"合于序"的双方也是相互的。而按照"三纲"关系看，父子、夫妇、长幼的关系则有了实质性的变化，正如前面所说。因此，在这种伦理型社会中，个体的修养程度将取决于个体对这种伦理秩序和意义的领会程度和实践水平，取决于个体对伦理文化和伦理精神的具体把握，而其道德水平和社会地位直接受制于前者。

（2）人性修养与家庭

在儒家看来，判断一个人有没有人性或人性修养的水平的高低，不是从抽象的角度，而是从具体的角度。抽象就是行而上，具体就是形而下。从抽象的角度认识人性，只有很少人能够做到，而从具体的角度认识人，则是每个人都能做的事。例如，个人在家庭中实践孝悌仁义礼智信的德性表现，就是人性的表现。朱熹引"二程子"的话说："性命孝悌只是一统底事，就孝悌中便可尽性至命。如洒扫应对与尽性至命，亦是一统底事。"① 可以说，儒家把个体修身养心的基地就放置在世俗人间的家庭中。对比看，西方则把人性修养放置在教堂里，因为人只有到教堂中才能深刻地感受到上帝的关爱，也只有在教堂中才能真正使人面对上帝表白自己的道德之心，

---

① 《二程遗书》卷十八，见朱熹、吕祖谦编《近思录》卷六《齐家之道》。

完善人性。

我们可以做这样的提问：如果没有教堂，西方人的人性如何表现？而如果没有家庭，中国人的人性如何表现？这既是一个简单的问题，也是一个复杂的问题。虽然现在可以说，西方人不独拥有教堂，他们还拥有发达的法制社会以及科学技术，但是，就人性修炼的需要来看，多数西方人仍然不能缺少教堂和上帝，而儒家则不能缺少类似于西方的教堂——家庭。对此，冯友兰的表述很精彩：在中国的伦理社会中，"一个人的家是一个人的一切。因为他有了一个家才有一切；他若无家，他即无一切"。因而，个体的"一切道德，皆以家为出发点，为集中点"。① 理论上，儒家把家庭看作个体修身养性的道德基地，既是五伦形成的差等之爱的结果，也是个体德性外延的必需。虽然个体并不停留于家庭而不进入社会，社会是个体的终极目的地，家庭只是个体存在的核心环节，但是，按照儒家的人文设计，个体必须"走过"这个环节。因为，人的社会性本源于家庭关系，其原理内在于家庭关系原理。在以血缘原理构建的伦理社会中，家庭由于以上因素成为个体德性的生长地，成为社会接纳个体的集散地。俗语道："一屋不扫，何以扫天下？""一家不治，何以治天下？"如果一己之"性"不能"尽"，那么，何以"尽"人之"性"，何以"尽"物之"性"？所谓"尽"人之"性"，也就是"尽""仁义礼智信"之"性"。而"尽性"的活动只能首先发生在家庭中。

为了进一步考察家庭作为儒家人性修养基地的社会价值，笔者于此引述下论。台湾学者谢幼伟（1905—1976）说：

　　　　家之重要，特别是为认清个人之故，亦即为实现每一个

---

① 冯友兰著：《新事论》。

人所具有仁之种子。此一仁种直接来自家庭。吾人之仁道原皆得自家庭。由于吾人之生命皆来自父母，且又在家中长大，吾人人道之培养与扩充，必须始自家庭。但吾人在如何培养并发展吾人之仁德？个人应该尽到他对家之责任。个人对家之两大责任乃是孝与悌。孝悌乃是教导吾人敬爱自己父母与兄长之道德原则。此等原则乃基于人人对父母天生之爱此一仁道之种子。同时靠伦理教育予以保存而发扬光大。……孝悌之说，乃在教导吾人先敬爱自己之父母兄弟，再扩而充之，敬爱别人之父母兄弟。此为培养并扩充吾人自己仁道之途径。其道为先教育家中之人，以便他们发展并认清他们之真我。重要者乃是家庭中之个人。而非家庭本身。……事实上，儒家伦理视个人与家同等重要而又相互依赖。个人不能脱离家庭。个人仁道之发展必须在家内开始，同时与家共同开始。吾人之仁若无家或忽视家便漂泊无根。不爱自己之父母者，岂能爱他人？家之重要便在于此。另一方面，齐家只能在个人发展之后方得实现。个人若无法发展便无法齐家。个人之重要则在于此①。

（3）人伦教育与家庭

通过前面的分析，我们知道，西方文化正是在淡化人伦关系和人伦意识的基础上使人与人之间获得一种权利和义务分配上的平等，以及人与上帝之间的密切联系，而儒家正是在强调人伦关系的基础上使人与人的关系充满人伦关爱之情，进而排除了人与外在神秘力量之间建立密切联系的可能性。在这个意义上说，西

---

①　谢幼伟著：《个人在中国伦理中之地位》，载于《文化危机与展望——台港学者论中国文化》（上），中国青年出版社 1989 年版，第 276 页。

方人不仅在人性修养方面离不开上帝和教堂，而且在人伦修养上也离不开上帝和教堂，正如中国人在这两个方面都离不开家庭一样。因为，家庭在儒家确立的五伦关系中始终保持着"三伦"，即父子、夫妇、长幼三伦。

考察发现，西方社会把家庭教育看作是回报"上帝爱"所应做的工作，是个体为人父母之后必须承担的社会责任和义务。在西方文化看来，一个人对上帝的爱，不仅表现在本人对上帝的虔诚上，而且表现在对上帝交付的爱子女并教育子女的义务的虔诚上，因此，那些只爱自己而不爱别人甚至不爱子女的行为是没理性的表现，是不能被接受的。马丁·路德就说："上帝曾借摩西敦促并命令做父母的要好好教育他们的子女"，并立下诫命，"严厉告诫子女们要孝敬父母，凡不孝敬父母的都要处死"。他指出："如果我们有其他一切美德和善行，成了圣人，却忽略了人生的主要目的，不好好照顾我们的子女，那又有什么用处呢？""依我看，在上帝眼中，使人世承受沉重负担和应受严厉惩罚的公开罪行没有过于忽视子女的教育了。"[1] 他反问人们："一个有理性的人，特别是一个有基督之爱的人，怎能忍心看着孩子长大成人没有受到良好教育，甚至还影响别的儿童？"[2] 卢梭进一步指出："一个做父亲的，当他生养了孩子的时候，还只不过是完成了他的任务的三个之一。他对人类有生育人的义务；他对社会有培养合群的人的义务；他对国家有造就公民的义务。凡是能够偿付这三重债务而不偿付的人，就是有罪的，要是他只偿付了一半的话，也许他的罪还要大一些。不能借口贫困、工作或人的尊严而

---

① 马丁·路德著：《给市长和市政官员的信》，载于任钟印主编《世界教育名著通览》，湖北教育出版社 1994 年版，第 150 页。

② 同上书，第 151 页。

免除亲自教养孩子的责任。"① 卢梭认为，对孩子的教育是父母报答上帝之爱的职责之一。《圣经》也说："遵守上帝的诫命就是爱他"；② "孩子是耶和华所赐的产业，腹中所怀的胎是他的赏赐"。③ 又说："要教孩子走合宜的路。这样他到老也不偏离。"④《圣经》还说："你们做父亲的，不要激怒儿女，只要照耶和华的意思管教他们，纠正他们的思想，把他们抚养成人。"⑤

　　我们现在来看儒家的看法。孔子曰："夫孝，德之本也，教之所由生也。"⑥ 就是说，教育是从家庭的"孝"产生的。《说文解字》就说： "教，上所施，下所效也。"换言之，家庭中的"孝"是一切德行的根本，也是教化产生的根源。同时，《礼记·祭统》记载："夫祭，教之本也：外则教之以尊其君，内则教之以孝其亲。""孝"和"祭"都是家庭人伦教育的重要内容。事实上，儒家在家庭中教人"孝"和"祭"，本质上都是教人如何在家庭中"做人"以及如何做一个"顶天立地"的"伦理人"。钱穆曾经把中国人的家庭看作是西方式的"教堂"，他说："中国人如何教人做人呢？……惟有中国，没有自己创造的宗教。但中国虽无宗教，却有教堂。中国每个人的家庭，便是中国人的教堂。由生到死，就在这个教堂里。中国人理想，若不能在家里做人，便不能到家外去做人。要到家外边做个人，就得在家里先教。不能做父母，对儿女不行，怎能对其他别人。子女对父母也一样。

---

　　① 卢梭著：《爱弥儿，或论教育》，李平沤译，商务印书馆 1978 年版，第 27 页。

　　② 《圣经·约翰一书》5：3。

　　③ 《圣经·诗篇》127：3。

　　④ 《圣经·箴言》22：6。

　　⑤ 《圣经·以弗所书》6：4。

　　⑥ 《孝经·开宗明义章》。

家庭就是个小社会，也可以说是个小天下。家庭成为人群中一细胞。人与人不能成一家，还能成其他什么呢？人群、社会，一切就要从家做起。"① 胡适（1891—1962）也说："做人的本领不会是学校教员能教给学生的。它的来源最广大。从母亲，奶奶、仆役，……到整个社会，——当然也包括学校——都是训练人的场所。在那个广大的'做人训练所'里，家庭占的成分最大，因为'三岁定八十'是不磨的名言。"② 这些话均说明家庭对个体德育的重要性。这种对家庭教育的强调导致的伦理结果是："父母是子女的启蒙老师。"所以，古人曰："养不教，父之过"；"教不严，师之惰"。③

人伦之教的本质就是道德教育。在儒家看来，家庭道德教育肩负着培养人的德性修养的重大任务，但是，人只在良好的环境下受到教育才能获得更好的道德品质。在此方面，荀子做了突出的强调。荀子曰："积土成山，风雨兴焉；积水成渊，蛟龙生焉；积善成德，而神明自得，圣心备焉。"④ 孟母为教育孟子三次迁居的故事，足以启发人们对德教环境的选择问题多么重要。可见，在儒家社会中，个体德性的培养始于家庭。孟子曰："尧舜之道，孝悌而已矣。"⑤《尚书·伊训》云："立爱惟亲，立敬惟长，始于家邦，终于四海。"颜之推（531—589）本着"整齐门内，提撕子孙"的目的著《颜氏家训》，"述立身

① 钱穆著：《钱宾四先生全集》第38卷，台湾联经出版事业公司1998年版，第25页。

② 胡适著：《致叶英》，载于《胡适文集》7，人民文学出版社1998年版，第150页。

③ （宋）王应麟著：《三字经》。

④ 《荀子·劝学篇》。

⑤ 《孟子·滕文公下》。

治家之法，辨正时俗之谬"，兼论字画音训，并考证典故，品第文艺，内容全面而详备，受到社会上知识分子的广泛欢迎和传诵，对后世产生了普遍而深远的影响。南宋理学家陈振孙（1183—1262）评论此书时说："古今家训，以此为祖。"在总共二十篇的内容中有十五篇主要涉及个人在立身、治家、处世等方面所应遵循的儒家伦理道德规范①。美国学者欧蒂安（Diane B. Obenchain）基于多年的体验和观察以这样的描述来阐述家庭在中国文化的重要性，他分析指出："在中国，家庭作为人的生活的中心象征可真不是表面现象。作为家庭成员的中国人从有限的此时伸展到无限的此前此后，他们总是意识到自己是家庭的一员。对自我的认识是对家庭的认识。修身就是齐家。养育家庭就是修炼自己。无论过去还是现在，这种对家庭的养育正是中国文化传统的核心。"②

2. 人伦本位的齐家之道

以人伦为本位的齐家之道是儒家为贯彻和落实"大学之道"而设计的用于家庭治理环节中的实践原理。它以血缘之"情"为纽带，以调节和规范主要是父子、兄弟人伦秩序的"孝弟之道"为基本原理，以实现家庭人伦和谐、达到人伦中和的齐家境界为目标归宿。它既以家庭各个个体修身为基本内容，又以表现各个成员修身养心必须获得丰硕的道德成果为具体要求。

---

① 颜之推著：《颜氏家训》，程小铭译，贵州人民出版社1993年版，前言部分。
② 转引自李晨阳著《道与西方的相遇》，中国人民大学出版社2005年版，第116页。

（1）"情"本位的家庭

如果说，人性是由"知"、"情"、"意"结合而构成的结合体，那么，中西方文化对这个结合体的理性认识便存在巨大的差异：中国文化重视"情"，而西方文化重视"知"，把"知"当作人类获得自身价值的核心，以"知"为社会价值体系的基本要素，并以"知"为核心建立了完整的文化体系。从苏格拉底、柏拉图到亚里士多德，再到黑格尔和康德，无不重视"知"的价值和作用。事实上，"知"由"智"来，"知"在西方文化中几乎是"理性"的代名词，西方哲学就是"爱智"哲学，亦是"爱知"哲学。"爱知"和"爱智"是统一的，"爱知"必"爱智"，"爱智"必"爱知"。"知"和"智"必须在人的"理性"中寻找、落实和统一。在儒家看来，知识虽然重要，但那种知识不是西方文化所谓的理性知识，而是实践知识，准确地说，道德实践的知识最重要。俗语道："无知便是德。"当然，这不是说无知最好、最值得人尊重，而是强调人即使没有理性知识，但若拥有实践的道德品质，就是合格的道德个体。而且，这种有德之人甚至可以成为有知无德的人的榜样，即所谓"德高为师"。可见，在儒家文化中，"德"比"知"更重要，或者说，"德"胜于"知"，而包含"德"的"知"更令人钦佩。那么，儒家所谓的"德"反映在什么地方？"德"在"情"中。

在儒家看来，无论在家庭里还是在社会中，"情"向来都是重要的文化纽带。程伊川曰："人之处家，在骨肉父子之间，大率以情胜礼，以恩笃义，惟刚立之人，则能不以私爱失其正理。"[①] 又

---

① 《伊川易传》卷三《家人传》，见朱熹、吕祖谦编《近思录》卷六《齐家之道》。

曰："正伦理，笃恩义，《家人》之道也。"① 可以说，以"情"为纽带的家庭是中国文化的重要特色。家庭中有父子之情、母子之情、夫妇之情、兄弟之情。它们体现的都是人间的家庭人伦之爱。其中，父子之间的"情"靠"亲"维护，夫妇之间的"情"靠"别"维护，兄弟之间的"情"靠"序"维护。简言之，家庭中的感情关系靠五伦规则来调节和规范，准确地说，靠五伦中的"三伦"关系规则维护和调节。理想的状态是，"仁者之家，父子愉愉如也，夫妇雍雍如也，兄弟怡怡如也，童仆欣欣如也，一家之气象融融如也。"② 当代有一首十分流行的歌曲《常回家看看》，主题就是歌颂家庭人伦之情，尤其是子女与父母之间的情感交流。它暗含的前提是：人伦之情确实需要依靠家庭人际的沟通，家庭人际的沟通可以帮助维护人伦之情③。众所周知，在中国伦理文化中，人有"知"当然重要，但人有"情"则更重要。通常情况下，"情"可以化解无"知"带来的困扰，而"知"有时却不能或难以带来"情"的理想效应。"以理服人"往往没有"以情感人"效果好、效率高就是这个道理。事实上，《周易·家

---

① 《伊川易传》卷三《家人传》，见朱熹、吕祖谦编《近思录》卷六《齐家之道》。

② （明）吕坤著：《呻吟语·卷一·伦理》。

③ 歌曲《常回家看看》，作词：车行；作曲：戚建波；演唱：陈红。歌词写道："找点儿空闲，找点儿时间，领着孩子，常回家看看。带上笑容，带上祝愿，陪同爱人，常回家看看。妈妈准备了一些唠叨，爸爸张罗了一桌好菜。生活的烦恼跟妈妈说说，工作的事情向爸爸谈谈。常回家看看，回家看看，哪怕帮妈妈刷刷筷子洗洗碗。老人不图儿女为家做多大贡献。一辈子不容易就图个团团圆圆。常回家看看，回家看看，哪怕给爸爸捶捶后背揉揉肩，老人不图儿女为家做多大贡献，一辈子总操心就盼个平平安安。"根据笔者在西方世界的生活和见闻，至少欧洲人不会有中国人这么强烈的愿望。这首歌词的内涵可以说是儒家社会中家庭情感文化的真实而经典的写照。

人传》所表述的"父父、子子、兄兄、弟弟、夫夫、妇妇,而家道正",都内含着"情"的成分和作用。

那么,儒家所谓的"情"是如何产生的?荀子曰:"性之好恶喜怒哀乐谓之情。"① 韩愈曰:"性也者,与生俱生也;情也者,接于物而生也。……情之品有三,而其所以为情者七,曰:喜、曰:怒、曰:哀、曰:爱、曰:惧、曰:恶、曰:欲。"② "情"从人性特征来,生长点在于人性中的"孝"。罗国杰教授指出:孝是中华民族文化和中国传统道德的一个基本的重要的内容,是道德行为的生长点,在调节人和人之间的道德关系、维护社会的稳定、提高人的道德素质方面有着特殊的意义。从根本意义上说,孝之所以具有如此特殊的价值意义,乃在于知恩图报的"情"文化精神。在儒家社会中,父母对子女有三种恩情:"生育之情"、"养育之情"和"教育之情"。三者结合起来是中国文化注重孝道的最根本、最主要的原因。《诗经》曰:"生我养我,育我鞠我。"孔子曰:"子生三年,然后免于父母之怀。"《孝经》云:"身体发肤,受之父母,不敢毁伤。"而在西方人看来,父母生育子女、教育子女是每个人对社会和国家应尽的义务和责任,谈不上对子女的恩惠和恩情。因此不认为子女对父母有赡养和孝敬的义务,因为父母年老后由国家和社会承担养老的责任和义务③。社会学家费孝通是这样解释的:在孩子成年了住在家里都得给父母膳宿费的西洋社会里,大家承认团体的界限。在团体里的有一定的资格。资格取消了就得走出这个团体。在他们不是人

① 《荀子·正名篇》。

② 韩愈著:《原性》。

③ 罗国杰著:《孝与中国传统文化与传统道德》,载于《道德与文明》2003年第3期,第79—80页。

情冷暖的问题，而是权利问题。在西洋社会里争的是权利，而在我们却是攀关系、讲交情①。换言之，"他们的习惯是孩子在成年以前，父母有责任有权利管教他。但是到了成年这条线，孩子就成了社会的一员，有了自己的法律地位，父母对他的抚育责任也就完了，儿女也无须赡养父母。每一代只管下一代"。于此，费孝通称西方这种模式为"接力模式"，而中国的模式则叫"反哺模式"。② 哲学家卢梭说得更清楚："按照自然法，父亲作为孩子的主人直到孩子不需要他的扶助为止，过了这个期限，父与子就处于平等地位。此时，由于儿子已彻底独立于父亲，他就只需尊重父亲而不必服从父亲了。感恩只是一个应尽的义务，而不是可以强求的权利。"③

人们很容易问这样一个问题：儒家文化为什么设计一个"情"？它的意义表现在何处？梁漱溟分析认为，中国以伦理组织社会，最初是有眼光的人看出人类真切美善的感情发端在家庭、培养在家庭。一方面，它时刻提醒人们注意孝悌、慈爱、友恭，另一方面则取义于家庭结构，以制作社会结构。其设计理念在于：人在情感中，恒见对方而忘了自己；反之，人在欲望中却只知为我而顾不到对方。所谓因情有义，正是从对方关系演变而来，不从自己立场出发的效应。"古人看到了此点，知道孝敬孝悌等敦厚的情感要提倡。更要者是把社会中的人各就其关系，排定其彼此之名分地位，而指明相互间应有之情与义，要他们时时顾名思义。"所以，伦理社会

---

① 费孝通著：《乡土中国》，北京出版社 2005 年版，第 34 页。

② 费孝通著：《我从家庭入手认识社会》，载于《费孝通文化随笔》，群言出版社 2000 年版，第 275 页。

③ 卢梭著：《论人类不平等的起源与基础》，广西师范大学出版社 2002 年版，第 126 页。

"所贵者"就是"尊重对方"。如何为好父亲？常以儿子为重就是好父亲；何为好儿子？常以父亲为重就是好儿子；何为好哥哥？常以弟弟为重就是好哥哥。其他类推。因此，"伦理者无他意，就是要人认清楚人生相关系之理，而于彼此相关系中，互以对方为重而已"。而"伦理关系，即表示一种义务关系；一个人似不为其自己而存在，乃仿佛互为他人而存在者"。就是说，人生活在世界上必须尽一种责任和义务，差不多是为了这个责任和义务而活着。这正是家庭之情在其中发挥着重要的作用①。

(2) "情"文化的影响

如果说中国文化因重"情"而重义务，那么，西方文化则因轻"情"而轻义务，进而演变为以权利代义务的后果。一般而言，重义务必重责任伦理和道德伦理，而重权利必重法制精神和法律义务。于是，中西方社会因"情"产生不同的人文精神。这种人文精神最重要的是体现在家庭成员关系的看待和处理上。对此，陈独秀（1879—1942）曾经发表过评论。他说："西洋民族之重视法治，不独国政为然，社会家庭，无不如是。"在西方，"爱情为一事，夫妇又为一事。恋爱为一切男女之共性；及至夫妇关系，乃法律关系，权利关系，非纯然爱情关系也。约婚之初，各要求其财产而不以为贪；既婚之后，各保有其财产而不以为吝。即上流社会之夫妇，一旦反目，直讼之法庭而无所愧怍。社会也绝不以此非之"。他认为，在西方社会中，"国为法治国，其家庭亦不得不为法治家庭；既为法

---

① 梁漱溟著：《中国文化要义》，载于俞吾金《二十世纪哲学经典文本——中国哲学卷》，复旦大学出版社 1999 年版，第 494—495 页。

治家庭，则亲子昆季夫妇，同为受治于法之一人，权利义务之间，自不得以感情之故，而有所损益"。所以，"亲不责子以权利，遂亦不重视育子之义务。避妊之法，风行欧洲。夫妇生活之外无有余赘者，咸以生子为莫大之厄运。不徒中下社会如斯也，英国贵妇人乃以爱犬不爱小儿见称于世，良以重视个人自身之利益，而绝无血统家族之观念；故夫妇问题与产子问题，不啻风马牛相去万里也"。他发现，"西俗成家之子，恒离而别居，绝经济之关系；所谓吾之家庭者，必其独立生活也；否则必说吾父之家庭；用语严别，误必遗讥"。① 应该说，陈氏的分析和记述与事实"吻合"。康有为在《大同书》中记录了美国总统的一件家庭逸事："美总统麦坚尼，东定古巴，西定吕宋，可谓伟人矣；其死之遗嘱也，以其遗财二十余万镑与其妻，仅以千镑赠其母。此在中土绝无之事，而在欧美之伟人亦如此，盖其俗然矣。"② 这说明，在西方社会中，轻"情"的现象十分普遍，可以说就是一种"轻情精神"。

那么，西方家庭的"情"存于何处？我们除了从柏拉图《理想国》设计中取消家庭、淡化人伦之情的作用可以得到启示之外，《圣经》也可以让人领悟更多的秘密。例如，《圣经》记载两段文字：其一，耶稣说："假如任何人到我这里来，而不憎恨他的父母妻子儿女兄弟姐妹，甚至一己的生命，他就不能做我的门徒。"又一段记载引耶稣的话说："我来并不是使世界安宁的，而是使它纷扰的；因为我来了将使儿子与他父亲不和，女儿与她母亲不和，媳妇与她婆婆不和。"《圣经》还记载

---

① 陈独秀著：《东西民族根本思想之差异》，载于俞吾金《二十世纪哲学经典文本——中国哲学卷》，复旦大学出版社 1999 年版，第 180—181 页。

② 康有为著：《大同书》，李似珍评注，中州古籍出版社 1998 年版，第 220 页。

彼得和耶稣的对话：彼得说，看哪！我们已经撇下所有的跟从你了。耶稣说，我实在告诉你，人为我和福音，撇下房屋，或是弟兄，姐妹，父母，儿女，田地。没有不在今世得百倍的，就是房屋，弟兄，姐妹，母亲，儿女，田地，并且要受逼迫；在来世必得永生①。根据这段对话，人们若要成为基督徒，就必须抛弃家庭的人情，转而信仰耶稣。于是，耶稣又说："大凡先知，除了本地本家之外，没有不被人尊敬的。"② 如果"他们将人的吩咐，当作道理教导人，所以拜我也是枉然"。③ 耶稣说："不要称呼地上的人为父，因为只有一位是你们的父，就是在天上的父。""也不要受师尊的称呼，因为只有一位是你们的师尊，就是基督。"④ 耶稣说："凡遵行神旨意的人，就是我的弟兄姊妹和母亲了。"⑤ 可见，当人信奉上帝或神为人类精神寄托时，家庭感情在基督文化的设计中明显地"退居"次要位置。这基本上是所有宗教文化的特点。梁漱溟发现：在基督教势力下，个人所负宗教的义务，是远超过家族的要求。教会的凝结力，是以家族的凝结力为牺牲的⑥。他总结说："西方之路开于基督，中国之路开于周孔，而以宗教问题为中西文化的分

---

① 《圣经·马可福音》10：28—30。
② 《圣经·马太福音》13：57。
③ 《圣经·马太福音》15：9。
④ 《圣经·马太福音》23：9—10。
⑤ 《圣经·马可福音》3：35。
⑥ 张荫麟，早年毕业于美国斯坦福大学，获哲学博士学位。他说了同样的话："基督教更增加个人对家族的解放，在基督教的势力下，宗教的义务，是远超过家族的要求，教会的凝结力，是以家庭的凝结力为牺牲的。""基督教一千数百年的训练，使得牺牲家族的小群而尽忠于超越家族的大群的要求，成了西方一般人日常呼吸的道德空气。"参见伦伟良主编《张荫麟文集》，台湾中华丛书委员会1934年版，第270页。

水岭。"① 概言之，信仰上帝或信仰儒家决定了中西方文化的精神取向。

(3) 孝悌的原理

西方文化认为，孝敬父母是应该的。但是，这种义务是从上帝那里得到的。《圣经》记载："上帝说，要孝敬父母。"② 在儒家看来，孝悌是仁的根本，"仁者爱人"，③ "爱"是"情"的表现，因此，孝悌是"情"的根本，是家庭道德的根基，也是社会道德的根基。古人云："万恶淫为首，百善孝为先。"孝悌本于血缘关系及其血缘原理，是儒家伦理的基本原则。在原始意义上，孝用于父母，悌用于兄长。孝是核心，悌是补充。无孝自然无悌，因为二者本质相同、价值相连、关系互动。由于儒家的家庭是以父子和兄弟为主要人伦关系，所以用以调节这两伦关系的孝悌就显得特别重要，其相互承接使家庭成为和谐的微观世界。孝使父母深感自身存在的价值，悌使兄长倍感自身的意义。孝悌解决了家庭中"下"对"上"的伦理义务，形成了道德示范模式。在《十三经注疏》中，《孝经》是被封建帝王亲自注疏的儒家经典④。曾国藩发现："若能修德行，入以孝悌，出以忠信，则延

---

① 梁漱溟著：《梁漱溟学术精华录》，北京师范学院出版社 1988 年版，第 259—260 页。

② 《圣经·马太福音》15：4。此外，《圣经》中的《出埃及记》20：12、《申命记》5：16、《以弗所书》6：2 均记录耶稣关于人"要孝敬父母"的话语。

③ 《孟子·颜渊》。

④ 关于《孝经》的注释有：梁武帝著《孝经义疏》，梁简帝著《孝经疏》，后魏孝明帝著《孝经义》，唐玄宗著《孝经注》，清顺治皇帝著《孝经注》，雍正皇帝著《孝经集注》，这使《孝经》成为儒家经典中历代皇帝注意最多的一部经典。参见宫晓卫著《孝经·人伦之至理》，中华书局（香港）有限公司 1996 年版，前言第 4 页。

泽可及七八世。"① 清李毓秀（1662—1722）在《弟子规》开篇
云："弟子规，圣人训：首孝悌，次谨信。泛爱众，而亲仁。有
余力，则学文。"元代郭居敬的《二十四孝》体现了这个主题的
社会价值②。孟子曰："尧舜之道，孝悌而已矣。"③ 朱熹曰："孝
悌者，人之良知良能，自然之性也。"④孔子曰："夫孝，天之经
也，地之义也，民之行也。"⑤ 明代学者杨起元（1547—1599）
撰写的《孝经序》是其中的代表。其开篇序言中的一段最有代
表性：

> 孝道之大，备于《经》矣。贯三才，通神明，光四海。
> 至贵之行，配天之德，圣人之至教也。以之事君则忠，以之
> 事长则顺，以之事天地则仁。天子之所以保天下，诸侯之所
> 以保其国，卿大夫、士之所以守宗庙、保禄位，庶人之所以
> 保四体、养父母，未有离孝者也。万善未易全也，惟孝则
> 全；百福未易备也，惟孝则备；令名未易享也，惟孝则享。
> 至于还淳返朴，致和召顺，归荡平而跻浑噩，调雨旸而集灵

---

① 曾国藩认为："大抵仕宦之家，子弟习于奢侈，繁荣只能延及一二世；经商
贸易之家，勤勉俭约，则能延及三四世；而务农读书之家，淳厚谨伤，则能延及五
六世；若能修德行，入以孝悌，出以忠信，则延泽可及七八世。"参见林语堂《吾国
与吾民》，陕西师范大学出版社 2002 年版，第 22 页。

② "二十四孝"指：（1）孝感动天；（2）戏彩娱亲；（3）鹿乳奉亲；（4）为亲
负米；（5）啮指痛苦；（6）单衣顺母；（7）亲尝汤药；（8）拾葚供亲；（9）为母埋
儿；（10）卖身葬父；（11）刻木事亲；（12）涌泉跃鲤；（13）怀橘遗亲；（14）扇枕
温衾；（15）行佣供母；（16）闻雷泣墓；（17）哭竹生笋；（18）卧冰求鲤；（19）扼
虎救父；（20）恣蚊饱血；（21）尝粪心忧；（22）乳姑不息；（23）亲涤溺器；（24）
弃官寻母。

③ 《孟子·告子章句下》。

④ 同上。

⑤ 《汉书·艺文志·六艺略》。

贶，未有不由斯道者矣①。

按照儒家的理解，孝有广义、狭义之分。广义的孝如孔子所述："先王有至德要道，以顺天下，民用和睦，上下无怨。"② 狭义的孝恰如孔子所言："仁者，人也。亲亲为大。""亲亲"是爱父母亲长。朱熹曰："善事父母为孝。"荀子曰："能以事亲谓之孝。"③ 那么，孝如何施行？"孝有三：大孝尊亲，其次弗辱，其下能养。"④ "孝有三：小孝用力，中孝用劳，大孝不匮。"⑤ 归结起来主要有如下十个方面。首先，最基本的孝是"能养"，即在衣食上满足父母生活的需要。其次是有爱心，特别是恭敬之心。孔子曰："小人能养其亲，君子不敬，何以辨？"⑥ 又曰："孝子之事亲也，居则致其敬。"⑦ 第三是养其心志。《礼记·祭义》记载公明仪问曾子："夫子可谓孝乎？"曾子曰："是何言与？是何言与？君子之所谓孝者，先意承志，谕父母于道。参直养者也，安能为孝乎？"第四是谏言，但言语要委婉，使之归于正道。孔子曰："事父母几谏，见志不从，又敬不违，劳而不怨。"⑧ 第五是爱护身体。孝顺父母必须拥有自身的健康，否则难以尽孝。孔子曰："身体发肤，受之于父母，不敢毁伤，孝之始也。"⑨ 第六是显亲扬名、求得好名声以报答父母。"立身行道，扬名于后世，

---

①　《孝经序》。
②　《论语·学而》。
③　《荀子·王制篇》。
④　《礼记·祭义》。
⑤　同上。
⑥　《礼记·坊记》。
⑦　《孝经·纪孝行章》。
⑧　《论语·里仁》。
⑨　《孝经·开宗明义章》。

孝之终也。"① 第七是善待父母朋友。"凡于父母宾客之奉，必极力营办，亦不计家之有无。然为养又须使不知其勉强劳苦，苟使见其为而不易，则亦不安矣。"② 第八是知医侍奉父母。"病卧在床，委之庸医，比之不慈不孝。事亲者亦不可不知医。"③ 第九是亲自侍奉双亲。张横渠曾经说： "事亲奉母，岂可使人为之！"④ 第十是"孝终"。"生，事之以礼；死，葬之以礼，祭之以礼。"⑤ "孝子之事亲也，有三道焉：生则养，没则丧，丧毕则祭。养则观其顺也，丧则观其哀也，祭则观其敬而时也。尽此三道者，孝子之行也。"⑥ "事死如事生，事亡如事存，孝之至也。"⑦

按这样的逻辑，"不孝"就成了儒家所耻的对象。孟子和孔子从两个角度谈到"不孝"。一是从对父母的角度。孟子曰："世俗所谓不孝者五：惰其四支，不顾父母之养，一不孝也；博弈好饮酒，不顾父母之养，二不孝也；好货财，私妻子，不顾父母之养，三不孝也；从耳目之欲，以为父母戮，四不孝也；好勇斗狠，以危父母，五不孝也。"⑧ 二是从人生的角度。孔子曰："父母生之，续莫大焉。"⑨ 孟子曰："不孝有三，无后为大。""不孝者三"即"谓阿意曲从，陷亲不义"、"家贫亲老，不为禄仕"、

---

①　《孝经·开宗明义章》。

②　《横渠记说》，见朱熹、吕祖谦编《近思录》卷六《齐家之道》。

③　《程氏外书》卷十二，见朱熹、吕祖谦编《近思录》卷六《齐家之道》。

④　《张子全书》卷十五《附录》，见朱熹、吕祖谦编《近思录》卷六《齐家之道》。

⑤　《论语·为政》。

⑥　《礼记·祭统》。

⑦　《礼记·中庸》。

⑧　《孟子·离娄下》。

⑨　《孝经·圣治章》。

"不娶无子，绝先祖祀"。① 这导致了中国人人生价值观点的变化。李亦园就说："对于中国人而言，人生的终极目的，既不在现世的荣耀与富贵，也不在来世的寄托，却存于对下一代的期望里。"② 换用费孝通的话说：在儒家社会中，"一个人不觉得自己多么重要，要紧的是光宗耀祖，是传宗接代，养育出色的孩子"。③ 孟子有言道："舜尽事亲之道而瞽瞍厎豫，瞽瞍厎豫而天下化，瞽瞍厎豫而天下之为父子者定，此之谓大孝。"④ 所以，国学大师季羡林明确地说："孝"，"除了中国以外，全世界各国都没有这么具体"。⑤ 站在这个角度理解梁漱溟的话就很容易找到关键点了。梁漱溟指出："中国文化在某一意义上，可谓'孝的文化'。孝在中国文化上作用至大，地位至高；谈中国文化而忽视孝，即非于中国文化真有所知。"⑥ 若用德国哲学家马克斯·韦伯的观点来看，"孝"在世袭制的中国是"元德"。质言

---

① 《孟子·离娄章句上》。

② 李亦园著：《中国人的家庭与家的文化》，载于文崇一等主编《中国人的观念与行为》，江苏教育出版社 2006 年版，第 94 页。

③ 费孝通著：《中国文化与新世纪的社会学人类学——费孝通、李亦园对话录》，载于《费孝通文化随笔》，群言出版社 2000 年版，第 302 页。

④ 《孟子·离娄章句上》。

⑤ 季羡林说："何以证之？可以看一看欧洲现在社会的情况跟我们作比较。……我们中国的青年人还比世界各国的要孝得多，虽然程度上不如以前了。"他还说，"孝"在英文中用一个词翻译不出来，而要用两个词。"什么原因呢？因为虽然不能说外国没有孝，但是孝并非作为一个很重要的概念。所以译过去就得用两个词。英文里面两个什么词呢？就是儿女的'虔诚'与'尊敬'，而在中文里，光一个孝就够了。这就说明'孝'这个词有中国的特点。"参见季羡林《略说中国传统文化及其特点》，载于季羡林著《三十年河东三十年河西》，当代中国出版社 2006 年版，第 41 页。

⑥ 梁漱溟著：《梁漱溟学术精华录》，北京师范学院出版社 1988 年版，第 223 页。

之，"孝是引出其他各种德性的元德。"①

　　弟（即悌）也有广义、狭义之分。狭义的悌恰如朱熹所言："善事兄长为弟。"② 即对兄长侍奉得好叫悌。推而广之，在社会上善事一般的长上均叫悌。《大学》云："弟者，所以事长也。"荀子曰："能以事亲谓之孝，能以事兄谓之弟。"③ 如何做到悌？归纳起来，主要有三个方面。首先是敬长。孟子曰："孩提之童，无不知爱其亲者；及其长也，无不知敬其兄也。"这是"人之所不学而能"的"良能"和"所不虑而知"的"良知"。④ 孔子曰："出则弟。"⑤ "宗族称孝焉，乡党称弟焉。"⑥ 孔子论"推己及人"的本义就是推广悌道，以达到"兄弟怡怡"的境界，即兄弟间互相关爱、和悦友好。其次是对兄长要恭敬。《论语》载子路问孔子："闻斯行诸？"孔子曰："有父兄在，如之何其闻斯行之？"⑦之所以要问父兄，是因为父兄"生乎吾前，其闻道也固先乎吾，吾从而师之"。⑧ 第三是兄弟间要忍让，团结合作。《诗经》云："兄弟阋于墙，外御其务。"⑨ 兄弟即使在家内有矛盾，但对外是一致的。俗话说："三兄四弟一条心，门前土地变黄金"；"打虎

---

　　① 〔德〕马克斯·韦伯说："在中国的等级制伦理上，仍然相当牢固地黏附着对封建制的留念。对于封建主的孝，又被推及父母、老师、职务等级制中的上司和一切有官职的人，——因为对于所有这些人，孝在本质上是一样的。"一个人，"有了孝，就是经受了考验，就能保证履行官僚制最重要的等级义务：履行无条件的纪律"。参见马克斯·韦伯著《儒教与道教》，商务印书馆 2002 年版，第 207—208 页。

　　② 《论语·学而集注》。

　　③ 《荀子·王制篇》。

　　④ 《孟子·尽心章句上》。

　　⑤ 《论语·学而》。

　　⑥ 《论语·子路》。

　　⑦ 《论语·子罕》。

　　⑧ 韩愈著：《师说》。

　　⑨ 《诗经·小雅》。

还看亲兄弟"。孟子把父母兄弟俱在称为人生"一乐"。《大学》扩充了孝悌的社会意义："孝者所以事君也，弟者所以事长也"。孟子曰："居下位而不获于上，民不可得而治也。获于上有道：不信于友，弗获于上矣；信于友有道：事亲弗悦，弗信于友矣。"① 就是说，要处理好君臣关系才能治好百姓，要处理好上下关系，首先要取信于朋友，要取信于朋友，必须取悦于父母。因此，孝悌是秩序社会中的核心德目。杜维明从人生自我实现的角度谈到"孝"道的社会意义。在描述子女与父亲的关系时，他说："为了我们，也为了他们，我们必须以我们之天命之性、我们的良心为引导。总而言之，尊敬父亲是人生意义的一个来源；我们尊重父亲是为了自我实现这个最终的目的。"他认为，人们不可能在真空中实现自我，而必须在与他人的关系中实现自我。因此，在一定的意义上，孝顺和尊重父母是为了人之自我的德性修炼、自我实现和自我完成②。

3. 家庭教育的文化设计

家庭教育是儒家设计的旨在锻炼人的伦理活动能力、培养人善于处理家庭内部人伦关系的重要环节。它根据家庭人伦关系及其原理具体开展。家庭教育首先帮助家庭成员明确差等关系问题，然后根据父子关系和长幼关系的要求进行服务于孝悌的"感恩教育"，同时，根据夫妇关系的要求进行所谓的"和合教育"。

① 《孟子·离娄上》。

② 转引自李晨阳著《道与西方的相遇》，中国人民大学出版社 2005 年版，第136 页。

换言之，家庭教育主要由差等教育、感恩教育、和合教育构成。差等教育旨在帮助家庭成员明确自己所在的人伦分位，明确自己的责任和义务，感恩教育旨在解决家庭成员间尤其是子女爱父母的孝敬问题，和合教育旨在推进家庭成员特别是长幼和夫妇间的互动关系。

（1）差爱教育

儒家把家庭设计为由差等之爱关系构成的伦理实体，在此实体内，人与人的关系是差等之爱的伦理关系。费孝通称这种家庭设计的特征是"差序格局"。他认为孔子的话"为政以德，譬如北辰，居是所，而众星拱之"就是很好的比喻①。一般而言，每个家庭首先要向其成员明确这种人伦关系，因为它是家庭成员和谐相处的"关键处"。所谓差等关系，就是"有差别的平等关系"，是相对于墨子的"兼爱关系"或西方博爱关系而言的术语。差等关系包含两个方面：一是家庭成员在家庭人伦地位上的差别或不平等，所谓男尊女卑，长尊幼卑；二是家庭成员在家庭中人格的平等，即伦理人格上的平等。这种差等关系的发现和确立直接根源在于儒家对血缘文化的认同：其一，人类出生有先后，造成长幼关系；其二，男性比女性有更大的天然力量，为树立男性的伦理权威提供天然的支持，造成男尊女卑关系的分别；其三，既然处于同一家庭，应该拥有同等的人伦关系，否则难以解释人类的和平理念，也难以解释人类延续的事实。

关于以上所述，先秦儒家文献提供了很多证据。例如，《周易》首先明确自然界与人产生的顺序及秩序："有天地然后有万物，有万物然后有男女，有男女然后有夫妇，有夫妇然后有父

---

① 费孝通著：《乡土中国》，北京出版社 2005 年版，第 32—37 页。

子，有父子然后有君臣，有君臣然后有上下，有上下然后礼义有
所错。"① 颜之推将这种秩序做了规范和延伸："夫有人民而后有
夫妇，有夫妇而后有父子，有父子而后有兄弟：一家之亲，此三
而已矣。自兹以往，至于九族，皆本于三亲焉，故于人伦为重者
也，不可不笃。"②《礼记》将这种人伦秩序加以推理，得到的结
论是："男女有别然后父子亲，父子亲然后义生，义生然后礼作，
礼作然后万物安。无别无义，禽兽之道也。"③ 又说："男女有别
而后夫妇有义，夫妇有义而后父子有亲，父子有亲而后君臣有
正。"④ 孟子总结为："父子有亲，君臣有义，夫妇有别，长幼有
序，朋友有信。"⑤ 朱熹继承孟子的话说："人之大伦有五：父子
有亲，君臣有义，夫妇有别，长幼有序，朋友有信是也。"⑥ 可
见，人类在家庭中的差等关系来之有源，序之有理。自然，这种
差等关系及其理念不仅是儒家伦理的内容，而且是儒家家庭教育
的应有之义。

事实上，家庭差等之爱的教育为中国权威教育模式提供了
伦理和道德的有力支撑。它是人伦教化权力的来源，也是人伦
教化的根据。韦政通曾引用社会学家李斯曼（David Riesman）
的观点指出，中国社会是一个传统指导型的社会。在这样的社
会里，人的行为差不多完全受控于传统，列祖列宗传下来的规
范和习俗，具有持续性的优势，因此教育的主要功能，是教人

---

① 《周易·序卦传》。
② "九族"就是以本族为核心，向上则有父亲、祖父、曾祖父、高祖父，向下
则有儿子、孙子、曾孙子、玄孙。参见《颜氏家训·兄弟》。
③ 《礼记·郊特牲》。
④ 《礼记·昏义》。
⑤ 《孟子·滕文公上》。
⑥ 《论语集注·微子》。

服从权威,最直接的权威是父亲,父亲是历代历宗的代言人,反抗父亲,无异于向整个传统挑战,必然要受到最严厉的制裁。他说,在中国,因为受到宗教性的孝道的支持,使权威的压力发挥到极致的程度。在这样的社会里,最严重的罪名就是不孝,相反的,最受赞扬的行为就是恪尽孝道。由于以上的特点,社会控制力量的选择不是来自宗教和法律,而是来自"教化"。因此,"教化"就显得特别重要。"教化"的内容由密切联系的两项内容构成。一是"名教",即重视名分,依靠名分明确个体在家庭和社会中的责任和义务,以此维持社会的和谐和发展。二是"礼教"。可以说,"名教"是"礼教"的基础,因为"礼教"的仪式礼节是根据人的身份来决定的。长幼有序,一方面固然代表人的身份的秩序,另一方面也规定了礼节的轻重。与法律依赖外力控制的方式不同,"礼教"控制的方式是依赖内心的自我认同和规范①。这可以说是儒家伦理的特色,也可以说是儒家教育的特色。

对比看,西方文化弱化家庭人伦在构建社会体系中的功能和作用十分明显。这从柏拉图时代就已经露出了端倪。柏拉图在理想国中由于不知道如何安置妇女,只好把女人改造成男人。在他看来,没有任何一项管理国家的工作,因为女人在干而专属于女性,或者因为男人在干而专属于男人。各种天赋才能同样分布于男女两性。根据自然,各种职务,不论男的女的都可以参加。他认为,女人男人可以有同样的才能适宜于担任国家保卫者的职务,分别只在于女人弱些男人强些罢了②。他指出:"我所说的

---

① 韦政通著:《中国文化概论》,台湾水牛出版社 1980 年版,第 298—300 页。

② 柏拉图著:《理想国》,郭斌和、张竹明译,商务印书馆 1986 年版,第 187 页。

关于男人的那些话一样适用于出身于他们中间的妇女们，只要她们具备必要的天赋。"① "为了培养护卫者，我们对女子和男子并不用两种不同的教育方法，尤其是因为不论女性男性，我们所提供的天然禀赋是一样的。"② 这样，在理想国中，所有人应当接受同样的公民教育。换句话说，柏拉图排除了家庭教育存在的理由。根据在于家庭的法律安排如下：所有女人归所有男人公有，"任何人都不得与任何人组成一夫一妻的小家庭。同样地，儿童也都公有，父母不知道谁是自己的子女，子女也不知道谁是自己的父母。"③ 他强调："一个安排得非常理想的国家，必须妇女公有，儿童公有，全部教育公有。不论战时平时，各种事情男的女的一样干。他们的王则必须是那些被证明文武双全的最优秀人物。"④ 在这样的国家中，两性完全平等，所有女人都是所有男人共同的妻子。为了保持他们的数量，统治者会在某些节日，通过抽签选定一组合适的男女，让他们聚集在一起繁衍后代。实际上这种选定是出于优先的考虑。孩子一出生就被抱走。在亲生父母和亲生子女互不知晓的方式下集体抚养成人。未经许可而生育的孩子是非法的，畸形或劣种的婴儿将被抛弃。罗素对此评论说："这样一来，个人情感就显得微弱，而集体精神就变得强大起来。"⑤ 但是，亚里士多德强调，纯粹的集体责任感会导致疏忽职守。他认为，为了培植真正的感情，就必须对感情所及的范围加以某种限制；为了让孩子能够得到真正的照顾，必须由孩子

①　柏拉图著：《理想国》，郭斌和、张竹明译，商务印书馆 1986 年版，第 310 页。

②　同上书，第 188 页。

③　同上书，第 190 页。

④　同上书，第 312 页。

⑤　罗素著：《西方的智慧》，崔权礼译，文化艺术出版社 1997 年版，第 124 页。

的父母亲自照顾。可见，亚里士多德试图纠正柏拉图重视集体重要性的弱点①。至于家庭教育的地位和作用问题，亚里士多德认为：由于任何家庭都是城邦的一个部分，而且这些关系又是家庭的组成部分，部分的德性必须要联系到整体的德性，对儿童和妇女的教育必须着眼于政体，如果儿童或妇女之良好对于城邦之良好能产生什么影响的话。而这必定产生影响。因为参与政体者都是从儿童长大的②。从这里可以看出，亚里士多德的分析是很恰当的。

（2）感恩教育

感恩教育是中西方教育文化内涵的最重要区别之一。在儒家社会中，这种感恩教育首先在家庭中确立，随后便延伸到社会和国家。我们知道，西方文化把人看作是理性的动物、政治的动物，中国文化把人看成是仁性的动物、道德的动物。仁性是人性，其根本是建立在孝悌情感基础上的爱，"仁者爱人"，③"仁者无不爱"。④ 在儒家看来，人是因为父母之爱才诞生的，然后又作为爱的结晶体现父母之爱，使子女对父母有恩情。此恩情表现在"三育之恩"，即"生育之恩"、"养育之恩"和"教育之恩"。父母与子女的关系简单地说就是恩情和报恩的问题。"生育之恩"是来自自然的恩情、"养育之恩"是来自动物性的恩情，"教育之恩"是来自伦理性的恩情。《说文解字》云："教，上所施，下所效也。育，养子使作善也。"这种"教育"定义，就是

---

① 罗素著：《西方的智慧》，崔权礼译，文化艺术出版社1997年版，第197页。
② 亚里士多德著：《政治学》，载于《亚里士多德选集》，颜一、秦典华译，中国人民大学出版社1999年版，第30页。
③ 《孟子·颜渊》。
④ 《孟子·尽心上》。

伦理性的定义。意思是，在家庭中存在着"上"与"下"，"上"对"下"是父母对子女，父母做事，子女效仿，目标是"善"，此为"教育"的原初含义。可以看出，父母对子女的教育责任和义务，来自"上"与"下"之间建立的血缘关系。在西方文化中，教育关系的建立则不是这样。卢梭说："对人类社会和社会的每一个成员来说，重要的是：所有的人都要认识到上帝的法律要求他必须对他的邻人和他自己尽种种的义务。我们彼此之间应当时时刻刻互教的，就是这一点，尤其是做父母的人更应当拿这一点来教育他们的子女。"①《圣经》说："不可不管教孩子。"②又说："要反复教导儿女，无论在家还是在走路，躺下还是起来，都要教导人们。"③

　　儒家把仁爱教育放置在家庭中有深刻的伦理意义。我们从儒家的论述中可以看出来。孔子曰："不爱其亲而爱他人者，谓之悖德。不敬其亲而敬他人者，谓之悖礼。"④ 就是说，家庭之爱是对亲人的爱，因为亲人对自己有三个恩情，人爱自己的父母亲人，是回报父母恩情的表现。这种爱的价值和意义应该得到家庭成员的高度重视并自觉落实，它更重要的价值在于可以用之于、推之于社会国家乃至天下。换言之，儒家把仁义礼智信的"种子"播撒在家庭中，让它生根、发芽、开花、长成、结果。朱熹曰："仁之实，事亲是也；义之实，从兄是也。仁主于爱，而爱莫切于事亲；义主于敬，而敬莫先于从兄。故仁义之道，其用至

---

　　① 卢梭著：《爱弥儿，或论教育》，李平沤译，商务印书馆 1978 年版，第 566页。

　　②《圣经·箴言》23：13。

　　③《圣经·申命记》6：7。

　　④《孝经·圣治章》。

广，而其实不越于事亲从兄之间。盖良心之发，最为切近而精实者。"① 孟子曰："君子之于物也，爱之而弗仁；于民也，仁之而弗亲。亲亲而仁民，仁民而爱物。"② 那么，仁爱教育在家庭中的重点是什么呢？儒家的回答是："孝！"具体地说，因为父母有恩情，所以子女应该"孝"。所以，在儒家社会中，家庭教育的首义是"孝教"。《孝经》引用孔子的话说："夫孝，德之本也。教之所由生也。"③ "教人亲爱，莫善于孝"；④ "君子之教以孝也"；"教以孝，所以敬天下之为人父者也；教以悌，所以敬天下之为人兄者也"。⑤ 孟子认为教育的目的就是"申之以孝悌之义"，使受教育者尽快地"明人伦"、"明孝悌"。孔子曰："入则孝，出则悌，谨而信，泛爱众，而亲仁。"⑥

　　基督教文化认为，自然血缘造就的人的肉体在价值上是低劣于人的灵魂和精神的，因而，人类血缘的共通性劣于人类的灵魂精神的共通性。《圣经》记载耶稣离开家庭而在他周围聚集一些人并建立了一个无任何血缘关系的家庭，这至少使他与他的血亲之间的关系变得疏远。然而，人类的关系总是疏于彼则密于此。可以说，正是家庭血缘关系的疏远才使得基督与西方人类的关系亲密起来。这里以《圣经》的记载为根据进行评说。《圣经》在多处记载了耶稣的话："神说，当孝敬父母；又说，咒骂父母的，必治死他。"⑦ "那爱父母胜过爱我的不配跟从我；那爱子女胜过

---

① 《孟子·离娄章句上》。

② 《孟子·尽心上》。

③ 《孝经·开宗明义章》。

④ 《孝经·广要道章》。

⑤ 《孝经·广至德章》。

⑥ 《论语·学而》。

⑦ 《圣经·马太福音》15：4。

爱我的，不配跟从我。"① 因此，"如果有人来我这儿而不厌恶他的父亲妻儿和兄弟姐妹甚至他自己的生命，那他不可能成为我的门徒。"② 这样，"不与我相合的就是敌我的；不同我收聚的就是分散的"。③ "倘若神是你们的父，你们就必爱我；因为我本是出于神，也是从神而来，并不是由着自己来的，乃是他差我来。""出于神的必听神的话；你们不听，因为你们不是出于神。"④ "你们若爱我，就必遵守我的命令。"⑤ "有了我的命令又遵守的，这人就是爱我的；爱我的人必蒙我父爱他，我也要爱他，并且要向他显现。"⑥ "我爱你们，正如父爱我一样；你们要常在我的爱里。""你们若遵守我的命令，就常在我的爱里；正如我遵守了我父的命令，常在他的爱里。""你们要彼此相爱，像我爱你们一样，这就是我的命令。"⑦ "恨我的，也恨我的父。"⑧ 这意味着，切断与家庭的血缘联系是基督文化的标志，而且他们的实际表现常得到公开的赞扬。因此，即使基督徒践行自己对父母的爱，那也是奉行基督的教导和训诫。显然，这与儒家的文化设计有很大的不同。

(3) 和合教育

在基督文化的设计中，家庭中的人伦之"和"已被人与耶稣

---

① 《圣经·马太福音》10：37。
② 《圣经·路迦福音》14：26。
③ 《圣经·马太福音》12：30。
④ 《圣经·约翰福音》8：42—47。
⑤ 《圣经·约翰福音》14：15。
⑥ 《圣经·约翰福音》14：21。
⑦ 《圣经·约翰福音》15：9—12。
⑧ 《圣经·约翰福音》15：23。

基督之间的"和"取代了。人只有一个爱,即爱上帝及上帝的代言人——基督,人们只有在身处基督的和平中才能获得自身的和平。不仅人性的和平在于人与上帝的合一,而且家庭人伦的和平在于人与上帝的合一。在这方面,《圣经》的表述十分清晰。耶稣说:"你们以为我来,是叫地上太平吗? 我告诉你们,不是,乃是叫人纷争。""你们不要想我来,是叫地上太平;我来,并不是叫地上太平,乃是叫地上动刀兵。""因为我来,是叫人与父亲生疏,女儿与母亲生疏,媳妇与婆婆生疏。"耶稣说:"人的仇敌就是自己家里的人。"① 耶稣也认识到了这种说法和规范将导致人间家庭血缘关系的紧张,因为"从今以后,一家五个人将要分争,三个人和两个人相争,两个人和三个人相争;父亲与儿子相争,儿子与父亲相争;母亲和女儿相争,女儿和母亲相争;婆婆和媳妇相争,媳妇和婆婆相争。"② 可见,按基督文化的设计,人必须离开自己的家庭和亲人,尤其是在心灵和精神上离开自己的世俗亲人,然后才能与上帝同在,从上帝那里"得救"。如果人类的关系"分"于此则"合"于彼是正确的说法,那么,西方人与基督耶稣的"合",正造成他们与家庭亲人的"分",而契约法律关系的确立正加强了西方社会人伦关系的淡化程度。

　　然而,儒家社会则不是按照以上的思路来确定家庭人伦教育理念的。儒家社会以差等教育帮助个体明确家庭人伦关系的分别,以感恩教育明确个体应该承担的道德责任和义务,然后造成家庭的和合境界。儒家社会中有一句极其流行的话语可以为此作证,即"家和外顺"。明代学者朱伯庐(用纯,1617—1688)在

---

① 《圣经·马太福音》11:34—36。

② 《圣经·路迦福音》12:52。

《治家格言》中说："家门和顺，虽饔飧不继，亦有余欢。"① 孔子曰："父子笃，兄弟睦，夫妇和，家之肥也。"② 这些话可以说点出了儒家关于家庭教育的核心理念。其意思应当可以做如下解释：第一，"家和"是"外顺"的基础和条件，"家不和"则"外不顺"。第二，"家和"服务于"外顺"，仅仅有"家和"不行，还必须有"外顺"。或者说，"外顺"是"家和"的逻辑延伸。第三，如果说"家和"是个体内圣的内涵，那么"外顺"就是个体外王的内涵。如果说"家和"教育培育个体道德，那么"外顺"教育培育的就是个体王道。就此意义来说，没有"外顺"，"家和"则无意义；没有"外顺"，"家和"的价值必然被降低。可以说，"家和"是"本"和"根"，"外顺"是"末"和"果"。因而，儒家社会有所谓"礼之用，和为贵"③ 以及"天时不如地利，地利不如人和"④的说法。《易传》上说："上火下泽睽，君子以同而异。"当然，这里的"和"也包含了家庭之外的"人和"。那么，儒家对家庭之"和"的教育是如何设计的？

其一，着力培养性情的"和"。人性本质就是"中和"。《中庸》云："喜怒哀乐之未发，谓之中；发而皆中节，谓之和。"在儒家看来，圣人保持本有人性，具有至高无上的道德情怀。朱熹引游氏的话说："以性情言之，则曰中和，以德行言之，则曰中庸是也。"⑤ 又曰："人与尧舜初无少异，但众人汩于私欲而失之，尧舜则无私欲之蔽，而能充其性尔。"⑥ "尧

---

① 《朱伯庐治家格言》。
② 《礼记·礼运》。
③ 《论语集注·学而》。
④ 《孟子·公孙丑下》。
⑤ 《礼记·中庸》。
⑥ 《孟子·滕文公章句上》。

舜,性也。"①"孟子道性善,言必称尧舜。"② 鉴于血缘文化的关系,家庭进行这种人性教育,最容易达到应有的效果,并获得成功。

其二,高度重视情感教育。儒家认为,人有情感才会有和合完美的道德境界,五伦就是和合文化的最深刻表现。所谓"五教谓父子有亲,君臣有义,夫妇有别,长幼有序,朋友有信"。③《礼记》明确指出:"父慈子孝,兄爱弟敬,夫义妇德,长惠幼顺,君仁臣忠。"④ 这些关系都建立在亲情基础上。例如,在儒家社会中,婚姻祝福语中经常有所谓"夫妻百年好合"以及"兄弟怡怡"、"情如兄弟"、"亲如姐妹"等,这些都是家庭和合教育的内容。

其三,特别重视秩序教育。儒家特别看重人伦秩序教育,因为有秩序才有和合境界出现的可能。孔子曰:"君君,臣臣,父父,子子。"⑤ 朱熹曰:"仁者天下之正理。失正理,则无序而不和。"⑥ 又曰:"和以处众曰群。"⑦朱熹曰:"人能孝弟,则其心和顺。"⑧ 又曰:"盖孝子之有深爱者,必有和气;有和气者,必有愉色;有愉色者,必有婉容;故事亲之际,惟色为难耳,服劳奉养未足为孝也。"⑨ 还说:"事理通达,而心气和平,故能

---

① 《孟子·尽心章句上》。
② 《孟子·滕文公章句上》。
③ 《仪礼经传通解》卷九。
④ 《礼记·礼运》。
⑤ 《论语·颜渊》。
⑥ 《论语集注·八佾》。
⑦ 《论语集注·卫灵公》。
⑧ 《论语集注·学而》。
⑨ 《论语集注·为政》。

言。"① 在朱熹看来，和顺之人是有德之人，其人英才必有外现。朱熹曰："有德者，和顺积中，英华发外。"② 又曰："中正和乐，粹然无复偏倚驳杂之蔽，而其为人也亦成矣。"③

这样看来，"家庭不和"，也即"父子不和"、"夫妇不和"、"兄弟不和"，这是儒家社会最不能容忍的大问题。朱熹引伊川的话说："凡天下至一国一家，至于万事，所以不和合者，皆由有间也。无间则合矣。"④ 一般而言，在儒家社会中，"父子不和"常常起源于子对父的"不孝"上，或者说，"不孝"最容易引起"家庭不和"。其次是"夫妇不和"，其严重情况就是为世俗人所不齿的"离婚"了。最后是"兄弟不和"，而它却明显地受制于前两者的现实状况。于此，我注意到清末驻法外交官陈季同曾经作过的中西婚姻文化比较极为深刻。他说，东西方在婚姻问题上有很多共同的"记忆"和"措施"，但是，在中国，有两种离婚的情况在西方是没有的。其一是夫妻中的任何一方对父母不服从甚至辱骂，其二是到了某一定的法定年龄仍然没有生育⑤。在我看来，第一种情况是"不孝"问题引起的离婚，第二种情况是"无后"问题引起的离婚。显然，这两种情况最为儒家社会中的人所责难。事实上，尽管它们均为法律所允许，但却不为世俗所许可。所以，古往今来，传统的中国人向来对婚姻问题慎之又慎，进而，在子女们进入"婚姻殿堂"之前，所有家庭的所有成

---

① 《论语集注·季氏》。

② 《论语集注·子路》。

③ 《论语集注·宪问》。

④ 《伊川易传》卷二《噬嗑传》，见朱熹、吕祖谦编《近思录》卷八《治国平天下之道》。

⑤ 陈季同著：《中国人自画像》，段映虹译，广西师范大学出版社 2006 年版，第 29 页。

员和亲朋好友总要加之以"夫妇和睦，百年和合"等美词来予以
祝福和外力凝聚。这里，让我们看看《诗经》中的歌谣就可以知
道儒家传统文化对人类高贵的婚姻的弥足珍视。

> 女曰鸡鸣，士曰昧旦。子兴视夜，明星有烂。
> 将翱将翔，戈凫与雁。戈言加之，与子宜之。
> 宜言饮酒，与子偕老。琴瑟在御，莫不静好。
> 知子之来之，杂佩以赠之。
> 知子之顺之，杂佩以问之。
> 知子之好之，杂佩以报之。[①]

---

① 《诗经·郑风·女曰鸡鸣》。

六

教化之道与社会教育

　　教化之道是儒家设计的为落实"大学之道"的第三个环节——社会教育或治国之教的实践原理，是关于人在社会中如何与人相处的基本原理。如果说"五伦"就是"五教"，那么，"齐家之教"完成了"五伦之教"的三项内容，其后的"二伦之教"将体现在社会教化的环节上，即"君臣之教"和"朋友之教"。可以说，教化之道提升了齐家之道的层次和价值，是齐家之道的更高级发展。按儒家的教化设计，在国家的层次和范围内，教育者是国君或国王，受教育者是臣民或老百姓，社会教育的中心内涵是忠诚教育；在朋友间，教育者和受教育者是相互影响的诚信教育。这样，儒家设计的"五伦之教"到此完成。在西方文化的设计中，无论在家庭还是在社会里，人与人之间的现实关系是契约性的法律关系，不存在儒家强调的根据人伦设定的教化权力问题，同时，西方还存在人类与上帝间的精神关系和信仰关系，因而教育强调自由平等精神的培养，以及公民对国家法律的承诺和遵守。于是，西方的"治国之教"是"公民教育"和"宗教教育"的有机结合。这与儒家主张的依靠家庭人伦教化为核心的国家教育模式有显著区别。

1. 以"伦理"组织社会

在儒家伦理文化中，不仅个体和家庭按照伦理的特性和要求进行设计，而且社会和国家也是按照伦理的特性和要求进行设计。按照伦理的特性和要求而设计的儒家社会是由以君臣和朋友两伦关系为核心，以及由五伦关系推出的各种关系构成的伦理实体。在这种伦理实体中，所有个体按照儒家伦理文化的特性被"偶性化"，而"偶性化"的个体必须以伦理或道德的方式进行组织和管理，也就是说，儒家排除了或弱化了以法律和宗教的方式组织和规范社会的可能性和现实性，这使得儒家伦理型社会在中国得到了持续两千年的发展。

(1)"偶性化"个人

中西方文化均强调有关人的研究必须放在人与周围的关系中开展的观点和理论。卢梭说："必须通过人去研究社会，通过社会去研究人。"[①] 还说： "人应该研究的，是他同他周围的关系。"[②] 在卢梭看来，人与周围的关系主要包括人与人的关系、人与自然的关系、人与事物的关系。而所有的关系都必须根据契约和法律的原则和规范来看待，所有的个体必须根据法律和宗教的原则和规范来要求，在这样的文化眼光看，个体都是严格意义上的独立个体，个体与其周围的关系均应该按照法律精神和宗教

---

① 卢梭著：《爱弥儿，或论教育》，李平沤译，商务印书馆 1978 年版，第 327 页。

② 同上书，第 291 页。

的精神来处理。事实上，在西方社会中，每个人都是具有法律权利和义务的人，人人在法律面前平等，人人担当同样的法律义务和责任，人的道德表现最终以法律标准决定。钱穆认为，这是人与人之间"分别性"大于"和合性"的具体表现。他说："中国人讲人，不重在讲个别的人，而更重在讲人伦。人伦是指人与人相处中的一种共同关系。要能人与人相处，才各成其为人。若人与人过分分别了，便就无人伦。"① 换言之，儒家社会重视人伦，以人伦看待个人，也以人伦原理待人和育人，西方社会重视法律和宗教，以法律和宗教看待人，也以法律和宗教原理待人和育人。在这一点上，西方学者的研究结论是中肯而确切的。例如，当代法国汉学家谢和耐（Jacques Gernet）就说，"事实上，自古以来，法律在西方成为都市和国家组织的普通工具，乃至立法施及个人，而在中国，法律已不被视为必不可少的惩罚手段，它本身更被当作是无力维持秩序的结果"。② 他认为，在中国，"自汉代以后，风俗习惯、伦理和教育一直作为政治秩序和社会安定真正的基础被议论"。"法律不过是施刑的条文，被认为有用处而不可或缺，但也被认为不足以施行良治。其中政和教在传统上是结合的。"③ 应该说，这种判断有一定的根据。

　　我们注意到，中西方文化关于"人"的概念的差别很值得"玩味"。在西方文化中，"人"被分别为男人（man）、女人（woman）、少数人（man）、多数人（men）；中国人（Chinese）、英国人（English）、美国人（American）、日本人（Japanese），

---

① 钱穆著：《钱宾四先生全集》第 40 卷《政学私言》和《从中国历史来看中国民族性及中国文化》，台湾联经出版事业公司 1998 年版，第 161 页。

② ［法］谢和耐著：《中国人的智慧》，何高济译，上海古籍出版社 2004 年版，第 15 页。

③ 同上书，第 52—53 页。

但却没有一个表达共同特性的"人"字。在中国文化中，"人"也有各种各样的"人"，如有男人、大人、小人；黄种人、白种人、黑种人；有中国人、英国人、德国人、美国人；有善人、恶人、圣人、贤人、好人、坏人等。不过，同时还有一个共同的"人"字。最令西方人惊讶的是，即使是有头有耳的人，有时竟被中国人称为"不是人"，这包含了复杂的文化因素。实际上，在中国文化中，"人"是个体的概念，更是群体的概念。孔子曰："仁者，人也。"汉字的"仁"字构形就是以"二人"会意。《说文解字》对"仁"字的解释是："仁，亲也，从人，从二。"有语言专家对此解读说："以'亲'和'二人'规定'仁'字的内涵，这反映了先人们对社会关系的理解，人不是孤立的存在，偶则相亲。二人关系的和谐是社会关系需要的，并且是一种理想的境界。"① 可见，"人"是"偶性的"人，换言之，以"中国人的眼光"看"人"，不能只看自己看见的那个"人"，而应看到与其有关系的所有"人"。如在家庭中是作为父亲、儿子、孙子，在社会上是作为上级、首长、朋友。就是说，个人既是个体的人，同时也是群体中的人，甚至可以代表某个群体。那么，既然人是偶性的，人的价值当然不能由个体自身来决定，而必须由他人或系列关系来决定，如作为父亲，其价值在家庭中应由妻儿等因素来决定，在社会上则由所处的社会地位来决定，在朋友间则应由对方加以评价。进一步说，决定人的价值既不是法律规定，也不是宗教规定，而是由伦理决定。伦理如何决定？通过五伦之理来决定，五伦之理是在"亲"、"义"、"别"、"序"、"信"等"伦基"基础上发展出来的"十义"原理。换句话说，"十义"是做人的原理。依"十义"原理做人在儒家看来就是合格的人，就是有价

---

① 李敏生著：《汉字哲学初探》，社会科学文献出版社 2000 年版，第 34 页。

值的人。

可以说，中国文化视野中的人都是"偶性化的人"，是"无我化的人"，是"网络化的人"。所谓偶性化的人，指不能孤立看待一个人，而应放在人伦社会中确定和确认，其人生价值通过偶性化的体系获得；偶性的意义来源于"五伦十义"。所谓无我化的人，指"我"并不是独立的"我"，而是集体中的"我"；"我"不是纯粹的"我"，而是关系中的"我"，如，"我"在家庭是儿子的父亲，是妻子的丈夫，是弟弟的兄长，是单位的领导等。于是，如果定位"我"的存在，必须在一组关系中进行，这样才能看到一个真实的"我"。所谓网络化的人，是指"我"是组织网络中的人，而不是个体化的人，个体化的人是对个体负责的，无须对别人负责，而网络化的人必须以网络中所给的伦理地位来定位，同时以那个位置确定个体身份和价值。因此，"人"看似是个体的人，其实成了非个体的人。《中庸》云："仁者，人也，亲亲为大。"郑玄注《礼记》认为"仁"是"相人偶"之意。孟子曰："仁之实，事亲是也。义之实，从兄是也。"① 所以，从这个角度理解中西方人际语言的差别就容易很多。譬如，西方人与人之间通常以"名字"相互称呼，却没有中国称谓系统里那么复杂的人伦内容。

那么，儒家通过什么长期维系人的关系性存在？答案是"情"。"情"是什么？许慎《说文解字》云："情，人之阴气有欲者。"董仲舒曰："情者，人之欲也。"《礼记·礼运》云："何谓人情，喜、怒、哀、乐、惧、爱、恶、欲七者弗学而能。"孟子曰："乃若其情，则可以为善矣，乃所谓善也。"② "情"源于血缘，血缘存于家庭关系中。前面已述，中国文化信仰性善，性善

① 《孟子·离娄上》。
② 《孟子·告子上》。

表现在哪里？就表现在人的"情"字上。"五伦"偶性关系道出了它的奥妙设计：父"慈"—子"孝"、兄"良"—弟"悌"、夫"义"—妇"德"、长"惠"—幼"顺"、君"仁"—臣"忠"。试问：它们中哪一个不是说"情"？在儒家的家庭中，人以"情"为重。父"慈"和子"孝"是对称关系，夫"义"妇"随"是对称关系，其他类同，就是说，偶性双方的情感以表现这种德性为前提条件，情感内在于德性中，又外在于个体的行为中。我们知道，在中国传统社会中有"合情合理"说，即："合情"肯定"合理"，但"合理"不一定"合情"。现实中，往往是"合情"的事容易被人理解和接受，而"合理"不"合情"的则不易被人理解和接受。比较地看，在西方的法制社会中，"合理"就是"合法"，其中也许包含着"合情"的成分，但此"情"也被理性化、法制化了。准确地说，中国人不仅信奉"以理服人"的力量，更信奉"以情感人"的力量。这从一个侧面说明，在中国文化中，人被设计为情感的动物和道德的动物，而不是理性的动物和政治的动物。自然，人的价值不是由西方那种所谓的理性来决定，而主要是由儒家所谓的情感来决定。

（2）以道德代宗教①

宗教是人类文化的产物。宗教的目的就是给人类寻到一个精

---

① 此为梁漱溟在《中国文化要义》中提出的观点。冯友兰曾经主张"以哲学代宗教"，两者本质上是一致的。因为他们均主张以儒家传统的道德或哲学代替宗教的理论观点。参见王中江、高秀昌主编《冯友兰学记》，三联书店 1995 年版，第 86—87 页。此外，张岱年肯定，儒家有一种"以德育代替宗教的优良传统"。他引用《论语》的话来说明观点，《论语·雍也》曰："务民之义，敬鬼神而远之。"《论语·雍也》载孔子的话说："未能事人，焉能事鬼？""未知生，焉知死？"参见张岱年著《中国文化与中国哲学》，载于《文化与哲学》，中国人民大学出版社 2006 年版，第 20 页。

神家园。不同的宗教寻到的家园不同，但本质都是相同的。从根本的意义上说，宗教有两个显著的特点：第一，宗教都存在反智倾向，都是在超知识领域和反知识领域建立内在根据和基本理由。第二，宗教在人的情感方面具有安慰人心和激励劝勉的非凡作用，它能够使人类中的感情动摇者、意志薄弱者重新振作起来。就第一个方面来说，宗教是理性思辨的最终结果，西方认为理性与知识有关。知识是无限的，但人类的认识则是有限的。在人类认识能力有限的情况下，人们在已有知识领域无法得到合理科学的解释时便生发出在"超越界"寻求理想答案的动机和选择。就第二个方面来看，人类面对自然、社会和心灵的各种问题难免没有各种困难，有了困难自然会产生各种思想困惑和感情障碍。为了能够继续生活下去，人类必然要在一个清静之处寻找到可以安身立命的地方，以便让自己的心灵得到最后的安慰和放松，从而恢复到宁静的状态①。我们可以这样说，在西方文化的发展历程中，宗教帮助其寻到了可以调节人类心灵的好去处和理想地。众所周知，西方文化从苏格拉底开始就重视知识的作用，由重视知识发展到重视理性。当理性无法对人类的诸多困惑给予令人信服的解释的时候，作为一个终极的价值实体—宗教，就合理地来到了人们的心间。基督教文化认为，人生来是有罪过的，为了赎罪，人必须信仰上帝，换言之，人性本恶，而且必须从外围努力才能最终得救。例如，《旧约圣经》云：如果你不信仰上帝，你就会受到上帝的惩罚！《新约圣经》亦云：如果你信仰上帝，你就可以得救上天堂！按照这样的约定，人类必须而且只能信仰主宰一切的上帝，因为相信上帝就可以得救。《圣经》说：

---

① 梁漱溟著：《梁漱溟学术精华录》，北京师范学院出版社 1988 年版，第 166 页。

"得救在于耶和华。"① 于是，人在这里就寻找到心灵的安静之处，找到了道德的支撑点和归宿地。根据柏拉图的对话记录，我们知道，苏格拉底坚决地拒绝越狱逃跑，一方面是他考虑到作为雅典公民应该理性地听从法律的处置，另一方面，他认为死亡对于人来说并不可怕，因为死亡只是灵魂迁移到另一个永恒的至善世界，并与众神聚合，进而达到灵魂的提升，而这正是哲学家所期盼的最高境界。

比较看，儒家文化则不具有以上两个特点，因此它不是宗教，准确地说，不是严格意义上的宗教。国学大师季羡林对此观点也表示认同②。但是，毫无疑问的是，儒家文化在中国社会中确实起到了"准宗教"的作用。这一点已经被新儒家代表杜维明教授予以强调③。事实上，儒家就是以这样的逻辑来解决人类的心灵问题的：因为按照儒家的理解，人类的心本来就是善性，此善性就是圣人之性，是中庸之性，它处于最纯真、最平静的至诚状态。问题在于：人类在社会上活动，一方面可能会受到外欲的干扰和蒙蔽而失去"良心"，另一方面人在自己的主观上放弃了修养的努力，也能使得人的善性丢失，处于"放心"状态之中。于是，儒家开出的"药方"就是：要注意修身！事实上，在儒家

---

① 《圣经·诗篇》3：8。

② 季羡林说："宗教有四个条件：一要有神；二要有戒约；三要有机构或组织；四要有信徒崇拜信仰。拿这四个条件衡量一下孔子和他开创的儒学，则必然会发现，在孔子还活着的时候以及他死后相当长的一段时间，只能称之为'儒学'，没有任何宗教色彩。"见季羡林《东西文化的互补关系》，载于季羡林著《三十年河东三十年河西》，当代中国出版社 2006 年版，第 176 页。

③ 杜维明说："儒家的宗教性在世界各大宗教传统中不能说独一无二也是非常突出的：儒家的宗教性就是要在这个所谓凡俗的世界里面体现其神圣性，把它的限制转化成个人乃至群体超升的助源，把 conditionality 变成 resoure。"参见杜维明著《东亚价值与多元现代性》，中国社会科学出版社 2001 年版，第 40 页。

看来，无论人性本善还是人性本恶，只要坚持修身就可以帮助解决问题。那么，如何修身？儒家开出了"三纲领"和"八条目"的具体途径和具体方法。仔细研究这些方法，我们发现，儒家重视的是人道，是人间的事物，而不是"天道"和"上帝"（或"神"）。就是说，儒家把解决人类社会一切问题的办法都预设在人类自身活动的领域内。而且，这确实是人类本身的固有特性，人类无法逃脱自身的道义责任。孔子作为伟大的道德家和教育家很少谈论"性"和"天命"，就是因为他重视世俗人道的突出表现。在孔子和儒家看来，人类问题只能由自己来解决，外力包括上帝是无法解决的。同时，人类自身也确有这种能动的能力，确切地说，人类拥有解决所有社会问题的道德能力。后来，孟子把孔子的仁道和人道加以发挥，使人充分地认识到人伦社会本来就是一个和谐的社会，孟子在性善论的基础上阐述了人伦观点：仁道就在人类中间，人类关系就是五伦，尊崇五伦规范，按五伦原理行动，以五伦十义为行为准则，个体就可以实现人性之美和人伦之爱，最终到达中和或中庸的境界。

　　儒家社会既然以道德代宗教，那么它依托的是什么？学者认为，依托者有三：一是"尊天"。儒家经典云："有天地然后有万物"，"天之大德曰生"，"万物本乎天"，显然，人的存在不能自外于天地。孔子曰："君子有三畏：畏大人，天命，畏圣人之言。"① 二是"敬祖"。"人为万物之灵"，而"人本乎祖"，"我们都是龙的传人"，"我们都是炎黄子孙"。显然，人自然不能自外于祖先。传说中的尧舜是中华民族的共同祖先，同时，各个家族也有自己的祖先。三是"崇德报功"。任何社会的日用都是古人和前人创造的，如渔牧工具、宫室舟车、文物制度等。《论语》

----

① 《论语·季氏》。

云："圣人之所谓道者，不离乎日用之间也。"① 《周易》云："显诸仁，藏诸用。"② 只是"百姓盖日用而不知耳"。③ 可见，儒家的三个依托"绝不利用人民因理智不到而生畏之弱点，以别生作用。也不规定入教之形式，不作教会之组织，以示拘束"。④ 正是在这个意义上，法国启蒙领袖人物伏尔泰（Voltaire，1694—1778）说："按照道德规范行事，并非一定要信仰什么宗教不可。"⑤ 换言之，儒家在形式上没有教会组织和僧侣制度，以及特殊的入教仪式和教义，缺少对某一真神或上帝的道德义务，但却在人伦日用之中开出了"准宗教"的治理"药方"——"道德"，并让它发挥宗教的功能和作用：其一，通过知天命、敬畏天命以及"下学而上达"的方法启发人们获得无限向上的超越精神；其二，通过"人人皆可为尧舜"的性善论肯定人人均可自觉自主地决定生命的方向和成就；其三，通过人伦之道开出日常生活的轨道和精神生活的途径；其四，通过教育特别是学校教育以唤醒和点亮人的启示或活的情感让人遵守道德行为的准则，如同西方宗教里的教会一样。所以，孔子曰："兴于诗，立于礼，成于乐。"⑥ 荀子曰："礼有三本：天地者生之本也，先祖者类之本也，君师者治之本也。"⑦

---

① 《论语·乡党》。

② 《周易·系辞上》。

③ 《孟子·告子章句下》。

④ 梁漱溟著：《梁漱溟学术精华录》，北京师范学院出版社 1988 年版，第 283 页。

⑤ 转引自忻剑飞《世界的中国观》，三联书店（香港）有限公司 1991 年版，第 207 页。

⑥ 《论语·泰伯》。

⑦ 《荀子·礼论篇》。

(3) 伦理理念的变迁

儒家文化延续五千年，关键在于"偶性的"个人观念以及在此观念基础上建立的人生智慧。首先，人是"偶性的"，而不是"独性的"，就是说，人不是孤单的，而是天生有伴的。人出生以后，自然有父母，可能有兄弟姐妹，还有亲戚，长大以后，到社会上有朋友，好朋友可以称兄道弟，不分彼此。即使漂洋过海，客居他乡，但遇到故乡人，仍可以由远及近，称呼为"老乡"、"乡亲"。"他乡遇故知"尤其令人快乐。孔子亦曰："有朋自远方来，不亦乐乎？"① 其次，"偶性的"人在人生中遇到问题和困惑时相互扶持、相互帮助，容易克服困难，而没有必要诉诸于外力和环境的支持。"偶性的"特征使人具有克服外在环境中不可知力量的负面影响，并随时随处可以寻找到可依靠的支持力量。如无论在哪里生活和工作，儿子可以找父母支持和帮助，下级可以找上级支持和帮助，朋友间更要相互帮助、相互扶持。从这个角度看，人间的五伦提供的力量足以使人们克服各种困难，因而按照这一生活逻辑，人类无须到人间以外的地方去寻求帮助和支持。所以孔子曰："不怨天，不尤人。"② 第三，"偶性的"人文特征是人际关系的自然形态。世界上的事物通常都是偶性的、对称的，如天地、日月、阴阳、男女、雌雄等。儒家在"偶性的"人身上发现了人类社会关系中的"结构密码"，而维系人类社会的道德就深藏于其中。天有天道，人有人道；天道藏于人道中，人道藏于天道中；天道和人道合一。人间事物莫过于重视自己的人道；理顺了人道，也就理顺了天道。这样看来，天道暗合人

---

① 《论语·学而》。

② 《论语·宪问》。

道，人道表白天道，天道与人道自然地合而为一。

　　事实上，在儒家文化的发展过程中，围绕人道问题曾发生多次争论，但是，人们对人道的重视始终未有大的变化。《论语》记述孔子言行反映的是人道；《大学》所论是人间的"正道"；《中庸》所指是人道和天道的合一；《孟子》所辩是人道如何在人间得以实现，即如何实现王道和仁政的道理；《荀子》探讨的是如何处理义与利的关系，以使人间尽量少为"利"着想而多为"义"着想，其核心是解决人道的问题。可以说，《四书》奠定了中国儒家文化的思想基础，为中华民族的文化传承作出了贡献。值得重视的是，在儒家文化对人道研究和实践的过程中发生的一次根本的变化对中国社会的影响至广至深。这就是汉儒董仲舒倡导的"三纲五常"。如果说，孟子"五伦"道德提倡人与人之间相互履行道德义务，也就是"双轨"，如父慈子也孝，子孝父也慈，其乐融融，那么，到董仲舒那里，就变成了"父为子纲"、"君为臣纲"、"夫为妇纲"的"单轨"，并进一步上升到"天道"层次，于是，"君叫臣死，臣不得不死；父叫子亡，子不得不亡"。这样，人间原本良好的"五伦"关系便被人为地异化成为封建专制服务的人间礼教，进而演变为束缚人们思想和行动的"精神枷锁"。对此，哲学家张岱年有精彩评价①。尔后，中国社会变成了"吃人"的黑社会、"吃人"的礼教社会、"吃人"的宗法社会。著名文学家鲁迅（1881—1936）先生撰写的《狂人日记》描写的就是"吃人"的封建礼教的罪恶，它启示人们必须行

---

　　①　张岱年说："中国人伦观念衍生而成为'三纲'，强调了臣对君、子对父、妻对夫的片面服从的关系，在历史上确实起到了阻碍社会进步的反动作用。但是人伦观念肯定了人与人之间具有相依相待的关系，即肯定个人必然在一定的社会关系中生活，还是有重要意义的。"参见张岱年著《文化传统与现代化建设》，载于张岱年著《文化与哲学》，中国人民大学出版社 2006 年版，第 61 页。

动起来推翻这种违背人类本性需要的黑暗制度。可见，"三伦"原理的绝对化虽不是本义所在，但经后人的蓄意加工和人为利用，却发挥了违背人性人伦的功能作用。这样，道德的社会就变成了不道德的社会，人道的社会也变得不讲人道。虽然如此，中国社会仍然是一个伦理型的传统社会，伦理始终发挥着宗教性的影响。历史上，西方人费力而收效甚微的传教活动可以为之作证。

（4）西方契约型社会

相对于伦理型社会来说，西方社会是典型的契约型社会，这种社会采取契约和法制的手段和方式组织和管理社会，它重视个体的人性价值和法律主体地位。我们从卢梭的论述中可以看到其中的运行原理。卢梭认为，社会契约是一切文明社会的基础，只有根据这种契约的性质才能阐明按照这种契约而构成的社会的性质。在他看来，这种契约的主要内容应该包括以下内容：第一，每个人都同样把自己的财产、人格、生命以及自己的一切能力交给全体意志去支配，听从它的最高领导，而我们作为一个集体，将把每个成员看作是全体的不可分割的一部分。第二，这个集体的契约不仅不提缔结契约的每个人，它反而要制造一个在大会中有多少人投票就算是由多少成员组成的实有的集合体。这个共同的人格一般称为"政治体"；这种政治体在消极的时候，它的成员就称它为"国家"，在积极的时候就称它为"主权"，在跟它的同类相比较的时候就称它为"政权"。至于成员本身，总起来说就称为"人民"；分开来说，作为"城邦"的一分子或主权的参与者就称为"公民"，作为服从同一个主权的人就称为"属民"。他说："这种联合的契约包含了一个全体和个人之间的相互的约定，每一个人可以说是同他自己订立了契约，因此他具有双重的关系，即：对别人来说，他是行使主权的一分子，对主权者来说，他是国家的一个成员。"① 第三，"人民作为整体来说就是主权者，而每一个个人就是属民，这是政治机器在构造和运用方面非具备不可的条件，只有这个条件才能够使其他的契约合理、合法而且不至于给人民带来危险"②。第四，在一个国家的属民和主权者之间有一个中间体，这个中间体是由一个或几个人组成的，他们负有掌管行政、执行法律和维持政治和公民自由的责任③。第五，每个人因社会公约而转让出来的自己的权力、财富、自由，仅仅是全部之中其用途对于集体有重要关系的那部分；但是也必须承认，唯有主权者才是这种重要性的裁判人。但是，按照他的理解，"主权权力纵然是完全绝对的、完全神圣的、完全不可侵犯的，却不会超出、也不能超出公共约定的界限；并且人人都可以任意处置这种约定所留给自己的一切财富和自由，从而主权者便永远不能有权对某一个臣民要求得比另一个臣民更多；因为如果那样的话，事情就变成了个别的，他的权力也就不复有效了。"④

在这里，卢梭把政治集团的建立看作是人民与他们所选举出来的首领之间的一种真正的契约，法律就是契约中规定的、维系他们的联盟的纽带，双方都有义务遵守。在社会关系方面，人民把他们的意愿结合成一个意愿，表达这个意愿的全部条款，就成为国家一切成员无一例外必须遵守的基本法，其中一项条款对负

---

① 卢梭著：《爱弥儿，或论教育》，李平沤译，商务印书馆 1978 年版，第707—708 页。

② 同上书，第 709 页。

③ 同上书，第 712 页。

④ 卢梭著：《社会契约论》，商务印书馆 2001 年版，第 44 页。

责监督其他条款执行情况的行政官的选举和权力作出规定①。而作为行政官，他有义务只按照委托人的意愿来运用委托给他的权力，保证人人都无争议地享用属于他们的一切，而在任何情况下，都把公众的利益置于他的个人利益之上②。我们注意到，英国哲学家罗素将东西方文化进行了有意义的比较。他说，希腊人强烈的个人主义特点体现在他们对法律的态度上，在这方面他们相当的独立，完全不同于同时代的亚洲人。在亚洲，统治者的权威来自神授的法律；而希腊人认为法律是人制定的，而且服务于人。如果某项法律不再符合时代的要求，那就可以通过一致同意的方式加以修正。但是只要该法律得到公民的共同支持，那就必须遵守。有关这方面最经典的守法范例就是古希腊哲学家苏格拉底拒绝逃避雅典法院对他的死刑判决③。

2. 政教合一的教化之道

所谓政教合一，在这里特指政治与教育或教化合一，非指政治与宗教的合一。政教合一的教化之道是儒家为贯彻和落实"大学之道"而设计的用于社会治理环节的实践原理。它以体现人伦精神的人道为核心，以调节和规范君臣（首领与从属）、朋友人伦秩序的"名分之道"为基本原理，以实现社会和谐、达到太平境界为目标归宿。它既以促进个体和谐、家庭和谐、社会和谐为

---

① 卢梭著：《论人类不平等的起源与基础》，广西师范大学出版社 2002 年版，第 129 页。

② 同上书，第 130 页。

③ ［英］罗素著：《西方的智慧》，崔权礼译，文化艺术出版社 1997 年版，第 56—57 页。

基本内容，又以实现天下和谐为理想追求。其原理和动力来源于"三纲五常"的理论支持。

(1)"五伦"—"三纲五常"

如前所述，五伦是偶性的、对称的关系，赋予人与人之间相互的义务关系以及人与人相互间的融洽关系：君对臣惠，臣对君忠；夫对妇义，妇对夫随。但到汉武帝时代，董仲舒根据其神学目的论和"阳尊阴卑"说建立了"三纲五常"的理论体系。他指出："道之大原出于天，天不变，道也不变。"[①] 这种学说从"五伦"中抽出"三伦"，将其内在的义务关系绝对化、神圣化、永恒化，另一方面把孟子的"仁义礼智"加上"信"以后归属于"三纲"体系。他论述道："君臣、父子、夫妇之义，皆取诸阴阳之道。君为阳，臣为阴，父为阳，子为阴，夫为阳，妻为阴。""天之亲阳而疏阴，任德而不任刑也。是故仁义制度之数，尽取之天，天为君而覆露之，地为臣而持载之，阳为夫而生之，阴为妇而助之，春为父而生之，夏为子而养之，秋为死而棺之，冬为痛而丧之，王道之三纲，可求于天。"[②] 这样，"三纲"就变成了"君为臣纲，父为子纲，夫为妇纲"，本质上是"社会的伦理"；"五常"就是"仁义礼智信"，演化为个体的德性。为使此理论合理化和合法化，他还把人性分为三个等次："圣人之性"、"中民之性"、"斗筲之性"。他说："天令之谓命，命非圣人不行；质朴之谓性，性非教化不成；人欲之谓情，情非制度不节。是故，王者上谨承天意，以顺命也；下务明教化民，以成性也；正法度之宜，别上下之序，以防欲也。修此三者而大本举矣。"总之，这

---

① 《汉书·董仲舒传》。

② 《春秋繁露·基义》。

种学说首先使"三纲"来源于天，把人道上升为天道，使人道具有天的意志和力量；其次使"五常"服从"三纲"，把个体德性归并到天道中，将人间本有的人伦关系提升到绝对的境界；第三将人性分成等次，要求每个人根据所属人性等次履行应尽的道德义务。于是，人道具有了天道的性质，人道获得了天道的授权，从而变为人间的"绝对命令"，主持着人间的一切事物及其运动过程。由此，封建王朝赖以生存的"礼教"便建立起来了。于此，我们可以通过清儒张之洞的话更深刻地领会"三纲"之真义和影响所在。张之洞说："三纲为中国神圣相传之至教，礼政之本原，人禽之大防，以保教也。"①

　　贺麟曾经对"五伦"发展到"三纲五常"的逻辑进路进行了透彻的分析。他认为，先秦时期的五伦观念其实包含了三纲的逻辑可能性和现实性。根据是，五伦观念包含四个基本质素：一是注重人与人的关系；二是维系人与人之间的正常永久关系；三是以差等之爱为本而善推之；四是以常德为准而皆尽单方面之爱或单方面的义务。其最基本意义为"三纲说"，最高最后的发展也是"三纲说"。而且五伦观念在中国礼教中权威之大，影响之大，支配道德生活之普遍与深刻，也以三纲为最。他认为，"三纲说"实为五伦观念的核心，离开三纲而言五伦，则五伦说只是将人与人的关系方变为五种，并没有传统或正统的权威性与束缚性。因此，由五伦说进展到"三纲说"是逻辑的必然。第一层次，由五伦的相对关系进展为三纲的绝对关系。由五伦的交互之爱、差等之爱进展为三纲的绝对之爱、片面之爱。五伦关系是自然的、社会的、相对的。若依五伦则社会关系处于不稳定之中。从这个角度看，"三纲说"的确弥补了其中的不足。因为，它要求关系者

---

　　① 张之洞著：《劝学篇·序》。

一方绝对遵守其位分，实行单方面的爱，履行单方面的义务。若就"三纲说"之注重实践个人单方面的纯道德义务，不顾经验中的偶然情景来说，包含有康德的道德思想。若就"三纲说"之注重尽忠于永恒的理念或常德，而不是奴役于无常的个人来说，则包含有柏拉图的思想。[①] 很显然，"三纲说"在法理上包含了强烈的权威主义、等级主义和男性中心主义的色彩。它的绝对实践使中国历时数千年的人伦社会远离倡导民主、尊重科学的社会大道。因此，张岱年在看到这种严重的弊端之后，便根据新时代的要求发明了一个"新三纲说"，试图以此取代腐朽的古"三纲说"，确实给人们带来很多新鲜的启示[②]。革命先驱李大钊（1889—1927）也认识到了中国政治现实与中国伦理传统之间的密切关系，当把中国政治传统和现实与西方社会进行比较的时候，他有一段相当精彩的评论，令人印象深刻。李大钊说：

> 观于政治：东方想望英雄，其结果为专制政治，有世袭之天子，有忠顺之百姓，政治现象，毫无生机，几于死体，依一人之意思，遏制众人之愿望，使之顺从；西方依重国民，其结果为民主政治，有数年更迭之元首之代议士，有随民意以为进退之内阁，政治现象，刻刻流转，刻刻运行，随各个人之意向与要求，聚集各个势力以为发展。东人求治，在使政象静止，维持现状，形成一种死秩序……西人求治，在使政象活泼，打破现状，演成一种活秩序……东方制定宪

---

① 贺麟：《文化与人生》，商务印书馆 1988 年版，第 58—62 页。

② 张岱年提出，应以"新三纲"取代"旧三纲"，即："群为己纲——个人服从集体；智为愚纲——无知听从有知；众为寡纲——少数服从多数。"参见张岱年著《认识·实在·理想》，载于《张岱年全集》第 1 卷，河北人民出版社 1996 年版，第462 页。

法，多取刚性，赋以偶像之权威……西方制定宪法，多取柔性，畀以调和之余地。①

(2) 伦理推进政治教化

从历史和逻辑的角度看，当儒家确立以五伦原理构建社会关系原理时，潜在地包含了以伦理构建社会的基本理路，进而，伦理就是政治，政治也就是伦理，社会是由伦理—政治关系构成的伦理实体。陈独秀对此有独到的看法，他指出："伦理思想影响于政治，各国皆然，吾华尤甚。儒者三纲之说，为吾伦理政治之大原，共贯同条，莫可偏废。三纲之根本义，阶级制度是也。所谓名教，所谓礼教，皆以拥护此别尊明贵贱制度者也。"② 就是说，在儒家伦理社会中，政治是处理"上"对"下"或"下"对"上"的伦理关系的问题，核心是处理好"上伦位"对"下伦位"的人伦教化问题。一般而言，处于"上伦位"的人是政治统治者，处于"下伦位"的人是被统治者，统治者使被统治者服从，不仅需要统治者的威势和以身作则，更需要统治者对社会的人伦教化。董仲舒就说："正心以正朝廷，正朝廷以正百官。"③ 本质上，儒家认为："政，教也。"在这个意义上说，政治统治的问题实质上是人伦教化的问题，其中包含了人性教化的内容。"教人者，养其善心而恶自消；治民者，导之敬让而争自息。"④ 从比

---

　① 李大钊著：《东西文明根本之异点》，载于《二十世纪哲学经典文本——中国哲学卷》，复旦大学出版社 1999 年版，第 367 页。

　② 陈独秀著：《吾人最后之觉悟》，载于《二十世纪哲学经典文本——中国哲学卷》，复旦大学出版社 1999 年版，第 185 页。

　③ 《汉书·董仲舒传》。

　④ 《程氏外书》卷十一，见朱熹、吕祖谦编《近思录》卷八《治国平天下之道》。

较的角度可以说，人伦教化帮助统治者解决人与人关系合理性问题，人性教化旨在帮助每个人认识和适应既定的人伦关系和人道环境；人性教化和人伦教育构成了儒家政治教化的实际内涵，其途径和手段就是典型的道德教化。就"三纲五常"来说，"三纲"为人伦教化提供基本的原理和准则，"五常"为人性教化提供基本的原理和准则。

对于以上的观点，我们可以从儒家文献中找到很多有力的证据。首先，从正面表述的经典话语，如，《论语·子路》记载：子适卫，冉有仆。子曰："庶矣哉！"冉有曰："既庶矣，又何加焉？"曰："富之。"曰："既富矣，又何加焉？"曰："教之。"此说指人富了以后还应接受教育，它在今天仍然具有现实意义。王夫之（船山，1619—1692）曰："治国推教必有恒政。"① 此句说政治与教化紧密相连，然后国家才能长治久安。《周易》云："天地之大德曰生，圣人之大宝曰位。何以守位，曰仁，何以聚人？曰财。理财正辞，禁民为非，曰义。"又曰："君子以振民育德。""君子以教思无穷，容保民无疆。"欧阳修曰："服民以道德，渐民以教化。"② 还说："学校，王政之本也。"③ 这些话均要求以道德教化确保治国方略的贯彻实施。荀子曰："礼有三本：天地者生之本也；先祖者，类之本也；君教师，治之本也。"④ 其次，从反面表述的经典话语，如，王安石（1021—1086）曰："天下不可一日无政教。"⑤ 孟子曰："上无礼，下无教，贼民兴，丧无

---

① 转引自罗国杰著《中国传统道德——教育修养卷》，中国人民大学出版社1995年版，第40页。

② 欧阳修著：《三皇设言民不违论》。

③ 欧阳修著：《吉州学记》。

④ 《荀子·天论篇》。

⑤ 王安石著：《慈溪县学记》。

日也。"①

　　显然，儒家把政治与教化结合起来了，并使教化直接服务于政治目的。从伦理的角度说，伦理支持着儒家社会的政治，从政治的角度说，政治维护着儒家伦理价值的权威性。它们最终体现在被统治者养成符合儒家期望的品德和人格。所以，梁启超说："儒家之言政治，其惟一目的与惟一手段，不外将国民人格提高。以目的言，则政治即道德，道德即政治；以手段言，则政治即教育，教育即政治。"② 道理在于，"儒家固希望圣君贤相，然所希望者非在其治事莅事也，而在其化民成俗。所谓劳之、来之、匡之、直之、辅之、翼之、使自得之。政治家惟立于扶翼匡助的地位，而最终之目的，乃在使民'自得'。以'自得'之民组织社会，则何施而不可者？如此政治家性质恰与教育家性质相同。故曰：天相下民，作之君，作之师。吾得民之曰：君师合一主义。抑所谓扶翼匡助，又非必人人而抚摩之也，儒家深信之同类意识之感召力量最伟且速，谓欲造成何种风俗，惟在上者以身先之而已"。③ 从这个角度看，儒家意义上的政治是政教合一的伦理教化或"政治—伦理教化"。事实上，《尚书》所说"天降下民，作之君，作之师"④ 表达的正是梁启超的意思：君的职责是政治统治，师的职责是社会教化。两者合为一体，有"君师之说"，造成了中国伦理—政治合体的教育文化。我们注意到，曾经在中国传教的意大利人利玛窦似乎看到了儒家社会里的这种文化特点，他说，在中国，皇帝就是天的代表，而只有"皇帝给上帝奉献祭

　　① 《孟子·离娄下》。
　　② 转引自孙邦正著《教育概论》，台湾商务印书馆（股份）有限公司1975年版，第89—90页。
　　③ 同上。
　　④ 《尚书·泰誓上》。

祀，若有别的人妄想行此仪式，则认为是侵犯皇帝之权利，而加以惩罚"。^① 这显然与西方政教相分的体制有别。钱穆也看到了这种区别，他指出："西方政治与宗教分离，中国政治与教育合一"；"政治与教育，乃中国固有哲学最显明之两大应用。"^② 杜维明发现："无论是出于选择或由于疏忽，儒家文化从未有过政教分离。"^③ 事实上，正如英国著名哲学家罗素所揭示的那样：世界上"几乎所有的教育都抱有政治动机，目的是在同其他集团的竞争中，加强某一集团、某一国家、某一教派或是某种社会力量。从主要方面而言，正是这一动机决定了教育的主题，决定了应该提供哪些知识、抑制哪些知识，并决定了学生应该获得什么样的精神习惯"。^④ 就此看来，在人类社会中，教育与政治似乎存在着某种天然和自觉的联系。问题只是如何予以体现？而儒家在这一方面应是典型的案例了。对此，我国文化学者刘永佶的解释可谓一语中的。他说：在儒家社会里，"教育的目的，就是为政治服务，不仅传播政治的文化基础，而且为政治提供人才。受教育者的出路，在于做官，而官又主要从'学而优'者选拔。二者相互呼应，对文化的影响是非常大的"。^⑤ 美国学者许倬云站在文化比较的角度分析说："西方基督教的传播是由边缘进入核心，而中国文化的传播是由核心扩散四方。"因为"儒家官员始

① 利玛窦著：《中国传教史》，台湾光启出版社1986年版，第385页。

② 钱穆著：《钱宾四先生全集》第41卷《文化与教育》，台湾联经出版事业公司1998年版，第131、128页。

③ 杜维明著：《道学政：论儒家知识分子》，钱文忠、盛勤译，上海人民出版社2000年版，第10页。

④ ［英］伯特兰·罗素著：《论教育》，载于《罗素自选集》，商务印书馆2006年版，第80—81页。

⑤ 刘永佶著：《中国文化现代化》，河北大学出版社1997年版，第233页。

终带有传教士的任务，传播中国的思想文化"。因而"中国的政治和思想体系是整合的，内圣外王思想即为政治与思想整合的说明"。① 应该说，以上四位学者的理性分析都很有说服力。

(3) 伦理—政治教化原理

汉代可以说是中国伦理—政治教化思想发展和实践的鼎盛时期。我们可以通过陆贾和董仲舒的论述看出来。陆贾曰："尧舜之民，可比屋而封，桀纣之民，可比屋而诛者，教化使然。"② 董仲舒曰："圣王之道，不能独以威势成政，必有教化。"③ 在他看来，"教，政之本也。"④ 由于"圣人异治同理也，古今通达，故先贤传其法于后世也"，因此，"若夫大纲，人伦道理，政治教化，习俗文义尽如故，亦何改哉"！⑤ 他认为："道者，所系适于治之路也。仁义礼乐，皆其具也。故圣王已没，而子孙长久，安宁数百岁，此皆礼乐教化之功也。"⑥ 清末洋务运动领袖张之洞在《劝学篇》的教育主张中首先倡导"中学为体，西学为用"的理论，并规定"中学为体"就是以忠孝为各级学校办学的宗旨。他在《奏定学堂章程》中规定："至于立学宗旨，无论何等学堂，均以忠孝为本。以中国经史之学为基，俾学生心术壹归于纯正。"至近代，孙中山在谈到中国道德范畴时指出，中国人难以忘记的都是民族的传统道德，"首先是忠孝，其次是仁爱，其次是信义，

---

① 许倬云著：《中国古代文化的特质》，台湾联经事业出版公司1966年版，第66页。

② 《新语·无为》。

③ 《春秋繁露·为人者天》。

④ 《春秋繁露·精华》。

⑤ 《春秋繁露·楚庄王》。

⑥ 《前汉书·董仲舒传》。

其次是和平。这些旧道德，是中国人常讲的"。他认为，现代社会即使过去的旧道德不讲，但其精神要素还是值得民众继承和发扬的，比如，过去的"忠于君"可以转换成"忠于国"、"忠于民"等，实质上就是政治伦理道德教化①。可见，政治—伦理教化为中国历代统治者所重视和强调。总而言之，儒家伦理—政治教化或政治—伦理教化主要包含以下内涵：

①通过理清民众人性秩序支持伦理政治。孟子曰："善政不如善教之得民也。善政民畏之，善教民爱之。善政得民财，善教得民心。"②荀子曰："不富无以养民，不教无以理民性；立大学，设庠序，修六礼，明十教，所以道之也。"③又曰："古者圣人以人之性恶，以为偏险而不正，悖乱而不治，故为之立君上之势以临之，明礼义以化之，起法正以治之，重刑罚以禁之，使天下皆出于治，合于善也。是圣王之治而礼义之化也。"④《白虎通义·三教》云："民有质朴，不教不成。"又曰："教者，所以追补败政，靡弊溷浊，谓之治也。"

②通过理清人伦秩序支持伦理政治。伦理政治重视"上""下"人伦秩序的调节和规范，尤其强调"上"正"下"效，因而教育必须予以关注。《孔子家语》记载：曾子曰："敢问何谓七教？"孔子曰："上敬老则下益孝；上尊齿则下益悌；上乐施则下益宽；上亲贤则下择友；上好德则下不隐；上恶贪则下耻争；上廉让则下耻节，此之谓七教。七教者，治民之本也，政教定则本

---

① 岭南文库编辑委员会主编：《孙中山文粹》，广东人民出版社 1996 年版，第795 页。

② 《孟子·尽心上》。

③ 《荀子·大略篇》。

④ 《荀子·性恶篇》。

正也。凡上者，民之表也，表正，则何物不正。"① 孔子曰："政者正也，子帅以正，孰敢不正?"② 又曰："子欲善，而民善矣。君子之德风，小人之德草。草上之风，必偃。"③ 孟子曰："惟仁者宜在高位。"④ 又曰："君仁莫不仁，君义莫不义，君正莫不正。一正君而国定矣。"⑤

③通过家庭人伦教化促进伦理政治。家国一体的伦理政治结构，决定了儒家必须重视家庭的人伦教化，并以此促进国家伦理政治的稳定和完善。孔子曰："教民亲爱，莫善于孝；教民礼顺，莫善于悌；移风易俗，莫善于乐；安上治民，莫善于礼。礼者，敬而已矣。故敬其父则子悦，敬其兄则弟悦，敬其君则臣悦，敬一人而千万人悦。所敬者寡，而悦者众，此之谓要道也。"⑥ 又曰："君子之教以孝也，非家至而日见之也。教以孝，所以敬天下之为人父者也；教以悌，所以敬天下之为人兄者也；教以臣，所以敬天下之为人君者也。"⑦ 孔子曰："爱亲者，不敢恶于人；敬亲者，不敢慢于人。爱敬尽于事亲，而德教加于百姓，刑于四海，盖天子之孝也"；⑧ "君子之事上也，进思尽忠，退思补过，将顺其美，匡救其恶，故上下能相亲也"。⑨ 就是说，家庭人伦教育对国家伦理秩序的构建起着奠基性的作用。

④强化德教对伦理政治的服务功能。这一点在《周礼》中表

---

① 《孔子家语·王言解》。
② 《论语·颜渊》。
③ 同上。
④ 《孟子·离娄上》。
⑤ 同上。
⑥ 《孝经·广要道章》。
⑦ 《孝经·广至德章》。
⑧ 《孝经·天子章》。
⑨ 《孝经·孝治章》。

现得特别明显。根据《周礼·大司徒》的记载，古人习惯以"六德六行""教万民"：曰知、仁、圣、义、忠、和。曰孝、友、睦、姻、任、恤，不孝、不睦、不姻、不弟、不任、不恤，则有刑。师氏以三德三行教国子。三德：一曰至德，以为道本；二曰敏德，以为行本；三曰孝德，以知逆恶。教三行：一曰孝行，以亲父母；二曰友行，以尊贤良；三曰顺行，以事师长。保氏养国子以道，乃教之六艺：一曰五礼，二曰六乐，三曰五射，四曰五驭，五曰六书，六曰九数。乃教之六仪：一曰祭祀之容，二曰宾客之容，三曰朝廷之容，四曰丧纪之容，五曰军旅之容，六曰车马之容。大司乐掌成均之法，以乐德教国子：中、和、祗、庸、孝、友。其他诸官所掌，亦多关民德。盖政治之大端为教育，教育之大本为礼乐，刑法则所以弼教而辅礼，礼施未然之前，法禁已然之后；圣哲在位，以身作则，而民皆化之；其政治重在养成道德之人格，纠正不道德之行为；故曰："政者，正也，政，所以正不正者也。"[1]

（4）西方公民教育

西方的公民教育不是以人伦教化为关键内容，而是以公民培养符合国家要求的素质为基本内容。公民教育旨在使公民的本质与国家的本质趋向一致。

首先，国家的要求与公民的品德一致。亚里士多德说：一个城邦，一定要参与政事的公民具有善德，才能成为善邦。在城邦中，全体公民对政治人人有责[2]。在亚里士多德看来，统治者和

---

[1] 《周礼·夏官序注》。

[2] 亚里士多德著：《政治学》，载于任钟印主编《世界教育名著通览》，湖北教育出版社1994年版，第67页。

被统治者应该接受同样的教育，即公民教育。他指出："好公民和作为统治者的公民们的品德都相同于善人的品德。"在他看来，国家的立法家必须保证他的公民们终于个个都能成为善人，并应该熟筹应采取怎样的教育措施而后可以取得这样的成绩①。他说，对个人和集体而言，人生的终极目的都相同，最优良的个人目的亦即是最优良的政体的目的②。例如，个人和城邦都应该具备操持闲暇的品德。因为闲暇是勤劳的目的，和平是战争的目的。就个人来看，闲暇越多就越需要智慧、节制和正义。对国家来说，为了获得和平，除了拥有前述品质，还应该具有勇敢的品质。

其次，培养理性精神是公民教育的核心。亚里士多德认为，人们所以入德成善者出于三端：出生所禀的天赋、日后养成的习惯及其内在的理性。天赋是指与生俱来自然品质和素质，但积习可以改变天赋；习惯可以后天养成；而理性实为人类所独有。人类对此三端必须求相互间的和谐，方才可以乐生遂性。毫无疑问，理性是这三者中最重要的部分。如果三者发生不和谐的情况，那么宁可背弃天赋和习惯也应依从理性，并把理性作为行为的准则③。在亚里士多德看来，人的灵魂具有两个不同的部分：一部分内涵理性；另一部分内无理性，但却蕴藏着服从理性并为之役使的本能。当我们称某人为"善"时，就认为他的灵魂的两个部分都存在着善德。就灵魂而言，具有理性的部分是较高较优的部分。就是说，人生的目的应当在这一部分寻求，也就是在灵

---

① 亚里士多德著：《政治学》，载于任钟印主编《世界教育名著通览》，湖北教育出版社 1994 年版，第 68 页。

② 同上书，第 69 页。

③ 同上书，第 67 页。

魂中寻求理性。同时，这一部分（指理性）还可以分为实践理性和玄想理性。他说："人们凡是足以造诣这三项操行（即玄想理性和实践理性所表现的操行以及无理性的本能所表现的操行），或其中的两项，必置于其中较高较优的一项。我们谁都力求造诣于各人所能实现的最高最优的宗旨和目的。"① 应该说，亚里士多德的观点是有代表性的。

第三．培养人的和谐心灵至关重要。这从儿童接受教育的效果可以看出来。柏拉图就说："儿童阶段文艺教育最关紧要。一个儿童从小受了好的教育，节奏与和谐侵入了他的心灵深处，在那里牢牢地生了根，他就会变得温文有礼；如果受了坏的教育，结果就会相反。再者，一个受过适当教育的儿童，对于人工作品或自然物的缺点也最敏感，因而对丑恶的东西会非常反感，对优美的东西会非常赞赏，感受其鼓舞，并从中汲取营养，使自己的心灵成长得既美且善。"② 在柏拉图看来，人的内心状态与外在表现紧密联系，甚至可以说心灵控制着人的外在表现。"如果有一个人，在心灵里有内在的精神状态的美，在有形的体态举止上也有同一种的与之相应的调和的美。"③ 柏拉图以音乐教育为例进行阐释："朴质的音乐文艺教育则能产生心灵方面的节制。"④ "音乐教育的最后目的在于达到对美的爱。"⑤ 他认为，"音乐教

---

① 亚里士多德著：《政治学》，载于任钟印主编《世界教育名著通览》，湖北教育出版社 1994 年版，第 68 页。

② 柏拉图著：《理想国》，郭斌和、张竹明译，商务印书馆 1986 年版，第 107—108 页。

③ 同上书，第 109 页。

④ 同上书，第 113 页。

⑤ 同上书，第 110 页。

育显然应该要求符合三项标准：中庸标准、可能标准和适当标准。"① 这些标准的宗旨都是陶冶人的心灵。

第四，"做人"的教育。康德认为，人是目的而不是工具。"人，一般说来，每个有理性的东西，都自在地作为目的而实存着，他不单纯是这个或那个意志所随意使用的工具。在他的一切行为中，不论对于自己还是对其他有理性的东西，任何时候都必须被当作目的。"② 孔子也有同样的观点。孔子曰："君子不器。"③ 显然，作为目的的人当然应当首先学会"做人"。康德指出："人的目的就是做人。"在"做人"的过程中，教育起着极其重要的作用，甚至是核心的作用。他说："人只有依靠教育才能成为人。人完全是教育的结果。"一方面，人存在着自我教育的责任和义务，"人必须要发展他向善的倾向"，因为"上天并不曾将预备好了的善德放置在人的心里，而仅仅是一种倾向，不是什么道德律。人要自己向善，陶冶他的精神。当发现走错了路时，要用道德律来约束自己。然而想一想我们就会知道，这是很不容易的。所以人最应尽力、最大而最难的问题便是教育问题"。另一方面，外在的教育发挥着重要的促进作用。"人生来具有许多未发展的胚芽。我们的责任便是使这些胚芽生长，均衡地发展他的各种自然禀赋。无过无不及，使之实现其究竟。"他肯定人性善："恶的根源是在人类自然禀赋中找不到的。恶只是本性未曾受到相当管控的结果。人只有善的胚芽。"康德说："潜存于人心中的胚芽，只须慢慢地使它发展起来"；"天意要人为他自己将潜

---

① 亚里士多德著：《政治学》，载于任钟印主编《世界教育名著通览》，湖北教育出版社 1994 年版，第 79 页。

② 康德著：《道德形而上学原理》，苗力田译，上海人民出版社 2002 年版，第 46 页。

③ 孔子曰："君子不器。"见《论语·为政》。

存于本性中的善性发展出来"。正是基于以上的考虑，他总结说：
"人类有两样发明被认为是最困难的。一是政治的艺术，一是教
育的艺术。"①

　　第五，强调道德的自由人格教育。康德说："道德教育给
予人一种对于全人类的价值。"在他看来，道德教育是教人如
何做人，如何过自由的生活。这是个人人格的教育和自由人的
教育。这种人能够自立、能够在社会上占有他适宜的地位，同
时认识到他自己的个性②。他认为，这种教育是"实际的教育"
或"实践的教育"，它主要包括三个部分：一是学校的普通课
程教学，以发展他在生活的各种倾向上取得成功所必需的能
力；二是关于实际生活的训导，使人能明智和谨慎地活动；也
就是通过对生活中种种事情的是非的学习，使他受到做一个公
民的教育，对他的同胞具有价值，既知道如何去适应社会，也
知道如何从社会获得益处；三是道德品格的陶冶③。他说："道
德陶冶必须以道德律为基础，而不依靠约束；一则防止恶习的
养成；一则陶冶人心使能反省"，而"道德律须以人为本。在
道德教育中，我们应尽早向儿童灌输善恶观念。想要树立道
德，当先放弃惩罚。道德是神圣和高尚的东西，完全不可将其
降低为与管束和压制一样看待。道德教育的首要在养成品格。
品格的养成在于按道德律行事。首先是学校中的道德规则，继
而是人类的道德律。"④

　　　　─────────────

　　① 　康德著：《论教育》，载于任钟印主编《世界教育名著通览》，湖北教育出版
社 1994 年版，第 497—499 页。
　　② 　同上书，第 501 页。
　　③ 　同上。
　　④ 　同上书，第 504 页。

3. 社会教育的文化设计

社会教化或治国教育是儒家设计的旨在延伸人在家庭教育中获得的德性品质、使人学会处理好社会中人人关系以便符合人伦社会需要的重要环节。它围绕由家庭人伦关系扩展而来的君臣关系和朋友关系展开，表现在教育方面就是政治教化，使社会成员达到忠王明伦的理想要求。这种政治教化模式以忠信教育为核心，配以义利教育、礼乐教育、人格教育。忠信教育是政治伦理道德教育；义利教育是经济伦理道德教育，礼乐教育是社会伦理道德教育，人格教育是个体伦理道德教育。忠信教育—义利教育—礼乐教育—人格教育构成社会教育的完整体系。

(1) 忠信教育

忠信教育是培养公民忠德和信德的教育。朱熹引程子的话说："知性善以忠信为本，此先立其大者。"① 忠德在狭义上是指臣民对君主或帝王的德性，在广义上是指从属对首领的德性。信德是调节和规范臣民之间互动协调关系的德性规则。它们是儒家政治伦理道德教育的主要内涵。儒家"二伦"（君臣和朋友）的道德教育主要以这种教育为主。儒家主张"主忠信"。② 何为"忠"？《论语》提到"忠"字的有十五篇，共计十七处。概括地说，"忠"的教育主要包含以下意义。其一，对自己"忠"。对应

① 《程氏外书》卷二，见朱熹、吕祖谦编《近思录》卷二《为学大要》。
② 《论语·学而》。

的是"恕"。曾子曰:"夫子之道,忠恕而已矣。"朱熹曰:"尽己之谓忠,推己之谓恕";"中心为忠,如心为恕";"忠者天道,恕者人道;忠者无妄,恕者所以行乎忠也;忠者体,恕者用,大本达道也"。① 其二,待人的"忠"。"与人忠。"② 孟子曰:"教人以善谓之忠。"③ 孔子曰:"君使臣以礼,臣事君以忠。"④《论语》记载,季康子问:"使民敬、忠以劝,如之何?"子曰:"临之以庄则敬,孝慈则忠,举善而教不能则劝。"⑤ 其三,"为政"的"忠"。《论语》记载:一是子张问政。子曰:"居之无倦,行之以忠。"二是子张问:"令尹子文三仕为令尹,无喜色;三已之,无愠色。旧令尹之政,必以告新令尹。何如?"子曰:"忠矣。"⑥三是定公问:"君使臣,臣事君,如之何?"孔子对曰:"君使臣以礼,臣事君以忠。"⑦ 其四,"忠孝"或"孝忠"。古人云:"孝者忠之原,忠者孝之推。"《吕氏春秋》云:"先王之教,莫荣于孝,莫显于忠。"⑧ "孝慈则忠。"⑨ "事君不忠非孝也"。⑩ "忠臣以事其君,孝子以事其亲,其本一也。"⑪ "孝子善事君";"事君不忠非孝也。"⑫ "人臣孝,则事君忠。"⑬ 相传东汉经学家马融

---

① 《论语集注·里仁》。
② 《论语·子路》。
③ 《孟子·滕文公章句上》。
④ 《论语·八佾》。
⑤ 《论语·为政》。
⑥ 《论语·公冶长》。
⑦ 《论语·八佾》。
⑧ 《吕氏春秋·劝学》。
⑨ 《论语·为政》。
⑩ 《礼记·祭义》。
⑪ 《礼记·祭统》。
⑫ 《大戴记·曾子主孝》。
⑬ 《吕氏春秋·孝行览》。

（79—166）仿《孝经》而著的《忠经》，共计十八章，堪称以忠德为核心的伦理学著作。

何谓"信"？《论语》载"信"有 38 次。概括地说，主要有以下几种意义。其一，"信"之本义和功用。朱熹曰："信，诚也。"① 又曰："既有诚心为四端，则信在其中矣。"② 朱熹曰："信者，言之有实也。"又曰："敬事而信者，敬其事而信于民也。"③ 其二，做人的"信"。孔子曰："君子义以为质，礼以行之，孙以出之，信以成之。"④ 又曰："言必信，行必果。"⑤ "人而无信，不知其可也。"⑥ "与国人交，止于信。"⑦ 朱熹曰："人性之善，岂不信哉？"又曰："朋友有信，此人之大伦也。"⑧ 其三，"为政"的"信"。朱熹曰："舜诚信而喜象，周公诚信而任管叔，此天理人伦之至，其用心一也。"⑨ 孔子曰："道千乘之国：敬事而信，节用而爱人，使民以时。"朱熹注："敬事而信者，敬其事而信于民也。"⑩ 孔子曰："上好信，则民莫敢不用情。"⑪ 又曰："恭则不侮，宽则得众，信则人任焉，敏则有功，惠则足以使人。"⑫ 子贡问政。子曰："足食。足兵。民信之矣。"

---

① 《孟子·万章章句上》。
② 《孟子·公孙丑章句上》。
③ 《论语集注·学而》。
④ 《论语·卫灵公》。
⑤ 《论语·子路》。
⑥ 《论语·为政》。
⑦ 《礼记·大学》。
⑧ 《孟子·滕文公章句上》。
⑨ 《孟子·公孙丑章句上》。
⑩ 《论语集注·学而》。
⑪ 《论语·子路》。
⑫ 《论语·阳货》。

子贡曰：“必不得已而去，于斯三者何先?”曰：“去兵。”子贡曰：“必不得已而去，于斯二者何先?”曰：“去食。自古皆有死，民无信不立。”朱熹注：“言仓廪实而武备修，然后教化行，而民信于我，不离叛也。言食足而信孚，则无兵而守固矣。”①

可见，“忠”和“信”是“做人”的必备品德，自然是儒家政治道德教化的必要内容。因此，儒家经典中连言“忠信”的话语很多。例如，孔子曰：“君子进德修业。忠信，所以进德也。”②“先王之立礼也，有本有文。忠信，礼之本也；义理，礼之文也。无本不立，无文不行。”③“子以四教：文，行，忠，信。”朱熹注：“教人以学文修行而存忠信也。”④孔子三次说到“主忠信”。⑤曾子曰：“为人谋而不忠乎? 与朋友交而不信乎?”⑥孟子曰：“仁义忠信，乐善不倦，此天爵也。”⑦又曰：“壮者以暇日修其孝悌忠信，入以事其父兄，出以事其长上，可使制梃以挞秦楚之坚甲利兵矣。”⑧荀子曰：“体恭敬而心忠信，术礼义而情爱人；横行天下，虽困四夷，人莫不贵。”⑨又曰：“致忠信以爱之。”⑩孔子曰：“十室之邑，必有忠信如丘者焉，不如丘之好学也。”朱熹注：“忠信如圣人，生质之美者也。”⑪

---

①　《论语集注·颜渊》。

②　《周易·爻辞》。

③　《礼记·礼器》。

④　《论语集注·述而》。

⑤　分别见《论语·子罕》、《论语·卫灵公》、《论语·颜渊》。

⑥　《论语·学而》。

⑦　《孟子·告子章句上》。

⑧　《孟子·梁惠王章句上》。

⑨　《荀子·修身篇》。

⑩　《荀子·富国篇》。

⑪　《论语集注·公冶长》。

(2) 义利教育

义利教育，是指培养人以"义"制"利"的道德精神，实质是帮助人处理好"公"与"私"的利益冲突问题。首先，仁义并举，仁体义用。《周易·说卦传》云："立人之道，说仁与义。"孟子曰："仁，人心也；义，人路也。"① 又曰："仁，人之安宅也；义，人之正路也。"② 孔子曰："君子之于天下也，无适也，无莫也，义之与比。"③《中庸》云："仁者人也，亲亲为大；义者宜也，尊贤为大。"孟子曰："人能充无欲害人之心，而仁不可胜用也；人能充无穿踰之心，而义不可胜用也。"④ 孟子说，"大丈夫"要"行天下之大道"。朱熹注："大道，义也。"⑤ 孔子曰："德之不修，学之不讲，闻义不能徙，不善不能改，是吾忧也。"⑥ 到管子则把"义"作为国之"四维"之一。他说："礼义廉耻，是谓四维，四维不张，国乃灭亡。"⑦

其次，适合和适宜即是"义"。古书常从正反两面讲述这个道理。从正面的意义说的，指任何事情做得合适和适宜就是符合"义"。孔子曰："义者，宜也。"朱熹解释："宜者，分别事理，各有所宜也。"⑧ 朱熹还说："义者，天理之所宜。利者，人情之所欲。"⑨

---

① 《孟子·告子章句上》。
② 《孟子·离娄章句上》。
③ 《论语·里仁》。
④ 《孟子·尽心章句下》。
⑤ 《孟子·滕文公章句下》。
⑥ 《论语·述而》。
⑦ 《汉书·贾谊传》。
⑧ 《礼记·中庸》。
⑨ 《论语集注·里仁》。

又说："义者，事之宜也。"① 孔子认为义与利是区别君子和小人的标准。因为"君子喻于义，小人喻于利。"《周易·干》云："利者，义之和也。"意思是，人若取利必须考虑到义。孔子曰："君子义以为质，礼以行之，孙以出之，信以成之。君子哉！"②

　　第三，以"义"制"利"。董仲舒有两句名言："正其谊不谋其利，明其道不计其功。"就是说，做任何事情都要看是否符合做人的基本原则——"义"，而不被"利"所左右。古人偶尔也用"得"、"取"、"欲"表示"利"。从正面来说的，如，孔子主张"见利思义"；③"见得思义"；④ "义然后取，人不厌其取"；⑤"上好义，则民莫敢不服"。⑥ 从反面来说的，如孔子曰："不义而富且贵，于我如浮云"；⑦"富与贵是人之所欲也，不以其道得之，不处也；贫与贱是人之所恶也，不以其道得之，不去也"；⑧"见义不为，无勇也"；⑨"隐居以求其志，行义以达其道"；⑩"君子有三戒：……及其老也血气既衰，戒之在得"；⑪ "放于利而行，多怨"。⑫ 孟子亦曰："富贵不能淫，贫贱不能移，威武不能

————————————

①　《论语集注·学而》。
②　《论语·卫灵公》。
③　《论语·宪问》。
④　《论语·季氏》。
⑤　《论语·宪问》。
⑥　《论语·子路》。
⑦　《论语·述而》。
⑧　《论语·里仁》。
⑨　《论语·为政》。
⑩　《论语·季氏》。
⑪　同上。
⑫　《论语·里仁》。

屈"；① "是集义所生者，非义袭而取之也"；② "大人者，言不必信，行不必果，惟义所在"；③ "非其有而取之，非义也"。④

（3）礼乐教育

礼乐教育可以说是儒家社会伦理道德教育的主要内容，它是儒家政治教化的重要组成部分。《礼记》云："道德仁义，非礼不成。"⑤ 孔子主张 "为国以礼"⑥，因为 "非礼无以辨君臣、上下、长幼之位也"，⑦ 于是他 "删诗书，定礼乐，修春秋，序易传"。可见 "礼乐" 的重要性。首先，"礼" 伴人生，可 "化民成俗"。《孔子家语·问礼》云："民之所以生者礼为大，……是故君子以此为之尊敬，然后以其所能教顺百姓。" 荀子曰："礼乐之统，管乎人心。" 又曰："礼别异，乐合同。"⑧ 在这里，"别异" 是指分别人伦关系的尊卑、长幼、亲疏之不同，使人与人保持适当的分位，以免造成混乱；"乐合同" 则指可以感发人心，沟通情谊，以消解人与人之间的隔阂，获得融洽人心和民情的效果。《荀子·乐论》中有言："声乐之入人也深，其化人也速。"⑨ 《吕氏春秋·适音》云："凡音乐通乎政，而移风平俗者也"，"先王之制礼乐也，非特以欢耳目、极口腹之欲也，将教民平好恶、行理义矣"。荀子曰："乐者，圣人之所乐也，而可以善民心，其感人

---

① 《孟子·滕文公下》。
② 《孟子·公孙丑章句上》。
③ 《孟子·离娄章句下》。
④ 《孟子·尽心章句上》。
⑤ 《礼记·曲礼上》。
⑥ 《论语·先进》。
⑦ 《礼记·哀公问》。
⑧ 《荀子·乐论篇》。
⑨ 《荀子集解》。

深，其移风易俗。故先王导之以礼乐，而民和睦。夫民有好恶之情，而无喜怒之应则乱；先王恶其乱也，故修其行，正其乐，而天下顺焉。"① 显然，音乐起着安政事、平风俗、美人伦的作用。所以，古人"必托于音乐以论其教。"《周礼·地官》之大司徒职中所谓"十二教"中的前六教均属于礼乐教化："一曰以祀礼教敬，则民不苟。二曰以阳礼教让，则民不争。三曰以阴礼教亲，则民不怨。四曰以乐礼教和，则民不乖。五曰以仪辨等，则民不越。六曰以俗教安，则民不愉。"这与春秋战国时代的礼乐教化是相当一致的。

其次，以"礼"行事。关于"礼"的功用。荀子曰："诗言是其志也，书言是其事也，礼言是其行也，乐言是其和也。"②《礼记·文王世子》云："凡三王教世子，必以礼乐。乐，所以修内也；礼，所以修外也。礼乐文错于中，发形于外。""乐由中出，礼自外作。"《礼记·礼记》云："乐至则无怨，礼至则不争。"《礼记·乐记》云："乐者，天地之和也；礼者，天地之序也。""乐也者，情之不可变者也。礼也者，理之不可易者也。""致礼乐之道，举而错之，天下无难矣。乐也者，动于内者也；礼也者，动于外者也。"又曰："先王之道，礼乐可谓盛矣。""夫君臣习礼乐而以流亡者，未之有也。"关于做人方面的"礼"。《礼记·曲礼》云："夫礼，自卑而尊人，先彼而后己。"孔子曰："兴于诗，立于礼，成于乐。"③ 孔子曰："非礼勿视，非礼勿听，非礼勿言，非礼勿动。"④ 朱熹曰："不知礼，无以立也。"因为

---

① 《荀子·乐论篇》。

② 《荀子·儒效篇》。

③ 《论语·泰伯》。

④ 《论语·颜渊》。

"不知礼，则耳目无所加，手足无所措。"① 孔子曰："君子博学于文，约之以礼，亦可以弗畔矣夫!"② 关于为人方面的"礼"。孔子曰："人而不仁，如礼何? 人而不仁，如乐何?"③ 孔子曰："生，事之以礼；死，葬之礼，祭之以礼。"④ "为政"方面的"礼"。孔子曰："道之以德，齐之以礼，有耻且格。"⑤ 朱熹曰："孔子为政，先正礼乐。"⑥

（4）人格教育

人格教育可以说是儒家个体德性教育的范本和内涵。孔子以"不降其志，不辱其身"，为人格要求，孟子提出："生亦我所欲，所欲有甚于生者，故不为苟得也；死亦我所恶，所恶有甚于死者，故患有所不辟也。"并举例说，"一箪食，一豆羹，得之则生，弗得则死。嘑尔而与之，行道之人弗受；蹴尔而与之，乞人不屑也。"⑦ 这是说，人的生命是宝贵的，但是比生命更宝贵的是人格。孔子设计的人格理想虽然不是普通人能达到的目标，但确实是人人应当以此为人生追求的目标。所谓"止于至善"，是要求人们在人生道路上不停地追求自己的理想目标。基本上，可以说，孔子的"人格论"主要包括"人格要素"和"人格修养"。"人格要素"包含以下方面的内容：懂得掌握自己的命运；杀身成仁；文质统一；见利思义；修身思亲；志不可夺；修己安人；

----

① 《论语集注·尧说》。
② 《论语·雍也》。
③ 《论语·八佾》。
④ 《论语·为政》。
⑤ 同上。
⑥ 《论语·八佾》。
⑦ 《孟子·告子上》。

忧患意识。中心思想就是掌握自己的命运，以仁要求自己，见利思义，修身思亲，修己以安百姓①。其次，"人格修养"主要强调"学道"和"躬行"两个方面。孟子曰："壮者以暇日修其孝悌忠信，入以事其父兄，出以事其长上"；② "君子学以致其道"；③ "君子学道则爱人"。④ 孔子曰："朝闻道，夕死可矣。"⑤ 那么，如何学道？孟子曰："天下有道，以道殉身；天下无道，以身殉道。"⑥ 孔子曰："博学而笃志，切问而近思，仁在其中矣。"⑦ "学而不思则罔，思而不学则殆。"⑧ "见贤思齐焉，见不贤而内自省也。"⑨ "君子有九思：视思明，听思聪，色思温，貌思恭，言思忠，事思敬，疑思问，忿思难，见得思义。"⑩ 至于"躬行"，孔子曰："君子欲讷于言而敏于行"；⑪ "敏于事而慎于言"。⑫ "子以四教：文行忠信"。学道与躬行合一，即可达到人格的完善。若用冯友兰的话说，就是有人格的人可以进入"道德境界"。在此种境界中的人，对于人性已有"觉解"。他或她了解人性的涵蕴。在功利境界中，大多认为社会与个人是对立的。在道德境界中，个人与社会不是对立的，而是统一的。即，社会是

---

① 陈正夫、何植靖著：《孔子、儒学与中国现代化》，福建教育出版社 1992 年版，第 41 页。

② 《孟子·梁惠王上》。

③ 《论语·子张》。

④ 《论语·阳货》。

⑤ 《论语·里仁》。

⑥ 《孟子·尽心上》。

⑦ 《论语·子张》。

⑧ 《论语·为政》。

⑨ 《论语·里仁》。

⑩ 《论语·季氏》。

⑪ 《论语·里仁》。

⑫ 《论语·学而》。

一个"全"，个人是这个"全"中的一部分。部分离开"全"，就不成其为部分。在功利境界中，人的行为是以"占有"为目的，即以"取"为目的；在道德境界中，人的行为是以"贡献"为目的，即以"与"为目的。在功利境界中，人即使是在"与"，其目的也是"取"；在道德境界中，人即使在"取"，也是以"与"为目的。

七

普世之道与理想教育

普世之道是在治国之道基础上的进一步发展，是儒家设计的为落实"大学之道"的第四个环节——理想教育的实践原理，是关于人如何与世界相处的基本原理。根据《大学》的逻辑，修身、齐家、治国是为平天下做准备工作。这样，"平天下"就成了"大学之道"的理想境界。"平天下"是中国化的独特理念。"平"含"平等"、"公平"、"和平"。"平天下"意即使世界和平、公平或大同。事实上，"五伦之教"在"齐家之教"和"治国之教"的环节上业已完成。为什么需要增加此环节？按儒家的设计，必须存在"平天下之教"阶段和环节，因为没有此环节和阶段就没有完成严密完备的教化过程。在终极意义上，"平天下之教"或"普世之教"把受教育者带到一个道德世界、大同境界。在此境界里，人们看到的到处都是中国文化的理想人格——圣人君子。虽然此境界少有人达到，但它是人人向往的境界，设定此环节意在让人培养那种"虽不能至，但心向往之"的道德情感和道德意志，以便配合儒家道德教化的完整实施。冯有兰认为这就是儒家设计的"内圣外王"

的智慧所在①。比较看，西方没有谈到"平天下"的概念。在
西方文化中，或见"灵魂之超升"，或见"神性之理智"，或见
"本质之呈现"，最终引来"上帝"（或"神"）或以"上帝"或
神为主宰的力量。进而，宗教在西方世界占据了人的心灵。宗
教教育成为西方教育文化的重要内涵。

1."家天下"的世界文化

　　在儒家文化中，"世界"被直观地描述成"天下"。"天下"
既是一个物质实体，也是一个伦理实体。作为伦理实体，它由
身、家、国相互关系构成，三者以家为核心，因为身在家中，国
是家的放大。在伦理的意义上，身代表"小我"，家、国、天下
代表"大我"的三个等级。《礼记·礼运》云："以天下为一家，
以中国为一人。"孟子曰："人有恒言，皆说天下国家。天下之本
在国，国之本在家，家之本在身。"② 又曰："君子之守，修其身
而天下平。"③ 近代以前，中国皇帝习惯称"国"为"家"，称
"世界"为"天下"，它们均以"国君的家"为范本来构建；同
时，中国皇帝以通过自我修身而获得的圣人之德来"治国平天
下"。

---

　　① 冯友兰解释说，所谓"内圣外王"只是说，有最高的精神成就的人，按道理
说可以为王，而且最宜于为王。至于实际上他有机会为王与否，那是另一回事，亦
是无关宏旨的。也就是说，儒家以此"内圣外王"之说导出了一种人生境界，让人
们去不懈地追求。参见冯友兰著《中国哲学简史》，涂又光译，北京大学出版社1985
年版，第12页。

　　② 《孟子·离娄章句上》。

　　③ 《孟子·尽心章句下》。

（1）道德四级：身—家—国—天下

儒家以"道德"统一身、家、国、天下。身代表人，人是万物之灵，人道是核心。由于"天人合一"，人通过"修、齐、治、平"的道德途径与天密切合作，即道德的合作，表现为"尽人之性"，可以"尽"家、国、天下之"性"，进而"与天地合其德，与四时合其序"。这种逻辑从己到人，从内到外，从小到大，从微观到宏观，然后从宏观到微观，回到个体的身，完成内圣外王的道德过程。许倬云看得很清楚，他说："儒家文化的理想社会，由个人到天下，原是一级一级地扩大，一级一级地升高。个人并不因为是群体的一部分，而丧失了个体的自我。"① 换言之，"儒家的理想，是在人间缔造一个属于'人'的社会，给个人发展的机会，以个人的善，累积为群体的善。人不必祈求神的国度在地上出现；人只是尽力成全人界，自强不息"。②

①道德的"身"。儒家把身设计为道德奉献的伦理实体。在儒家看来，人只有"心诚"、"身正"，才能以身作则。儒家重视杀身成仁和舍生取义的道德行为，认为这是实践儒家理想的生动表现，是人类至高道德的追求。《诗经·节南山之什·雨无正》云："凡百君子，各敬尔身。"《诗经·荡之什·烝民》云："既明且哲，以保其身。"曾子曰："吾日三省吾身。"朱熹注："曾子以此三者日省其身，有则改之，无则加勉，其自治诚切如此，可谓得为学之本矣。"③ 这些都说明身是人生道德的载体。朱熹引程子的话说："颜渊问克己复礼之目，子曰，'非礼勿视，非礼勿

---

① 许倬云著：《中国文化与世界文化》，贵州人民出版社 1991 年版，第 194 页。
② 同上书，第 196 页。
③ 《论语·学而》。

听，非礼勿言，非礼勿动'，四者身之用也。"① 《论语》中有言：
"苟正其身矣，于从政乎何有？不能正其身，如正人何？"② 这说
明身具有重要的道德功能和作用。

　　基督教文化认为，身只代表人的躯体——肉体，代表人的实
际存在，在文化意义上没有儒家那样的全体意义。对个体来说，
身和灵结合形成真正的人，身和灵在文化意义上是分离的：身是
肉体，短暂易逝，而灵永恒实在；身和肉是欲望的代表，灵魂是
理性的居所。西方极重视人的灵，而看轻身和肉，原因是灵魂具
理性特征，理性决定人的特性。苏格拉底为了获得灵魂超越境
界、进入永生世界，并与众神相聚，宁愿舍弃自己那"肮脏的肉
体"、家庭及亲朋好友。他说："当我们还有肉体的时候，当我们
的灵魂受着肉体的邪恶所污染的时候，我们永远无法完全得到我
们所追求的东西——真理。"他又说："如果想要认清任何事物，
我们就得摆脱肉体，单用灵魂去观看事物的本身（指理念）。如
此看来，我们只有在死后，才能得到我们渴望的喜爱的智慧，活
着的时候是办不到的。"③ 此外，《圣经》引耶稣的话说道："若
有人要跟我，就当舍己，背起十字架，来跟从我。"又说："因为
凡要救自己生命（或灵魂）的必丧掉生命；凡为我丧掉生命的必
得着生命"；"人子要在他父的荣耀里，同着众使者降临；那时
候，他要照各人的行为报应各人"。④ 《圣经》中的话语可以说是
对苏格拉底精神的提炼。

　　②道德的"家"。儒家把家视为以情为纽带的伦理实体，是

---

　　① 《论语·颜渊》。

　　② 《论语·子路》。

　　③ 柏拉图著：《裴多篇》，载于《古希腊散文选》，人民文学出版社 2000 年版，
第 91 页。

　　④ 《圣经·马太福音》16：24—27。

个体德性培养的第一舞台，是个体接受道德教育的中心场所。《周易·坤卦辞·文言》云："积善之家，必有余庆；积不善之家，必有余殃。"《周易·系辞下传》云："是以身安而国家可保也。"《周易·家人》云："家人，女正位乎内，男正位乎外，男女正，天地之大义也。家人有严君焉，父母之谓也。父父、子子、兄兄、弟弟、夫夫、妇妇，而家道正；正家而天下定矣！"《论语》记载："仲弓问仁。子曰：'出门如见大宾，使民如承大祭。己所不欲，勿施于人。在邦无怨，在家无怨。'"① 朱熹曰："圣人心同天地，视天下犹一家，中国犹一人，不能一日忘也。"② 可见，家是儒家的道德基地，无论是对个人，还是对国家，家都是重要的道德载体，它承担着儒家的道德之重。

在西方，家从苏格拉底开始就没有被放在重要的位置。苏格拉底虽然有妻子和三个儿子（其中两个儿子年纪尚小），并有人劝他放弃死亡而挽救他的生命，但为了灵魂的超升和追求超世真理，他却义无反顾地拒绝朋友的好心营救而十分满意地迎接雅典刑法的最严厉惩罚。显然，在苏格拉底的心目中，家比起灵魂的得救已不足轻重。柏拉图在理想国中也把家放在次要位置，甚至可以说取消了家庭的作用，而让所有妇人和男人一样接受同样的公民教育，以便为治国提供尽职的服务。亚里士多德把家看作是城邦的重要组成部分，认为家庭必须融入城邦的绝对本质中。事实上，亚里士多德也将家庭放在次要位置。此外，《圣经》可以让我们感受到家庭被有意识淡化的文化信息。耶稣说："不要称呼地上的人为父，因为只有一位是你们的父，就是在天上的父"；

---

① 《论语·颜渊》。
② 《论语集注·宪问》。

"也不要受师尊的称呼，因为只有一位是你们的师尊，就是基督";① 耶稣说："凡遵行神旨意的人，就是我的弟兄姊妹和母亲了";② 还说："人从死复活，也不娶，也不嫁，乃像天上的使者一样。"③

③道德的"国"。儒家把国视为在家基础上必然发展的伦理实体。《周易·讼》云："大君有命，开国承家，小人勿用。"《周易·比》云："先王以建万国，亲诸侯。"《大学》云："长国家而务财用者，必自小人矣。彼为善之，小人之使为国家，菑害并至。虽有善者，亦无如之何矣！此谓国不以利为利，以义为利也。"孔子曰："天下国家可均也，爵禄可辞也，白刃可蹈也，中庸不可能也。"④ "凡为天下国家有九经，曰：修身也，尊贤也，亲亲也，敬大臣也，体群臣也，子庶民也，来百工也，柔远人也，怀诸侯也。"⑤ "至诚之道，可以前知。国家将兴，必有祯祥；国家将亡，必有妖孽。"⑥ 孔子曰："知所以修身，则知所以治人；知所以治人，则知所以治天下国家矣。"⑦ 可见，国承载了比家更大的道德之重。

西方文化中的国是民族的伦理实体，英语"国家"的文字表述是"Nationality"，其来源是在"民族"后加词缀构成。在西方文化看来，任何民族都有权利组成自己的国家。一个民族就是一个国家，国家间的关系可以说是国与国的关系同民族与民族的

---

① 《圣经·马太福音》23：9—10。
② 《圣经·马可福音》3：35。
③ 《圣经·马可福音》12：25。
④ 《礼记·中庸》。
⑤ 同上。
⑥ 同上。
⑦ 同上。

关系的混合体。当南斯拉夫的科索沃地区民族"闹独立"的时候，欧美人采取了积极赞同和支持的政治立场和文化态度。这与中国文化坚持的"多民族统一国家"的文化立场是显然不同的。人们熟悉，秦始皇统一中国以后，中国文化中的国就被界定为统一的多民族的国度。历史上的中国，即使被分成很多小国，或被西方列强分割为不同国家的管理区域，但它在文化上仍然是一个统一的、由多民族构成的伦理实体或道德实体。因此，中国人始终有"天下分久必合、合久必分"的说法，就像家庭可"分"可"合"但最终还是走向"合"的道理一样，有言道："百年好合。"几千年来，这种精神始终没有影响到儒家社会对整体性国家概念和文化的强烈认同。

　　④道德的"天下"。汉语里有两个词语可以翻译为世界："天下"和"四海之内"。"天下"在中国古人头脑里就是现代意义上的"世界"，即"人类社会之大全"。而人们经常遇到的天地之称谓则表示"宇宙的大全"。孔子在《论语》提到了"海"，但只说"浮于海"。孔子曰："道不行，乘桴浮于海。"[①]　子夏曰："四海之内，皆兄弟也。"[②]　朱熹曰："海，海岛也。"[③]　那么，"天下"在儒家文化中处于什么地位？如何治理？由于儒家视"天"为终极实体，所以，"天"作为一个伦理概念在儒家哲学中向来处于崇高的地位。孔子曰："不怨天，不尤人。下学而上达。知我者其天乎！"[④]　自然，以"天下"命名"世界"具有多种含义。例如，荀子曰："天下者，至大也，非圣人莫之能有也"；"天下者，

---

①　《论语·公冶长》。

②　《论语·颜渊》。

③　《论语集注·微子》。

④　《论语·宪问》。

至重也，非至强莫之能任；至大也，非至辨莫之能分；至众也，非至明莫之能和。此三至者，非圣人莫之能尽。故非圣人莫之能王。圣人备道全美者也，是县天下之权称也。"① 在这里，"至大"、"至重"、"至众"均是"天下"的特性，只有圣人可以统领天下。《孟子》也有同理的论述。《孟子》记载：梁惠王问孟子："天下恶定乎？"孟子回答说："定于一。"王又问："孰能一之？"孟子回答说："不嗜人杀者能一之。"② 就是说，只有道德之人能够统一天下，并拥有天下。其实，有德之人是指圣人君子。《大学》则曰："尧舜帅天下以仁，而民从之；桀纣帅天下以暴，而民从之。"又曰："所谓平天下在治其国者：上老老而民兴孝，上长长而民兴弟，上恤孤而民不倍，是以君子有絜矩之道也。"《中庸章句序》云："夫尧、舜、禹，天下之大圣也。以天下相传，天下之大事也。以天下之大圣，行天下之大事，而其授受之际，叮咛告诫，不过如此。"这是说，统领天下大业的圣人必须以仁为工具和手段，而古代的尧舜禹正是这样的圣人。孟子把这样的圣人称为大丈夫，他说："居天下之广居。立天地之正位。行天下之正道。得志与民由之。"③ 实际上，在儒家的视野中，天下已成为圣人呈现个体道德胸怀的"天空"和"凭借物"。孟子曰："三代之得天下也以仁，其失天下也以不仁。国之所以废兴存亡者亦然。天子不仁，不保四海；诸侯不仁，不保社稷；卿大夫不仁，不保宗庙；士庶人不仁，不保四体。"④ 《礼记·礼运》云："大道之行也，天下为公。"孙中山也说："人类进化之目的为何？

即孔子所谓大道之行，天下为公。"① 可见，儒家关于天下的道德意义是一脉相承的。

（2）四级结构的伦理意蕴

道德四级结构，是中国伦理文化的独特设计。在这种文化设计中，个体处于主体地位，并运作其他三级。运作过程由低到高、由己向外延伸，最后拓展到天下或世界。个体就是在这个过程中实现道德境界的提升，同时也使世界掌控在一"己"之内。所谓"远人不服，则修文德以来之"以及"德治天下"，表达的正是这种道德境界。

首先，儒家个体具有运作四级结构的道德能力。在儒家看来，个人是道德的主体，因而也是世界的主宰。根据是，世界是道德的实体，对它的伦理推动必须依靠人。人如何运作这个世界？通过道德的手段和途径——"修、齐、治、平"来运作世界。如果说在使其运动的过程中存在一个"杠杆"的话，那么，这个"杠杆"就是"性"，准确地说是人"性"，而使其运动的"支点"就是人的"身"。在这个意义上，世界的伦理运作和道德运动，全部的动力源泉来自人的"身"和"心性"。因此，处理个人的修身事宜在儒家看来向来重要。《大学》云："古之欲明明德于天下者，先治其国；欲治其国者，先齐其家；欲齐其家者，先修其身。"因为，"身修而后家齐，家齐而后国治，国治而后天下平"。《中庸》云："凡为天下国家有九经，曰：修身也，尊贤也，亲亲也，敬大臣也，体群臣也，子庶民也，来百工也，柔远人也，怀诸侯也。"朱熹引吕氏的话说："天下国家之本在身，故

---

① 《孙文学说》。

修身为九经之本。"① 孟子曰："人有恒言，皆曰天下国家。天下之本在国，国之本在家，家之本在身。"②

其次，道德四级结构与道德三级结构的殊异。儒家以家庭人伦原理制作社会关系原理，并由此扩展到国家和天下，所以，世界虽大，但在儒家看来其原理均来自家庭。西方文化则不然。梁漱溟说，"从个人到他可能有之最大社会关系，由下至上共约之为四级，四级各具特征：个人——出发点；家庭——本于人生自然有的夫妇父子等关系；团体——设有界别的组织；天下——关系普及不分畛域。在西洋人的意识中、生活中，最占位置者为个体与团体两级；而在中国人则为家庭与天下两级。"③ 可以说，由于两级结构不容易稳定，所以，西方文化又制作了一个上帝或神，并以此来弥补在家庭中失去的人伦之爱。这样就构成了西方的"道德三级"：个体、国家、上帝。按照《圣经》的说法，上帝归基督耶稣管理，国家归个人管理。《圣经》说："上帝的事由我管，恺撒的事由恺撒管。"反映在教育领域里，就是，上帝为人们提供了宗教教育的内容，国家为人们提供了公民教育的内容。前者解决的是，个体的精神信仰问题，后者解决的是，个体的世俗生活问题。两相配合，构成了西方人生活的具体内涵。

第三，道德四级结构使儒家人类有了世俗理想追求。对此，钱穆说："中国社会里的个人，乃与其家庭、社会、国家、天下重重结合相配而始成为此人者。"他分析说，人必在群中始有道，必与人相配成伦始见理。离开对方与人群，亦就不见有个人，因

---

① 《中庸章句》。
② 《孟子·离娄上》。
③ 梁漱溟著：《梁漱溟学术精华录》，北京师范学院出版社 1988 年版，第 332 页。

此个人必配合这对方与大群，而一切道与理，则表现在个人各自的身份上。换言之，只要他跑进人群中，必有一个道，而这道就在他自身。己立而后立人，己达而后达人，尽己之性而后可以尽人之性，尽物之性。自己先求合道，始可望人人各合于道。这一理想照例应该人人能达到，但实际能达此理想境界者终不多，此即中国所谓圣人。他发现："中国传统文化理想既以个人为核心，又以圣人为核心之核心。孟子说圣人名世，这是说这一时代出了一个圣人，这圣人就代表了这时代。"① 但是，在西方社会中，人无论在世俗的家庭里，还是在世俗的国家里，都必须遵守社会契约和各种法律的规定，换言之，西方人不是通过在世俗人间"做人"来获得道德、体现道德，而是通过保持国家公民的素质而获得道德、体现道德。反映在教育领域中，儒家重视人伦关系教育，包括师生关系教育，认为只有师生关系友好才能获得良好的教育效果，而西方重视法律教育，包括师生间的关系也是以法律关系为主导，师生间注重知识的启发和传授，而不注重伦理关系的调整。

2. 至善本位的普世之道

至善本位的普世之道是儒家为贯彻和落实"大学之道"而设计的用于天下或世界治理环节的实践原理。它以体现"天下为公"为精神追求，以调节和规范天下人伦秩序的"修齐治平之道"为基本原理，以实现"天下太平"为目标归宿。如果说修身

① 钱穆著：《中国文化与中国人》，载于《文化危机与展望——台湾学者论中国文化（上）》，中国青年出版社 1989 年版，第 8 页。

是个体至善，那么，齐家和治国则属于社会至善，而平天下则属于天下至善。个体至善—社会至善—天下至善体现了儒家至善之道的逻辑结构。钱穆认为，这是儒家文化乃至中国教育文化的独特设计，也是中国教育文明的优势所在①。

(1) 个体至善的"修道"

儒家把修身作为实现天下至善的第一个环节。那么，儒家意义上的身为什么需要"修"？因为身是欲望的载体，它的本性是求"得"、求"利"，如果放任其追逐所爱，不仅会招致"身"的损害，而且会招致"心"的损伤。因此，儒家设计用"心"来修理此身，以使它回归道德的轨道或始终保持在道德的轨道。按照孟子的说法，就是以"大体"来修理"小体"。这是儒家对身的最基本要求，也是最重要的要求。儒家把修身看得最重，原因有四：第一，身是物质基础：家、国、天下是由它延伸发展的，无身便无家，无家更无国和天下；第二，身是道德基础。家、国和天下的道德均奠定于此身，身不正则家道不正，家道不正则国和天下难以获得道德的合理性；第三，身作为个体的道德载体，必须先被人们注意，否则，家、国和天下就没有保障；第四，身是血缘文化的根基，个体流淌着家之血缘的因子，无具体的身便谈

---

① 钱穆认为，世界各民族的教育目标多注重个人观点及国家民族。虽然许多宗教都把全人类作为其教育对象之抱负与精神，但因各种宗教相互间的"隔阂"难以调和，于是难以协调各民族国家的教育目标。"只有中国的文化传统，其看重人文教育之功能，更甚于其看重宗教教育。而其人文教育之传统理想，一向希望能把个人与国家民族调和融化在天下观点之下，而期求以全世界全人类之共通理想为其教育理想之对象。"因此，只有在中国社会中，一向有人文教育存在，并容忍和融合其他各种宗教文化而不见冲突。这是其他文化难以做到的。参见钱穆著《钱宾四先生全集》第41卷《文化与教育》，台湾联经出版事业公司1998年版，第246—247页。

不上家、国和天下。

依儒家的设计,修的内容主要包括:修性、修道、修德。修性就是修人性,恢复人应有的善性;修道就是修大学之道;修德就是把大学之道转变为自己的德性修养,体现在个体的言行中。修的意义在于为儒家之道提供基本条件。修的方法是儒家的"格物"、"致知"、"诚意"、"正心"。从单独给予"修"这四个动词予以阐释而"齐"、"治"、"平"则"没有这个待遇"上可知,儒家高度重视"修"的工夫。"修"须循着"格""致"、"诚"、"正"的顺序来运作:起点是"格",终点是"正"。"格"经过"致"和"诚"两个环节,到达"正"的目的地,就可以实现"修"的终极目标。同样,"修"、"齐"、"治"、"平"与"格"、"致"、"诚"、"正",构成了一组"连动词"。从八个动词表达的连贯意义看,它们层层推进,层层环扣,层层递进,直至终点。"修"作为桥梁和纽带连接着儒家大学之道的"根本"和"枝干",使大学之道得以"节节向上"、"步步推进"。这样看来,"修"的水平越高,个体道德能力提升的境界就越高,其"齐"、"治"、"平"的水平也就越高。

(2) 社会至善的"齐治之道"

在儒家设计中,家国同构,家国一体,家国同理,齐治同源。这里让我们引用儒家经典话语说明之。朱熹引景子的话说:"内则父子,外则君臣,人之大伦也。"[①]《大学》云:"一家仁,一国兴仁;一家让,一国兴让。"《周易·家人》云:"家人有严君焉,父母之谓也。父父、子子、兄兄、弟弟、夫夫、妇妇,而家道正;正家而天下定矣!"朱熹曰:"大则君臣父子,小则事物

---

① 《孟子·公孙丑章句下》。

细微，其当然之理，无一不具于性分之内也。"① 孟子说："万物皆备于我。"② 再如，诞生于北宋初年的著名的《百家姓》，就是以姓区分国名和国别的。其中的首句四姓之第一为赵姓，即宋朝国姓，第二姓钱为作者所在地吴越国姓，其他类同。这应该是说明中国古老文化中家国同构、家国同理的基本依据之一。

家为什么需要"齐'　明代吕坤（1536—1618）解释说："齐，以刀切物，使参差者就于一致也。家人恩胜之地。情多而义少，私易而公难，若随其欲，势将无极。故古人以父母为严君，而家法药威如，盖对症之治也。"③ 事实上，家是儒家伦理的发源地和道德始点。按照儒家的看法，"齐"是与"不齐"相对的，"不齐"就乱，乱则无序，无序便无道德可言。儒家把家作为"齐"的对象是因为家"齐"身才有意义，国才有秩序，天下才能安定。儒家以家构建自己的文化体系，必须重视"齐"的效果。那么，家究竟需要"齐"什么？具体来看，主要有两个方面：第一，"齐"人的"名"与"分"，把各人划归到伦理体系中，让各人尽各人的伦理责任；第二，"齐"各人的伦理义务，各人的"伦"不同，"分"也就不同，义务就不同。各人必须对照自己的"伦"履行自己的"分"内职责。这样，家才能达到"惟齐非齐"的良好状态。

国为什么需要"治"？国是更大的家，其根本原理与家一致，这就决定了"治"的原理类同于"齐"的原理。"治"的道理在于：一是以一定的道德原理和道德原则来"治"，"治"是"治玉"，"治玉"须学习和锻炼，至少在自己的家里得到锻炼；二是

---

① 《孟子·尽心章句上》。

② 同上。

③ （明）吕坤著：《呻吟语·卷一·伦理》。

"治理"，"治理"意味着一方面要"治"，另一方面要"理"，边"治"边"理"，边"理"边"治"，"治"与"理"紧密结合，国才能"治"。按儒家的思路，"治"必须有道德基础，道德基础从何而来？回答是：从家中来！所以，"治"国必须"齐"家。"齐"家为"治"国做道德上的准备，在这个角度看，"治"国是"齐"家的必然发展，是个体道德的必然延伸。所以，周敦颐曰："治天下有本，身之谓也；治天下有则，家之谓也。是治天下，观于家；治家，观身而已矣。"① 程伊川亦曰："治身齐家以至平天下者，治之道也。"②

（3）天下至善的"平道"

天下为什么需要"平"？"天下"在古人看来在空间上比国大一些，是描述世界范围的宏观概念。天下是一个更大的实体，必须采取不同于齐家和治国的特殊的道德手段进行治理，合理的方法和方式是"平"。古人对"治"深有研究，因为国毕竟在国君的统治中，是可控制的范围，国君可通过仁道对国进行控制，但是，天下在古人看来包括很多国家，只能以相互承认与和平共处的方式来对待和处理。在古代，国与国间常常发生的战争让圣人君子看到和平的重要性和必要性，因此，对和平的渴望和依赖就成了古人思考世界道德安排的最重要内容。那么，"平天下"的含义是什么？一是使天下和平，达到大同政治的境界；二是使天下的人达到圣境——"太平境界"。在此境界中，人人遵守道德规范，在道德的天下生活，社会处

---

① 周敦颐著：《通书》，见朱熹、吕祖谦编《近思录》卷八《治国平天下之道》。

② 《程氏经说》卷二《书解》，见朱熹、吕祖谦编《近思录》卷八《治国平天下之道》。

于和谐的状态之中。《礼记·礼运》云："大道之行也，天下为公。选贤与能，讲信修睦，故人不独亲其亲，不独子其子，使老有所终，壮有所用，幼有所长，矜寡孤独废疾者，皆有所养。男有分，女有归。货恶其弃于地也，不必藏于己；力恶其不出于身也，不必为己。是故谋闭而不兴，盗窃乱贼而不作，故外户而不闭，是谓大同。"这与孟子的话同理同据。孟子曰："人人亲其亲、长其长，而天下平。"①

　　显然，儒家设计的大同世界必须建立在修身、齐家、治国的基础上，修身是处理好"身"与"心（性）"的关系，使个体成为一个道德人、一个有修养的中国人；这样的个体在家庭以三伦原理妥善处理好家庭事务；经此环节进入社会和国家中，在社会国家中完善对君臣和朋友关系事务的处理能力。但是，世界并不是一个国家，而是由多个国家构成，所以必须对世界进行合理的构建，于是儒家继续依家的原理构建"家天下"。所以，与其说使世界和平，不如说使世界如同齐家那样处于中和的理想状态中。钱穆说：我讲中国文化有三大传统：一是中国人、二是中国的家、三是中国的国。每一个中国人在这样的家与国之下，也就有了我们的"天下"。中国人理想中的修身、齐家、治国、平天下，一以贯之。虽不能平到中国以外的全世界人类的天下，然而中国人自己的天下，也可以达在一个理想下，而获得其平了②。在这个角度看，中国人的天下是可以拓展的，拓展的大小和快慢，全看个体道德能力，也即修身水平的高低上下。

---

　　①　《孟子·离娄上》。
　　②　钱穆著：《钱宾四先生全集》第38卷《中国文化精神》，台湾联经出版事业公司1998年版，第28页。

3. 普世教育的文化设计

如何在世俗人间设定一个值得人们追求的人类理想，这是儒家特别重视的现实问题。可以说，普世教育正是为解决这个问题而设立。普世教育是儒家设计的旨在培养人处理好个体、家庭、国家、世界之间的关系，以锻炼人普度众生的旷世情怀的重要环节，它充分地表达和反映了儒家独特的人文精神。在儒家的设计中，所有道德实体都是个体德性的扩大和延伸，是家庭血缘原理的外在体现，在此基础上建立的儒家教育文化具有全人类价值，即普世价值。据此建构的道德教育体系适合全人类生活需要。它由恕德教育、和谐教育、大同教育构成，其主旨在助人养成"天下为公"（孙中山）、"身无半亩，心忧天下"（左宗棠）、"位卑未敢忘忧国"（陆游）、"天下兴亡，匹夫有责"（顾炎武）、"先天下之忧而忧，后天下之乐而乐"（范仲淹）的道德理想。

（1）恕德教育

德国教育家第斯多惠认为，只有把教育提高到全人类的高度，才能使教育理想符合时代的需要，才能促进人类社会向真、善、美的境界不断前进[①]。应该说，儒家与此看法一致，但是，儒家认为，只有把"大学之道"落实到全人类，才能使教育进入至善的境界。那么，如何实现这个目标？儒家以恕德教育为开端。朱熹引用"二程子"的话很透彻："忠恕所以公平，造德则

---

① 第斯多惠著：《德国教师培养指南》，人民教育出版社 2001 年版，绪论部分，第 8 页。

自忠恕，其致则公平。"①

　　首先，责任教育。儒家认为，每个人来到这个世界都存在着一种责任，这种责任来自儒家的独特认知：人不独是自我个人，而是与自身、自然、人类共处的个体。也就是说，个体都是家、国、天下中的个体，而且是把它们三者相互联系起来的有人性的个体。个体的价值需要在此体系中得到认定，个体必须通过道德努力来证明这种价值，其表现是追求忠恕之德。曾子曰："夫子之道，忠恕而已矣。"朱熹曰："中心为忠，如心为恕。"又曰："尽己之谓忠，推己之谓恕。"② 子贡问曰："有一言而可以终身行之者乎？"子曰："其恕乎！己所不欲，勿施于人。"③ 儒家在强调"己所不欲，勿施于人"的同时，又明确"己欲立而立人，己欲达而达人"。它的意思在《大学》中表达得相当明确："所恶于上，勿以使下；所恶于下，勿以事上；所恶于前，勿以先后；所恶于后，勿以从前；所恶于右，勿以交于左；所恶于左，勿以交于右。此之谓絜矩之道。"儒家倡导每个人都应该"不独亲其亲，不独子其子"，每个人都应该"老吾老以及人之老，幼吾幼以及人之幼"。这样就可以实现"天涯若比邻"、"四海皆兄弟"的人类目标。

　　其次，推己教育。儒家把经过自我内化的道德精神推广到他人身上，是一种"推己"精神。朱熹曰："尽己之心为忠，推己及人为恕。"④ 在这里，"推己"就是以忠于自己的诚实态度来对待别人；用在教育上就是以教育自我的方式来教育别人。"推己"

① 《二程遗书》卷十五，见朱熹、吕祖谦编《近思录》卷二《为学大要》。
② 《论语集注·里仁》。
③ 《论语·卫灵公》。
④ 《中庸章句》。

不仅意味着自己愿意"推",可以"推",而且意味着别人也可能接受这个"推",因而它要求个体必须生活在以关系为本位的社会中,其实就是生活在伦理本位的社会中。"推己"植根于"己",即"自我"。"己"在英文里不是"me"也不是"I",而是"self"。"'己'是最关键、最根本的东西,是个核心。决定一个人怎样对待人家的关键,是他怎样对待自己。"可以说,"儒家思想的核心,就是推己及人"。① 这样,儒家对"己"或"自我"的认识显然不同于西方文化。儒家的"自我"是建立在血缘文化根基上的"家庭自我"、"关系自我"、"道德自我"。这种"自我"可以推广开来,产生强烈的社会道德效应。孟子曰:"推恩足以保四海,不推恩无以保妻子。古之人所以大过人者无他焉,善推其所为而已矣。"② 而西方文化的"自我"是"独立自我"、"政治自我"、"法律自我"、"国家自我"。这种"自我"均与人的政治特性有关,具有强烈的个体性、自足性和排外性。在这个角度看,西方教育不能采取"推己"的方式进行,或者说,教育不包含"推己"的内容,因为"自我"在西方伦理文化中不具有可向外"推"的人文特性。

(2) 和谐教育

首先,天人合德教育。儒家把世界看成道德的实体,认为人类与世界的和谐关键在于人类与世界在道德上"合一"。对此,大儒张载的阐述极其富代表性和启示性。他在《西铭》中曰:"干称父,坤称母;予兹藐焉,乃浑然中处。故天地之塞,吾其体;天地之帅,吾其性。民,吾同胞;物,吾与也。"这是说:

---

① 费孝通著:《费孝通文集》第 15 卷,群言出版社 2001 年版,第 84—87 页。
② 《孟子·梁惠王上》。

天地犹如父母，充塞于天地之间的"气"（指物质）构成我与万物的身体，作为"气"的统帅的"性"也就是我与万物的本性。人民是我的同胞，万物是我的伴侣。王阳明亦曰："夫人者，天地之心，天地万物本吾一体者也。"① 王阳明还说："夫圣人之心，以天地万物为一体，其视天下之人，无外内远近。凡有血气，皆其昆弟赤子之亲，莫不欲安全而教养之，以遂其万物一体之念。"② 于是，张载要求学者要："为天地立心，为生民立命。"③ 对比看，《易经》的阐释更加简明扼要。《易经》云："天地感而万物化生，圣人感人心而天下和平。观其所感，而天地万物之情可见矣。"又说："大人者，与天地合其德，与日月合其明，与四时合其序，与鬼神合其吉凶，先天而天弗违，后天而奉天时。"还说："日月得天而能久照，四时变化而能久成。圣人久于其道而天下化成。观其所恒，而天地万物之情可见矣。"张载又言："天人异用不足以言诚；天人异知，不足以尽明。"④ 程明道曰："天人本无二，不必言合。"⑤ 所以，中国文化中有"天人不二"、"天人无间"、"天人相与"、"天人一贯"、"天人合策"、"天人之际"、"天人不相胜"、"天人一气"等说法和词语，它们表达的意思都是一样的。

其次，人伦和谐教育。人与群的相处问题向来为儒家所重

---

① 《传习录·答聂文蔚书》。

② 《传习录·答顾东桥书》。

③ 张载说："为天地立心，为生民立命，为往圣继绝学，为万世开太平。"这是张载心目中的儒家理想，也是中国古代知识分子的人生理想。《张子全书》卷十四《性理拾遗》，见朱熹、吕祖谦编《近思录》卷二《为学大要》。

④ 《正蒙·诚明》。

⑤ 《语录》。

视。孔子曰："鸟兽不可与同群，吾非斯人之徒与而谁与？"① 荀子也说："人能群，彼（牛羊）不能群也。"在儒家看来，人类不管身处何时何地，总得面对人伦问题，如果每个人都可以在家、国、天下中处理好人伦关系问题，那么，人类就可以获得和谐的世界。孟子曰："爱人者人恒爱之，敬人者人恒敬之。"② 又曰："人人亲其亲、长其长，而天下平。"③ 因而，儒家极其重视人伦和谐教育的功能作用。著名儒学研究家匡亚明（1906—1996）做了总结，他说：孔子伦理思想的主旨便是通过规定家庭、邻里、社会、国家中各种成员之间一定的以仁为核心的不同道德规范，在礼的按等级制的约束即正名的约束下，用中庸的方法实现全社会以领主制贵族统治阶级天子为代表的，各个等级、各行各业都可以达到的和谐，即实现所谓国泰民安的小康世界。④ 季羡林从人生的角度论述了这个问题。他认为，一个人活在世界上必须处理好三个关系，第一，人与自然的关系，亦即是天人关系；第二是人与人的关系，包括家庭关系和社会关系；第三是个人身、口、意中正确与错误的关系，亦即修身的关系。他认为，个体若处理好这几个关系，就会得到幸福和快乐，否则，得到的就是痛苦和失望⑤。在他看来，人类若处理好这几个关系，就可以实现道德境界的提升。

第三，德性和平教育。儒家倡导"和而不同"⑥ 的普世伦理

---

① 《论语·微子》。

② 《孟子·离娄下》。

③ 《孟子·离娄上》。

④ 匡亚明著：《孔子评传》，南京大学出版社 1990 年版，第 214 页。

⑤ 季羡林著：《漫谈伦理道德》，《文史哲》2002 年第 1 期。

⑥ 《论语·子路》。

精神。费孝通将此概括为"多元一体"的思想①。此意明确，世
界上即使是有很大差别的事物也可以和平存在并且共处于一个世
界中，这是自然的规律，也是人类的规律，而且是人类心灵的规
律。具体地说，在自然界，只要遵循自然规律，各种生物和动物
都和睦相处，人类有目共睹，天、地、日、月、山、川、河流
等，各种动植物，这些在儒家看来都可以和谐地生活在世界上。
它们之所以能够和谐地共存于一个世界，根本原因在于"天地之
大德曰生"。其变化的规律就是"生生之谓易"。同样，在人类社
会，只要遵循普世道德，人与人、家庭与家庭、国家和国家的相
处都可以达到和睦相处的美好境界。例如，中国由 56 个民族构
成一个"大家庭"就是一个例证，而陆地面积差不多等于中国的
欧洲被合法地分为 25 个民族国家，恰似古希腊时代的 25 个城
邦，此为另一个角度的证据。人所共知，在儒家文化圈内的历史
上，从未发生过宗教战争，世界任何地区在宗教战争中失败的一
方，都可以到中国继续传教、发展，而中国国内直到如今都保持
着儒家式基督徒、儒家式佛教徒、儒家式伊斯兰教教徒和平共
处、共存共荣的局面，这更是一个有说服力的和平证据②。有关

---

①　费孝通说，多元一体是中国式的思想的表现，包含了各美其美和美人之美，
形成一种发自内心的、感情深处的认知和欣赏，而不是为了一个短期的目的，为了
经济利益。参见费孝通著《中国文化与新世纪的社会学人类学——费孝通、李亦园
对话录》，载于《费孝通文化随笔》，群言出版社 2000 年版，第 306 页。

②　张岱年也说：中国文化在此方面不同于西方和印度。在西方，人们不能同时
信两个教，甚至一个教中不能同时参加两个教派。基督教和伊斯兰教势不两立；在
印度，婆罗门教和佛教也一直势不两立。而在中国，可以既信佛教，同时又信道教，
还要尊孔，各个教可以同时信仰，不相违背。这是中国文化的一个特点。有关这一
点，梁启超和杜维明也是一致认同的。他们都认为，儒家最具包容性，可以容纳不
同信仰参与其中。参见张岱年著《中国传统文化的分析》，载于张岱年著《文化与哲
学》，中国人民大学出版社 2006 年版，第 47 页。

其中的文化根据，我们可以从中国古人那里找到许多经典的解释和论述。例如，从自然规律的角度看，《周易大传》和《中庸》说得好，《周易大传》云："干道变化，各正性命，保和太和，乃利贞。"《中庸》云："万物并育而不相害，道并行而不相悖，小德川流，大德敦化，此天地之所以为大也。"从人类规律的角度看，《大学》说得好："大学之道，在明明德，在亲民，在止于至善。……古之欲明明德于天下者，先治其国；欲治其国者，先齐其家；欲齐其家者，先修其身；欲修其身者，先正其心；欲正其心者，先诚其意；欲诚其意者，先致其知；致知在格物。物格而后知至，知至而后意诚，意诚而后心正，心正而后身修，身修而后家齐，家齐而后国治，国治而后天下平。""平天下"就是使人类和平。在现代社会，我们中国主张和提倡和平共处的五项原则，就包含了中华文化关于与世界各国和平共处的普世追求。费孝通认为，邓小平构想的"一国两制"制度的文化来源其实是儒家文化的"和而不同"。[①] 这个"破天荒"的思想不仅教育了中国人，而且教育了世界人民，它使世人认识到，中国人在政治、文化、历史差异极大的情况下依然可以实现世界的和谐与和平，换言之，中国文化可以为世界和平做出更大的贡献。

(3) 大同教育

　　大同世界就是完美的道德世界。如果用著名社会学家费孝通

---

① 费孝通认为，"一国两制""确实是从中国人历来讲究的'正心、诚意、修身、齐家、治国、平天下'里面出来的。这里面一层一层都是几千年积聚下来的东西，用现在的语言不一定能准确地表达它，可是用到现实的事情当中去，它还会发生作用，这一点很了不起。"参见费孝通著《中国文化与新世纪的社会学人类学——费孝通、李亦园对话录》，载于《费孝通文化随笔》，群言出版社 2000 年版，第304—305 页。

的话说，就是"各美其美、美人之美、美美与共、天下大同"的
"多元一体"境界①。大同教育是儒家至善教育的最高境界。儒
家把这种境界描述为人类进入太平盛世的美好前景，以推进人类
向着这个理想目标不断前进。如果与西方文化比较，儒家以为这
种境界不需要在人类之外去寻求，只需要在世俗世界努力，而在
世俗世界就可以实现人类的大同目的，正是在这个意义上，冯友
兰甚至肯定这种观点：中国哲学不合乎救中国，它却足以救世界
而有余②。张岱年则说：中国久以天下大同为理想，所以将来世
界性的社会主义文化之创成，亦正是中国固有理想之实现③。许
倬云根据儒家文化的特性预言道："未来的人类社会，必当趋向
大同。"④ 所以，从孔子到孙中山都在为实现这个理想目标而努
力。所谓大同境界，按照《礼记》的说法，就是："大道之行也，
天下为公。选贤与能，讲信修睦，故人不独亲其亲，不独子其
子，使老有所终，壮有所用，幼有所长，鳏寡孤独废疾者，皆有
所养。男有分，女有归。货恶其弃于地也，不必藏于己；力恶其
不出于身也，不必为己。是故谋闭而不兴，盗窃乱贼而不作，故

---

① 此为费孝通在日本东京举办的 80 岁生日会上所说的话，他提出人类学要为
文化的"各美其美、美人之美、美美与共、天下大同"做出贡献。在我看来，可以
把这个境界理解为人类"和而不同"的理想境界。参见载于《费孝通文集》第 15
卷，群言出版社 2001 年版，第 302 页。

② 冯友兰：《三松堂全集》第 11 卷，河南人民出版社 2000 年版，第 580 页。

③ 张岱年：《张岱年全集》第 1 卷，河北人民出版社 1996 年版，第 157 页。

④ 许倬云写道："在人类历史上，中国发展统一的普世国家的时间最早，内部
的稳定性也胜于欧洲印度中东的各大普世国家。中国的历史有过美好的时候，也有
过痛苦的时候。不论美好，抑或痛苦，中国建立普世国家及维系相应的文化体系，
其经验颇可为缔造未来人类文化作借鉴。中国的经验其实已浓缩为儒家文化。从这
一角度着眼，儒家文化应当是未来人类文化中的一个重要的成分。"参见许倬云著
《中国文化与世界文化》，贵州人民出版社 1991 年版，第 195 页。

外户而不闭，是谓大同。"① 此为孔子伦理、政治、教育理想之
极致，也是历代圣贤所口诵心维的大道。具体地说，人类要建设
大同世界，必须在如下方面着力工作，努力实现其追求。其一，
在人类目标上，要实现"大道之行也，天下为公"的理想；其
二，在政治制度方面，要实现"选贤与能，讲信修睦"的理想；
其三，在经济制度方面，要实现"货恶其弃于地也，不必藏于
己；力恶其不出于身也，不必为己"的目的；其四，在社会制度
方面，要实现"人不独亲其亲，不独子其子"亦即"老者安之，
朋友信之，少者怀之"② 的目的；其五，在社会景象上，要达到
"谋闭而不兴，盗窃乱贼而不作，故外户而不闭，是谓大同"的
太平境界。到近代，孙中山提出："人类进化之目的为何？即孔
子所谓大道之行，天下为公。"③ 并说："我们要将来能够治国平
天下，便先要恢复民族主义和民族地位。用固有的道德和平做基
础，去统一世界，成一个大同之治。这便是我们四万万人的大责
任。"④ 他指出，"两千多年前的孔子、孟子便主张'民权'，孔
子曰：'大道之行，天下为公。'便是主张民权的大同社会"。⑤
简言之，大同世界在孙中山看来就是实行"民有、民治、民享"
的"天下为公"的太平境界。实际上，孙中山毕生以此为理想的
奋斗目标，为中华文明的发展做出了重大贡献。

　　值得重视的是，康有为在《大同书》中对孔子的"大同世
界"作了详细的说明和解释。他倡导"破九界"的人道原则，设
计"升平世"范式，目的是为了提供社会改造方案，以实现"以

---

　　①　《礼记·礼运》。
　　②　《论语·公冶长》。
　　③　参见《孙文学说》。
　　④　孙中山著：《孙中山全集》第九卷，中华书局 1986 年版，第 253 页。
　　⑤　同上书，第 407 页。

天下为一家"①的儒家理想目的。康有为认为，人从进入现在的世界以后就要遭遇众多的人类之"苦"，这些"苦"可以归类解释，他名之为"苦界"。"苦界"中的"苦"之"易见者"包括"人生之苦"、"天灾之苦"、"人道之苦"、"人治之苦"、"人情之苦"、"人所尊尚之苦"。在他看来，人性避苦求乐，但是，人如果不破除"九界"，就难以消除这些"苦"，所以，他极力主张人类必须"破九界"，然后免"苦"得"乐"。他说："九界既去，则人之诸苦尽除矣，只有乐而已。"这是人人向往的人生境界。那么，如何实现这个人生目标？《大同书》具体表述为：去国界合大地；去级界平民族；去种界同人类；去形界保独立；去家界为天民；去产界公生业；去乱界治太平；去类界爱众生；去苦界至极乐。同过去的儒家一样，康有为也引出了古代的圣人，其解释是："圣人者，制器尚象，开物成务，利用前民，裁成天地之道，辅相天地之宜以左右民，竭其耳目心思焉，制为礼乐政教焉，尽诸圣之千方万术，皆以为人谋免苦求乐之具而已，无他道矣。"②据此，康有为提出"治教以去苦求乐"的人文思想。

---

① 《礼记·礼运》。
② 康有为著：《大同书》，中州古籍出版社1998年版，第357—358页。

师 道 篇

　　贯彻儒家教育伦理思想必然以儒家意义上的教师为主体。儒家意义上的教师是人伦社会中的"先知先觉者"，是人性的模范、人伦中的至尊、至善的化身，教师在实施教育的过程中必须以"志道、据德、依仁、游艺"为教育纲领，以"传道、授业、解惑"为基本职责，以培养仁义礼智勇为核心的德性品质为根本内容，以符合儒家人文精神和伦理原理的教育方法，促进教育目标的整体实现。从根本上说，儒家要求教师将教育目的内化为教师职业道德，将教育理念体现为具体的德性追求，将教育方法应用在有教无类的普世教育目标上，目的在于积极展现高尚的教育情操和宏大的教育理想。《礼记·礼运》云："天生时而地生财，其父生而师教之，四者君以正用之。"周敦颐（1017—1073）曰："圣人立教，俾人自易其恶。自至其中而止矣。故先觉觉后觉，暗者求其明，而师道立矣。师道立，则善人多，善人多，则朝廷正，而天下治矣。"① 宋代胡瑗（993—1059）指出："致天下之治者在人才，成天下之才者在教化，职教化者师儒，弘教化而致之民者在郡邑之任，而教化之本者在学校。"② 宋代苏洵曰："教化之本，出于学校。"③《吕氏春秋·劝学》云："为师之务，在于胜理，在于行义。理胜义立则位尊矣"，因为"师必胜理行义然后尊"。

---

①　周敦颐著：《周敦颐集·通书·师友》。

②　胡瑗著：《松滋儒学记》。

③　苏洵著：《议法·嘉祐集》。

八

施教纲领与教育宗旨

　　"教育当定宗旨。"① 关于儒家的教育纲领和教育宗旨,可以说,没有人比孔子在《论语》中说的这句话更"经典"的了。孔子曰:"志于道,据于德,依于仁,游于艺。"② 历史上,康有为创办的万木草堂就是以此为学纲的③。尤其重要的是,儒家学者十分重视对此语的教育阐释。最清晰易懂的莫过于王阳明的"比喻释解"说:"譬如做此屋,'志于道'是念念要去择地鸠材,经营成个区宅;'据德'却是经画已成,有可据矣;'依仁'却是常

────────────

　　① 梁启超认为,教育当定宗旨。"教育者,其收效纯在于将来,而现在必不可得见者也。然则他事无宗旨,犹可以苟且迁就;教育无宗旨,则寸毫不能有成。何也? 宗旨者,为将来之核者也,今日不播其核,而欲他日之有根、有芽、有茎、有干、有叶、有果,必不可期之数也。"参见梁启超著《论教育当定宗旨》,载于《饮冰室文集点校》第 3 集,吴松、卢云昆等点校,云南教育出版社 2001 年版,第 1355页。

　　② 《论语·述而》。

　　③ 1891 年至 1897 年,康有为在广州创办了万木草堂,宣传维新理想。培养与造就大批"变法维新"骨干(如梁启超等)。康有为在万木草堂亲自讲学,前后历时7 年。随着"戊戌变法"的失败,康有为逃亡日本,万木草堂于 1898 年 9 月被清政府查封停办。

常住在区宅内，更不离去；'游艺'却是加些画采，美此区宅。艺者，理之所宜者也。如诵诗、读书、弹琴、习射之类，皆所以调习此心，使之熟于道也。苟不知道而游艺，却如无状小子，不光去置造区宅，只管要去买画挂，做门面。不知将挂在何处？"① 其次引用两位哲人的诠释观点。其一，朱熹从学的角度解释说："盖学莫先于立志，志道，则心存于正而不他；据德，则道得于心而不失；依仁，则德性常用而物欲不行；游艺，则小物不遗而动息有养。学者于此，有以不失其先后之序、轻重之伦焉，则本末兼该，内外交养，日用之间，无少间隙，而涵泳从容，忽不自知其入于圣贤之域矣。"② 其二，钱穆从学和教的角度解读说："本章所举四端，孔门教学之条目。惟其次第轻重之间，则犹有说者。就小学言，先教书数，即游于艺。继教以孝弟礼让，乃及洒扫应对之节，即依于仁。自此以往，始知有德可据，有道可志。惟就大学言，孔子十有五而志于学，即志于道。求道而有得，斯为德。仁者心德之大全，盖惟志道笃，故能德成于心。惟据德熟，始能仁显于性。故志道、据德、依仁三者，有先后，无轻重。而三者之于游艺，则有轻重，无先后，斯为大人之学。若教学者以从入之门，仍当先艺，使知实习，有真才。继学仁，使有美行。再望其有德，使其自反而知有真实心性可据。然后再望其能明道行道。苟单一先提志道大题目，使学者失其依据，无所游泳，亦其病。然则本章所举之四条目，其先后轻重之间，正贵教者学者之善为审处。"③ 概言之，"志道"、"据德"、"依仁"、"游艺"，不仅是受教育者"为学"的宗旨，而且也是教育者"为

---

① 《传习录·门人黄修易录》。

② 《论语集注·述而》。

③ 钱穆著：《论语新解》。

教"的宗旨。

1. "志道"与教育主旨

儒家视"大学之道"为教师的实践主旨。教师必须将此立为人生志向作为自己终生的事业追求。古人云:"有志者事竟成。"王阳明曰:"夫学莫先乎立志",因为"志之不立,犹不种其根,而徒事培壅灌溉劳苦无成矣"。① 《孟子》记载王子垫问曰:"士何事?"孟子曰:"尚志。"曰:"何谓尚志?"曰:"仁义而已矣。"② 所谓"志士仁人,无求生以害仁,有杀身以成仁。"③ 因此"士不可以不弘毅,任重而道远。仁以为己任,不亦重乎"?④ 孔子曰:"士志于道"⑤;"笃信好学,守死善道。"⑥ 因而,"君子学以致其道"。⑦ 孔子教育学生:"人能弘道,非道弘人。"⑧ 所以,直到现今,仍然有"志同道合"之说。

(1) 仁道与正义之道

孔子对中国文化的最大贡献是建立了"仁"学的核心意义,并以"仁"为中心建构了博大精深的伦理道德体系。虽然历史上

---

① 转引自罗国杰著:《中国传统道德——教育修养卷》,中国人民大学出版社1995年版,第4页。

② 《孟子·尽心上》。

③ 《论语·卫灵公》。

④ 《论语·泰伯》。

⑤ 《论语·里仁》。

⑥ 《论语·泰伯》。

⑦ 《论语·子张》。

⑧ 《论语·卫灵公》。

对它的称呼各异，但意义大同小异，本质上是一致的。如果说，孔子通过"述而不作"的方法归纳了圣人道德思想，确立了独到的仁学体系和仁道体系，那么，孟子就是在孔子的基础上确立了以"义"为中心的人伦体系和人伦道德，荀子则是在"利"的基点上补充了孟子忽视的或者论述不足的理论观点，进而形成了自身的理论。到了汉代和宋代，董仲舒和朱熹等进一步发挥，形成为当时统治阶级所能接受和拥有广泛社会基础的人伦道德体系。朱熹的体系是以理学为中心，充分阐释了形而上观点，被社会广泛接受，产生了深刻的社会影响，尤其是以《四书章句》为核心的理学体系影响最大。董仲舒因利用统治者的实际需求和当时社会治理的需要，建立了以"三纲五常"为中心的为封建专制统治服务的人伦道德体系。因此，儒家的"道"在历史上各个朝代理论家的充分发挥和极力倡导之后已经变得十分复杂。为了回归"道"之本色，各朝代的理论家既求助于孔子的仁，以希望借助孔子的圣人地位，权威化个人的理论并为统治阶级所用，以成就个人的声名。于是，形成了儒家之"道"的复杂性。孔子所说的"志道"，合理的理解是以"仁道"为核心的人道，亦即后人归纳并沿用两千多年的"大学之道"。西方学者也认为，这种仁道是儒家文明的根本之道①。

"正义"一词在希腊语中与"和谐"概念紧密联系，是与每

---

① Dr. Howard Smith says, "If there is one concept which is central to the teaching of Confucius it is that of 'The way' (Tao), though as Confucius never attempted to define it we can only anderstand it in the light of his philosophy considered as a whole. " "It is the 'way' which all men must follow if they are to attain human perfection, for Heaven had not only provided the 'way' for men to walk in, but had endowed man with a nature which was fundamentally good. " Howard, Smith: Confucius, Temple Smith, London, 1974, p. 65.

个部分各司其职，整体上平稳运作相联系的。苏格拉底倡导的正义之道，是西方社会力求建立的中庸之道。柏拉图在《理想国》中认为，正义是最重要的建国和治国理念，为了建立正义国家，必须把这个国家的人教育和培养成为符合正义要求的和谐公民。在柏拉图看来，国家的正义是因为这个国家的公民正义，而公民的正义必由公民自身内部处理好欲望、理智、情感三者的关系而得到。在处理这些关系的过程中，理性始终处于核心和支配的地位，统摄着欲望和意志，并使个体处于和谐正义的状态中。同样的道理，国家因为三个部分的和谐正义获得了正义的性质。法律是理想国中全体公民理性的反映，它扮演着规范公民自由、权利和义务的功能作用。亚里士多德在柏拉图的基础上阐释了正义的德性可以分为理论德性和实践德行，因而重视个体的德性努力，肯定了后天环境教育的正面作用。从这个角度看，西方的道和中国的道所建立的理论基点存在不同之处。儒家的道是建立在"仁者人也"、"圣人，人伦之至也"的整体性认识观点之上，因而，国家的治理需要作为人道模范的圣人君子作为人类的榜样，而西方的道是建立在个体人性正义的分析理论之上，因而，国家需要制定严密的法律制度来规范和治理，因为只有确保个体正义国家才能得到正义。

（2）谁掌握道统

在中国文化中，各朝代重视道的建设和传承，形成了一种"道统"。由于道的发现、深化、传播、发扬通常是由社会上的有识之士来担任，所以，道始终为社会中的杰出人士掌握，直到孔子创立了仁学的道德伦理体系以后，道统的掌握被确定为独特人群——"士"所有。荀子把"天地君亲师"并列，使"道统"与"政统"和"血统"相合，充分体现了道统的重要性，否则，在五伦之中都没有它的地位，如何在天地和君子中有师的地位？可见，师的地位和道统的重要性是相一致的。古人云："作之君，作之师。"① 按照《白虎通义》的说法，师生之道含有朋友、父子、君臣三者之义。具体地说，弟子从远方来求学，是朋友之道；弟子视师如父，是父子之道；教弟子以君臣之义，是君臣之道。古时，即使是天子也不应把自己的老师视为臣下，"不臣受授之教师，尊师重道，欲使极陈天人之意也"。即"当其为师，则不臣也"。②《学记》云："能为师然后能为长，能为长然后能为君。"朱熹曰："古者为师心丧三年，若丧父而无服也。"③《吕氏春秋·尊师》把"养尊师之心"作为"修身养心"的重要内容："必恭敬；和颜色；审辞令；疾趋翔，必严肃，此所谓尊师也。"钱穆解释道：古时"心丧三年，则师与亲亦无别"。又说："中国人言尊师重道，但绝不言尊君重道。师掌道统，君则掌政统，道统当超政统之上，则师之尊无疑也。孔子为至圣先师，历代帝王无不尊之，而中国道统遂于以定。此则中国超于五伦之上的一大礼。"④ 所以，荀子曰："礼有三本：天地者，生之本也；先祖者，类之本也；君师者，治之本也。"⑤《礼记》云："师无当于五服，五服弗得不亲。"⑥ 老师虽没有血缘关系，不属于"五服"中任何一服，但没有老师的教导，"五服"中的血亲关系就不容易和睦。换句话说，正因为道统掌握在教师手中，才使得中国文化对师特别尊重。王充（27—97）曰："不入师门，无经

---

① 《尚书·泰誓》。

② 《白虎通义·王者不臣》。

③ 《孟子·滕文公章句上》。

④ 汤一介主编：《中国文化与中国哲学》，三联书店 1988 年版，第 43 页。

⑤ 《荀子·天论篇》。

⑥ 《礼记·学记》。

传之教"，又曰："学士简练于学，成熟于师。"① 民谚曰："经师易得，人师难求。"在中国传统文化中始终有尊师重道之说，意义是，尊师是重道的表现，重道是核心，因为师掌握着道统，而道统又是如此重要，自然，尊师在逻辑上顺理成章。如此，《吕氏春秋·劝学》所云"事师之犹事父"也就符合逻辑了。所以，韩愈强调："道之所存，师之所存也。"②《吕氏春秋》云："尊师则不论其贵贱贫富。"③ 但是，西方的教师文化则不是这样④。

如果说西方也有道统，那么它就是正义之道统。西方文化首先把道统归属到政治范畴中，中世纪归属到教会，后来又归属到政治。道统掌握的主体始终没有中国那样稳定地保持在教师的手中。柏拉图认为，在理想国中，正义之道统掌握在每个人手中，因为每个人掌握了正义，国家才变得正义。事实上，无论个人还是城邦，要获得幸福和圆满都需要正义。个人的正义由个人掌握，国家的正义由国家掌握，两者的原理一致。个人需要正义，必须寻求理性的主导和支配，国家的正义需要掌握理性来主导和支配，也就是掌握了理性智慧的哲学王和政治家来担任治理国家的统帅和元首。在柏拉图看来，哲学王掌握着"正义之道"，并通过哲学对社会的理性认识，制定合理科学的法律，人们在正义的法律中生活，便可以造就正义之人，形成社会体系的良性循环。从这个

---

① 《论衡·量知》。

② 韩愈著：《师说》。

③ 《吕氏春秋·劝学》。

④ 林语堂认为，西方人尊敬学者乃是对学者致力于探索科学领域中之未知部分的决心、意志和成果，而中国人尊敬学者乃是觉得学者研究的学问对人们认识人道、觉解人道、游于人道有极大的帮助，特别是，人们尊敬学者的那种学问"能增进其切合实用之智慧，增进其了解世故之常识，增进其临生死大节严重关头之判断力。"参见林语堂《吾国与吾民》，陕西师范大学出版社 2002 年版，第 61—62 页。

角度看，在西方社会，政治人物非常关键。因为个人的正义在很大程度上依靠国家的正义来支撑和支配，而国家的支配方式只能是通过法律来规范国家公民的行为以达到此目的。按这样的逻辑，国家的正义存在于个体的正义之前，如果国家不正义，那么个人也难以正义。而国家的正义显然掌握在哲学王手中，因此统治者的选拔极其重要。所以，亚里士多德把研究正义之道的伦理学划归政治学范畴中。在亚里士多德看来，政治学是最重要的，是最高的科学，因为它统摄着其他学科，事实上是说只有哲学王才真正地掌握着正义之道。中西方文化差别可见一斑。

（3）学道与传道

韩愈在《原道篇》中说："由是而之焉之谓道。"① 人由这里往那里去的就是"道"，也就是仁道，即人伦之道，它为教师掌握。学生学道，必须跟着老师学，这样才能学到真道。"吾师道也，夫庸知其年之先后生于吾乎？是故无长无少，道之所存，师之所存也。"② 就是说，"学问无大小，能者为尊"。在韩愈看来，掌握了道，就意味着不管年龄大小都是儒家意义上的师。因此，学道意味着向教师学道。志道，对学和教双方都提出了要求：对学者来说，只要别人掌握了道，就值得去学习，而不管他年龄多大。孔子"三人行必有吾师"也是这个道理。其次，任何人只要掌握了道都可以成为别人的师，但不能"好为人师"。同时，学和教是相互的，即孔子所说的"教学相长"。对教者来说，必须掌握道，而且拥有胜过别人的优势，否则，怎么可以成为别人的老师？再次，"圣人无常师"。不同的老师掌握着不同程度的道，

---

① 韩愈著：《原道》。

② 韩愈著：《师说》。

圣人需要从不同的老师处学习道。这样，经过多方面的学道，就可以成为掌握道统的人，成为圣贤大师。孔子"吾十有五而志于学"，直到"从心所欲不逾矩"的理想境界，韩愈自称"生七岁而学圣人之道，以修其身"。①《学记》强调："学不可以已"，孔子强调："学而时习之"，二者意义相同。

柏拉图认为，国家的公民应该由国家来教育。任何公民必须接受作为未来公民所应具备的素质而需要的所有教育。在理想国中，柏拉图强调国家应该建立公共的设施，把所有人的小孩都送到这个地方进行集中教育。接受这种教育的人是国家的未来公民。教育的承担者是国家的教师，应该由国家根据一定的标准来挑选。柏拉图说："我们的孩子必须参加符合法律精神的正当游戏。因为，如果游戏是不符合法律的游戏，孩子们也会成为违反法律的孩子，他们就不可能成为品行端正的守法公民了。"反之，"如果孩子们从一开始做游戏起就借助于音乐养成遵守法律的精神，而这种守法精神又反过来反对不法的娱乐，那么，这种守法精神就会处处支配着孩子们的行为，使他们健康成长。一旦国家发生什么变革，他们就会起而恢复固有的秩序"。②柏拉图说："真正的国王的（政治）技艺就是所有合法的教育者和指导者的女主人，并且拥有着女王般威严的权力，决不允许他们训练并培养出不适合国王所渴望建立的政治结构的品质，只允许培养出适合这一制度的品质。"③在这里，柏拉图强调的是国家教育和公

---

① 韩愈著：《上宰相书》，载于《韩愈全集》，钱仲联等校点，上海古籍出版社1997年版，第 4 页。

② 柏拉图著：《理想国》，郭斌和、张竹明译，商务印书馆 1986 年版，第 140 页。

③ 柏拉图著：《政治家》，原江译，云南人民出版社 2004 年版，第 118—119 页。

民教育。

2. "据德依仁"与教育德性

儒家以立志的方式将"大学之道"定位为教师的工作主旨，要求教师将"大学之道"的原理内化为个体的"德"，保持"仁"的德性。"志道"必然要求"据德"；"据德"必然要求"依仁"。相对于"志道"，"据德"与"依仁"指德行实践，以"仁"为主。朱熹注："据者，执守之意。德者，得也，得其道于心而不失之谓也。得之于心而守之不失，则终始惟一，而有日新之功矣。""依者，不违之谓。仁，则私欲尽去而心德之全也。功夫至此而无终食之违，则存养之熟，无适而非天理之流行矣。"可见，无德难成师。德是儒家对教师的根本要求，扬雄曰："教师，人之模范也。"①

(1) "基德论"

如果说"道"是外在的、客观的、基本的，那么，"德"就是内在的、主观的、具体的。内在与外在是统一的，主观与客观是统一的。"德"字，《说文解字》解释说："德，外得于人，内得己也。"韩愈曰："足乎己无待于外之谓德。"② 朱熹认为"德"是"行道而有得于心也"。③ 如果说"道"如同"一块土地"，那么，"德"就是这块土地上生长出来的"大树"，而"仁"

---

① 《扬子法言·学行》。
② 韩愈著：《原道》。
③ 《论语集注·为政》。

则是这棵大树的"树干"。换句话说,"道"是孕育"德"的场所和基地,"德"是"道"所孕育出来的成果,"仁"则是此成果中最能体现价值的核心部分。从这个角度看,"道"是宏大的、宽广的、充满资源的"母体","德"是此"母体"中孕育出来的"儿子"。"德"的孕育需要从"道"中汲取营养,"德"的价值需要从"道"之中获得。正道培育正德,邪道造就邪德。所以,中西方古人起初就看到了"德"的源头和价值,进一步规定"德"的种类、分别和特性。在儒家看来,人伦之道的"土壤"孕育出来的"四基德"是:仁、义、礼、智。历史上,孔子提出"三达德"(智、仁、勇),而后孟子予以发挥,再演变到两汉,董仲舒在"四基德"上再补"信"德,定为伦理上的"五常",由此造成了被称为中华民族的传统美德:仁、义、礼、智、信,即"五常之德"。亦即是中华民族的"五基德"或"五母德"。西方文化几乎在同时孕育出了"四基德"。不过,此"四基德"不同于彼"四基德"。西方"四基德"指智慧、勇敢、节制和正义四德。在四基德中,正义是最重要的德性,处于核心地位,但它必须建立在智慧、勇敢和节制的基础之上,就是说,如果没有后面三个德作为条件和基础,那么,人们就无从谈起正义之德或正义之道。儒家"五常之德"是中华民族对自身政治历史文化的独特认知,人若要在"五伦大道"上"行驶"必须具备"五常之德"。西方"四基德"则是在古希腊雅典城邦所在地的"土壤"中孕育出来的。粗略的比较可知,正义之德如同中国文化中的仁德,而智慧之德如同中国文化中的智德,勇敢之德相当于中国文化中的智德,中国文化中的礼义则相当于西方文化中的节制之德。除此之外,中国文化中还有一个"信"德。它说明,中国文化从很早的时候就重视社会成员间相互交往应遵守的基本准则。这既是中国文化重视社会秩序的表现,也是信德对社会秩序构建的重要性的表现。可以说，信德的发现尤其能体现中国人独特的德性修养和中国文化的早熟特征。

(2)"仁"核与正义之核

就中国文化看，仁是最重要的，居于核心地位。如前面所述，仁从广义上看是一个统摄各德的德目，从狭义上看是最重要的首德。从另个角度看，"仁"是儒家德性体系的核心之德。我们称之为"仁核"。世界上的万事万物，无不存在一个"核"。可以说，没有"仁核"便没有儒家和儒家之道。正义是西方文化的核心理念。凡哲学家、伦理学家，道德家，怎么可能不研究此问题？从苏格拉底，到柏拉图、亚里士多德，再到黑格尔、康德，无不涉及。柏拉图的《理想国》是过去时代的"正义论"的代名词，亚里士多德所著《政治学》讨论的焦点问题是如何使城邦实现"公正"的理想，它是"正义论"的翻版，美国当代著名哲学家、理论家、伦理学家约翰·罗尔斯（Rawls John）的名著《正义论》更是将正义问题演化为政治家、经济学家、社会学家、伦理学家共同关心的理论和实践问题，为世界学术界所瞩目。罗尔斯把正义看作道德情感或情操的最重要部分、各种社会制度条件下的首要美德、社会理想的一部分，他指出："正义是社会制度的首要价值，正像真理是思想体系的首要价值。"而且，"作为人类活动的首要价值，真理和正义是绝不妥协的"。他所指的正义是"作为公平的正义"。① 可以说，西方文化以此正义之概念为切入点和落脚点构建了庞大的理性思想体系。因此，正如"仁"是中国文化的"核"一样，"正义"就是西方文化的"核"。

---

① ［美］约翰·罗尔斯著：《正义论》，何怀宏、何包钢、廖申白译，中国社会科学出版社 1988 年版，第 3—4 页。

在儒家看来，"据德"必须"依仁"，因为"仁"是儒家"五常之德"的"核"，抓住了这个"核"，就抓住了根本，就抓住了大学之道的纲领。在西方人看来，"据德"就必须依"正义"，因为正义是西方文化的核，抓住了此正义之核，就抓住了西方文化的核。儒家强调，作为一个学习者，最根本的是成为一个道统中的人，而成为道统中的人，根本就是成为一个"仁人志士"（或"全德之人"Perfect virtue)，或掌握"仁道"、"仁德"的人。所谓"德者，得也"，"得"的是什么？"得"的就是"道"。先学"道"后得"德"，"德"体现"得者"的价值，此价值在儒家的理解就是"仁"的价值，在西方文化看来就是"正义"的价值。教师必须据此原理进行工作，如此才能成为真正属于自身文化的教师。

（3）道德"仁"格

仁，可以说是儒家规定人的本质的专有名词。"仁者，人也"表明个体在实践仁德时候，人才能获得了"人"的品性。在中国文化看来，人只能在人世间实践仁，而人与人之间存在一个人伦分位的问题，为了解决此人伦分位必须遵守的道德需求，必须设计一个"人格"的概念，以规范人与人的道德关系和伦理行为。通俗地说，不管人站在社会网络关系中的什么"格"中，人就得履行那个"格"所规定和要求的人的道德义务。在这个意义上，"人格"属于群体文化中的特殊概念。个人主义的社会文化则不需要它的存在，因为在个人主义的社会里，人本身就包含"人格"的意义和规定，并体现在法律而非伦理的各种规定中。奥地利精神分析学家弗洛伊德（Frend，Sigmund，1856—1939）的分析，可以让我们在比较中明确这个"人格"的特色性内涵。弗洛伊德区分了人的"人格"中三个主要构成系统："本我"、"自

我"、"超我"。其中，"本我"，包括所有追求直接满足的本能欲
望；"自我"，与人之外的现实世界打交道，调节它与"本我"之
间的关系；"超我"，是自我的一个特殊部分，包括道德良心，以
及在儿童时期就获得的社会规范。按弗洛伊德的理论，"超我"
与"本我"相连，因为它犹如一位严厉的父亲，使"自我"面对
道德法则，"自我"必须调节"本我"、"超我"和外在现实之间
的相互冲突的要求。这样看来，"本我"及其作用近似于柏拉图
的欲望部分及其功能；"自我"在现实检验中近似于柏拉图的理
性，但柏拉图的理性还有一个道德功能，弗洛伊德则把此功能归
到了"超我"部分①。像柏拉图那样，弗洛伊德认为，个体的完
善或精神的健康取决于精神各部分的和谐一致，以及人与他或她
必须生存于其中的现实世界的协调。具体地说，"自我"必须调
节"本我"、"超我"和外界，满足"本我"的本能要求，同时遵
守"超我"的准则，以维持各部分的和谐一致。总之，在西方文
化中，"自我"表达了个体的一切，涵盖了个体所需要的一切，
可以发挥个体功能中的一切作用。换言之，西方文化设计的个体
具有独立性、自足性、完备性。

3."游艺"与教育内涵

儒家将"六艺"看作"大学之道"的主要载体，要求对受教
育者实施以"六艺"为核心的学科教育。应该说，这就是儒家所
指的教育内容和传道内涵。"道"是形而上的抽象知识，"德"是

---

① ［英］莱斯利·史蒂文森著：《人性七论》，赵汇译，国际文化出版公司 1988
年版，第 72 页。

个体具备的人文特性，"仁"是个体人格的集中表现。"艺"什么？"艺"是造就个体德性和人格修养的学科。朱熹注释说，艺是礼乐之文，射、御、书、数之法。孔子用"游"字启动对"艺"之学科的探索。"游"本义指"人或动物在水里行动"。这里指人在知识领域里的学习、领会和体悟。朱熹注："游者，玩物适情之谓。"并说："朝夕游焉，以博其义理之趣，则应务有余，而心亦无所放矣。"按照儒家的理解，人要成为道统中的人，成为有德性的人即志士仁人，必须通过作为载体的"艺"来获得。

(1) "六艺"与"七艺"

《孔子家语》指出不同的教育与不同的民众素质之间的密切关系："入其国，其教可知也。其为人也，温柔敦厚，《诗》教也；疏通知远，《书》教也；广博易良，《乐》教也；洁静精微，《易》教也；恭俭庄敬，《礼》教也；属辞比事，《春秋》教也。"[①] 孔子"弟子盖三千焉，身通六艺者七十二人"。[②] 在古代，"六艺"（或"六经"）指诗、书、礼、乐、易、春秋[③]。汉人视此为永恒的普遍的真理，故称此为"经"。司马迁曰："孔子以诗书礼乐教，弟子盖三千焉。"[④] 孔子以文行忠信四者教弟子。文是指诗、书、礼、乐，凡博学、审问、慎思、明辨，都属于文教。行是躬行实践；忠是尽己之心来做事；信是言必践行；这四者就是孔子教学的内容。朱熹引程子的话说："教人以学文修行

---

① 《孔子家语·问玉》。

② 《论语序说》。

③ 另有两说：一说是礼、乐、射、御、书、数；一说是五礼、六乐、五射、五御、六书、九数。

④ 《史记·孔子世家》。

而存忠信也。忠信，本也。"① 邢疏讲其义曰："文谓先王之遗文。行谓德行，在心为德，施之为行，中心无隐谓之忠；人言不欺谓之信；此四者有形质，故可举以教也。"孔子曰："弟子入则孝，出则弟，谨而信，泛爱众，而亲仁。行有余力，则以学文。"朱熹注："谨者，行之有常也。信者，言之有实也。仁谓仁者。文谓诗书六艺之文。程子曰：'为弟子之职，力有余则学文，不修其职而先文，非为己之学也。'"② 孔子学子众多，总体上传授的四科目就是："德行"、"言语"、"政事"、"文学"。可见，学习内容主要是掌握儒家的道统理论。

在西方，"七艺"是苏格拉底、柏拉图和亚里士多德讨论和确定的学习科目，即文法、逻辑、修辞、算术、几何、天文、音乐。前三者称为"三艺"，后四者称为"四艺"。"三艺"是任何人学习时必备的基本工具；"四艺"是自然科学的基础学科。可以看出，西方文化起初就强调对自然学科的学习。本质上，这与西方文化从理性的角度解释人性直接相关，与西方文化将灵魂与肉体"二元分离"和"对立安排"直接联系。西方文化认为，通过灵魂获得智慧和真理的工具只能来自抽象的数学及其包含的逻辑推理。柏拉图认为，几何学的对象是永恒事物，而不是某种有时产生和灭亡的事物。因此，几何学是认识永恒真理的，能把灵魂引向真理。而算术和算学全是关于数的，"数只能用理性去把握，别的任何方法都不行"，所以，这个学科也能把灵魂引导到真理"。③ 柏拉图认为，如果要真正研究天文学，并且正确地使

---

① 《论语集注·述而》。

② 《论语集注·学而》。

③ 柏拉图著：《理想国》，郭斌和、张竹明译，商务印书馆 1986 年版，第288—289 页。

用灵魂中的理智的话，就应该像研究几何学那样来研究天文学，提出问题解决问题，而不去管天空中的那些可见的事物。他说："正如眼睛是为天文而造的那样，我们的耳朵是为和谐的声音而造的；这两个学科是兄弟学科。"① 最后，"辩证法像墙石头一样，被放在我们教育体制的最上头，再不能有任何别的学习科目放在它的上面是正确的了，而我们的学科课程到辩证法也就完成了"。② 需要说明的是，柏拉图在这里所说的辩证法，是指高于其他一切学科的学问③。柏拉图的理想教育计划概括了近代所谓的初等教育以及高等教育的"全体"：初等教育至 12 岁，以体育、音乐、文法为教程；中等教育由 12 岁到 13 岁，教授算术、几何、天文、音乐等学科；高等教育从 13 岁到 35 岁，为哲学研究，即辩证法研究。罗素解释说："归根结底，辩证法的目标就是要达到某个最高起点，即善的形式。"④

人们注意到，西方源头文化重视"数"的概念及其引申和发展。回顾西方教育历史，从毕德哥拉斯时代开始，算术和几何就在希腊哲学中起着重要的作用。罗素发表了自己的看法。他指出，西方人把数学看得如此重要，是因为：第一，数学简单明白；第二，数学有既定的论证程序；证明与论证的普遍性是希腊

---

① 柏拉图著：《理想国》，郭斌和、张竹明译，商务印书馆 1986 年版，第 296 页。

② 同上书，第 301—302 页。

③ 关于辩证法，柏拉图的早中晚期对话有所不同。根据汪子嵩的研究，此处是指柏拉图中期对话《理想国》的观点，它是高于其他一切学科的学问，它能认知"相"以至最高的"善"。在早期对话中，辩证法是指苏格拉底的对话问答法。晚期对话中的辩证法实际是指分析与综合的辩证法，也就是寻求一和多的辩证关系的方法，是哲学研究的重要方法。参见柏拉图著《柏拉图全集》第一集，人民出版社 2002 年版，汪子嵩中文版序，第 11—12 页。

④ 罗素著：《西方的智慧》，崔权礼译，文化艺术出版社 1997 年版，第 142 页。

人重视的；第三，任何数学论证的结论一旦被理解就毋庸置疑。因为人们一旦接受了论证的前提，就必然接受经过严格论证得到的结论，而这一点得到了希腊人的高度肯定。由于这种确定性，一切时代的哲学家都特别重视数学的作用，认为数学能够提供一种确定的知识。这种知识比起其他领域或用其他方式得到的知识更可信。"理念论起源于毕德哥拉斯学派的数学，苏格拉底把它扩展到共同的一般理论中，柏拉图则再次将理念论限定在数学科学的范围内。"柏拉图曾去西西里岛沙莱库斯城两次，教青年公子达昂（Dion）以纯理数学，使他能明见"理念世界"的美善，提高其聪明智慧和精神道德，如此在他将来执政时，一切措施都能建立国民道德，保证人性的完善。亚历山大时代的著名数学家欧几里得创立了《几何原本》，成为希腊时代的数学范本。荷兰哲学家斯宾诺莎（Baruch de Spinoza，1632—1677）利用几何学创立了伦理学体系。当法国哲学家勒奈·笛卡儿（René Descartes，1596—1650）设想用代数来处理几何学时，他实际上继承了苏格拉底有关辩证法的思想[1]。

　　比较地看，儒家的科目侧重文科方面。孔子虽然也编列了数，但这个数是排在最后的位置。《十三经注疏》中也难以看到有关数的分析和论述。尽管墨子在《墨经》和《经说》中阐释了几何学、力学和光学的理论，但对后世的学科发展影响不大。之所以这样，辜鸿铭从人类学的角度分析说，中国人过的是一种"心灵生活"或"感受性生活"，而那些与心灵和感受关系不密切的抽象科学如数学、逻辑和形而上学等，则为中国人所厌恶。因为"心灵是精细和敏感的微妙平衡。它不像是坚硬、僵化、严格

　　① 罗素著：《西方的智慧》，崔权礼译，文化艺术出版社1997年版，第205—206页。

的仪器的头脑或者理智。你不可能像用头脑或者理性一样，用心
灵也作如此稳定、如此严格的思考"。这恰是由中国人的善解人
意和通情达理的人性类型和特征决定的①。而西方从苏格拉底开
始就强调学科的逻辑结构和系统整合，以此为哲学理论的基石。
柏拉图把"三艺"（显然是文科）作为基本工具，重点放在"四
艺"等自然科学方面，原因在于：与数有关的算术、几何、天文
等学科与培养人的理性精神直接相关，因为只有理性可以认识它
们。"数只能用理性去把握，别的任何方法都不行。"② 与数有关
的学科"可以把灵魂引导到真理"那里去③。这大概就是西方纯
粹科学发达的根本原因。而我国纯粹科学没有发达正源于此。我
国学者张荫麟（1905—1942）肯定，这种区别在古希腊和先秦时
期就已可见④。

(2) "六艺"的结构

儒家的目的在于把人培养成符合人伦之道要求的富有人格的
人。"六艺"就是以这样的理念构建自身的价值结构和价值原理。
在儒家看来，人应成为有道德的人，而且必须经过人伦之道的修
炼和培养才能造就。方法是按唐尧禹舜时代遗传下来的圣人之道
进行和展开。此展开过程是实施人性教育、人伦教育和至善教育

---

① 辜鸿铭著：《中国人的精神》，陈高华译，陕西师范大学出版社 2006 年版，
第 28—30 页。

② 柏拉图著：《理想国》，郭斌和、张竹明译，商务印书馆 1986 年版，第 289
页。

③ 同上书，第 288 页。

④ 张荫麟说："我们有占星术及历法，却没有天文学；我们有测量面积和体积
的方法，却没有几何学；我们有名家，却没有系统的论理学；我们有章句之学，却
没有文法学。这种差异绝不是近代始然，远在周秦希腊时代已昭彰可见了。"参见伦
伟良主编《张荫麟文集》，台湾中华丛书委员会 1934 年版，第 268 页。

的过程。在整个过程中，学习者依据的"本本"是儒家的经典著
作——"六艺"。孔子采用这套教材和独到的教学方法更为后来
人开辟了新途。《史记·孔子世家》记载，"孔子以诗书教弟子，
盖三千焉；身通六艺者，七十有二人"。从价值结构上看，诗、
书、礼、乐、易、春秋构成完整的伦理道德教育体系。颜之推
曰："夫圣贤之书，教人诚孝，慎言检迹，立身扬名，亦已备
矣。"① 董仲舒曰："君子知在位者不能以恶服人也，是故简六艺
以赡养之。诗书序其志，礼乐纯其美，易春秋明其知，六学皆
大，而各有所长。诗道志，故长于质；礼制节，故长于文；乐咏
德，故长于风；书着功，故长于事；易本天地，故长于数；春秋
正是非，故长于治人；能兼得其所长，而不能遍举其详也。"②
唐代柳宗元（773—819）曰："本之《书》以求其质，本之《诗》
以求其恒，本之《礼》以求其宜，本之《春秋》以求其断，本之
《易》以求其动。"③

　　历代学者的评述可以帮助我们理解"六艺"的内在逻辑。
《论语》记载："子所雅言，《诗》、《书》、执礼，皆雅言也。"④
"兴于诗，立于礼，成于乐。"⑤ 又曰："不学诗，无以言。"⑥
庄子曰："《诗》以道志，《书》以道事，《礼》以道行，《乐》
以道和，《易》以道阴阳，《春秋》以道名分。"⑦ 司马迁曰：
"《易》着天地阴阳四时五行，故长于变；《礼》经纪人伦，故

---

① 《颜氏家训·卷一序致第一》。
② 《春秋繁露·玉环篇》。
③ 转引自《中国古代名言隽语大辞典》，商务印书馆1997年版，第196页。
④ 《论语·述而》。
⑤ 《论语·泰伯》。
⑥ 《论语·季氏》。
⑦ 《庄子·天下篇》。

长于行；《书》记先王之事，故长于政；《诗》记山川溪谷禽兽
草木牝牡雌雄，故长于风；《乐》乐所以立，故长于和；《春
秋》辨是非，故长于治人。是故《礼》以节人，《乐》以发和，
《书》以道事，《诗》以达意，《易》以道化，《春秋》以道
义。"① 王阳明曰："《六经》者非他，吾心之常道也。故《易》
也者，志吾心之阴阳消息者也；《书》也者，志吾心之纪纲政
事者也；《诗》也者，志吾心之歌咏性情者也；《礼》也者，志
吾心之条理节文者也；《乐》也者，志吾心之欣喜和平者也；
《春秋》也者，志吾心之诚伪邪正者也。""六经之实，则具于
吾心，犹之产业库藏之实。"②

　　柏拉图强调："只有辩证法有能力让人看到实在，也只让
学习过我们所列举的那些学科的人看到它，别的途径是没有
的。"③ 柏拉图在这里描述了如何利用以上所学科目获得最高
的知识。柏拉图说："研究几何学、算学以及这一类学问的
人，首先要假定偶数与奇数、各种图形、三种角以及其他诸
如此类的东西。他们把这些东西看成已知的，看成绝对假设，
他们假定关于这些东西是不需要对他们自己或别人做任何说
明的，这些东西是任何人都明白的。他们就从这些假设出发，
通过首尾一贯的推理最后达到他们所追求的结论。"④ 根据罗
素在《西方的智慧》书中的记录，柏拉图在他创立的阿卡德
米学园里教授这些课程。一般来说，学生们一般要花十年时
间来学习这些课程。他叙述道，"这一漫长教导过程的目的就

---

　　① 《史记·太史公自序》。

　　② 王阳明著：《全书》卷七《稽山书院尊经阁记》。

　　③ 柏拉图著：《理想国》，郭斌和、张竹明译，商务印书馆 1986 年版，第 299
页。

　　④ 同上书，第 269 页。

是要把人们的思想从经验世界的纷纭变化转向世界背后永恒不变的框架上来，用柏拉图的话说，就是从形成转向存在"。然而，"这些学科并不是独立存在的，它们最终都要服从于辩证法的原则。对这些原则的研究正是教育真正的显著特点"。罗素指出："从非常现实的意义上看，即使到了今天，这仍然是真正教育的目的。"①

(3)"游艺"的原理

在儒家看来，"游艺"既为"内圣"，也为"外王"。历代儒家倡导的考试制度、教育制度均强调每个人必须学习儒家经典著作的思想。鉴于通过"游艺"的过程可以使人成为道统中的人、成为有道德的人，儒家把此"游艺"过程看作人性修炼、个体成德、自我实现的重要途径。同时把个体修炼的过程看作道德内化的过程，具体途径是"格物、致知、诚意、正心"。实际上，"内化"就是鼓励个体把儒家经典著作中的核心思想吸收到头脑中、落实到行动中，成为个体修养的组成部分。儒家认为此过程既是个体追求完善，也是个体理解和领会人伦原理的必需，于此，儒家开出的"六艺"学科为个体接受教育建立了基本的理论体系。根据儒家的思路，"六艺"教育有三个显著特点。一是文武并重，诸德兼备。礼、乐、射、御、书、数之中，礼、乐、书、数之教为文，射、御之教为武。礼、乐侧重德育，内涵美育，书、数侧重智育，射、御侧重体育。二是知能兼求。礼、乐、射、御、书、数既可以说是六个学科，也可以被认为是六种技能或艺能。三是教有所别。"六艺"内容可分为两类：礼、乐、射、御为"大艺"，是贵族从政必须学习和掌握的知识和技能，在大学阶段

---

① 罗素著：《西方的智慧》，崔权礼译，文化艺术出版社 1997 年版，第 106 页。

要深入学习；书、数是"小艺"，是日常民用之知识和技能，在小学阶段必须掌握。可见，传统教育的德、智、体、美四项在古时就已确立，只是内容不同于现代而已①。《周礼·天官冢宰·大宰》云："儒，有六艺以教民者。"此"六艺"就是"六经"。朱熹曰："六经是三代以上之书，曾经圣人手，全是天理。"②"以圣贤之学，观圣贤之书；以天下之理，观天下之事。"③"学者于《庸》《学》《论》《孟》四书，果然下工夫，句句字字，涵咏切己，看得透彻，一生受用不尽。"④朱熹曰："古之圣人作为《六经》，以教后世，《易》以通幽明之故，《书》以纪政事之实，《诗》以导情性之正，《春秋》经示法戒之严，《礼》以正行，《乐》以和心。其于义理之精微，古今之得失，所以该贯发挥，究竟穷极，可谓盛矣。"⑤虽然"六经"具有无上的道德教化的价值，但儒家认为，人接受教育的根本仍在于人。荀子曰："学莫便乎近其人，《礼》《乐》法而不说，《诗》《书》故而不切，《春秋》约而不速，方其人之习君子之说，则尊以偏矣，周于世矣。故曰：学莫便乎近其人。"⑥荀子曰："学恶乎始？恶乎终？曰：其数则始乎诵经，终乎读礼；其义则始乎为士，终乎为圣人。真积力久则入。学至乎没而后止也。故学数有终，若其义则不可须臾舍也。为之人也，舍之禽兽也。故《书》者、政事之纪也；《诗》者、中声之所止也；《礼》者，法之大分，类之纲纪

---

①　毛礼锐、沈灌群主编：《中国教育通史》，山东教育出版社 1985 年版，第 113—115 页。

②　《学规类编》卷六。

③　朱熹著：《性理精义》。

④　《学规类编》卷五。

⑤　朱熹著：《建宁府建阳县学藏书记》。

⑥　《荀子·劝学篇》。

也。故学至乎礼而止矣。夫是之谓道德之极。《礼》之敬文也，《乐》之中和也，《诗》《书》之博也，《春秋》之微也，在天地之间者毕矣。"①

---

① 《荀子·劝学篇》。

九

为师之责与教育义务

　　从意义和内含上说，大概没有人比唐代韩愈对教师职责和义务的概括更经典的了。韩愈曰："师者，所以传道，授业，解惑也。"① 《吕氏春秋·尊师》云："义之大者，莫大于利人，利人莫大于教。"中国古典著作中早有"君师并举"的论述。《尚书·泰誓上》云："天佑下民，作之君、作之师。"朱熹曰："师，所尊也。"② 扬雄曰："师者，人之模范也。"③ 马融（79—166）曰："师者，教人以事而谕诸德也。"④ 《礼记·文王世子》云："师也者，教之以事而喻诸德者也。"郑玄曰："师，教人以道者之称也。"《后汉书·孔僖传》云："臣闻明主圣主，莫不尊师贵道。"何人可称为"师"？在孔子看来，圣人均为"师"，尧、舜、禹、汤、文武、周公均为"师"。孟子曰："圣人，百世之师也。"⑤ 《尚书·毕命》云："父师，惟文王、武王，敷大德于天下，用克

---

① 韩愈著：《师说》。
② 《孟子·万章章句下》。
③ 《扬子法言·学行》。
④ 马融著：《通典》第 53 卷。
⑤ 《孟子·尽心章句下》。

受殷命。"孔子被奉为"万世之师",实为人类的"道德之师",在道的方面看,孔子是"道贯古今"的道德家,在德的方面看,孔子是"德配天地"的教育家。冯友兰称孔子"上继往学,下开来学"。孔子之后,重视教育成为儒家重要的传统。孟子、荀子、董仲舒、韩愈、周敦颐(1017—1073)、程颢(1032—1085)、程颐(1033—1108)、张载(1020—1077)、朱熹(或称朱子)、陆九渊(1139—1193)、王阳明(1472—1529)等,既是杰出的思想家,又是杰出的教育家,他们为中国教育思想的继承和发展做出了巨大的贡献。同样,苏格拉底、柏拉图和亚里士多德等均为人类的导师。

1. "传道"与传授知识

在严格的意义上说,儒家所传的"道"是"大学之道",即"内圣外王之道",而非西方文化意义上的"知识",即经过逻辑演证的"知识体系",儒家把传"大学之道"作为社会教化工作来看待,而西方把传授辩论的知识作为开发人的智慧、帮助人获得真理来看待,由此导致儒家重视"尊德性而道问学"的社会品质,而西方文化强调为获得真理必须秉持师生平等的辩论精神。

(1)"道"与"知识"

"道"是儒家最重要的概念,包含的内容极其丰富。儒家的"师"所传的"道"是什么"道"?《说文解字》解释说,"道,所行道也。"朱熹曰:"道,犹路也。"① 孟子曰:"夫道若

---

① 《中庸章句》。

大路然。"① 韩愈曰："由是而之焉之谓道。"② 又曰："学者必慎
其道。"③ 孔子曰："夫道者，所以明德也。德者，所以尊道也。
是以非德道不尊，非道德不明。"④ 孟子曰："仁也者，人也，合
而言之，道也。"⑤ 从广义角度说，《周易》将"道"分为天道、
地道、人道。"昔者，圣人之作《易》也，将以顺性命之理，是
以立天之道曰阴与阳，立地之道曰柔与刚，立人之道曰仁与义。"
天道是人道的准则，人道为天道所赐，是人化的道德原理。《礼
记·大传》曰："人道，亲亲也。"从狭义角度说，"道"是"大
学之道"！也就是"内圣外王"或"修己治人"的道德原理。从
知识角度说，大学之道是"人道"的知识，来源于圣人的人生感
悟和人生体验，带有强烈的人性体验和感受特征。

    韦政通认为，西方哲学以知识问题为主，中国哲学则以人生问
题为主。以知识问题为主的哲学，是对知识进行反省，要求对知识
的起源、结构、价值、理想等问题有所知的一种学问。而以人生问
题为主的哲学，是求得一种人生的智慧、人生的境界。在他看来，
如果用对知识问题的成就来看中国哲学，则中国无法和西方相比⑥。
从这个角度看，儒家所传的道是对人生问题的探讨。张岱年就说：
"中国古代哲学的中心议题即是如何做人，研究'为人之道'。……
'为人之道'在于提高人的自觉，实现人的价值。"⑦ 事实上，孔子

---

① 《孟子·告子下》。
② 韩愈著：《原道》。
③ 引自《中国古代名言隽语大辞典》，商务印书馆 1997 年版，第 465 页。
④ 《孔子家语·王言解》。
⑤ 《孟子·尽心下》。
⑥ 韦政通著：《中国文化概论》，台湾水牛出版社 1980 年版，第 112 页。
⑦ 张岱年著：《传统文化的精华》，载于《张岱年全集》第 7 卷，河北人民出版
社 1996 年版，第 471—472 页。

的主要著作《论语》侧重谈道德学、伦理学、政治学，极少涉及
自然科学的内容。例如，孔子弟子子夏说："虽小道，必有可观者
焉，致远恐泥，是以君子不为也"，[①] 此"小道"包括对于自然的
研究。荀子更明确："万物之怪书不说，无用之辩，不急之察，弃
而不治；若夫君臣之义、父子之亲、夫妇之别，则日切磋而不舍
也。"[②] 而希腊哲人以智慧追求知识，其中包括人文知识和自然科
学知识，以及在知识指导下的德性生活。而且，希腊人的知识是
代表知识的全部，而不是局部。苏格拉底和柏拉图的学问是综合
性的，亚里士多德的学问是分科性的，但最后也是综合性的。亚
里士多德著作分为九种：逻辑学、物理学、心理学、生物学、形
而上学、伦理学、政治学、修辞学、诗学等。哈佛大学教授白璧
德（Irving Babbitt，1865—1933）指出："亚里士多德与孔子，虽
皆以中庸为教，然究其人生观之全体，则截然不同，而足以显示
欧洲人习性之殊异焉。盖亚里士多德之所从事者，非仅人文之学
问而已，且究心于自然科学。……诚以亚里士多德者学问知识之
泰斗，而孔子则道德意志之完人也。"[③] 张岱年认为这种差别导致
了中国文化的不足，他说：中国学术向来注重人伦日用，注重切
近的效益，没有"为真理而求真理"的态度，表现为一种狭隘的
实用主义倾向，这是中国没有产生近代实验科学之原因之一[④]。
在我看来，重"道"轻"知"，重"具体"轻"抽象"，使中国文
化没有"生长"出自己的知识体系。

----

① 《论语·子张》。

② 《荀子·天论篇》。

③ 白璧德著：《论欧亚两洲文化》，吴宓译，载于孙尚扬、郭兰芳主编《国故新
知论——学衡派文化论著辑要》，中国广播电视出版社1995年版，第55页。

④ 张岱年著：《中国文化的基本精神》，载于《张岱年全集》第7卷，河北人民
出版社1996年版，第387页。

英国哲学家赫·斯宾塞认为，教育的职责是为人们完满地生活（幸福）做准备；教育应将"最有价值的知识"传授给人们。他把人类生活分为五个方面，并按价值大小顺序合理排列。其一是直接有助于自我保全的活动；其二，从获得生活必需品而间接有助于自我保全的活动；其三，目的在抚养和教育子女的活动；其四，与维持正常的社会和政治关系有关的活动；其五，在生活中的闲暇时间用于满足爱好和感情的各种活动。与此对应，教育的合理次序是：准备自我保全的教育；准备间接自我保全的教育；准备做父母的教育；准备做公民的教育；准备生活中各项文化活动的教育。他认为，教育的理想当然是在所有范围内有完全的准备。那么，"什么知识最有价值呢"？他认为"科学"最有价值。"学习科学，从它最广义看，是所有活动的最好准备。"所谓"科学知识"，包括有关健康的身体训练以及天文学、地质学、生物学等自然科学，也包括各种社会科学，如建筑、雕塑、油画、音乐、诗歌、小说等。斯宾塞还把"科学知识"看作是宗教性的知识。原因有二，一是真正的"科学知识"对一切事物所表现的那些运动的一致性产生深厚的崇敬和绝对的信仰；二是只有科学才能使我们真正理解我们人类自己，理解我们同存在中一切的奥妙的关系。它从各方面把我们人类带到不能超越的边界，从而使人类清楚地认识到那些无法认识到的各种现象①。可见，"科学知识"的重要性几乎被西方人强调到了极点。在这一点上，西方的民谚也可以作证。英国谚语说："知识优于富贵"；"知识贵于金钱"；"知识就是力量"。美国谚语说："知识胜于谬知"；"知识是解除恐惧的良药"。其中，英国哲学家弗朗西斯·培根（Fran-

---

① ［英］赫·斯宾塞著：《什么知识最有价值？》，载于《斯宾塞教育论著选》，胡毅、王承绪译，人民教育出版社1997年版，第53—92页。

cis Bacon，1561—1626）的经典命题"知识就是力量"流传最
广、影响最大①。

（2）"传道"与"辩论"

在儒家看来，道德是可教的，道德是需要有人来传授的，传
道是圣人的主动性行为。圣人一方面进行个体修身养性，"先觉"
成为一个极高的人性修养，然后就应该做"觉后觉"的"传道"
（或"新民"）工作。"修道之谓教。""传道"是人性修养的内在必
须，因为在儒家看来不仅明德修己，而且要新民立人，即己欲立
而立，己欲达而达人。依这种逻辑，个体在修好自身后，接下来
的职责就是"传道"，否则，那是个体"独善其身"而不是"兼善
天下"的德性表现，儒家倡导的是，不仅自己要"明明德"，而且
要用"教化"手段来"新民"，只有这样才能达到至善的人生目
标。儒家将"大学之道"确定为教育的纲领和主旨，但最终的落
实还掌握在教师手中，于是又将传"大学之道"的任务定位为教
师的主要职责。韩愈不仅提出了"师者，传道，授业，解惑"的
观点，而且提出了"传道世系说"："斯道也，何道也？曰：斯吾
所谓道也，非向所谓老与佛之道也。尧以是传之舜，舜以是传之
禹，禹以是传之汤，汤以是传之文、武、周公，文、武、周公传
之孔子，孔子传之孟轲，轲之死不得其传焉。"② 实际上他是以
"道统传播人"自居。王安石曰："教化可以美风俗。"③ 在西方文
化中，人们就不能这样理解知识的传授问题。在早期的西方人看

①　培根的"知识就是力量论"认为，一切善德均来自真理，一切不道德均来自
谬误，知识可以洗涤、改善人的心灵，使人明辨善恶，从善去恶，获得快乐和幸福。

②　韩愈著：《原道》。

③　王安石著：《明州慈溪县学记》。

来，所谓知识不是自己觉悟的成果，而是通过人与人之间相互追问和辩难形成的。苏格拉底、柏拉图、亚里士多德都把知识的起源和形成归属到追问和沉思以及严密的逻辑论证，以至于认为只有沉思的生活才是最有价值的生活或神性的生活。自然，在他们那里，不经过严密逻辑论证的知识不能算是"真正的知识"，当然获得那样的知识也不能算是获得了智慧和真理。

柏拉图的诸多"对话录"是理性论证的结晶，篇篇闪烁着理性思辨的光辉。试看柏拉图的《对话集》的文字记录，苏格拉底和众人对话，一问一答，一辩一回，苏格拉底来者不拒，问答之间逻辑严密，形成的知识无懈可击。苏格拉底反复说：认识你自己！认识一切人！如何认识自己？在他看来，人应该通过学习和辩论，知道自己无知；只有懂得自己无知，才能继续学习知识。而学习知识的方法就是善于和教师或智者进行辩论。为此，他发明两种对话方式："助产术"和"反讽法"，前者是对待好学青年的方法，后者主要用来对待那些自诩有知而实则无知的成年人。亚里士多德说："有两样东西完全可以归功于苏格拉底，这就是归纳论证和一般定义，这两种东西都是科学的出发点。"[①]《申辩篇》记录的苏格拉底评述自己和一位自认为有知识的官员的一席话令人回味。他说："我比这个人还是聪明些。我们两人虽然都不知道什么是美，什么是善，但是他虽然不知道却自以为知道，而我虽然不知道，并不自以为知道。在这一点上，我至少比他聪明。因为我并不以不知为知。"[②] 苏格拉底鼓励人们和智者辩论，

---

①　引自北京大学哲学系编译：《西方哲学原著选读》上卷，商务印书馆 1984 年版，第 58 页。

②　柏拉图著：《申辩篇》，载于《古希腊散文选》，人民文学出版社 2000 年版，第 37 页。

并经常主动和别人辩论，直到他在饮毒药赴死的几分钟之前也没有放弃辩论获知的努力。令人印象深刻的是，他在辩论的过程中善于把任何公认的论点"往前延伸"，直到让人们获得新的知识或新的觉醒为止。他陈述正是自己这种良好的品德行为造成众多没有知识却怀有不良用心的人的嫉妒而遭到罪责。古希腊哲学家色诺芬在描述苏格拉底时说："当他和人讨论某一问题已有所进展的时候，他总是从已取得一致同意的论点逐步前进，认为这是讨论问题的一个可靠的方法。因此，每当他发表言论的时候，在我所知道的人中，他是最容易获得听众同意的人。"① 比较看，《论语》记录的是孔子把人生中观察思考和体验得到的道德知识和伦理知识传授给学生。学生反问的则很少。即使有少量的对话存在着论述，但基本上是单向式的传输和讲授方式。这种传导方式即灌输式，直到孔子去世两千多年后的今天也没有多大的改变。再看，《柏拉图对话集》记载的对话，不仅主辩者思想闪烁着光辉，而且辅助辩论者的语言智慧也相当精彩，师生双方互动启发获得知识。这充分体现了中国"师之单向传道"与西方"师生双向互动辩知"的文化性区别。

(3)"尊德性"与"爱真理"

《中庸》云："尊德性而道问学，极高明而道中庸。"朱熹注："尊者，恭敬奉持之意。德性者，吾所受于天之正理。尊德性，所以存心而极乎道体之大也。道问学，所以致知而尽乎道体之细也。"② 在这里，儒家倡导的是德性修养，无论是什么人，只要是君子就应该达到这些要求。根本在于，要在圣人的道德范围内

---

① 任钟印主编：《世界教育名著通览》，湖北教育出版社 1994 年版，第 18 页。
② 《中庸章句》。

做人，并从事学问工作。儒家的"师"所传的"道"也是这些内
容。在西方文化中，人们最欣赏的是智慧和知识。《圣经》说：
"智慧比珊瑚更宝贵，你喜欢的一切都不能跟它媲美。"① "人找
着智慧，能明辨事理，就有福了。"② "有智慧的人珍藏知识。"③
智慧和知识从哪里来？从理性来。亚里士多德说："吾爱吾师，
吾尤爱真理。"这同孔子所说的"当仁不让于师"有异曲同工之
妙。亚里士多德还说："朋友与真理，皆我们所亲爱者，但宁从
真理，乃是我们的神圣的义务。"④ 钱穆认为，西方思想大体可
分为宗教、科学、哲学，它们均以探讨真理为目标⑤。韩愈《师
说》说："吾师道也，夫庸知其年之先后生于吾乎？是故无贵无
贱，无长无少，道之所存，师之所存也。"又说："弟子不必不如
师，师不必贤于弟子，闻道有先后，术业有专攻，如是而已。"
此语如同给亚里士多德和孔子的话做了注脚。

---

① 《圣经·箴言》3：15。

② 《圣经·箴言》3：13。

③ 《圣经·箴言》10：14。

④ 冯友兰著：《一种人生观》，载于《三松堂全集》第2卷，河南人民出版社
2000年版，第26页。

⑤ 钱穆认为，"所谓真理，则可有两种看法：一认为真理超越而外在，绝对而
自存。一认为真理即内在于人生，而仅为人生中普遍与共同的。"宗教家认为有一
万善之上帝，创造天地万物以及人类。遂认为人生界种种真理，皆由上帝而来。故
宗教真理乃为超越而外在者。科学家不认有此上帝，然抹杀人类与万物之大区别，
以为天地万物之理已包括尽人生之理，因此，于天地万物自然之理之外不再认有人
生真理之存在。则科学真理亦为超越而外在者。"钱穆认为，宗教与科学所求之真
理虽然不同，但其向外探求的态度则相同。而西方哲学派别尤繁，然或则导源于宗
教，或则依傍于科学。因此，它们大体也向外觅寻，其在态度上仍与宗教、科学一
致。他认为，若以西方标准衡量中国文化，则不仅宗教和科学不发达，即使哲学也
如此。见钱穆著《中国思想史》自序，载于《钱宾四先生全集》第24卷，第5—6
页。

　　问题在于：儒家师道与西方师道之间的差别主要来自对德性之维护强度和根据的不同认识上。儒家始终把"尊德性"放在首要位置，要求教师必须在德性许可的范围内从事学问工作，学生在德性许可的范围内提出问题，否则，再高的学问、再好的问题也是没有价值的。因"尊德性"而"道问学"，因"极高明"而"道中庸"。换言之，"尊德性"是"道问学"的前提条件，"极高明"是"道中庸"的基本要求。当"尊德性"和"道问学"两者发生矛盾冲突时，按儒家的观点，应当先"尊德性"而后"道问学"。也就是说，在这种时刻，"尊德性"是主要的，"问学"是次要的。这种道德规范潜在着如下问题：有德性有学问的人值得尊重，无德性有学问的人不值得尊重。或者说，这种道德规范一定意义上鼓励人们培养德性修养，当然非常好，但是，另一方面它也使学术的自由发展和自由传播受到德性因素的困扰和阻碍。比较看，西方文化强调，人既要尊师，也要爱真理，但一旦在尊师和真理两者之间出现矛盾时，人应当优先选择真理、智慧和知识。因为在西方文化看来，热爱真理和追求真理才是真正尊重科学、尊重教师，其原理符合理性认识和逻辑规律。儒家文化在这方面则表现出不同的特点和旨趣，在教师和学问之间出现矛盾时，通常选择不违背教师的旨意，因为儒家存在师道尊严和人伦秩序的问题。换言之，师虽然存在知识不足之处，但在人伦社会中的伦位和名分水平较高，依儒家的文化设计，自然应当享受高位、优势的道德资源。显然，这是儒家教育文化的一个负面因素。它在一定程度上阻碍了学生或后生对权威或教师已有观点发起挑战的道德勇气的正常生长。换句话说，这种师道文化使得真理和智慧经常让位于师道尊严和人伦尊严，对中华民族探索精神和创新精神的培养产生了极大的消极影响。

2. "授业"与"授知"

在严格的意义上说，从"业"的角度看，儒家所传授的是
"道德之业"、而非西方文化意义上的"知识之业"，从"知"的
角度说，儒家所传授的是"体验之知"，而非西方文化意义上的
"辩论之知"，可以说，正因为所传授的"业"和"知"不同，儒
家文化提倡"尊师重道"，西方文化强调"尤爱真理"。

（1）"道德之业"与"知识之业"

通常的意义上，"业"指"事业"、"职业"、"产业"、"学
业"、"功业"，但在儒家看来，"业"在基本义指"事业"，引申
义指"道业"、"德业"、"学业"。也可以说，"事业"是体，道
业、德业、学业均是用。韩愈曰："业精于勤荒于嬉。"[1] 朱熹
曰："子思学于曾子，而孟子受业子思之门人。"[2] 朱熹曰："人
君不以崇高富贵为重，而以贵德尊士为贤，则上下交而德业成
矣。"[3] 孔子曰："大哉尧之为君也！巍巍乎！唯天为大，唯尧则
之。"朱熹注："巍巍乎！其有成功也。成功，事业也。"[4] 孟子
曰："五百年必有王者兴，其间必有名世者。"朱熹注："名世，
谓其人德业闻望。"[5] 以此来看，韩愈所说"授业"偏于"学业"
和"德业"二意。

---

① 韩愈著：《进学解》。
② 《论语·论语序说》。
③ 《孟子·公孙丑章句下》。
④ 《论语集注·泰伯》。
⑤ 《孟子·公孙丑章句下》。

儒家的"业"包含了"道"的"业"，也包含了"德"的"业"，也可以理解为以"道"和"德"为基本原理而编辑的"业"。从"道"的角度理解"业"，"道"提供的是基本原理和价值内核，"业"是外在的表现和反映。从"德"的角度理解"业"，"德"是习"业"的起点和归宿。在教师来看，与其说是传"业"，不如说是传"道"与德，就是说"道"与"德"是授"业"的核心，"业"只是"道"与"德"的载体。在学生来说，与其是学习"业"，不如说是学习"道"和"德"，"道"高于"德"，属于形而上的理论层次，"德"属于形而下的实践层次。在儒家看来，教师只有深刻理解"道"与"德"的基本原理，才能传好"业"，"业"只是教师工作的凭借和手段，目的在于"道"与"德"；学生在习"业"过程中只有深刻理解其中包含的"道"和"德"，学生才算是掌握了"业"。如果把"道"比作一棵大树的根，那么"德"就是它的枝干，而"业"则是它的叶，正如看一棵树的枝叶，必须首先看那棵树的根一样，人们要学习和理解"业"，必须学习和领会其中包含的"道"与"德"。如同"根深叶茂"的原理一样，人们对"道"和"德"的原理理解和领会越深刻，对"业"的意义把握就越深刻。所以，"修道之谓教"。就是说，圣人来到世界上，是作为"道"的代表，也是作为"德"的代表，圣人言行举止无时无刻不体现着"道"和"德"。"圣人无终食之间违道。"圣人的一举一动，都是臣民和平民学习的榜样和标志。因此，学习"道"与"德"，首先要向圣人学习，而掌握道统的教师则扮演了重要的角色。

从广义角度看，"道德之业"当然属于"知识之业"的范围。那么能不能说儒家的"道德之业"与西方的"知识之业"相同？可信的回答是，既存在相同点也存在不同点。相同点在于，两者都是教师向人们传授普通人难以理解的深奥道理，其中包含关于

自然的社会的人文的道理，也就是广义的"知识之业"。不同点
在于，儒家强调的"道德之业"偏重于人生智慧，亦即如何做
人、为人、待人和治人的道理；而西方文化强调的"知识之业"
则偏重关于真理和智慧的知识。所谓真理和智慧，当然包含有关
人的知识，但根本是关于如何获得真理和智慧的知识。比较看，
儒家更强调教师对已有的圣人知识或传统的道德知识的传授，而
不是开拓新的真理和智慧知识，准确地说，主要是做"温故知
新"的工作；西方文化则强调通过理性途径去理解和开拓新的理
性知识，其中包含推动人类认识上帝和诸神的知识，因为在西方
人看来上帝和诸神那里存在着纯粹的永恒的知识，人们只有认识
了那里的知识，才算是认识和掌握了根本的绝对的知识。由此引
来西方世界探讨宗教的知识，因为它是绝对知识的一部分。苏格
拉底把知识等同于道德，认为知识即道德，最后却把最美的东西
归到诸神那里。意思是，一个人有无道德，要看他是否具有知
识，准确地说，是否具有善恶之知识。显然，苏格拉底没有把道
德看作深不可测的东西，而是把它当作可以认识的人类知识，即
使是诸神的知识人也可以认识。在他看来，虽然道德是知识，但
道德不是知识的全部，只是知识的外在表现之一。总之，知识决
定着人的道德及其表现。

（2）"体验之知"与"辩论之知"

　　如果把中西方的"业"进一步做比较，中国文化中的"道德
之业"是"体验之知"、"体验之业"，而西方文化的"业"是
"辩论之知"、"论证之业"。为什么中国文化那么重视圣人的表
现，并把圣人作为君子"三畏"之一？孔子曰："君子有三畏：
畏天命，畏大人，畏圣人之言。小人不知天命而不畏也，狎大
人，侮圣人之言。"朱熹注："畏者，严惮之意也。天命者，天所

赋之正理也。知其可畏，则其戒谨恐惧，自有不能已者。而付畀之重，可以不失矣。大人圣言，皆天命所当畏。知畏天命，则不得不畏之矣。不知天命，故不识义理，而无所忌惮如此。"① 准确地说，君子"畏""圣人之言"，并不是"畏"圣人的话语有多大的力量，而是畏"圣人之言"包含的"体验之知"和"实践之知"。圣人用高尚的道德情操为后人树立了榜样，圣人言语中自然包含着崇高至极的天命之智慧和道德，此智慧和道德非一般人能体验到。所以，君子对它抱有畏惧实属正常心理。黑格尔认为，儒家的这种"体验之知"不是严密的哲学知识。他在谈到中国时指出："我们在这里找不到哲学知识"，"所以这种东方的思想必须排除在哲学史以外"。② 在谈到孔子学说时，黑格尔更是刻薄，他说："我们看到孔子和他的弟子们的谈话（即《论语》）里所讲的是一种常识道德，这种常识道德我们在哪里都找得到，可能还要好些，这是毫无出色之点的东西。孔子只是一个实际的世间智者，在他那里思辨的哲学是一点也没有的……"③ 显然，黑格尔持有这种看法与其对儒家独特的思维方式的理解不够，以及对中国特殊语言文字的陌生感有一定的关系。事实上，在西方世界不仅黑格尔有这种认识，而且这种认识能够找到很多西方的知音④。

---

① 《论语集注·季氏》。

② 黑格尔著：《哲学史讲演录》第 4 册，商务印书馆 1985 年版，第 97—98 页。

③ 同上书，第 119 页。

④ D. T. Suzuki says: "The philosophy of the Chinese has always been practical and most intimately associated human affairs. No ontological speculation, no cosmos-gonical hypothesis, no abstract ethical theory, seemed worthy of their serious contemplation, unless if had a direct bearing upon practical morality. " D. T. Suzuki, History of Chinese Philosophy, Probsthain & Co, London, 1914, p. 13.

　　西方文化中的知识是思辨知识，它是通过辩论获得的，因此注重人与人间的辩论，而人与人的辩论必须遵循逻辑推理的原则和要求。我们知道，柏拉图《对话录》充满"辩论之知"，每个论点都是通过辩论得到，也就是顺着逻辑要求一步一步地推延下去，最后得到真正的知识。这种知识如同数学包含的真理一样无可辩驳。例如，《理想国》开篇就谈"正义"，但柏拉图在对话的很长时间内并不给出自己的答案，而是通过辩论推出观点。亚里士多德的《伦理学》也是推理之书，该书是建立在修辞学和逻辑学基础上的推理之知。所以，金岳霖认为，希腊文化是十足的理智文化①。古罗马教育家昆体良（Marcus Fabius Quintilianus，35—100）就说："亚里士多德将雄辩分为三类：司法上的，议事性的和论证性的。他几乎把所有事情都看作雄辩家的事，因为没有什么题目不可以归入这三类中的一类。"② 苏格拉底接受雅典刑法的惩罚，但提出的惟一要求是允许他提出申辩，以便把真理和真相说出来。可以看出，西方人古时就重视辩论的效应以及对真理的崇拜和虔诚。所以，柏拉图把"辩论的法则"看作是得到智慧的"真理性途径"。因为"辩论的法则对任何人都将一视同仁，并且不会给予高贵者超过低贱者更多的礼遇，也不会给予大人物超过小人物更多的荣誉，甚至它总是以其自身的方式去寻求最真实的结果"。③ 西塞罗的《论雄辩家》和昆体良撰写的 12 卷巨著《雄辩术原理》就是这方面的最典型的案例。

---

①　金岳霖著：《金岳霖学术文化随笔》，中国青年出版社 2000 年版，第 11 页。

②　任钟印选译：《昆体良教育论著选》，人民教育出版社 2001 年版，第 135 页。

③　柏拉图著：《政治家》，原江译，云南人民出版社 2004 年版，第 30 页。

(3)"尊师重道"与"尤爱真理"

荀子曰:"国将兴,必贵师而重傅,则法度存。国将衰,必贼师而轻傅;则人有快;人有快,则法度坏。"① 又曰:"言而不称师,谓之畔;教而不称师,谓之倍。倍畔之人,明君不内,朝士大夫遇诸途,不与言。"② 这就是荀子的"隆师"思想。为什么中国文化特别重视"尊师重道"? 根本原因在于"师"掌握着"道",体现着"道",表现着"德"。韩愈在《师说》中曰:"道之所存,师之所存。"由此导致师生之间的社会人伦关系是"尊"与"爱"的人伦关系。换言之,"生尊师"与"师爱生"构成师与生之间的人伦互动关系。《吕氏春秋·尊师》云:"疾学在于尊师。"《吕氏春秋·劝学》云:"尊师,则不论其贵贱贫富矣,而争于道。"其中还以古代"十圣人六贤"做佐证。③ 从文化来源上看,中国的道德之知首先是通过孔子的"述而不作"传承的,孔子所传承的是圣人的道德言行。孔子在中国文化中是一位承先启后、继往开来的圣人,虽然他谦虚地承认自己并不是圣人,但后人尊称他为圣人。孔子把亲身感受到的道德之知传授给学生,并以"有教无类"主张在学"道"方面人人平等。梁代皇侃(488—545)对孔子观点做了评述:"人乃有贵贱,宜同资教,不可因其种类庶鄙而不教之也。教之则善,本无类也。"④ 在孔子

---

① 《荀子·大略篇》。

② 同上。

③ 《吕氏春秋》记载,中国古代神农、黄帝、帝端顼、帝诰、尧、舜、禹、汤、文王、武王;齐桓公、晋文公、秦穆公、楚庄王、吴王、越王勾践,"此十圣人六贤者,未有不尊师者也"。参见(战国)吕不韦著《吕氏春秋·尊师》,呼和浩特远方出版社 2006 年版,第 31—32 页。

④ 皇侃著:《论语义疏》。

看来，道对大人还是小人都是有益的。"小人学道而易使也。"在
传道时，孔子重视身体力行，不仅教育别人做，而且亲自去做。
如果说孔子被称为道德家表现在所说的道德原理至深至透，那么
被称为教育家则表明他把实践道德理论作为体现教育理论的根
本。换言之，孔子不仅立言，而且力行；不仅立德，而且行德，
因而永垂史册。立言是立德的自然表现；立德是立言的根本；力
行则"说明"前两者的意义。所谓人师，在儒家看来就是"立
德"与"立言"的实践者。对比看，卢梭虽然写出里程碑式的教
育著作《爱弥儿》，但他只能说是一个教育理论家，不能说是一
个教育实践家①。因此，后人论学习道德知识，无不赞同这种观
点：人不仅要重视学习道德之知，更重要的是在实践上反映出
来。颜之推就说："夫所以读书学问，本欲开心明目，利于行
耳。"② 儒家之尊师重道，根本在于倡导学习道德之知，必须通
过实践途径，才能达到应有的效果。

　　亚里士多德说："特别是作为一个哲学家，为了维护真理就
得牺牲个人的东西。两者都是我们所珍爱的，但我们的责任却要
我们更尊重真理。"③ 放在西方文化的逻辑中解释，这是自然的
结论。显然，老师应该得到尊重，体现在心理上就是"爱"。但
是，按西方文化的原理，人是分析性的，人有身体和灵魂两个部
分，灵魂有三个特性：理性、激情和欲望。"爱吾师"显然应该

---

　　① 卢梭与一字不识的客栈女佣泰蕾丝勒瓦同居，他们后来生了 5 个孩子，这些
孩子全部被送进育婴堂。后人认为，这是这位教育学论著作者的令人难以容忍的罪
过。参见卢梭著《论人类不平等的起源与基础》，广西师范大学出版社 2002 年版，
第 8 页。

　　② 《颜氏家训·勉学》。

　　③ 亚里士多德著：《尼各马可伦理学》，苗力田译，中国社会科学出版社 1990
年版，第 7 页。

理解为是人之激情的外在表现。老师教导我知识，我至少应该对
他存在仁爱之情感。但事实上，人还有理性的部分，而且最重
要，因为它统摄着其他两个部分。所以，仅仅谈"爱吾师"不够
深刻，更应该"爱真理"，因为深沉地热爱着真理，自然意味着
热爱启发人了解真理的老师。正是在这个意义上，第斯多惠
(Friedrich Adolf Wilhelm Diesterweg，1790—1866）强调，教
师应该得到学生、家长、同事、上级、社会的尊重。[①]

3."解惑"与"辩术"

韩愈曰："人非生而知之者，孰能无惑?"[②] 而"大学之道"
作为人生哲理，其本身的深奥性和复杂性，决定了教师必须承担
解"惑"的工作。但严格地说，儒家所解的"惑"是"道德之
惑"，而非西方文化意义上的"知识之惑"，是"现世之惑"，而
非西方文化意义上的"来世之惑"，因此，儒家必须引入"圣人
之教"，而西方文化则必须引进"上帝之教"。

(1)"德之惑"与"知之惑"
在中国文化中，无"德"便是"惑"；在西方文化中，无
"知"便是"惑"。"德，得也。""德"是得之于"道"，体现在人
的行为之中。所以，与其说为"德"而"惑"，不如说是为"道"
而"惑"。换句话说，"德"之"惑"来之于"道之惑"，即由

---

① ［德］第斯多惠著：《德国教师培养指南》，袁一安译，人民教育出版社 2001
年版，第 205—206 页。
② 韩愈著：《师说》。

"道之惑"产生"德之惑"。那么，在有"惑"的情况下如何"解惑"？这就需要在两个方面进行艰苦的努力：一是通过自我修养来"解惑"，即"自我解惑"或"体悟"。儒家讲究修身养性，即通过自我反省和自我学习，能够理解和解决人生中的一部分"惑"，另一方面可以通过请教老师和有知识的人。这是指教师的职责之一，即"解惑"工作。

西方教师也肩负着"解惑"任务，但其"解惑"局限于解"知识之惑"，而非"人生之惑"。"教育学"一词在英文中为"Pedagogics or Pedagogy"，语源出自古希腊"Pedagogue"一字，意义为"教人者所应有之知识。"据西方文化的逻辑，"人生之惑"源于"知之惑"。卢梭就说："我认为，在人类的一切知识中，最有用但也最不完善的知识，就是关于人的知识。而且我敢断言，德斐尔神庙里仅有的铭文所说的那句箴言（即'认识你自己'），比伦理学家们的所有大部头著作更重要也更难懂。"① 黑格尔说："在德斐尔的神喻中，阿波罗是主持神喻的知晓之神——福布斯就是知晓者；他的最高诫命是：认识你自己。这并不是对人独特的特殊性的认识；认识你自己，这乃是精神的法则。苏格拉底实践了这条诫命，他使'认识你自己'成为希腊人的格言；他是提出原则代替德斐尔的神的英雄：人自己知道什么是真理，他应当向自身中观看。"② 实际上，从古希腊时代的"认识你自己"，到苏格拉底的"知道自己无知"，到普罗泰戈拉（Protagoras）的"人是万物的尺度"，到笛卡儿（Ren¨ DesCartes，1596～1650）的"我思故我在"，再到尼采（Friedrich Wilhelm

---

① 卢梭著：《论人类不平等的起源和基础》序，广西师范大学出版社 2002 年版，第 62 页。

② 黑格尔著：《哲学讲演录》第 2 卷，商务印书馆 1960 年版，第 96 页。

Nietzsche，1844—1900）的"人是要被超越的"，整个人类历史在西方人看来就是一个不断认识自我、了解自我的知识创造过程。康德的"三大批判"旨在解决三个问题：什么是人能知道的？什么是人应当做的？什么是人可希望的？这三个问题都是人的理性反复困惑的知识问题。当代美国著名思想家乔姆斯基曾经问过两个非常有趣的问题：第一个问题是：为什么我们获得的材料如此之少，而产生的知识却如此之多（他把这个问题归给了柏拉图），第二个问题是：为什么可利用的材料如此多，而我们的知识却如此少（他把这个问题归给了奥威尔）[①]？在这里，乔氏提出的两个问题的核心还是一个知识问题，准确地说，是人类创造新知识的问题，或者说，是解决人类"知识之惑"的问题。

因此，解决"知识之惑"或"知之惑"是西方教育最大的问题。希腊三哲都在努力帮助人们解决"知识之惑"。柏拉图著《理想国》等，亚里士多德撰写《逻辑学》等专著，为后人理解西方文化做出了巨大的贡献。翻开中西方最初文化典籍《论语》和《理想国》，稍览即知：《论语》充满道德说教的味道，《理想国》充满论战显知的氛围。孔孟荀多从人生中得到体验性的道德知识，中心和主线是"仁义道德"；而苏格拉底、柏拉图和亚里士多德在学园中传授的是从辩论中得到关于人类和自然等值得人类关心的所有知识。从这个角度看，在东西方文化中，"惑"之不同导致"教"之不同。换句话说，两者各自采用的教学方法都在帮助人们"解惑"，以《论语》为代表的东方文化帮助人们解决人生"道德之惑"，以《理想国》为代表的西方文化是帮助人

---

① Chomsky：Knowledge of Language，Its Nature，Origin，and Use. Perface，1986，转引自赵汀阳著《论可能生活》，中国人民大学出版社 2004 年版，修订版前言，第 6 页。

们解决"知识之惑"。这里引用柏拉图记述的苏格拉底和对话者枚农就"知识来源于回忆"话题的片段谈话，以说明苏格拉底通过启发式对话帮助人解决"知识之惑"的精神意义①。

　　苏格拉底：我们倒是先给他（小厮）作了一些启发，使他能够发现这一方面的真理。因为现在他很乐意寻求它，以弥补自己的无知；当初他却认为自己可以毫无困难地高谈阔论，说二倍面积的正方形必须由二倍的边构成。

　　枚农：看来是这样。

　　苏格拉底：你有没有想到，他曾经努力去寻求或学习他以为知道而并不知道的东西，后来才被启发到有所怀疑，承认自己无知，因而力求认知？

　　枚农：我没有想到，苏格拉底。

　　苏格拉底：使他困惑对他有用吗？

　　枚农：我想有用。

　　苏格拉底：现在你再看看，他如何从这种困惑出发，就跟我一同寻求，将有所发现，虽然我只是询问他，并没有给他传授什么东西。你仔细观察一下，看看你是不是在什么地方发觉我在教他、暗示他，总之，我所做的不过是询问他心里想的。

　　德国著名思想家恩斯特·卡西尔（Ernst Cassirer，1874—1945）指出："只要靠着对话式的亦即辩证的思想活动，我们才

---

　　①　柏拉图著：《枚农篇》，载于《柏拉图对话集》，王太庆译，商务印书馆 2004 年版，第 179 页。

能达到对人类本性的认识。"① 德国著名教育家雅斯贝尔斯（Jaspers Karl，1883—1969）认为："对话是探索真理与自我认识的途径。"② 苏格拉底通过追问和对话的方式启发对方思考问题给出答案，以此达到让对方认识到自己的不足，而自觉地去追求知识。西方文化对"教育"一词的西方化阐释正好说明了这个意义③。在这一过程中必然存在着困惑，但困惑本身就是激发人向知识前进的动力，所以教师不必担心它的知识对象在此过程中无所领悟。第斯多惠认为，知识有两个来源：经验和理性。经验是前人的积累，理性是自身的思考以及辩论中的思考。个体将两者结合就能形成完备的知识。就此而言，如果说儒家比较重视"经验之知"，那么，西方从古希腊时期就重视"理性之知"，而"理性之知"必然要求逻辑推理方法的支持。

(2) "现世之惑"与"来世之惑"

如果说儒家文化解决的是"现世之惑"，那么西方文化解决的就是"来世之惑"。在任何社会中，人生总有各种各样的"惑"。在儒家看来，最大的"惑"莫过于"现世之惑"。儒家主张人应是入世的，而非避世的。孔子曰："知其不可为而为之。"《易经》主张君子应"自强不息"、"厚德载物"。在这一点上，儒家与道家直接对立，道家主张人应回避世俗世界，遁入山林、清静无为。因为倡导入世文化，儒家必须注重入世的人生经历和生

---

① 恩斯特·卡西尔著：《人论》，上海译文出版社1985年版，第8页。

② 雅斯贝尔斯著：《什么是教育》，邹进译，三联书店1991年版，第11页。

③ "教育"，英文写为 Education，法文为 Education，德文是 Erziehung，都是由拉丁文名词 Educare 演化而来。而 Educare 又出于动词 Educere。此词由 E 和 Ducere 两字组成。E 在拉丁文中的意义是"出"，Ducere 为"引"，合起来是"引出"的意思。就是说，西方的"教育"是用"引导"的方法发展和完善学生的身心素质。

活体验。儒家认为人生活在这个世界上，必须依靠道德，没有道德就没有人生，人生就是道德的人生，人与人生活的差别在于道德生活的层次和水平的差别。但是，人的道德不是凭空产生的，而是在人生的修养和磨炼中造就的。在儒家的设计中，人从无到有，从小到大，从生到死，都遵循着道德的原理，生活在道德的人伦世界中，每个人必须努力进行道德实践。孔子曰："生，事之以礼；死，葬之以礼，祭之以礼。"朱熹注释说："生事葬祭，事亲之始终具矣。礼，即理之节文也。人之事亲，自始至终，一于礼而不苟，其尊亲也至矣。"① 《礼记·檀弓》记载孔子的话说："之死而致死之，不仁，而不可为也。之死而致生之，不智，而不可为也。"意义在于，对待死者要像他或她活着一样，人应该按照道德规范执礼行事。《易经·系辞下》云："天地之大德曰生。"人的生活从自然得到，进入社会后首先是自己的家庭，家庭之中有父母兄弟姐妹，社会上有朋友和社会等级之分，在所有这些关系中，人们都必须遵守应有的道德规范。因此，人生自然容易产生"现世之惑"。换用德国哲学家马克斯·韦伯的观点来看，这种"现世之惑"，本质上是"此岸性的""惑"，而非"彼岸性的""惑"。②

　　根据基督教文化，人来到世界上是有"原罪"的，人必须在现世通过努力争取上帝的宽容，为自己的有罪人生"赎罪"。解决此问题的关键是人必须信仰上帝、热爱上帝、希望上帝。信仰上

---

　　① 《论语集注·为政》。

　　② 马克斯·韦伯说："中国一切本来意义上的'神明'观都立足于这样一种信仰：至善之人能够免于死亡并在幸福的天堂永远活下去。无论如何，信儒教的正统的中国人在祭祀时为自己祈祷多福、多寿、多子，也稍微为先人的安康祈祷，却根本不为自己'来世'的命运祈祷。"参见马克斯·韦伯著《儒教与道教》，商务印书馆2002年版，第195页。

帝是不要对上帝有丝毫的怀疑，对上帝绝对地保有虔诚的心态；热爱上帝是因为上帝创造人类，给了人类以宝贵的生命，人类必须对上帝保有真诚的爱；希望上帝是对上帝抱有满心的希望，因为上帝会为人类解决困惑和难题。但基督文化同时强调，人生的关键还在于自己在现世的不懈努力。人只要时刻处于努力中，就是上帝同时在关心和爱护人类。换言之，人类在上帝那里存有巨大的希望，并能够得到所有的关心和爱护。苏格拉底说："今生就应努力去追求美德和智德，由此得到的奖品是会极丰厚的，希望是会极大的。"① 否则，正如耶稣所说："我实在告诉你们，凡你们在地上所捆绑的，在天上也要捆绑；凡你们在地上释放的，在天上也要释放。"这样，"若是你们中间有两人在地上，同心合意地求什么事，我在天上的父，必为他们成全。""因为无论在哪里，有两三个人奉我的名聚会，那里就有我在他们中间。"② "你们祷告，无论求什么，只要信，就必得着。"③ 卢梭反复建议爱弥儿要毫无疑问地信仰上帝，其道理是说明有关教育人的目的只有在解决信仰问题以后才能得到应有效果。在卢梭看来，爱弥儿有"现世之惑"需要解决，但更重要的是解决"来世之惑"，因为此问题是根本的、最终的。换句话说，卢梭要让爱弥儿相信只有解决好"来世之惑"，才能使现世人生得到幸福和圆满。

(3)"圣人之教"与"上帝之教"

在中国文化中，尧舜禹等圣人是人们应该奉为神明的人，

---

① 柏拉图著：《费多篇》，载于《古希腊散文选》，人民文学出版社 2000 年版，第 160 页。

② 《圣经·马太福音》18：18—20。

③ 《圣经·马太福音》21：22。

在儒家的视野中，他们几乎是为了人类社会拥有良好的秩序而来到这个世界上的。"圣人之于道，命也。"①"圣人者，道之管也。"②周敦颐在所著《通书》中说："圣人之道，入乎耳，存乎心，蕴之为德行，行之为事业。"事实上，孔子和孟子从积极的意义上理解圣人的存在价值，认为他们来到世上的目的是保持世俗世界，是道德的世界的价值属性，并亲自作为表率倡导德性，形成完整的人类之道德规范。他们的基本根据是，人从内在和自我着手就可以完成道德的造就工作。荀子是从消极的意义上理解圣人制定的道德规范及其作用。荀子认为，人性恶，如果顺应本性就会为非作恶，进而危害正常的社会秩序，所以，圣人来到世上是为了制定道德规章，规范和约束人类的不合理行为。在荀子看来，所谓修身就是用圣人制定的道德规章来约束自我的欲望，使之不被坏的风气和习俗败坏。作为儒家教师，为人"解惑"就是要用圣人的规章和道德来教育人们，使人如圣人所希望的那样做有人格的臣民，做符合社会规范的公民，甚至成为人们羡慕的天民——圣人。董仲舒就说："圣人之所命，天下以为正。正朝夕者视北辰，正嫌疑者视圣人。"③如此理解，可以认为，儒家教育本质上是"圣人之教"。荀子曰："天者，高之极也；地者，下之极也；无穷者，广之极也；圣人者，人道之极也。故学者，固学为圣人也，非特学为无方之民也。"④"学恶乎始？恶乎终？曰：其教则始与诸生讲学，每告以知礼成性变化气质之道，学必如

---

①　《孟子·尽心下》。

②　《荀子·儒效篇》。

③　《春秋繁露·深察名号》。

④　《荀子·礼论篇》。

圣人而后已。"[1] 著名学者韦政通深刻地指出，中国传统的儿童教养的重点，重视的就是生活礼节的学习，一开始读书，如《三字经》之类的教本，就富有很浓的伦理意味，因为在传统中国必须趁早学习传统的意理和规制，然后才能扮演适合家庭和社会要求的角色。在伦理教化的范围之内，严格地要效法古圣先贤，认同历史传承，丝毫容不得新奇经验的追求[2]。

基督教文化以"一神"和"再生"为最重要的观念。此教义深刻地改变了西方社会的宗教及道德教育的发展，左右着西方人的世界观和人生观。基督教育的重点目标之一是要基督徒体认到人生的短暂，犹如过眼烟云，稍纵即逝。假如把追求幸福作为教育的目的，那么幸福也不是由人们在尘世中的社会地位、头衔、名誉、权力或物质享受的程度来决定的，而是以能否作为上帝的子民来衡量的。《圣经》引耶稣的话说："天地要废去，我的话却不能废去。"[3] "我与父原为一。"[4] "复活在我，生命也在我；信我的人，虽然死了，也必复活。" "凡活着信我的人，必永远不死。"[5] "我就是道路、真理、生命；若不借着我，没有人能到父那里去。"[6] 因此，基督徒的活动，一方面祈祷和感念与神同在；另一方面则改变异教徒，使世人同受上帝仁慈的庇护。同时，基督教育并非为今世做准备，而是为来世做准备的，是为来世过上好的生活而进行的宗教教育，因为今生今世是短暂的、临时的、

---

① 转引自《中国古代教育史资料》，人民教育出版社 1961 年版，第 347 页。

② 韦政通著：《中国文化与现代生活》，中国人民大学出版社 2005 年版，第 41 页。

③ 《圣经·路迦福音》21：33。

④ 《圣经·约翰福音》10：30。

⑤ 《圣经·约翰福音》11：25—26。

⑥ 《圣经·约翰福音》14：4。

偶然的，只有来世才是永恒的、不变的、值得向往的。所以，基督文化不大重视眼前的"现世教育"，而重视通往极乐世界的"来世教育"。

　　形象地说，西方教育是分层次、分环节设定的。《圣经》引耶稣的话说："上帝的事我管，恺撒的事恺撒管。"至今在西方社会里，政治与宗教是分别的。就教育而言，在层次的设计上，确实存在"地上"和"天上"的分别，"地上"完成的教育是世俗教育，"天上"完成的教育是超越世俗的神性教育，"地上"和"天上"两个层次的教育合而为一，就是"圆善教育"。西班牙教育理论家玖恩·L. 维夫斯（Juan Luis Vives，1492—1540）对此做了精彩的解读，他说："人，像无论什么事一样，是按他的归宿来判断的。……除了上帝自己，我们能把什么定为人的归宿呢？一个人全神贯注于上帝并变成他的本性，他能在什么地方比现在更加幸运呢？我们必须从由他那儿来的那条路回到他那儿去。爱是我们所以创生的原因。……通过爱，即通过我们对上帝的爱，我们将回到我们的来源那儿去，这来源也就是我们的归宿。"① 其次，再让我们看看《圣经》中耶稣所说的话。耶稣说："我实在告诉你们，凡你们在地上所捆绑的，在天上也要捆绑；凡你们在地上释放的，在天上也要释放。""我又告诉你们，若是你们中间有两人在地上，同心合意地求什么事，我在天上的父，必为他们成全。""因为无论在哪里，有两三个人奉我的名聚会，那里就有我在他们中间。"② "人看见我，就是看见那差我来的（父）。""我到世上来，乃是光，叫凡信我的，不住在黑暗里。"

---

　　① 玖恩·L. 维夫斯著：《论教育》，载于吴元训选编《中世纪教育文选》，人民教育出版社 2005 年版，第 238—239 页。

　　② 《圣经·路迦福音》18：18—20。

"若有人听见我的话不遵守，我不审判他；我来本不是要审判世界的，乃是要拯救世界。""弃绝我不领受我话的人，有审判他的；就是我所讲的道，在末日要审判他。""因为我没有凭着自己讲；惟有差我来的父，已经给我命令，叫我说什么，讲什么。""我也知道他的命令就是永生；故此我所讲的话，正是照着父对我所说的。"①

　　显然，按西方文化的安排，教育的第一环节在"地上"进行，是解决人类在世俗世界的生活问题，教育的第二环节在"天上"找根据和目标，亦即上帝教育，核心是爱神爱人的教育。《圣经》"摩西十诫"作为证据：（1）除上帝之外不可信奉别的神；（2）不可制造和敬拜偶像；（3）不可妄称上帝之外；（4）当守安息日为圣日；（5）当孝敬父母；（6）不可杀人；（7）不可奸淫；（8）不可偷盗；（9）不可做假见证；（10）不可贪恋他人财物。② 其中，"不可杀人"、"不可偷盗"、"不可撒谎"、"不可奸淫"是1993年发布的《世界宗教议会走向全球伦理宣言》中规定的四项不可取消的规则。③ 可见，"天上的教育"或宗教教育（"天国教育"）是西方教育文化的核心和灵魂，"地上的教育"或世俗教育是前者的具体落实。用圣奥古斯丁的观点来说，教育的最高目的在于培养"天国"的公民，使人与神融合达到至高的圣化。只有这样，人才能获得理想的真理和智慧。而为达此目的，人必须以《圣经》为主课，并辅以历史、文法、天文、几何和音乐等，因为这些辅修课程有助于人们更好地理解和领会《圣经》。

　　①　《圣经·约翰福音》12：45—50。
　　②　《圣经·出埃及记》20：1—17。
　　③　孔汉思、库舍尔著：《全球伦理——世界宗教议会宣言》，四川人民出版社1997年版。

所以，卢梭在谈到如何教育"爱弥儿"时是这样安排的：第一阶段完成人类世俗世界的教育目标，第二阶段接受上帝教育。在《爱弥儿》中，卢梭用大篇幅谈到如何使人成为忠于上帝的人。比较地看，人们在儒家经典中则看不到这种文化设计。因为儒家教育强调的是，人必须在家庭孝敬自己的父母、敬爱自己的长兄，进入社会以后扩大仁爱范围，推而广之，使四海之内皆为兄弟，进而为人类理想的大同世界做出自己的贡献。

十

施教德目与教育范畴

　　根据儒家的伦理思想，人在世俗社会中生存和发展必须具备在"五伦大道"上"行驶"的德性修养，核心是孔子所说的"三达德"（智、仁、勇）、孟子所说的"仁、义、礼、智"以及董仲舒所说的"五常"（仁、义、礼、智、信）。儒家认为，只有把受教育者培养成具有以上道德品质的人，教育才达到至善的目的。这样，教育德目不仅是受教育者应该着力养成的德性素质，而且是教师作为施教者必须具备的德性素质。前面已述，智慧、勇敢、节制、正义是西方文化经过千年历史洗礼而形成的"四母德"，智、仁、勇等是中国文化历经数千年发展来的"母德"，不同的是，西方"四基德"是与理性有关的"个性化品德"，儒家的"三达德"或"五常德"是与"仁性"有关的"关系性品德"。前者要求教育必须重视保持个体的理性自由，讲究权利意识，后者要求教育必须发生在讲究"仁者爱人"①的义务型社会。张之洞曾撰写《劝学篇》，内篇"皆求仁之事"，目的为"务本以正人

---

　　① 《孟子·颜渊》。

心"；外篇"皆求智求勇之事"，主旨是"务通以开风气"，①核心就是以儒家传统文化中的"三达德"教化民众，以服务于"中体西用"并改造中国社会的目的。

1. 智慧与教育之智

世界上的任何事物都需要智慧来理解和解释。教育是传承人类知识和智慧的文化活动，更需要智慧的参与。英国哲学家怀特海早就在《教育的目的》一书中断言："一个不注重培养智力的民族将注定被淘汰。"并说：教育的目的就是产生灵敏的智慧。他指出："真正有价值的教育是使学生透彻理解一些普遍的原理，这些原理实用于各种不同的事例"；②还说："最优秀的教育在于能够用最简单的工具获得最多的知识。"③实际上，无论在中国文化还是西方文化中，人类对智慧的重视都是共同的。可以说，智慧使人类与自然界的动植物相互区别，并产生优异于动物的素质和品质。在这个方面，中西方文化都给予了足够的赞美之辞。《中庸》云："知仁勇三者，天下之达德也。""知"被放在首位。《论语》论"知"有116次，作为道德规范的意义来用的有25次之多。孔子曰："智者不惑。"柏拉图把统治城邦的哲学王表述为"爱智者"。所谓"爱智者"，就是"灵魂"掌握着哲学家的一切。洛克曾说："智慧，我采取通常的含义，认为这是指一个人在世上可以能干地、有远见地处理自己的事务。它是良好天性、心智

---

① 张之洞著：《劝学篇》，李忠兴评注，中州古籍出版社1998年版，第10页。
② 怀特海著：《教育的目的》，徐汝舟译，三联书店2002年版，第26、48页。
③ 同上书，第19页。

专一，再加上经验，三者合成的产物。"① 《圣经》说："心里充满智慧，能做各样工作。"② 又说："智慧的结果自会显出正义"；③ "有智慧的行为自然显出正义"。④ 因此，一个人，"不要做愚昧人，倒要做智慧人"。⑤

在西方文化中，智慧是理性的特性，因而与灵魂不可分离。智慧是灵魂的特性，与肉体的特性相对。脱离肉体的灵魂的智慧是最高尚的，是人类向往的境界。柏拉图是这样阐释灵魂和智慧的关系的：首先，"灵魂一旦独立自存地观察事物，灵魂便进入一个境界，那里的一切都是纯粹，永恒，不朽，不变，灵魂和它们接近，和它们同在，灵魂也独立自存，无所障碍，不再漂游不定四处彷徨，灵魂与不变者为伍，它自己也永远成为始终一样的，一成不变的。灵魂处于这个状况便是智慧。"⑥ 其次，"如果美德是灵魂的一种性质，并且被认为是有益的，那它本身必须是智慧或谨慎，因为灵魂所有的东西，没有一种是本身有益或有害的，他们都是要加上智慧或愚蠢才成为有益或有害的"。⑦ 柏拉图指出："不论快乐，恐惧之类的东西是生是灭，勇敢、自我克制、正义等，总之，凡是真正的品德都是离不开智慧的。没有智慧，这一切东西的互相交换，其中的品德，只是一种画饼充饥的

---

①　约翰·洛克著：《教育片论》，熊春文译，上海世纪出版集团 2005 年版，第209 页。

②　《圣经·出埃及记》35：35。

③　《圣经·路迦福音》7：35。

④　《圣经·马太福音》11：19。

⑤　《圣经·以弗所书》5：15。

⑥　柏拉图著：《克里同篇》，载于《古希腊散文选》，人民文学出版社 2000 年版，第 113 页。

⑦　柏拉图著：《美诺篇》，载于北京大学哲学系外国哲学史教研室编译《古希腊罗马哲学》，三联书店 1957 年版，第 165 页。

品德，品位不高的，不健全的，不真实的品德。"① 柏拉图肯定："只有爱智者才得进入诸神之所。"而"真正的爱智者是不肯沾染一切肉体的欲念的，他们抵制欲念，绝不向欲念低头"。因为"他们最关心的是自己的灵魂，他们不愿意为了侍候肉体而生活"。②

儒家的"智"（智慧）与仁、义、礼等人道意义直接相关。孟子曰："智者，知此者也。"又曰："是非之心，智之端也。""是非之心，智也。"③ 道德知识所依照之理即是智。"知者，无不知也。"④《论语》记载孔子的两次谈话。其一，"知者不惑，仁者不忧，勇者不惧"。其二，"君子道者三，我无能焉，仁者不忧，知者不惑，勇者不惧"。何为"知"？《论语》还有两处记载"樊迟问知"时孔子的回答。其一，孔子曰："务民之义，敬鬼神而远之，可谓知矣。"⑤ 其二，孔子曰："知人。"⑥ 孔子还说："举直错诸枉，能使枉者直。"朱熹注释说："举直错枉者，知也。"⑦ 哲学上，智是认识事物的能力。《尚书·皋陶谟》云："知人则哲。"识人就是聪明睿智的表现。这种能力一般需要后天的培养和训练。虽然孔子承认有"生而知之"的人，但他坚决否认自己是"生而知之"的人，所以，"生而知之"的人极少，或者说根本就没有。"好学近乎知"点出了智的来历。人只有通过

---

① 柏拉图著：《克里同篇》，载于《古希腊散文选》，人民文学出版社 2000 年版，第 95 页。

② 同上书，第 117 页。

③ 《孟子·告子上》。

④ 《孟子·尽心上》。

⑤ 《论语·雍也》。

⑥ 《孟子·颜渊》。

⑦ 《论语集注·颜渊》。

学才能获得智慧。孔子认为好学本身就是一种道德。显然，智慧被儒家理解为一种道德或德性品质。

　　根据《论语》来看，人的智慧体现的范围极其广泛。其一，择居的智慧。"里仁为美。择不处仁，焉得知？"① 其二，行仁的智慧。"不仁者不可以久处约，不可以长处乐。仁者安仁，知者利仁。"② 其三，尽人事敬鬼神的智慧。"务民之义，敬鬼神而远之，可谓知矣。"③ 其四，为政的智慧。"宁武子邦有道则知，邦无道则愚。其知可及也，其愚不可及也。"④ 孔子在回答子路问成人时说："若臧武仲之知。"⑤ "知及之，仁不能守之；虽得之，必失之。"⑥ 其五，言语的智慧。"可与言而不与之言，失人；不可与言而与之言，失言。知者不失人，亦不失言。"⑦ 子贡对陈子禽曰："君子一言以为知，一言以为不知，言不可不慎也。"⑧ 总之，一个人在人生中的一切都需要智慧来处理，换言之，智慧是认识人生、解释人生、解决人生问题的必备工具。也许，正是在这个意义上，孔子时常把知（智）与仁相提并论。如"仁者静，智者动"；"智者乐，仁者寿"；"仁者乐上，智者乐水"。⑨ 在这个意义上说，仁是体，智是用；仁须经过智的照察才能有恰当的表现，因为"智者利仁"。同时，孔子将仁智并举，说明仁智的关系密切，因为智若无仁，智将成无源之水；仁若无智，仁

---

①　《论语·里仁》。

②　同上。

③　《论语·雍也》。

④　《论语·公冶长》。

⑤　《论语·宪问》。

⑥　《论语·卫灵公》。

⑦　同上。

⑧　《论语·子张》。

⑨　《论语·雍也》。

则光辉内敛，没有前途。孔子曰："知及之，仁不能守之，虽得之，必失之。"①

那么，智慧是如何得来的？儒家认为智慧是学来的，而不是生来就有。不过，人因自然的关系天资有高低区别："生而知之者，上也；学而知之者，次也；困而学之，又其次也；困而不学，民斯为下矣。"② 孔子曰："中人以上，可以语上也；中人以下，不可以语上也。"③ 但是，"或生而知之，或学而知之，或困而知之，及其知之一也。"④ 不管人天资分为几等，总有聪明的愚笨的分别。但是，即使生来不够聪明，后天的学习可以弥补不足。只要努力去学就可以获得很大的进步。孔子强调："学而时习之，不亦说乎？"⑤ 孔子自己就是好学之人，认为"好学近乎知"；⑥ "我非生而知之者，好古，敏以求之者也"；⑦ "吾十有五，而志于学"；⑧ "十室之邑，必有忠信如丘者焉，不如丘之好学也"。⑨ 在孔子看来，"好仁不好学，其蔽也愚；好知不好学，其蔽也荡；好信不好学，其蔽也贼；好直不好学，其蔽也绞；好勇不好学，其蔽也乱；好刚不好学，其蔽也狂"。⑩ 孔子还重视经验的作用。"博学之，审问之，慎思之，明辨之，笃行之。"⑪

① 《论语·卫灵公》。
② 《论语·季氏》。
③ 《论语·雍也》。
④ 《礼记·中庸》。
⑤ 《论语·学而》。
⑥ 《礼记·中庸》。
⑦ 《论语·述而》。
⑧ 《论语·为政》。
⑨ 《论语·公冶长》。
⑩ 《论语·阳货》。
⑪ 《礼记·中庸》。

"弟子入则孝，出则弟，谨而信，泛爱众，而亲仁。行有余力，则以学文。"①

显然，儒家把人生的智或智慧的开发和应用全部集中于伦理和道德的方向和领域上了。仁必涵摄智，智必本于仁。首先，知是仁的必要条件："仁者安仁，知者利仁"，② 孟子曰："爱仁不亲，反其仁；治人不治反其智。"③ 孔子自述："盖有不知而作知者，我无是也。多闻，择其善者而从之；多见而识之，知之次也。"④ 其次，从认知活动的重要性看，"见多识广"次于对道德原则的认同和践行。《三字经》说得清晰："首孝弟，次见闻；知某数，识某文。一而十，十而百，百而千，千而万。"实际上，"远鬼神"而"知人"是儒家最重视的问题，即把智慧用在对人道的深刻领悟和自觉实践中，修炼人间正道才是人生中的智慧之重任。在中国文化中，个体重视修炼人生智慧，透露的信息是，人间存在着"率性之道"，需要人们集中人生的智慧去认识。只有这样，人才能适应人伦社会并按社会道德的要求去"做人"。这种人生智慧本质上就是"入世的智慧"。儒家"入世的目的，是按照他们的人生理想与伦理理想改造社会、安顿人生。儒家的人生智慧在生活智慧上贡献了人伦秩序的'礼'；在生命秩序上贡献了道德自我的'仁'；在人生态度上贡献了'明知不可为而为之'的自强。'礼'解决的是家—国一体社会结构下伦理实体的建构问题，其智慧表现的是血缘—伦理—政治的三位一体，在文化机制上是情—理—法三位一体。"⑤

---

① 《论语·学而》。
② 《论语·里仁》。
③ 《孟子·离娄上》。
④ 《论语·述而》。
⑤ 樊浩著：《伦理精神的价值生态》，中国社会科学出版社 2001 年版，第 206 页。

2. 勇敢与教育之勇

　　勇敢就是坚持真理，勇于承担因坚持真理而带来的各种困难和压力。孔子曰："当仁不让于师。"就是坚持真理的表现。教师作为人类知识的创造者和传播者，没有勇敢的道德难以获得进步，也难以为人类做出较大的贡献。中西方文化对勇敢之来源的看法有所不同。西方文化从分析的角度认识勇敢，认为人的意志是体现勇敢品德的主体。人性由可分析的多维结构组成，其意志部分处于强势地位，表现在外就是不惧怕、不担心任何威胁、不畏惧任何欲望之物。显然，勇敢必须由节制配合，因为无节制难以得到勇敢，同时，勇敢也需要理性支持，无理性难以使勇敢获得正确的德性。

　　儒家的勇敢是与仁义礼等人道直接相联系的。勇是仁的必要手段。"仁者必有勇，勇者不必有仁。"① 孔子曰："见义不为，无勇也。"② "内省不疚，夫何忧何惧？"③ "有义之谓勇敢。""勇敢强有力者，天下无事，则用之于礼义；天下有事，则用之于战胜。"④ 在《论语》中，孔子两次提到"勇者不惧"。⑤ 简言之，不怕即勇之定义。即古人所说的临危不惧，一往无前。《中庸》云："知耻近乎勇。"何谓"耻"？孔子曰："邦有道，贫且贱焉，

　　①　《论语·宪问》。

　　②　《论语·为政》。

　　③　《论语·颜渊》。

　　④　《礼记·聘义》。

　　⑤　《论语·子罕》及《论语·宪问》。

耻也；邦无道，富且贵焉，耻也。"① 又曰："道之以德，齐之以礼，有耻且格。"② "君子耻其言而过其行。" 朱熹注："耻者，不敢尽之意。"③ 这都是从消极意义上说勇。其实勇还包括毅力的意义。孔子曰："刚毅木讷近仁。"④ 勇可以有大勇、小勇的区别。大勇是行仁行义的王者之勇；小勇是单独对阵的匹夫之勇。《孟子·梁惠王下》记载："齐宣王曰：寡人有疾，寡人好勇。对曰：王请无好小勇。夫抚剑疾视说，'彼恶敢当我哉'！此匹夫之勇，敌一人者也。王请大之！诗云：'王赫斯怒，爰整其旅，以遏徂莒，以笃周祜，以对于天下。'此文王之勇也。文王一怒而安天下之民。书曰：'天降下民，作之君，作之师。惟曰其助上帝，宠之四方。有罪无罪，惟我在，天下曷敢有越厥志？'一人衡行于天下，武王耻之。此武王之勇也。而武王亦一怒而安天下之民。"

　　勇，乃在于敢为其所当为，敢言其所当言，敢行于所当行，为人们坚持道德行为的精神力量。此种"坚持"在任何情况下都不变化，绝不会因为痛苦、快乐、压力、希望或恐惧而有所动摇。道德勇气之最高者当属柏拉图笔下的哲学王，当属孔子所称道的圣人君子。柏拉图说：勇敢就是一种保持；就是保持住法律通过教育所建立起来的关于可怕的事物，即什么样的事情应当害怕的信念。也就是说，勇敢的人无论处于苦恼还是快乐中，或处于欲望还是害怕中，都永远保持这种信念而不抛弃它。柏拉图以"战士"说勇："我们挑选战士并给以音乐和体操的教育，这也是

---

①　《论语·泰伯》。

②　《论语·为政》。

③　《论语集注·宪问》。

④　《论语·子路》。

在尽力做同样的事情。我们竭力要达到的目标不是别的，而是要他们像羊毛接受染色一样，最完全地相信并接受我们的法律，使他们的关于可怕的事情和另外一些事情的信念都能因为有良好的天性和得到教育培养而牢牢地生根，并且使他们的这种'颜色'不致被快乐这种对人们的信念具有最强褪色能力的碱水所洗褪，也不致被苦恼、害怕和欲望这些比任何别的碱水褪色能力都强的碱水所洗褪。这种精神上的能力，这种关于可怕事物和不可怕事物的符合法律精神的正确的信念的完全保持，就是我主张称之为的勇敢。"① 亚里士多德说，一个人在危险面前坚定不移，保持快乐，至少无所畏惧，这就是勇敢。而如若痛苦不堪，就是怯懦。他认为，勇敢是一种德性。德性都是"中道"，是最高的善和极端的正确。例如，在鲁莽和怯懦之间是勇敢②。勇敢是恐惧和鲁莽的中道③。在恐惧和自信之间是勇敢④。按照亚里士多德的"中道观"理解，一个勇敢的人怕他所应该怕的，坚持他所应有的目的，以应有的方式，在应该的时间，一个勇敢的人要把握有利时机，按照理性的指令而感受，而见于行动。一个勇敢的人，他的全部现实活动的目的，是与其品质相吻合的。每个人都在追求目的。勇敢是高尚的，所以高尚就是目的。勇敢的人为了高尚或美好而坚持，而勇敢地行动⑤。

---

① 柏拉图著：《理想国》，郭斌和、张竹明译，商务印书馆 1986 年版，第 148—149 页。

② 亚里士多德著：《尼各马可伦理学》，苗力田译，中国社会科学出版社 1990 年版，第 34 页。

③ 同上书，第 53 页。

④ 同上书，第 35 页。

⑤ 同上书，第 55 页。

3. 教育之礼义与节制

西方文化认为，人有欲望、情欲、欲求，必须以正义的力量对这些东西进行控制，依靠的工具和手段是灵魂中的理性、智慧和教育。《圣经》说："信心要加上美德，美德要加上知识"；"知识要加上自制"。[①] 苏格拉底说："最重要的是应以正义为重。"[②] 然而，正义的社会是有条件的社会。亚里士多德说："人欲没有止境，除了教育，别无节制的方法。"[③] 儒家认为，应当用礼义来节制诸多欲望，使人始终处于道德的控制之中。

西方文化认为，欲望是人的肉体特性，必须通过节制美德控制它的过度泛滥，不让其危害人类的正义心灵。柏拉图说：人的灵魂里面有一个较好的部分和一个较坏的部分，而所谓"自己的主人"就是说较坏的部分受天性较好的部分控制。节制是一种好秩序或对某些快乐与欲望的控制[④]。在国家中，因为节制的作用和勇敢、智慧的作用不同，勇敢和智慧分别是处于国家的不同部分中而使国家成为勇敢的和智慧的。节制不是这样起作用的。它贯穿全体公民，把最强的、最弱的和中间的（不管是指智慧方面，还是指力量方面，或者还是指人数方面，财富方面，或其他诸如此类的方面）都结合起来，造成和谐，就像贯穿整个音阶，

---

① 《圣经·彼得后书》1：5—6。

② 柏拉图著：《克里同篇》，载于《古希腊散文选》，人民文学出版社 2000 年版，第 75 页。

③ 亚里士多德著：《政治学》，商务印书馆 1997 年版，第 70 页。

④ 柏拉图著：《理想国》，郭斌和、张竹明译，商务印书馆 1986 年版，第 150页。

把各种强弱的音符结合起来，产生一曲和谐的交响乐一样。因此，"我们可以正确地肯定说，节制就是天性优秀和天性低劣的部分在谁应当统治，谁应当被统治—不管是国家里还是个人身上—这个问题上所表现出来的这种一致性和协调"。① 在个人方面看，卢梭说：一个有德行的人是能够克制他的感情的，因为只有这样，他才能服从他的理智和他的良心，并且能履行他的天职，能严守他做人的本分，不因任何缘故而背离他的本分②。在他看来，任何一种欲念，只要你能够控制它，它就是好的；如果你让他使役你，你就会成为坏的欲念了。他解释说，产生或不产生欲念，这不取决于我们，但是，能不能够控制欲念，那就要由我们自己来决定了。所有一切我们能够加以控制的情感都是合法的，而所有一切反过来控制我们的欲念就是犯罪的③。

儒家对礼的阐释最详尽的应当是荀子，其次是孔子。儒家对礼的系统阐释构成了后来的"礼教"内涵。荀子曰："今人之性，生而有好利焉，顺是，故争夺生而辞让亡焉；生而有疾恶焉，顺是，故残贼生而忠信亡焉；生而有耳目之欲，有好声色焉，顺是，故淫乱生而礼义文理亡焉。然则从人之性，顺人之情，必出于争夺，合于犯分乱理，而归于暴。故必将有师法之化，礼义之道，然后出于辞让，合于文理，而归于治。"④ "圣人之所以同于众，其不异于众，性也，所以异而过众者，伪（为）也。"⑤

---

①　柏拉图著：《理想国》，郭斌和、张竹明译，商务印书馆 1986 年版，第 152 页。

②　卢梭著：《爱弥儿，或论教育》，李平沤译，商务印书馆 1978 年版，第 680 页。

③　同上书，第 681 页。

④　《荀子·性恶篇》。

⑤　同上。

"伪",即依靠人的后天努力学习。礼之为德,在孔子心目中虽不如智仁勇重要,但也是重要德目之一。孔子曰:"能以礼让为国乎?何有?不能以礼让为国,如礼何?"① 又曰:"道之以政,齐之以刑,民免而无耻;道之以德,齐之以礼,有耻且格。"朱熹注:"礼,谓制度品节也。"② 定公问:"君使臣,臣事君,如之何?"孔子对曰:"君使臣以礼,臣事君以忠。"③ 颜渊问仁。孔子曰:"克己复礼为仁。一日克己复礼,天下归仁焉。为仁由己,而由人乎哉?"颜渊曰:"请问其目。"孔子曰:"非礼勿视,非礼勿听,非礼勿言,非礼勿动。"④ 孔子曰:"恭而无礼则劳,慎而无礼则葸,勇而无礼则乱,直而无礼则绞。"⑤ 中国有句俗语说:"礼多人不怪。""让礼一寸,得礼一尺。""杀人可恕,无礼难容。"

义与仁紧密结合。俗语道:"多行不义必自毙。"这说明义在人的德行中的重要性。在儒家文献中,仁与义对举很多,其中以孔子和孟子的论述最有代表性。前面有述,在基本意义上,义的价值在于使仁的内在意义外在化,《周易·说卦传》云:"立人之道,说仁与义。"朱熹曰:"义者,事之宜也。"⑥ 《中庸》云:"仁者人也,亲亲为大;义者宜也,尊贤为大。"这说明仁和义都是做人的大道。孔子曰:"义者,宜也。"朱熹解释:"宜者,分别事理,各有所宜也。"⑦ 就是说,任何事情做得合适和适宜就

---

① 《论语·里仁》。
② 《论语集注·为政》。
③ 《论语·八佾》。
④ 《论语·颜渊》。
⑤ 《论语·泰伯》。
⑥ 《论语集注·学而》。
⑦ 《中庸章句》。

是符合"义"。朱熹曰："仁者，心之德、爱之理。义者，心之制、事之宜也。"① 朱熹曰："义者，宜也，乃天理之当行，无人欲之邪曲，故说正路。"② 孟子曰："仁，人之安宅也；义，人之正路也。"③ 孟子曰："仁，人心也；义，人路也。"④ 孟子认为大丈夫要"行天下之大道。"朱熹注："大道，义也。"⑤ 孔子曰："君子之于天下也，无适也，无莫也，义之与比。"⑥ 孔子曰："我则异于是，无可无不可。"⑦ 孔子曰："德之不修，学之不讲，闻义不能徙，不善不能改，是吾忧也。"⑧ 孔子曰："君子喻于义，小人喻于利。"朱熹注："义者，天理之所宜。利者，人情之所欲。"⑨ 孔子曰："君子义以为质，礼以行之，孙以出之，信以成之。君子哉！"⑩ 孟子曰：　"是集义所生者，非义袭而取之也。"⑪

儒家对义的意义从正面理解的有："见利思义。"⑫ "见得思义。"⑬ "义然后取，人不厌其取。"⑭ "利者，义之和也。"⑮ "人能

---

① 《孟子·梁惠王章句上》。
② 《孟子·离娄章句上》。
③ 同上。
④ 《孟子·告子章句上》。
⑤ 《孟子·滕文公章句下》。
⑥ 《论语·里仁》。
⑦ 《论语·微子》。
⑧ 《论语·述而》。
⑨ 《论语·里仁》。
⑩ 《论语·卫灵公》。
⑪ 《孟子·公孙丑章句上》。
⑫ 《论语·宪问》。
⑬ 《论语·季氏》。
⑭ 《论语·宪问》。
⑮ 《周易·干》。

充无欲害人之心，而仁不可胜用也；人能充无穿踰之心，而义不可胜用也。"① "大人者，言不必信，行不必果，惟义所在。"② 从反面的理解的，如：　"富贵不能淫，贫贱不能移，威武不能屈。"③ "不义而富且贵，于我如浮云。"④ "富与贵是人之所欲也，不以其道得之，不处也；贫与贱是人之所恶也，不以其道得之，不去也。"⑤ "非其有而取之，非义也。"⑥ "见义不为，无勇也。"⑦ "上好义，则民莫敢不服。"⑧ "隐居以求其志，行义以达其道。"⑨ "如知其非义，斯速已矣，何待来年。"⑩ 古人常把"利"和"义"连用，有时候"利"也被理解为"欲"。"君子体仁足以长人，嘉会足以合礼，利物足以和义，贞固足以干事。君子行此四德者，故曰：'干，元、亨、利、贞。'"⑪

4. 教育之仁德与正义

　　儒家对教师的道德要求与西方文化对教师的道德要求存在明显的差别，这种差别来源于对人的本质的认识的差别，以及对人

---

① 《孟子·尽心章句下》。

② 《孟子·离娄章句下》。

③ 《孟子·滕文公下》。

④ 《论语·述而》。

⑤ 《论语·里仁》。

⑥ 《孟子·尽心章句上》。

⑦ 《论语·为政》。

⑧ 《论语·子路》。

⑨ 《论语·季氏》。

⑩ 《孟子·滕文公章句下》。

⑪ 《周易·干》。

的教育的目的的差别。儒家认为，人的本质是从人伦秩序中产生的，其核心价值是"仁"。对个体来说，要"做"一个"人"，他或她首先必须在人伦社会中做到"仁"，即以"仁"的原理和要求来"做人"，否则就不叫"做人"。"苟志于仁矣，无恶也。"[①]按儒家的文化设计，教师作为掌握道统的人，毫无疑问地要用道统来教育人，因此，教师必须具有"仁德"的品质。西方文化认为，人的本质是理性决定的或者说就是理性，无理性就无人性，无人性就无正义，无正义就无所谓道德，所以，有道德的人应该是正义的人。《圣经》说："正义是国家的尊荣。"[②] 又说："立正义作你们的监工。"[③] 自然，正义之德就是西方文化对教师提出的核心要求，也是教师培养人的目的和宗旨的德性规定。

　　整个《论语》伦理意义的核心是"仁"。"仁"可以说是中华民族道德精神的象征，以仁为核心形成的古代人文情怀反映了中华文化的人文精神、中华民族的道德境界。孔子把"仁"字作为统一诸德的纲领性德目。它包括忠、孝、仁、爱、信、悌、恕、恭、敬、慈、俭诸德。在《论语》中，孔子讲仁的就有 59 章109 个字。在孔子看来，一个人无论是修身为政，还是待人接物，都必须以仁德为首。狭义的仁德是"爱人"亦即"泛爱众"。汉代刘向曰："仁莫大于爱人，知莫大于知人。"[④] 在广义上看，儒家要求教师应具备以上的德性品质，首先应具备仁德，也就是"爱生"。孔子曰："富与贵是人之所欲也……君子去仁，恶乎成名？君子无终食之间违仁，造次必于是，颠沛必于是。"朱熹注：

---

① 《论语·里仁》。

② 《圣经·箴言》14：34。

③ 《圣经·以赛亚书》60：17。

④ 引自《中国古代名言隽语大辞典》，商务印书馆 1997 年版，第 447 页。

"君子为仁，自富贵、贫贱、取舍之间，以至于终食、造次、颠沛之顷，无时无处而不用其力也。"① 孔子曰："志士仁人，无求生以害仁，有杀身以成仁。"朱熹注："志士，有志之士。仁人，则成德之人也。"② 从广义角度说，教师必须把仁德化为自我道德，以此统摄其他德性德目。

正义是希腊哲人强调的首要德性，也是统摄其他德目的核心德目。柏拉图在《理想国》中论述的主题就是正义。在柏拉图看来，一个国家就如同一个人一样必须拥有正义的性质。拥有正义性质的国家是正义之国家，拥有正义之性质的个人是正义之人。个人与国家在正义的性质方面具有共同的特征和要求。那么，正义是何物？柏拉图说："正义就是有自己的东西干自己的事情。"③ 就个人来说，正义是个体内部理性、意志、欲望处于和谐状态，而且各部分各做各的事，互不干涉，互不越位。"正义的人不许可自己灵魂里的各个部分相互干涉，起别的部分的作用。他应当安排好真正自己的事情，首先达到自己主宰自己，自身内秩序井然，对自己友善。"④ 就国家来说，当生意人、辅助者、护国者这三种人在国家里各做各的事而不互相干扰时，便有了正义，从而也就使国家成为正义的国家了⑤。也就是说，"国家的正义在于三种人在国家里各做各的事。"⑥ 它要求"全体公民无不例外地，每个人天赋适合做什么，就应派给他什么任务，

---

① 《论语·里仁》。
② 《论语·卫灵公》。
③ 柏拉图著：《理想国》，郭斌和、张竹明译，商务印书馆 1986 年版，第 155 页。
④ 同上书，第 172 页。
⑤ 同上书，第 156 页。
⑥ 同上书，第 169 页。

以便大家各就各业，一个人就是一个人而不是多个人，于是整个
城邦成为统一的一个而不是分裂的多个"。① 在亚里士多德看来，
正义不是德性之一种，而是德性整体。公正之所以受人看重，是
因为它关系到城邦的共同生活。总的来说，公正就是政治、法
律、经济等方面的公共生活中通过对相互关系的规范和调整而实
现平等互利。②

---

① 柏拉图著：《理想国》，郭斌和、张竹明译，商务印书馆 1986 年版，第 138
页。

② 亚里士多德著：《政治学》，载于《亚里士多德选集》，颜一、秦典华译，中
国人民大学出版社 1999 年版，第 18 页。

十一

为师之法与教育品性

　　为师之法，是指教师在既定的教育理念指导下的工作方法。朱熹曰："事必有法，然后可成，师舍是则无以教，弟子舍是则无以学。"① 荀子曰："人无师无法，而知则必为盗，勇则必为贼，云能则必为乱，察则必为怪，辩则必为诞；人有师有法，而知则速通，勇则速畏，云能则速成，察则速尽，辩则速论。故有师法者，人之大宝也；无师法者，人之大殃也。人无师法，则隆性矣；有师法，则隆积矣。"② 《礼记·学记》云："善歌者使人继其声，善教者使人继其志。"荀子曰："君教师，治之本也。"③ 《礼记·学记》又云："师也者所以学（教）为君也。"荀子曰："夫师，以身为正仪而贵自安者也。"④ 在儒家看来，"为师之法"当以人性理念、人伦理念、至善理念为指导。在人性理念指导下，教师应当坚持"有教无类"、"因材施教"的原则和方法；在

---

① 《孟子·告子章句上》。
② 《荀子·儒效篇》。
③ 《荀子·礼论篇》。
④ 《荀子·修身篇》。

人伦理念的指导下，教师应当采取"以身作则"、"学以致用"的原则和方法；在至善理念指导下，教师应当采取"循循善诱"、"循序渐进"的原则和方法。

1. 人性理念与教育方法

宋代欧阳修曰："教学之法，本于人性，磨揉迁革，使趋于善。"① 多数儒家认同人性是天赋的平等的，而且人性是善的或最终是善的。这种人性理念暗示，教育方法必须根据人性的要求，维护人性的力量，依靠人性的支持，实现人性的追求。"有教无类"和"因材施教"是人性的内在要求。"心性教育"是人性教育成功的关键。

(1) 人性平等与有教无类

孔子曰："性相近，习相远也。"在孔子看来，"学在王宫"和"教在官府"的局面是应当予以改变的。因为人性相近，每个人都有接受教育的权利和可能。于是，孔子提倡和实践"有教无类"的思想。这是孔子对中国教育的一大贡献。此"有教无类"的"类"，马融解释说："言人所在见教，无有种类。"皇侃在《论语义疏》中曰："人乃有贵贱，宜同资教，不可因其种类庶鄙而不教之也。教之则善，本无类也。"朱熹注释充分挖掘孔子的言外之意，他说："人性皆善，而其类有善恶之殊者，气习之染也。故君子有教，则人皆可以复于善，而不当复论其类之恶

---

① 欧阳修著：《吉州学记》。

矣。"① 所以，孔子一贯对来自远方的朋友十分友好，总是感到
"不亦乐乎"!② 孔子曰："自行束修以上，吾未尝无诲焉。"③ 就
是说，孔子不分贵贱地授教，每个人都可以接受他的教育。《荀
子》记载：有人问子贡曰："夫子之门，何其杂也?"子贡回答
说："君子正身以俟，欲来者不拒，欲去者不止，且夫良医之门
多病人，隐括之侧多枉木，是以杂也。"④ 事实上，孔子的学生
来自鲁、齐、卫、晋、蔡、秦、宋、薛、吴、楚等国的广大地
区。《史记·仲尼弟子传》中记载了孔子弟子有名有姓者 77 人。
其优秀学生中，有的家境贫寒，有的年龄很大。孔子均一视同
仁，教其不倦。孔子之传人孟子也做到了"来者不拒"，体现了
"有教无类"的思想。孟子曰："夫子设科也，往者不追，来者不
拒，苟以是心至，斯受之而已矣。"⑤《吕氏春秋·劝学》说得更
加透彻："故师之教也，不争轻重尊卑贫富，而争于道。其人苟
可，其事无不可。"据《吕氏春秋·尊师》记载："段木干，晋国
之大驵也，学于子夏；高何、县子石，齐国之暴者也，指于乡
曲，学于子墨子；索卢参，东方之钜狡也，学于禽滑厘。此六人
者，刑戮死辱之人也。"子夏、墨子、禽滑厘等人办学也是不以
尊卑取人的。唐代大儒韩愈坦率地说："君子之于人，无不欲其
入于善，宁有不可告而告之，孰有可进而不进也。苟来者吾斯进
之而已矣，乌待其礼逾而情过乎!"⑥ 总之，虽然后人对"有教
无类"的解释众说纷纭，但是，这一思想对中国教育的普及产生

---

① 《论语集注·卫灵公》。
② 《论语·学而》。
③ 《论语·述而》。
④ 《荀子·法行篇》。
⑤ 《孟子·尽心下》。
⑥ 《韩昌黎全集》卷十六。

了极其深远的影响①。

我们注意到，在西方世界，从柏拉图重视国家教育开始，教育也是普及到所有男女。前面已有记述。这里引用夸美纽斯在《人类改进通论》中提出的泛教论观点。本论的核心理念是对全人类进行无所不包的教育。这个理念包含在夸美纽斯提出的三点希望之中：第一个希望是"使每一个生之为人的人的人性都得到充分发展，最终使整个人类，不分年龄、出生、性别和民族都受到教养"。第二个希望是"使每一个受到正确教育的人不是在个别方面或某些方面，甚至不是在许多方面，而是在一切有助于改善人的本性的各个方面都得到充分教养"。第三个希望是"使每一个人在对待事物、对待人和对待上帝的关系上处理得恰如其分，不草率从事，这样就会永远不背离目的，不背离自己的幸福"。即用真理进行普遍的启蒙，遵循宗教的训诫②。德国教育家第斯多惠认为：所有的人本来就是平等的和可以教育的；教育必须以发展全面的、协调一致的人格为目的；教育必须着眼于一切人的。他提出并维护"全人类教育"的思想，反对用等级和沙文主义的观点来解决教育问题。他基本上继承了卢梭的性善论观点，强调教育的最一般目的是致力于人的真、善、美的自我活动，也就是说激发人的主动性，全心全意为真、善、美服务。他认为，要通过人民教育来改善个人自由发展、自主和自由的环境

---

① 例如，据统计，宋代共建书院 173 所，其中北宋建 37 所，南宋建 136 所。元代新建书院 143 所，兴复 65 所，改建 19 所，合计 227 所。明代书院达到 1200 余所。从这些数据可以看出，孔子的普世教育思想对中国传统社会的影响极其广泛和深远。参见陈正夫、何植靖著《孔子、儒学与中国现代化》，福建教育出版社 1992 年版，第 204 页。

② 夸美纽斯著：《人类改进通论》，载于任钟印主编《世界教育名著通览》，湖北教育出版社 1994 年版，第 327 页。

和条件①。

(2) 尊重个性与因材施教

　　如果说"有教无类"关照的是人性的平等性和人受教育的普遍性，那么"因材施教"考虑的则是人性的特殊性。就是说，大家虽然都是"人"，都可以成为仁人，但实际上每个人是有区别的。除了先天的天赋差别外，后天的"习相远"也决定了人的变化。于是，孔子又提出了"因材施教"的学说。事实上，历来就流传着古人的训导话语："导人必因其性，治水必因其势。"孔子论人性禀赋有上、中、下之分，认为"中人以上，可以语上，中人以下，不可以语上。"②"惟上知与下愚不移。"③为此，孔子把"为学"和"施教"分为三等："生而知之者上也；学而知之者次也；困而学之又其次也；困而不学，民斯为下矣。"④关于这一点，我们在《论语》中可以看到具体的例子。据《论语》记载：子路问："闻斯行诸?"子曰："有父兄在，如之何其闻斯行之?"冉有曰："闻斯行诸?"子曰："闻斯行之。"公西华曰："由也问闻斯行诸，子曰'有父兄在'；求也问闻斯行诸，子曰：'闻斯行之'。赤也惑，敢问。"子曰："求也退，故进之；由也兼人，故退之。"⑤又见《论语》记载：孟懿子问孝。子曰："无违。"孟武伯问孝。子曰："父母唯其疾之忧。"子游问孝。子曰："今之孝者，是谓能养。至于犬马，皆能有养；不敬，何以别乎?"子

---

　　①　第斯多惠著：《德国教师培养指南》，袁一安译，人民教育出版社 2001 年版，第 4—5 页。

　　②　《论语·雍也》。

　　③　《论语·阳货》。

　　④　《论语·季氏》。

　　⑤　《论语·先进》。

夏问孝。子曰："色难。有事弟子服其劳，有酒食先生馔，曾是以为孝乎?"① 在这段对话中，四弟子问"孝"，孔子给予的回答均不同：孟懿子不懂孝道，表现为"违礼"；孟武伯不懂孝道，表现为对父母担忧；子游不懂孝道，表现为不能敬重父母；子夏不懂孝道，表现为不能对父母和颜悦色。孔子针对不同的情况作了评论性的回答，实际上就是"因材施教"的表现。由于"因材施教"，所以孔子的弟子也是各得才情。"德行：颜渊，闵子骞，冉伯牛，仲弓。言语：宰我，子贡。政事：冉有，季路。文学：子游，子夏。"② 孔子实施"因材施教"正是落实"有教无类"思想的更切实、更伟大的表现。那么，孔子为什么有这么大的宏大志愿，既要人们"有教无类"，又示范人们"因材施教"? 孔子的一句话点出了主题意义："君子学道则爱人，小人学道则易使也。"③ 这一方面说明孔子重视普及教育的意义，同时也揭示了孔子教育思想的局限性。

　　显然，按照孔子强调的教育既然做到"有教无类"，又要做到"因材施教"，这对教育者提出了不低的水平要求。而且，人因各种因素情况各别，所以，它客观上造成儒家必须不断地总结教育教学的方法，进而形成了儒家的独特教育艺术。我们不妨以经典儒家的说法为依据。孟子曰："教亦多术矣。予不屑之教诲也者，是亦教诲之而已矣。"④ 又曰："君子之所以教者五：有如时雨化之者；有成德者；有达财者；有答问者；有私淑艾者。此五者，君子之所以教也。"⑤ 荀子曰："学术有四，而博习不与

---

① 《论语·为政》。
② 《论语·先进》。
③ 《论语·阳货》。
④ 《孟子·告子下》。
⑤ 《孟子·尽心上》。

焉。尊严而惮，可以为师；耆艾而信，可以为师；诵说而不陵不犯，可以为师；知微而论，可以为师：故师术有四，而博习不与焉。水深而回，树落则粪本，弟子通利则思师。"① 王阳明曰："教人为学，不可执一偏。"②《学记》云："君子既知教之所由兴，又知教之所由废，然后可以为人师也。故君子之教，喻也。道而弗牵；强而弗抑；开而弗达。道而弗牵则和；强而弗抑则易；开而弗达则思：和、易、以思，可谓善喻矣。"又曰："学者有四失，教者必知之。人之学也，或失则多，或失则寡，或失则易，或失则止。此四者，心之莫同也。知其心，然后能救其失也。教也者，长善而救其失也。"又曰："善歌者，使人继其声；善教者，使人继其志；其言也，约而达，微而臧，罕譬而喻，可谓继志矣。"③ 张载曰："教人者必知至学之难易，知人之美恶；当知谁可先传此，谁可后传此。知至学之学之难易，知德也；知其美恶，知人也。知其人且知德，故能教人使入德，仲尼所以问同而答异以此。"④

（3）心性教育

儒家在实施普及教育时始终把心性教育作为教育的核心要求。就是说，儒家的教育着重指向人的"心"和"性"，对什么样的人性就实施什么样的心性教育，其最重要的体现在于教育的心理体验方面。根据在于：荀子曰："人何以知道？曰：心。"⑤

---

① 《荀子·致仕篇》。

② 《传习录》上。

③ 引自《中国古代教育家语录类编》，上海教育出版社1961年版，第258页。

④ 《正蒙·中正篇》。

⑤ 《荀子·解蔽篇》。

王阳明曰:"主于身也,谓之心",① 又曰:"圣人之学,心学也。学以求尽其心而已。"② 俗语道:"教人教心,浇树浇根。"李亦园说:"中国文化与西方文化在认识客观世界上的一个最本源上的区别,是用身体和心灵的内在体验的方法来了解世界。"③ 假如说一个人失去了心理体验的功能,那么按照孔子的理论则难以接受合适的教育。例如,孔子曰:"三人行,则必有我师焉;择其善者而从之,其不善者而改之。"④ 朱熹注:"三人同行,其一我也。彼二人者,一善一恶,则我从其善而改其恶焉,是二人者皆我师也。尹氏曰:'见贤思齐,见不贤而内自省,则善恶皆我之师,进善其有穷乎?'"⑤ 孔子曰:"见贤思齐焉,见不贤而内自省也。"⑥ 在这里,首先,人应当具有心性的自觉体验,能够分清什么样的人是自己学习的对象,这除了需要人的生活实践经验之外,还需要人在自己心里做高水平的衡量和评价,然后区分出善恶来,这样才能完成心性教育的第一步。所以说,孔子对人之心性的体验十分看重。陆九渊曰:"古人教人,不过存心,养心,求放心。……保养灌溉,此乃为学之门,进德之地。""此心之良,人所固有。人惟不知保养而反戕贼、放失之耳。苟知其如此而防闲其戕贼、放失之端,且夕保养灌溉,使之畅茂条达,如手足之汗头面,则岂有艰难支离之事。"⑦ 陆九渊把这种简单易

---

① 《传习录·徐爱录》。

② 王阳明著:《阳明全书》,转引自《中国古代教育史资料》,人民教育出版社1961年版,第375页。

③ 费孝通著:《中国文化与新世纪的社会学人类学——费孝通、李亦园对话录》,载于《费孝通文化随笔》,群言出版社2000年版,第295页。

④ 《论语·述而》。

⑤ 《论语集注·述而》。

⑥ 《论语·里仁》。

⑦ 《象山全集(卷五)—与舒西美》。

行的方法称为"简易工夫"。王阳明认为，道德反省就是"破心中贼"的工夫："教人为学，不可执一偏。初学时心猿意马，栓缚不定，其所思虑都是人欲一边，故且教之静坐息思虑。久之，俟其心意稍定，只悬空静坐如槁木死灭，亦无用。须教他省察克治，省察克治之功则无时而可间。如去盗贼，须有个扫除廓清之意，无事时将好色、好货、好名等私，逐一常追究，搜寻出来，定要拔去病根，永不复起，方始为快。如猫之捕鼠，一眼看着，一耳听着，才有一念萌动，即与克去，斩钉截铁，不可姑容，与他方便，不可窝藏，不可放他出路，方是真实用功，方能扫除廓清，到得无私不克，自有端拱时在。"① 儒家所言，皆指向人的心性接受能力以及针对心性教育的重要意义。

可以说，心性学说不仅是儒家伦理的重要内容，而且是儒家教育的重点所在。所以，在中国教育文化中，既有心性之学，也有心性之教。其根据何在？新儒家牟宗三做了回答。他认为，"中国思想大传统的中心落在主体性的重视"，即"心性之学"。这种心性之学是中国思想的核心。"孔孟陆王是心性之学的正宗，宋明（10—17 世纪）理学中的周、程、张、朱等是顺《易传》、《中庸》一路来的，是心性之学的另一路向，亦可称为正宗。离开了这两者，都是心性之学的旁枝了。告子、荀子、董仲舒、王充等固然是旁枝，而扬雄、刘向、韩愈等人则是旁枝之旁枝。"牟氏思想继承了孔孟和宋明理学②。就此而论，正是心性之学导出了心性之教。可以说，心性之学与心性之教构成了儒家人性教育的核心内容。

---

① 王阳明著：《传习录·徐爱录》。

② 转引自陈正夫、何植靖著《孔子、儒学与中国现代化》，福建教育出版社 1992 年版，第 229—230 页。

2. 人伦理念与教育方法

五伦即五教。虽然师生关系并没有被列入五伦关系，但师生关系及其道德规范源于儒家对五伦规范的推演和效仿。根据五伦即五教的原理，教师必须以身作则，充分发挥榜样的模范作用，做到以"不言之教"影响和感化学生；教师应以人格感化学生，体现自身对教育的真挚之爱；教师毫无疑问应当以启发诱导的方式给予人"真知教育"。

(1) 以身作则与不言之教

儒家有句名言叫"经师易得，人师难求"。就是说，仅能口说经籍不能躬行的人只能算是"经师"。须以身作则，由自身来实践经籍的人，才是"人师"。荀子云："礼者，所以正身也；师者所以正礼也。"①《礼记·学记》云："记问之学，不足以为人师。"所谓"人师"，即是师道之最高表现。"人师"能以身作则，能行"不言之教"，此为所谓"师表"或"师范"。实际上，"不言之教"，是儒家道德教育的最高境界。

在儒家看来，在人伦社会中，由于差等关系以及人伦教化权力结构因素的作用，通过居于"上伦位"的教师对居于"下伦位"的学生的示范作用可以起到事半功倍的教育效果。这在《说文解字》中就已经定调。《说文解字》云："教，上所施下所效也。"前提是，教师须是"先觉者"，所谓"先觉者"是指那些经过了严格的修身养性过程，可以至诚或中庸状态影响人的儒者。

---

① 《荀子·修身篇》。

在这种情况下，教师发挥其表率作用，就可实现儒家教育的价值目标。孔子曰："其身正，不令而行。其身不正，虽令不从。"① 用在统治者身上是"政者，正也"。② 因为，"苟正其身矣，于是政乎何有？不能正其身，如正人何"③？孔子还说："二三子以我为隐乎？吾无隐乎尔，吾无行而不与二三子者，是丘也。"④ 孟子曰："吾未闻枉己而正人者也。"⑤ 又曰："仁言不如仁声之入人深也。"意即，用仁厚的言语教人仁德不如用表达仁的行动来教人为善的功效大。公孙丑曰："君子之不教子，何也？"孟子曰："势不行也。教者必以正，以正不行，继之以怒；继之以怒，则反夷矣。夫子教我以正，夫子未出于正也，则是父子相夷也；父子相夷则恶矣。古者易子而教之。"⑥ 孟子曰："有大人者，正己而物正者也。"⑦ 荀子曰："夫人虽有性质美而心辩知，必将求贤师而事之，择良友而友之。得贤师而事之，则所闻者，尧舜禹汤之道也；得良友而友之，则所见者，忠信敬让之行也。身日进于仁义而不自知者，靡使然也。"⑧ 又说："礼者所以正身也，师者所以正礼也。"⑨ 在这种情况下，自然是，"学莫便乎近其人"；"学之经，莫速乎好其人，隆礼次之"。⑩ 荀子又说："夫师，以

---

① 《论语·子路》。
② 《论语·颜渊》。
③ 《论语·子路》。
④ 《论语·述而》。
⑤ 《孟子·万章上》。
⑥ 《孟子·离娄上》。
⑦ 《孟子·尽心上》。
⑧ 《荀子·性恶篇》。
⑨ 《荀子·修身篇》。
⑩ 《荀子·劝学篇》。

身为正仪而贵自安者也。"① 王夫之曰："孝弟者，生于人之心，而不可以言喻者也。讲求真理，则迂阔而辞不能达，科以为教，则饰行而非自得，故先王所以化成天下者，惟躬行而使人自生其心，则不待言孝弟而已众着之矣。"② 这些话，无不强调"不言之教"的重要性，以及"不言之教"的示范性效果。

其实，在西方世界，很多教育家也十分强调"身教"的重要性。但是，总体上看，与儒家的这种教育思想比较，显然逊色得多。因为西方的"身教"不是根源于人伦教化的要求，而且本源于知识传播的内在要求。这里引用胡安·路易斯·维夫斯（Juan Luis Vives，1492—1540）在《论教育》中的观点以及卢梭的话语予以陈述，维夫斯说：教师应该具有优良的道德品格。因为，为学校服务的主要是人。所以，不仅要求教师具有使他们能很好地进行教育的学问，还要求他们具有教学的技巧和才能。他们品格应该是纯洁的。首先要注意的是，他们的一言一行都不能给听到的人留下一个坏的榜样，也不能是不该模仿的东西。要是他们有什么缺点，则要求他们完全根除这些缺点。或者，不得已而求其次，让他们小心地努力地使学生注意不到他们的缺点，因为学生的举止是应该以教师为榜样的。在他看来，教师不仅要有优良的品格，而且实际上必须是一个明智的人，同时还应该具有与他信守的职业和他所教导的学生相符的性情③。卢梭认为："有些职业是这样的高尚，以致一个人如果是为了金钱而从事这些职业的话，就不能不说他是不配这

---

① 《荀子·修身篇》。

② 转引自中国孔子基金会编《中国儒学百科全书》，中国大百科全书出版社1997年版，第211页。

③ 胡安·路易斯·维夫斯著：《论教育》，参见任钟印主编《世界教育名著通览》，湖北教育出版社1994年版，第173页。

些职业的；军人所从事的，就是这样的职业；教师所从事的，就是这样的职业。……一个教师！啊，是多么高尚的人！"① 他建议："各位老师，你们一定要少说多做，要善于选择地点、时间和人物，以实例教育你的学生，就一定能够收到实际的效果。"② 卢梭强调教师是一个职业，这种职业内在要求有高尚的人来承担。但是，他表达的意思不是儒家所谓"人师"的意义和价值。

（2）学而不厌与教师素质

儒家对教师提出"以身作则"是一个不低的要求，也是一个不简单的要求。"以身作则"要求教师必须有一个优秀的"身"，因为它是"作则"的基本条件。按照儒家的主张，处"上伦位"的人对处于"下伦位"的人具有教化的权利，例如，父亲自然拥有权力教育子女，长兄自然有权力教育弟弟，其他以此类推。但是，如果你没有知识或德性，那么就没有资本对"下伦位"的人行使教育权力。所以，韩愈极力主张，不管年龄大小，富贵与贫穷，任何人只要掌握了"道"，就可以获得教育的权力。韩愈曰："生乎吾前，其闻道也固先乎吾，吾从而师之；生乎吾后，其闻道亦先乎吾，吾从而师之。吾师道也，夫庸知其年之先后生于吾乎？是故无贵无贱、无长无少，道之所存，师之所存也。"③ 韩愈的这段话似乎有超越辈分大小的意味，而转以知识多寡定教化权力。这无疑对知识的发展和传播很有价值意义。所以，儒家强

---

① 卢梭著：《爱弥儿，或论教育》，李平沤译，商务印书馆 1978 年版，第 27 页。
② 同上书，第 321 页。
③ 韩愈著：《师说》。

调教师应该是"先知先觉者"。一般而言,"先知先觉者"有两种情况,一是通过生活中的自然积累得到,二是通过自己努力学习来得到。朱熹曰:"学足以明善,然后可与适道。"① 前者需要时间的自然积累,后者需要本人的切实努力。当然,如果有人将这两条途径或两种方法结合起来,那无疑将获得更好更快的收获。鉴于前者属于自然年龄的积累问题,人人均易获得,因此,儒家特别强调后天的"学"。也许,正是在这个意义上,《论语》以"学而"开篇,《荀子》以"劝学"开篇,《大学》更以"学"来命名,而《中庸》的开篇所说"修道"也正是表达"学"和"教"的双重意义。所以,孔子曰:"默而识之,学而不厌,诲人不倦,何有于我哉?"② 又强调:"学而时习之。"③《学记》指出:"学不可以已。"同时,儒家以"为己之学"作"学"的"动力源",因为"为己之学"容易得到人们的认同。用杜维明的话说,"为己","严格地说,不是为了他人,为了社会,为了政治,而是为了自己人格的完成"。在他看来,"为己之学"的"己"不是孤立决然的个体,也不是一个静态的结构,而是一个开放的、自我创造的、永恒的,从不止息的自我修养、自我发展、自我实现中以达到"己欲立而立人,己欲达而达人"的境地的动态过程④。并且,人在此过程中可以达到"下学而上达"、"尽心以知天"的道德境界。儒家认为,只有经历这样的人生修养过程,人才拥有完善的"人格",这样的人最合适从事教师工作。

---

① 《论语集注·子罕》。

② 《论语·学而》。

③ 同上。

④ 郑文龙主编:《杜维明学术文化随笔》,中国青年出版社 1999 年版,第 21 页。

(3) 人格感化与教育人格

儒家教育在一定程度上可以说是人格的感化工作。根据在于：儒家教育的主旨是教育人如何做人，显然，教育人的人应该首先是做人的模范，应当是具备独立人格的人。从这个角度看，与其说教师是教育人做人，不如说是教师以自己的人格感化人如何做人，所谓感化人的教育工作之特色就是行"不言之教"，即以自己的人"人格之身"或"教育人格"行"身教"。我们知道，孔子的人格教育集中反映在其仁恕观念和"善推其所为"之行动中。《论语》记载：子贡问曰："有一言而可以终身行之者乎?"孔子曰："其恕乎! 己所不欲，勿施于人。"① 这是从消极意义上来说人格的，也是"恕"的基本含义。孔子还从积极的意义上阐释了人格观点。孔子曰："夫仁者，己欲立而立人，己欲达而达人。能近取譬，可谓仁之方也已。"所以，曾子曰："夫子之道，忠恕而已矣。"朱熹为之注释道："尽己之谓忠，推己之谓恕。"②那么，如何达到这种人格要求?《论语》记载：仲弓问仁。孔子曰："出门如见大宾，使民如承大祭。己所不欲，勿施于人。在邦无怨，在家无怨。"也就是说，人无论在国家中，还是在家中，都应该按照"仁"的要求来做人、教人。它启示从事教师工作的人，在"做人"的过程中，要始终遵循"己所不欲，勿施于人"和"己欲立而立人，己欲达而达人"的原则要求，自觉地养成"独立人格"。因为，教师只有具有"独立人格"才可以胜任自己的"传道、授业、解惑"工作。对比来看，西方人称赞的"己之所欲，欲施于人"具有单向原则的意义，带有借用外力强迫的意

---

① 《论语·卫灵公》。
② 《论语集注·里仁》。

向。例如,《圣经》曰:"无论何事,你们愿意人怎样待你们,你们也要怎样待人。因为这就是律法和先知的道理。"①

3. 至善理念与教育方法

儒家教育本质上是善的教育,此理念的成功实现必须以主善的教师为前提和条件。为了使自身也使他人达到至善的道德境界,教师必须拥有"学不厌、教不倦"的道德品格和精神素养,始终坚持启发诱导的方法以鼓励和促进后生不断地追求理想和真知。《吕氏春秋·劝学》建议教师应该"尽智竭道以教。"

(1) 主善为师与教育崇善

何为"主善为师"? 我们且看《国语·晋语》记载晋悼公任命公族大夫时说的话:"夫膏粱(富贵子弟)之性难正也,故使惇惠者教之,使文敏者导之,使果敢者谂之,使镇静者修之。惇惠者教之,则徧而不倦;文敏者导之,则婉而入;果敢者谂之,则过不隐;镇静者修之,则壹。"这段记载中的一种意思如果依照《尚书》的话说,就是"德无常师,主善为师"。即,道德教育没有固定的教师,主持善的或善人就是最好的教师。什么是"主善"? "主善",即主持"道德"或"美德"。教师为什么需要"主善"? 荀子曰:"以善先人者谓之教。"② 孟子曰:"教人以善谓之忠。"③ 就是说,教人者应该以身为表率,以导人向善;这

---

① 《圣经·马太福音》7:12。
② 《荀子·修身篇》。
③ 《孟子·滕文公上》。

种导人向善的行为就是儒家所谓的"忠"。可见，教师所做的工作就是使人变善、使人为善。所以，《礼记·学记》云："教者，所以长善而救其失者也。"张载曰："教人者必知至学之难易，知人之美恶，当知谁可先传此，谁将后倦此。""'知至学之难易'，知德也；'知其美恶'，知人也。知其人即知德，故能教人使入德。仲尼所以问同而答异，以此。"① 但是，董仲舒引孔子的话说："善人，吾不得而见之，得见有常者，斯可矣。"② 也就是说，在现实社会中，理想的善人不容易做，或不容易发现。换用董仲舒的话说，就是："善为师者，既美其道，有慎其行。"就是说，善于当别人的老师的，既要使自己的理论完美，又要使自己的行为谨慎③。但是，不管如何，教师可以由"学"前进，然后知人的美德，并培养人的美德。因此，《学记》云："君子知至学之难易而知其美恶，然后能博喻；能博喻然后能为师；能为师然后能为长；能为长然后能为君。故师也者，所以学为君也。是故择师不可不慎也。"

（2）启发诱导与真知追求

儒家在启发人追求至善的过程中十分讲究教育的求实性和艺术性。孔子曰："知之为知之，不知为不知，是知也。"④ 就是说，对于人道知识，知道就说知道，不知道就说不知道，应该采取实事求是的态度，不应该隐瞒和虚夸。言外之意是，对于人道知识，人们即使不知道也没有关系，因为可以通过学习来获得真

---

① 《正蒙·中正篇》。
② 《春秋繁露·深察名号》。
③ 《春秋繁露·玉环》。
④ 《论语·为政》。

知，这说明学习的重要性和必要性。孔子确是这方面的表率。孔子曰："二三子以我为隐乎？吾无隐乎尔，吾无行而不与二三子者，是丘也！"① 在孔子看来，人们采取这样的求实态度，不仅有利于修道，也有利于学习真知。鉴于人道知识的复杂性，人们在学习过程中难免没有困惑和难题，对此，孔子采取启发教育的方法。孔子曰："不愤不启，不悱不发，举一隅不以三隅反，则不复也。"② 朱熹注释说："愤者，心求通而未得之意。悱者，口欲言而未能之貌。物之有四隅者，举一可知其三。"③ 郑玄解释说："孔子与人言，必待其人心愤愤，口悱悱，然后启发为说之：如此，则识思之深也。说则举一隅以语之，其人不思其类，则不复重教之。"④ 朱熹与郑玄的注释均表明孔子授教时鼓励学生积极学习并能够达到触类旁通的境界。孔子在运用此方法时还注意正反启发学生。他说："吾有知乎哉？无知也。有鄙夫问于我，空空如也，我叩其两端焉。"⑤ 焦循在《论语补疏》中补释道："两端即中庸，'舜执其两端，用其于民'之两端也。鄙夫来问，必有所疑，惟其两端，斯有疑也；固先叩其两端，谓先问其所疑，而后即其所疑之两端，而穷尽其意，便知所向焉。"孔子试图以此方法启发学生领会道理。《学记》云："君子之教，喻也。"事实上，师生在学习过程中存在着相互启发的问题，双方都应采取实事求是的态度。《学记》云："学然后知不足，教然后知困。知不足，然后能自反也。知困，然后能自强也，故曰：教学相长也。"孟子也说："教也多术矣；予不屑之教诲也者，是亦教诲之

---

① 《论语·述而》。
② 同上。
③ 《论语集注·述而》。
④ 《论语集解》。
⑤ 《论语·子罕》。

而已。"①

(3) 诲人不倦与教育美德

儒家主张不仅自己要"明明德",而且要帮助更多的人"明明德",也就是提倡"新民之举"。在"新民"的过程中,儒家提倡"诲人不倦"的道德精神,因为儒家视教育为最好的、最合适的"新民之举"。围绕这个问题,孔子说了很多话。孔子曰:"爱之能勿劳乎?忠焉能勿诲乎?"②"默而识之,学而不厌,诲人不倦,何有于我哉!"③《孟子》记载子贡与孔子讨论圣字的问答:昔者子贡问于孔子曰:"夫子圣矣乎?"孔子曰:"圣则吾不能,我学不厌而教不倦也。"子贡曰:"学不厌,智也;教不倦,仁也;仁且智,夫子既圣矣。"④ 朱熹曰:"学不厌者,智之所以自明;教不倦者,仁之所以及物。"⑤ 可以说,孔子之所以为后人敬仰,大半原因在于其"教不倦"。具体地说,"教不倦"体现了孔子作为圣人的仁爱精神,体现了孔子作为教育家的情怀,体现了孔子作为道德家的高尚情操。朱熹曰:"弟子盖三千焉,身通六艺者七十二人。"⑥ 孔子的"教不倦"的精神在孟子那里得到了继承和发扬。孟子曰:"君子有三乐,而王天下不与存焉。父母俱存,兄弟无故,一乐也。仰不愧于天,俯不怍于人,二乐也。得天下英才而教育之,三乐也。"⑦ 朱熹认为,孟子的三乐,

---

① 《孟子·告子下》。
② 《论语·宪问》。
③ 《论语·述而》。
④ 《孟子·公孙丑上》。
⑤ 《孟子·公孙丑章句上》。
⑥ 《论语序说》。
⑦ 《孟子·尽心上》。

一个系于天，一个系于人。系于天者，为天道之故；系于人者，乃人道之故①。从根本上说，孟子的"三乐"其实都是人道之乐，所谓天道之乐不过是人道之乐的陪衬和手段；天道之乐是人道之乐的形而上之表述。应该说，孟子视教育为人道之乐中的一乐，是儒家"教不倦"精神的重要体现。

---

① 《孟子·尽心章句上》。

结　语

儒家教育伦理与中
国人的道德教育

　　前面所述，儒家依据其伦理精神对教育模式进行了文化设计，其核心是"成德之教"或"育人之教"，也就是"把中国人培养成有德性修养的人"的教育范式。这种教育范式的精神来源是《四书章句》，如果说《大学》和《中庸》两部书为儒家教育贡献了伦理基础和精神前提，那么，《论语》和《孟子》则为儒家教育贡献了丰富内涵和连贯过程，而朱熹的解释则帮助儒家深入地揭示和完善了儒家教育的人文本质和理论内涵。进一步说，儒家这种教育模型构建的基本途径是：首先确立教育伦理精神：人性精神—人道精神—至善精神；其次是确立教育的实践原理：修身之道—齐家之道—教化之道—普世之道，同时明确与前者密切联系的四个环节：生命教育—家庭教育—社会教育—理想教育，最后由儒家教师予以全面的贯彻落实。这种教育设计和教育范式体现了儒家伦理精神，体现了中国文化的人文精神，体现了中国人的一种"文化自觉"。所谓"文化自觉"，乃是指"生活在一定文化中的人对其文化有'自知之明'，并且对其发展历程和未来有充分的认识。"① 可以说，它是中国人道德教育的一种经典模式。

随着社会主义市场经济的不断发展，中国的社会事业发展正在不断加速，中国传统教育文化赖以存在的"条件"和"环境"正受到越来越多不测因素的挑战和影响，尤其是改革开放以来社会经济文化的巨大变迁，以及西方经济文化的影响，对中国教育发展提出了许多新的课题，其中包括：儒家教育伦理是否有必要继续坚持？中国人的道德建设是否还有必要继续遵循儒家的文化精神？儒家文化设计的教育范式对今天的中国人的道德建设还有没有意义和价值？对这些问题和此类课题的回答将决定中国人道德教育的性质和走向。在这里，笔者赞成应用张岱年先生的一种观点，就是"综合创新论"。这种观点的核心理念是：洋为中用，古为今用，综合中西方文化的贡献，创造社会主义新文化。② 它应该成为我们创造社会主义教育伦理学的指导性观点。

1. 儒家教育伦理的基本精神及其文化理路

儒家教育伦理的基本精神，是人性精神、人道精神、至善精神，其来源于儒家的伦理精神，而儒家的伦理精神是儒家在数千

---

① 费孝通著：《费孝通文集》第 15 卷，群言出版社 2001 年版，第 303 页。

② 张岱年指出："社会主义新中国文化，必须继承封建时代文化取得的成就，也要吸收西方资产阶级文化取得的成就；同时还要克服过去遗留下来的陈旧的封建糟粕，克服西方资产阶级腐朽的东西。……总的来说，我们应该在马克思主义普遍真理的指导下，综合东西方文化的贡献，创造社会主义的新文化。"参见张岱年著《中国文化的回顾与前瞻》，载于张岱年著《文化与哲学》，中国人民大学出版社 2006 年版，第 32—42 页。

年的变迁发展中积淀形成的，是综合了自身的因素又融合了其他文化因素的自然结果。虽然它在历史发展的过程中不断地受到各种势力的侵蚀甚至腐蚀，但是，它的核心部分仍被中华民族坚定地继承着、维护着、发展着、坚持着。即使近代以来因为各种复杂因素遭受巨大的损失，但是它的主体影响依然存在。从某种角度说，正是因为历史上的各个朝代坚持了这样的传统教育精神及其经典范式，适应儒家社会需要的各类人才才被不断地"造就"和"培育"出来，而由"伦理人"和"家国同构制度"构成的"生态环境"的存在直接延续了中华文化和中华文明的发展。

　　首先，必须明确，最能体现儒家教育本质的是性善精神。这种精神反映了儒家特有的人文理念。儒家将天地人定位"三才"，而"人才"位于"天地"之间。"天地"之间有"万物"，"万物"中人最尊贵，所以"人才"被确定为"万物的精灵"。但是，人不是凭空得来的，也不是上帝制造的，而是在"天地"间产生的，由于"天尊地卑"，所以儒家只能以"天命"定位"人性"的来源。"天命之谓性"暗含着"天人合一"的思想，也暗含着由"人性"可识"天性"的道德意义。人性，解决了人的本质来源，确定了儒家文化的起点概念。它意味着以下的意义：其一，"人性"是"人"的基础，无"人性"显然不能称为"人"。其二，认识"人"必须从认识"人性"开始，"人性"是认识人类的一把"金钥匙"。其三，认识"天"必须借助于"人性"，或者说，认识"自然"必须借助于"人性"。其四，"人"认识自身也只能借助于"人性"。如果说，认识事物必须抓住事物的本质，那么，认识"人"、研究"人"自然要求必须抓住"人性"这个核心。因而，作为影响"人"的人类活动之一，"教育"就必须从"人性"着眼、从"人性"着手。其次，"人性"到底有什么性质？儒家文化设计以"善恶"论"人性"，结论是人类"性善"。"性善"的基本理由是：从"天命"的角度看"天之大德曰生"，从人的角度看人有"四善端"。"性善"决定了人必须"从善"、"求善"，在个体来说也就是"成德"。因而，教育的精神乃是使人性善、求善、积善、成德。归结到一句话，儒家在人性方面尊崇性善教育精神。

其次，必须明确，最能反映儒家教育内涵的是人道精神。这种精神反映了儒家深刻的人文理念。儒家视"天地人"为才，同样，也认为"天地人"各有其"道"。就是说，"天"有"天道"，"人"有"人道"，"地"有"地道"。"道"原意指"路"，引申意义指"方法、规律、原理"。所以，"天"有"天道"，也就是"天"有"天的规律和原理"，"人"有"人道"，也就是"人"有"人的规律和原理"，"地"有"地道"，也就是"地"有"地的规律和原理"。同样受"天尊地卑"观念的影响，"人道"取于"天道"。但是，由于儒家尤其是孔子提倡"事天"必先"事人"的观点，因此，"人道"得到了特别的重视。由于"率性之谓道"。所以，"人道"实质上是"人性之道"，准确地说是"率性之道"。"率"意思为"遵循""顺着"。所谓"人道"也就是"人"遵循着从"天命"下贯于人的"性"之道而获得的方法和原理。那么，"人道"存于何处？如何落实？儒家的回答是存于世俗人间，而非上帝或神那里。世俗人间也就是人伦世界，具体指家庭、国家、天下（世界）。从这个角度看，所谓"人道"也就是"人"在人伦世界所行的"道"。这个"道"本质上就是"人伦之道"，或称为"人伦之理"，简称为"伦理"。"伦理"是"分别"与"秩序"的综合之"理"。人伦的分别在于人有"伦位"，自然有"分位"，人人各遵守自己的"伦位"规范和要求而行动，便造成了人伦之理，于是，家庭、国家和天下均得到应有的秩序。显然，教育的秩序必须以此为根据，教育活动是人与人的互动活动，而人与人的互动活动的原理也就是人伦之理，所以，教育活动的展开自然只能存在于表征人伦世界的个体、家庭、国家和天下之中，其原理依次表现为修身之道、齐家之道、教化之道、普世之道。换言之，这是"人道"在教育世界的具体表现，也是教育在人伦世界的具体反映。可以说，作为人类活动的重要内容之一，教育必须以人道精神为基础，否则，教育将没有凭借的活动空间。

再次，必须明确，最能体现儒家教育理想的是崇善精神。这种精神反映了中华民族的人文理念。儒家把"止于至善"作为自己的境界追求。通俗地说，儒家把"善"作为自己时刻不放弃、时刻不停止的道德追求。这种"善"境界的现实存在在儒家看来就是理想中的"圣人"，而非上帝。儒家认为，人人可以成为圣人，但在西方文化中却不可以说，人人可以成为上帝。在西方文化看来，上帝是惟一的、至善的。上帝造了人并爱每个人，人人必须爱上帝、信仰上帝、相信上帝。如此，人类社会才能成为博爱、平等、自由的世界。而儒家的设计不是这样，儒家将人设定为可以追求最高境界的现实人伦世界中的人，他或她来自"天命"，"天命"赋予"人性"，人只需要"率性"而为，以"成德"为奋斗目标，就可以成为"圣人"。在儒家看来，成为"圣人"不需要超越人类，只需要不断地超越自我，途径是由自我"明德"，到帮助别人"明德"，也就是先"立己成己"，然后"立人成人"，即"新民"。鉴于事实上人类社会中不可能人人成为圣人，儒家设定了道德的"四境界"：自然境界、功利境界、道德境界、天地境界。人只有顺着这条道德之路，一步一步地前进，逐步达到实现自我的道德境界。而在这条"康庄大道"上，人必须不断地修炼自我的"身"，不断地升级自我的道德水平，最后达到"从心所欲不逾矩"的圣人境界。这样看来，儒家只能让每个人通过后天的努力不断进步，以实现道德自我的价值。在这种努力的过程中，人必须坚持崇善的精神，始终以"善"作为自我道德进步的"道德标尺"。自然，作为人类活动的内容之一，儒家教育必须坚持崇善精神。

概而言之，性善精神体现了人对自我存在价值的信任和尊重，它自然要求教育必须坚持性善的基本前提，始终对人进行性善教育；人道精神体现了人对人类存在环境和文化的自我肯定，它自然要求教育必须坚持在本有的人伦世界或世俗社会中对人进行人道教育；崇善精神体现了人人可以在现实世界中实现自我价值的可能性和现实性，它自然要求教育必须坚持崇善精神和崇德理念，对人进行崇善教育和崇德教育。可以说，性善教育—人道教育—崇善教育构成了儒家教育的基本结构和文化品性。事实上，从古而今，儒家社会里的任何人都是这种教育理念结构中的产物，而非其他教育理念结构中的产物。由于近代以来儒家社会的基本性质并没有发生太大的变化，所以，在可预见的将来，生活在中国儒家社会中的任何人仍然将是这种教育精神和教育理念的产物，这是不以人的意志为转移的文化力量和文化传统所致，是中国社会数千年形成的教育文化本性所致。

2. 中国人道德教育的基本环节及其现实合理性

基于前面的分析，儒家为社会设计的教育环节包括四个部分：生命教育—家庭教育—社会教育—普世教育。生命教育遵循修身之道，家庭教育遵循齐家之道，社会教育遵循教化之道，普世教育遵循普世之道。逻辑上，修身之道、齐家之道、教化之道、普世之道构成儒家一以贯之的道德教育原理。相应的，生命教育—家庭教育—社会教育—普世教育构成完整的道德教育之"路线图"。在儒家看来，缺少任何一个环节的教育都将导致教育的"不完整"，直接造成人格的"不完整"，进而造成社会结构的不完整。即使是在实行了若干年的改革开放政策，以及中国加快融入国际社会的情况下，只要中国社会的基本性质依然是儒家社会，那么，对中国人开展道德教育都必须遵守儒家教育实践原理及其四环节教育过程的基本要求。这不仅具有历史的合理性和文化的合理性，而且具有生态的合理性和现实的合理性。

首先，必须紧抓生命教育环节。生命教育是中国人道德教育的第一环节，也是重要的基础环节。这个环节的本质是自我教育、自律教育、成己教育。儒家把人的生命看作是受之于父母的"产物"，而非上帝的"产物"，因而在父母与子女间建立了最基本的人伦关系：父慈子孝。孟子说，见父自然知孝，见兄自然知悌。这种心性特征来自于人之有"四端"。然而，人在社会中存在总有受到各种各样诱惑的时候，所以"放心"的机会总是有的，这就意味着人随时存在着偏离道德轨道的可能性。所以，儒家设计了标志个体存在的"身"，它代表了个体的社会存在。"身"有可能背离道德的轨道而走入迷途，但"心"和"性"却不会，因此，用"心"和"性"来制约"身"，以便使"身"随时处于伦理和道德的规范和约束中，显然，这种工作只能由个体自身来执行。于是，"修身教育"成为必然的选择。儒家认为，"修身教育"持续于人的一生，人丝毫不能怠慢，尤其是当一个人"独处"的时候。实际上，修身教育就是个体体现性善精神的自律教育，它意味着个体必须随时克制自我的不合理欲望和情绪，用人伦道德规范自己的言行举止。用儒家的语言说，就是个体在自我教育中必须养成"以义制利"和"存天理灭人欲"的道德品质。

　　其次，必须巩固家庭教育环节。家庭教育是中国人道德教育的第二环节，也是最重要的核心环节。如果说"五伦"是"五教"，那么家庭占据着十分重要的位置。因为"五伦"之中，家庭存在"三伦"。根据"伦"的重要性，"三伦教育"依次排列为"父子教育"、"夫妇教育"、"长幼教育"。其中"父子教育"位居第一位，教育的核心内容是"孝"，其次是兄弟教育的核心内容为"悌"。可以说，家庭教育的基本原理是以"孝悌"为本位的齐家之道，这与以父子关系为"主轴"的家庭关系结构和家庭文化直接相关。儒家认为，"孝"是理清家庭秩序的关键内容，因为"孝"确立了子对父的关系，"孝，人伦之本"。"孝"确定而后其他关系可以理顺。按照儒家的文化设计，家庭教育最重要的是体现人道精神。人伦之道的根本在家庭中，家庭中包含了人伦之道的核心内容，人道教育的核心内容当然地存在于家庭中。

　　第三，必须强化社会教育环节。社会教育是中国人道德教育的第三环节，这个环节是个体通过接受教育由家庭过渡到社会的主要环节。它透过社会的教化手段进行，所以称社会教育的原理为"教化之道"。"教化"，一是"教"，二是"化"。"教"就是社会有组织有系统的教育，比如朱熹设计两级教育体系——小学和大学的教育体系，其次是"化"，主要指在"上伦位"的人对在"下伦位"的人进行的示范教育，俗语道："以身作则"或"以身正人"。"教化"的目标指向"忠"和"信"，其中"忠"居于首要位置，专门用于"下伦位"对"上伦位"的道德标尺。从这个角度看，社会教育的主要内涵就是忠的教育。可以说，"忠"的教育在封建社会是主要的内涵。鉴于"忠"其实就是"孝"的延伸，所以，社会教育实质上就是家庭教育的合理延伸和自然扩展。

　　最后，必须夯实普世教育环节。普世教育是中国人道德教育的第四环节，也是体现中国文化特色的终极环节。儒家设计这个环节的目的在于帮助个体养成"理想人格"。这种"理想人格"的要素，是"以天下为己任"，以"天下为公"为道德标尺，以"先天下之忧而忧，后天下之乐而乐"为德性追求。儒家在这个环节为人们提供价值的终极目标，使人始终处于人生的奋斗历程中，始终处于至善的追求之中。即使教育不能使人达到那个最高的道德目标，但儒家也希望能够帮助他或她能够达到"人不能至而心向往之"的道德境界。从比较文化的角度看，正是因为儒家没有设计一个超越于人间世界的上帝存在，所以，必须设计一个理想实体的存在，然后让它召唤着人类向它奋斗、向它前进。这是至善精神的内在要求，也是崇善精神的具体表现。

　　总体上，生命教育是个体在自身之内的人性教育，家庭教育、社会教育是个体接受外在环境的教育或他人的教育，这两个环节不仅表现了人性教育的具体内容，而且就是人伦教育的具体实施，普世教育则是帮助人超越自我、突破自我、培养"放眼世界"、养成"心怀天下"的道德品格的理想教育。逻辑上，四个教育环节密切相连，不可或缺。没有生命教育将使道德教育失去"基础"，没有家庭教育将使道德教育失去"支撑"，没有社会教育将使道德教育难以"升级"，没有理想教育将使道德教育最终"落空"。因而，要使道德教育有坚实的"基础"，就必须紧抓生命教育环节；要使道德教育有有力的"支撑"，就必须巩固家庭教育环节；要使道德教育有合理的"升级"，就必须强化社会教育；要使道德教育最终不"落空"，就必须夯实普世教育环节。对于一个人来说，生命教育、家庭教育、社会教育、普世教育是尽受和应受的终身教育内涵；对于一个国家而言，生命教育、家庭教育、社会教育、普世教育是培养公民意识和道德精神的必要环节。在现实的层面上看，只有某个阶段需要突出和强化某个环节教育的问题，而没有取消某个环节教育的问题。例如，在人的幼儿时期，家庭教育尤其突出，需要强化；在人进入社会以后，社会教育尤其突出，需要强化，如人在学校期间就是接受强化教育；在人生感到困惑或失去目标时，尤其需要强调理想教育；在轻视生命价值时，必须突出强调生命教育。显然，在某种特别情况下突出和强调某个环节的教育，并不意味应该忽视其他环节的教育，更不意味着可以取消其他环节的教育。总之，生命教育、家庭教育、社会教育、普世教育如同"四根支柱"，支撑着儒家道德教育的"大厦"。

当然，实施儒家式四环节道德教育，并不是毫无创新地固守和传播中国古人所说的道德教育体系，而是要继续肯定和积极继承中国传统文化历经数千年时间而创制的德育过程，以其中合理的德育精神及其原理施加有效的影响，陶冶中国人的特有性情和道德精神，使中国人的道德基地更加巩固，使中国人的道德精神更加完善，使中国人的道德品质更具普世意义。尤其是，在当代社会道德普遍滑坡的形势下，虽然人们已经认识到仅从教育层面不能解决根本问题，而应像抓系统工程一样抓道德建设，但是，毫无疑问，有历史传承的、有创新要素的完善的道德教育体系及其有效实施自然会起到一定的促进作用。

3. 儒家师道精神与教师职业道德的建设

根据前面所述，儒家师道原理是由"为师之纲"、"为师之责"、"为师之德"、"为师之法"构成的，是一个完整的逻辑连贯的师道精神体系。尤其是，当与西方文化中的师道精神进行比较的时候，我们不难发现，儒家的这种特殊表达体系更富特色性、伦理性、自足性。"为师之纲"——"志道、据德、依仁、游艺"，孔子亲定，历史悠久，价值永恒；"为师之责"——"传道、授业、解惑"，韩愈亲定，影响深远，世人认同；"为师之德"——"仁、义、礼、智、勇"，千年形成，民族共识，基础稳固；"为师之法"，如有教无类、因材施教等，系儒家特制，普遍适用，效果显著。可以说，"为师之纲"、"为师之责"、"为师之德"、"为师之法"构成了儒家特有的师道精神和师道运作原理。在我看来，不管改革开放进展到何种程度，以及发展会进入何种境界，只要儒家规制的伦理型社会的主导因素存在，并且儒家传统伦理为社会中大多数人认同，那么，儒家的这种师道精神就应该得到进一步的继承和发扬。这是由不以人的意志为转移的文化传统和人文特性决定的。不过，必须强调的是，在任何时期，我们所继承和发扬的应当是儒家文化中优秀的部分而非糟粕的部分，是为多数人认同而非少数人意造的部分。这不仅是必须谨慎对待和慎重处理的价值问题，而且也是必须认真解决的时代课题。

首先，继承"为师之纲"，并使其具有时代精神。所谓时代精神，就是符合时代和社会发展要求的精神理念，就是塑造未来社会和时代需要的人文理念。把这样的精神理念融入到儒家"为师之纲"中，就可以使儒家教育纲领不仅具有历史传承的实质内涵，而且具有符合现实要求的鲜活性和根源性。具体地说，"志道"，就是要"志"有社会主义理想、富有未来精神的发达教育之"道"；"据德依仁"，即是要将所"志"之"道"内化为"据"社会主义的德性体系，以及"依"社会主义的人性要求培养社会主义的人生价值观；"游艺"即是要"游"反映未来理想社会的哲学人文社会科学和自然科学新成就之"艺"。简言之，以"艺"为手段和工具，将"艺"内涵的"道"内化为个体的德行修养，并以做人（仁者）为核心，具体实践适应新时代要求的儒家教育理念。

其次，继承"为师之责"，并使其适应时代要求。所谓时代要求，就是反映社会主义时代精神发展需要的引力因素和动力机制。在新的时代，教师所传的"道"应该是符合社会主义新时代要求的大学之道，也就是体现社会主义时代精神的人性之道、人伦之道、至善之道。教师所授的"业"应当是反映社会发展需要的新科学、新技术、新力量的知识文化和实践技能。教师所解的"惑"应该既包含人生内部之惑，也包含在努力发现新技术、新工艺、新技能过程中所遇到的外部之"惑"。换言之，随着时代和社会的急剧变迁以及中国融入新世界体系速度的加快，教师所解的"惑"应该是多方面的、多内涵的、多层次的。人们有理由相信，只要教师能够遵照社会和时代的发展要求，不断更新教师工作中的所志之"道"和所传之"业"的内涵，不断为大学之道注入新的内涵和新的营养，那么，儒家的"为师之责"将为教师的开拓性工作注入新的活力和新的动能。

第三，继承"为师之德"，并使其具有时代内涵。所谓时代内涵，是要求人们必须以新的精神改造"旧道德"，在其合理的内核中加入符合时代意义的新内容，从而使"旧道德"变化为"新道德"。例如，在智德方面，教师应当充分发挥自己的想象力和创造力，把一切可以开发人的发展能力的智力资源全部利用起来，集中服务于人类的社会发展事业。再如，在勇德方面，教师要努力挖掘自我创新能力，不仅在道德方面表现出过人的勇气，而且在智力开发上也表现出过人的勇气，不仅在哲学人文社会科学方面表现出过人的勇气，而且在开发自然科学潜力方面表现出过人的勇气。这不仅有利于教师个性精神的培养，更有利于我国人文社会科学和自然科学的发展，同时，将为中华民族的伟大复兴做出杰出的贡献。

最后，继承"为师之法"，并使其富有时代气息。儒家所论教师教育人的方法，虽然有些内容不能适应时代的需要，但是其方法和原理还是值得继承和传承的。例如，在有"教育无类"方面，中国现在以至在可预见的将来都需要加强对这种教育精神的有效贯彻和具体落实的深度和力度。按照理想社会的要求，"有教无类"体现的是教育平等和教育公平的理念。无论什么人，都有权利接受教育或者他只要希望接受教育，那么都应当得到应有的教育权利和教育资源。尤其是，在21世纪人类物质财富已经得到巨大的积累、人类的精神境界已经提升到如此高的程度，人们应当比以往任何时候都要更加自觉地做到这一点。再如，在"因材施教"方面，教育相关者应当更加努力地发扬人类的个性精神，把人的创造潜能充分发挥出来，使之更好、更有效率地为人类社会的建设事业服务。

总而言之，虽然有明显的迹象表明人类已经进入全球化时代，社会和时代已经发生了翻天覆地的变化，但是，我们必须承认，对于中华民族来说，每个人的文化血脉里流淌的儒家文明因子依然没有发生太大的变化，而且这些文化因子仍然发挥着基础性的功能作用。这意味着，我们没有理由也没有条件人为地拒绝历史赋予我们的职责和义务，那就是：必须积极地继承和发扬以往时代流传下来的宝贵的儒家教育传统，秉承儒家圣人所领悟的人生智慧和人生至理，利用我们中华民族特有的聪明、感悟和精神，推动人类教育事业的大发展。

参考文献

一　中文著作

1.《马克思恩格斯选集》（第1—4卷），人民出版社 1972年版。

2.《毛泽东选集》（第2卷），人民出版社 1952 年版。

3. 孔子著：《论语》。

4. 孟轲著：《孟子》。

5. 子思著：《中庸》。

6. 荀况著：《荀子》。

7. 王充著：《论衡》。

8. 王守仁著：《王阳明全集》。

9. 颜之推著：《颜氏家训》。

10. 韩愈著：《韩昌黎文集》。

11. 周敦颐著：《周敦颐集》。

12. 扬雄著：《扬子法言》。

13. 班固著：《白虎通论》。

14. 王肃著：《孔子家语》。

15. 许慎著：《说文解字》。

16. 张载著：《张载集》，中华书局 1978 年版。

17. 程颐著：《二程集》，中华书局 1981 年版。

18. 朱熹著：《四书章句集注》，中华书局 1983 年版。

19. 董仲舒著：《春秋繁露》，山东友谊出版社 2001 年版。

20. 王阳明著：《传习录》，远方出版社 2004 年版。

21. 朱熹、吕祖谦编：《近思录》，山西古籍出版社 2007 年版。

22. 吕不韦著：《吕氏春秋》，远方出版社 2004 年版。

23. 韩愈著：《韩愈集》，严昌校点，岳麓书社 2000 年版。

24. 王世舜著：《尚书译注》，四川人民出版社 1982 年版。

25. 孔子、孟子等著：《四书五经》，北京出版社 2006 年版。

26. 王天海校释：《荀子校释》，上海古籍出版社 2005 年版。

27. 胡平生译注：《孝经译注》，中华书局 1996 年版。

28. 杨天宇译注：《仪礼译注》，上海古籍出版社 2004 年版。

29. 郑玄著：《礼记正义》，中华书局 1980 年版。

30. 颜之推著：《颜氏家训全译》，程小铭译注，贵州人民出版社 1993 年版。

31. 康有为著：《大同书》，李似珍评注，中州古籍出版社 1998 年版。

32. 梁启超著：《清代学术概论》（附儒家哲学），江苏文艺出版社 2007 年版。

33. 熊十力著：《原儒》，中国人民大学出版社 2006 年版。

34. 陈季同著：《中国人自画像》，段映虹译，广西师范大学出版社 2006 年版。

35. 辜鸿铭著：《中国人的精神》，陈高华译，陕西师范大学出版社 2006 年版。

36. 蔡元培著：《中国伦理学史》，商务印书馆 1999 年版。

37. 黄建中著：《比较伦理学》，山东人民出版社 1998 年版。

38. 黄济著：《教育哲学通论》，山西教育出版社 2003 年版。

39. 韦政通著：《伦理思想的突破》，中国人民大学出版社 2005 年版。

40. ［古希腊］柏拉图著：《理想国》，郭斌和、张竹明译，商务印书馆 1986 年版。

41. ［古希腊］柏拉图著：《政治家》，原江译，云南人民出版社 2004 年版。

42. ［古希腊］柏拉图著：《柏拉图对话集》，王太庆译，商务印书馆 2004 年版。

43. ［古希腊］柏拉图著：《柏拉图全集》（第 1—4 卷），王晓朝译，人民出版社 2002 年版。

44. ［古希腊］柏拉图等著：《古希腊散文选》，水建馥译，人民文学出版社 2000 年版。

45. ［古希腊］亚里士多德著：《尼各马可伦理学》，苗力田译，中国社会科学出版社 1990 年版。

46. ［古希腊］亚里士多德著：《亚里士多德选集—政治学卷》，颜一、秦典华译，中国人民大学出版社 1999 年版。

47. ［古希腊］昆体良著：《昆体良教育论著选》，任钟印选译，人民教育出版社 2001 年版。

48. ［德］黑格尔著：《法哲学原理》，范扬、张企泰译，商务印书馆 1982 年版。

49. ［德］黑格尔著：《精神现象学》，贺麟、王玖兴译，商务印书馆 1979 年版。

50. ［德］康德著：《道德形而上学原理》，苗力田译，上海人民出版社 2002 年版。

51. ［德］康德著：《实践理性批判》，韩水法译，商务印书馆 1999 年版。

52. ［德］康德著：《论教育学》，赵鹏、何兆武译，世纪出版集团 2005 年版。

53. ［法］卢梭著：《论人类不平等的起源和基础》，高煜译，广西师范大学出版社 2002 年版。

54. ［法］卢梭著：《爱弥儿，或论教育》，李平沤译，商务印书馆 1978 年版。

55. ［美］约翰·杜威著：《民主主义与教育》，王承绪译，人民教育出版社 2001 年版。

56. ［英］罗素著：《西方的智慧》，崔权礼译，文化艺术出版社 1997 年版。

57. ［英］伯特兰·罗素著：《教育论》，靳建国译，东方出版社 1990 年版。

58. ［英］大卫·休谟著：《人性论》，关文运译，商务印书馆 1980 年版。

59. ［英］大卫·休谟著：《道德原则研究》，曾晓平译，商务印书馆 2001 年版。

60. ［英］约翰·洛克著：《教育片论》，熊春文译，世纪出版集团 2005 年版。

61. ［英］莱斯利·史蒂文森著：《人性七论》，赵汇译，国际文化出版公司 1988 年版。

62. ［美］约翰·罗尔斯著：《正义论》，谢廷光译，上海译文出版社 1991 年版。

63. ［英］赫·斯宾塞著：《斯宾塞教育论著选》，胡毅、王承绪译，人民教育出版社 1997 年版。

64. ［德］第斯多惠著：《德国教师培养指南》，袁一安译，人民教育出版社 2001 年版。

65. 钱穆著：《钱宾四先生全集》第 3、37、38、40、41 卷，台湾联经出版事业公司 1998 年版。

66. 冯友兰著：《中国哲学简史》，涂又光译，北京大学出版社 1985 年版。

67. 冯友兰著：《冯友兰学术论著自选集》，北京师范学院出版社 1992 年版。

68. 贺麟著：《文化与人生》，商务印书馆 1988 年版。

69. 贺麟著：《儒家思想的新开展》，中国广播电视出版社 1995 年版。

70. 樊浩著：《伦理精神的价值生态》，中国社会科学出版社 2001 年版。

71. 樊浩、田海平著：《教育伦理》，南京大学出版社 2000 年版。

72. 陈来著：《古代宗教与伦理：儒家思想的根源》，三联书店 1996 年版。

73. 罗国杰著：《中国传统道德：教育修养卷》，中国人民大学出版社 1995 年版。

74. 罗国杰、宋希仁著：《西方伦理思想史》（上卷、下卷），中国人民大学出版社 1988 年版。

75. 张岱年著：《张岱年全集》（第 1—7 卷），河北人民出版社 1996 年版。

76. 台湾西南书局编辑部：《中国学术名著今释语译》（清代篇），台湾西南书局有限公司 1972 年版。

77. 鲍霁主编：《梁漱溟学术精华录》（第 1 辑），北京师范学院出版社 1988 年版。

78. 任钟印著：《世界教育名著通览》，湖北教育出版社 1994 年版。

79. 张焕廷著：《西方资产阶级教育论著选》，人民教育出版社 1979 年版。

80. 华东师范大学教育系、杭州师范大学教育系编译：《现代西方资产阶级教育思想流派论著选》，人民教育出版社 1980 年版。

81. 丁纲主编：《文化的传递与嬗变——中国文化与教育》，上海教育出版社 1990 年版。

82. 李书有主编：《中国儒家伦理思想发展史》，江苏古籍出版社 1992 年版。

83. 匡亚明著：《孔子评传》，南京大学出版社 1990 年版。

84. 沈善洪、王凤贤著：《中国伦理学说史》（上、下卷），浙江人民出版社，上卷 1985 年版，下卷 1988 年版。

85. 上海师大等五所大学选主编：《欧洲哲学史原著选编》（修订本），福建人民出版社 1985 年版。

86. 北京大学哲学系编译：《西方哲学原著选读》（上卷），商务印书馆 1984 年版。

87. 张岂之、陈国庆著：《近代伦理思想的变迁》，中华书局 1993 年版。

88. 汤一介著：《中国文化与中国哲学》，三联书店 1988 年版。

89. 姚新中著：《儒教与基督教·仁与爱的比较研究》，赵燕霞译，中国社会科学出版社 2002 年版。

90. 范寿康著：《朱子及其哲学》，中华书局 1983 年版。

91. 徐洪兴主编：《二十世纪哲学经典文本——中国哲学卷》，复旦大学出版社 1999 年版。

92. 刘志琴主编：《文化危机与展望——台湾学者论中国文化（上）》，中国青年出版社 1989 年版。

93. 刘述先主编：《儒家伦理研讨会论文集》，新加坡东亚哲学研究所 1987 年版。

94. 陈树坤著：《孔子与柏拉图伦理教育思想比较》，台湾商务印书馆 1976 年版。

95. 韦政通著：《中国文化概论》，台湾水牛出版社 1980 年版。

96. 韦政通著：《中国文化与现代生活》，中国人民大学出版社 2005 年版。

97. 韦政通著：《中国思想史》（上、下册），台湾大林出版社 1957 年版。

98. 叶经柱著：《孔子的道德哲学》，台湾正中书局 1977 年版。

99. 罗光著：《儒家形上学》，台湾学生书局 1991 年版。

100. 吴康著：《孔孟荀哲学》，台湾商务印书馆 1967 年版。

101. 孙彩平著：《教育的伦理精神》，山西教育出版社 2004 年版。

102. 鲍霁主编：《费孝通学术精华录》（第 1 辑），北京师范学院出版社 1988 年版。

103. 王海明著：《人性论》，商务印书馆 2005 年版。

104. 周谷城主编：《中国学术名著提要》（教育卷），复旦大学出版社 1996 年版。

105. 赵昌平著：《孟子：匡世的真言》，中华书局（香港）有限公司 1996 年版。

106. 张立文著：《朱熹评传》，匡亚明主编，南京大学出版社 1998 年版。

107. 郑德坤著：《中国文化人类学》，台湾华世出版社 1975 年版。

108. 郑文龙主编：《杜维明学术文化随笔》，中国青年出版社 1999 年版。

109. 刘小枫主编：《中国文化的特质》，三联书店 1990 年版。

二 外文著作

1. 《新约圣经》"The New Testament", the Bilingual Edition produced by the Bible Society in R. O. C for the Gideon Intenational in R. O. C. 1969 by the Zondervan Publishing House，台湾国际基甸会出版社 1983 年版。

2. 《圣经》（新世界译本），Watch Tower Bible and Tract Society of Pennsylvania, 2001, Watchtower Bible and Tract Society of New York, Inc. International Bible Students Association Brooklyn, New York, U. S. A.

3. Howard, Smith: Confucius, Temple Smith, London, 1974.

4. David L. Hall and Roger T. Ames: Thinking Trough Confucius, State University of New York Press, 1987。

5. Lin Yutang: The wisdom of Confucius, The Modern Library, New York, 1938。

6. Vitaly A. Rubin: Individual and State in Ancient China, Essays on Four Chinese Philosophers, Translated by Steven I Levin, Columbia University Press, New York, 1976。

7. H. G. Creel: Confucius and the Chinese way, Harper & Brothers, New York, 1949。

8. Donald, J. Munro edited: Individualism and Holism: Studies in Confucian and Taoist Values, The University of Michigan, America, 1985。

9. D. T. Suzuki: History of Chinese Philosophy, Probsthain & Co, London, 1914.

后　记

　　儒家文化是中国传统文化的杰出代表，它反映着中国人的精神境界和心灵状态，是最能体现中国人的教育伦理精神的源头和基地。冷静地看看学术界的情况，研究儒家伦理的人很多，研究儒家教育的人也很多，但是能把两者结合起来加以系统研究的则不是很多。进一步说，改革开放以来，从教育的角度研究儒家教育伦理的人比较多，而从伦理的角度研究儒家教育伦理的人则比较少。比较地看，从教育角度开展的研究属于教育学范畴的教育伦理学，而从伦理角度开展的研究则属于伦理学范畴的教育伦理学。若从交叉研究的理想角度来看，两者的研究应该是相互补充、相得益彰、不可或缺的，它们都值得学术界予以足够的重视和研究。本书的写作目的就是希望透过伦理的视野来考察研究儒家教育伦理的课题以便加强教育伦理的伦理学维度的理论研究，同时试图借助于此项研究来探讨当代儒家社会中道德滑坡的根本原因以及我们应该采取的建设性举措，以满足于现代道德教育实践的迫切需要。

　　本书是在我博士毕业论文的基础上修改而成。准确地说，是我在导师、东南大学人文学院院长樊浩教授的指导和帮助下开拓创新的成果。于此，让我回顾一下博士论文的选题和写作过程，也许有助于增进大家对本书的了解。我于 2002 年初入学，2004 年初准备选择"教育与伦理"来做毕业论文。开题时，经过讨论觉得论题太大，不易深入。于是，樊老师建议我重新考虑选题。2004 年 4 月，我被国家公派到东欧从事教育工作，在那里亲眼目睹和亲身感受了西方教育文化与中国传统教育文化有很大不同。虽然工作只有半年，但是，当我深入到斯洛伐克山村小学、中学、大学考察并开设若干讲座课程之后，我对中西方教育文化差异的印象变得更加深刻。一年后，我再次被教育部公派到德国法兰克福大学工作，大概半年不到的时间内，我就深刻地意识到儒家教育伦理是一个值得认真考察的课题，应该成为我关注和研究的重点内容。而且，若从中西方比较角度来研究，还可以让人更深刻地领会到儒家教育伦理的精义所在。接着，我就拟订了提纲，并写信给导师，果然，意想中的"同意"回复不久就来到。此后，我在德国大学繁忙的教育文化交流工作之余，在各方面学者的支持和帮助下，在查阅了包括法兰克福大学和海德堡大学图书馆在内的有关图书的基础上，夜以继日地研究写作，终于在 2007 年 4 月回国前提交了书稿式论文。樊老师极其认真地审阅了我的论文全稿，并提出了若干修改意见。我不久均做了修改和完善。应该说，这篇论文书稿是我在西方工作期间进行理论思考与实践教学体会相结合的产物。

在本书写作过程中，我得到了众多老师、朋友的关心、鼓励、指导和帮助，其中包括一些外国学者。于此，我要特别地记下他们，并感谢他们。首先是东南大学人文学院博士生导师陈爱华老师、董群老师、田海平老师。再者，在德国期间，巧遇德国 DAAD 邀请的高级访问学者—北京大学哲学系张志刚教授，他曾帮助我修改论文提纲，让我直接获益。而我的同行、德国纽伦堡—爱尔兰根孔子学院院长丁安琪教授则在百忙之中帮助我完善论文，斧正可疑之点，使论文增色不少。我的同学赵庆杰博士、王锋博士、许敏博士，曾经不吝赐教或帮助我处理远程传阅和打印工作，甚为辛苦。对他们的真诚帮助，我深表谢意。

书中，我采用的是比较研究方法。这种比较研究方法，直接得之于在西方工作的生活体验和学习借鉴。一些欧洲专家学者的谈话以及与他们的文化交流，让我深受启发。他们中的不少人，如同我在国内的同学老师一样，亲切地关心着我的论文构思和写作，包括是否符合西方博士做论文的科学方法等。我在这里也要记下他们的名字，并对其提供的友好而无私的学术帮助表示衷心的感谢和深深的敬意！他们是德国法兰克福大学汉学系主任 Dorothea Wippermmann 教授、德国驻中国大使馆专业翻译 Nina Richte 博士、德国法兰克福大学 Elisabeth Kaske 教授、德国海德堡大学汉学系顾闻教授、德国法兰克福大学东亚跨学科研究中心统筹 Katrin Fiedler 博士、金美玲博士、Alexander Saechtig 博士、Brunhilde Sude 女士，以及斯洛伐克共和国外交部主办的班斯卡·什加夫尼察市（Banska Sciavnica）安大略·克麦加外国语学校的老师们。

特别想说的是，论文的出版，是我期盼已久的美好愿望。我在此要对中国社会科学出版社表示衷心的感谢和崇高的敬意！因为，没有他们的润色和完善，我的书籍难以与世人见面，一些观点也难以与大家共同分享或切磋。同时，让我对资助本书出版的东南大学国家"985 工程""科技—伦理—艺术"创新研究基地的大力支持表示深深的谢意！

最后，我要衷心地感谢我的岳父母、我的妻儿，没有他们在国内的鼎力支持和鼓励，我简直无法想象自己会在周游列国为祖国奉献的情况下静心如愿地读完这本"博士之书"。而我之所以这么情愿地"抱定青山不放松"，乃是因为我心中时刻存有一个精神信念，那就是我要用费时最长、用功最多、念她最久的一篇文字，深切地纪念我那不幸过早离世的父母双亲。当然，鉴于笔者的水平有限，书中定有商榷之处，敬请各位读者不吝赐教。

作　者

2007 年 8 月 28 日 于南京"文心居"